网页制作基础教程
（Dreamweaver CS3）

葛艳玲　主编

電子工業出版社
Publishing House of Electronics Industry
北京 • BEIJING

内 容 简 介

本书详尽地介绍了 Dreamweaver CS3 的基本功能，内容分为两部分：网页基本制作部分和动态网站的开发部分，前一部分引导读者逐步学习如何使用文本、图像、表格、层、框架、多媒体、行为、CSS、Spry 及表单等网页元素，生成图文并茂的网页。后一部分介绍充分利用 Dreamweaver CS3 所提供的动态网页开发功能，在不懂编程的情况下来实现简单的动态网站的开发。

本书在内容难易程度上采用递进的方式，将达到本书目标的全部内容细分为一系列知识点，通过“由简到繁、由易到难、循序渐进、深入浅出、承前启后”的案例去具体实现，使读者能够真正用 Dreamweaver CS3 去解决实际的网站设计问题。

本书可作为职业院校及计算机培训班的教材，也可作为网页设计爱好者的自学读物。

图书在版编目（CIP）数据

网页制作基础教程：Dreamweaver CS3/ 葛艳玲主编．—北京：电子工业出版社，2010.1
ISBN 978-7-121-09998-4

Ⅰ. 网… Ⅱ. 葛… Ⅲ. 主页制作—图形软件，Dreamweaver CS3—专业学校—教材 Ⅳ. TP393.092

中国版本图书馆 CIP 数据核字（2009）第 218541 号

策划编辑：关雅莉
责任编辑：关雅莉
印　　刷：北京虎彩文化传播有限公司
装　　订：北京虎彩文化传播有限公司
出版发行：电子工业出版社
　　　　　北京市海淀区万寿路 173 信箱　邮编　100036
开　　本：787×1 092　1/16　印张：22.25　字数：569.6 千字
版　　次：2010 年 1 月第 1 版
印　　次：2021 年12月第12次印刷
定　　价：34.50 元

凡所购买电子工业出版社图书有缺损问题，请向购买书店调换。若书店售缺，请与本社发行部联系，联系及邮购电话：（010）88254888，88258888。

质量投诉请发邮件至 zlts@phei.com.cn，盗版侵权举报请发邮件至 dbqq@phei.com.cn。

本书咨询联系方式：（010）88254617，luomn@phei.com.cn。

前　言

Dreamweaver CS3 是 Macromedia 被 Adobe 收购后推出的第一个版本，自推出以来就深受广大网页设计者的青睐，并且随着软件的不断升级，Dreamweaver 已经不仅仅用来组织文本和图片，更具备了制作 DHTML、连接数据库等强大功能，因此可轻而易举地做出许多动感十足的互动页面。

本书着力于以“案例驱动”的形式全面指导读者学习 Dreamweaver CS3 的主要功能与实用技巧，并强调如何将软件功能运用于网站的设计中，突出创新、创意能力的培养。

本书力求体现以下特色：

1．内容合理。本书在章节安排和重要知识点的处理上，充分考虑到了教学需求，内容安排松紧适度，重点突出。所有章节都配有精心设计的实例，在每章的最后都有本章重点摘要和相关练习题，帮助读者快速理解和掌握本书的各个知识点。

2．结构新颖。将“传统教程”和“案例指导”相结合，实现优势互补。书中各章多是从案例入手，当读者对案例所涉及的内容、方法有所了解之后，再从理论上进一步讲清其实质，概括出其规律性的知识，实现从现象到本质、从感性到理性的过渡。

本书从网页制作的基础知识到动态网站程序的开发，循序渐进地对 Dreamweaver CS3 的内容进行了全面介绍，在具体内容描述中突出了重点和难点，并介绍了在实际开发中经常采用的一些技巧，使读者能够迅速提高网页制作水平。本书共分为 15 章，第 1 章简要介绍网站设计的基本知识及本地站点的创建方法，第 2 章介绍网页的基本操作，主要介绍网页设计的基本方法和界面元素的使用方法，第 3 章介绍建立网页链接的操作，第 4 章介绍表格的基本操作和应用表格进行页面布局的方法，第 5 章介绍层的应用，第 6 章介绍框架的应用，第 7 章介绍多媒体元素的插入，第 8 章介绍用行为与时间轴增强网页的动感和交互性，第 9 章介绍 CSS 样式创建及应用，第 10 章介绍应用模板和库创建大量相似网页的方法，第 11 章介绍在页面中制作表单的方法，第 12 章介绍 Spry 构件的使用，第 13 章介绍网站管理的基本常识及方法，第 14 章介绍动态网站开发前的准备工作，第 15 章主要介绍动态网站的开发。

本书由葛艳玲主编。另外江永春、张子义老师还参与了本书多个章节的编写工作，参加本书编写工作的还有张啸严、高冬梅、王勇、魏爱敏、吴海霞、宋嫒嫒、毛爱英等。

由于时间仓促，加上编写人员水平有限，书中可能存在着一些不足之处，欢迎读者对本书提出宝贵意见和建议，以便使本书得到更正和补充。

为了方便教师教学，本书还配有教学指南、电子教案及习题答案（电子版）。请有此需要的教师登录华信教育资源网（www.hxedu.com.cn）免费注册后再进行下载，有问题时请在网站留言板留言或与电子工业出版社联系（E-mail:hxedu@phei.com.cn）。

本书约定：

1．在本书的叙述中，若省略其度量单位，则默认为像素。

2．文中描述菜单命令时采用“菜单”|“子菜单”形式。

编　者

2009 年 12 月

目　录

第 1 章　网页设计基础 …… 1
1.1　初识 Dreamweaver CS3 …… 1
1.1.1　Dreamweaver CS3 的启动 …… 1
1.1.2　Dreamweaver CS3 的工作环境 …… 2
1.2　创建本地站点——我的足球网 …… 8
1.2.1　案例综述 …… 8
1.2.2　案例分析 …… 9
1.2.3　实现步骤 …… 9
1.3　站点的创建及基本操作 …… 17
1.3.1　站点的规划 …… 17
1.3.2　定义本地站点 …… 18
1.3.3　管理站点 …… 21
1.3.4　网页文件的基本操作 …… 22
本章小结与重点回顾 …… 24
习题 1 …… 24
第 2 章　制作网页的基本操作 …… 25
2.1　简单的图文混排——我与足球（me.html） …… 25
2.1.1　案例综述 …… 25
2.1.2　案例分析 …… 25
2.1.3　实现步骤 …… 26
2.2　网页文本的输入和属性设置 …… 36
2.2.1　插入文本 …… 36
2.2.2　文本的格式设置 …… 38
2.3　网页图片的插入及其属性设置 …… 40
2.3.1　网页图像格式 …… 40
2.3.2　插入图像 …… 41
2.3.3　设置图像的属性 …… 42
本章小结与重点回顾 …… 43
习题 2 …… 43
第 3 章　建立网页链接 …… 44
3.1　编织网站链接——足球新闻（news.html） …… 44
3.1.1　案例综述 …… 44
3.1.2　案例分析 …… 44

3.1.3 实现步骤……44
3.2 超链接概述……52
3.2.1 超链接的类型……52
3.2.2 链接路径……52
3.2.3 创建超链接……53
3.2.4 插入导航条……54
3.3 管理超链接……56
3.3.1 自动更新链接……56
3.3.2 在站点地图中管理……56
3.3.3 在整个站点范围内更改链接……59
本章小结与重点回顾……59
习题 3……59
第 4 章 表格处理……61
4.1 表格基本操作……61
4.1.1 初识表格——创建网站相册：足球明星页面 photo.html……61
4.1.2 表格的基本操作……64
4.2 应用表格布局页面……71
4.2.1 网页布局的基本概念……71
4.2.2 应用表格布局页面案例……75
4.3 使用表格的其他视图……82
4.3.1 扩展视图……82
4.3.2 布局视图……82
4.3.3 创建布局表格和布局单元格……83
本章小结与重点回顾……84
习题 4……85
第 5 章 AP Div 元素与时间轴动画……86
5.1 应用 AP 元素布局页面——环游世界……86
5.1.1 案例综述……86
5.1.2 案例分析……87
5.1.3 实现步骤……87
5.2 AP 元素的创建与编辑……92
5.2.1 创建 AP 元素……93
5.2.2 创建多个 AP 元素及 AP 元素的嵌套……93
5.2.3 激活和选中 AP 元素……94
5.2.4 设置 AP 元素的属性……94
5.2.5 AP 元素的编辑……95
5.3 AP 元素面板的使用……95
5.4 AP 元素与表格互换……97
5.4.1 表格转换为 AP 元素……97
5.4.2 AP 元素转换为表格……97

5.5 时间轴概述…99
5.5.1 使用时间轴面板…99
5.5.2 创建时间轴动画…100
本章小结与重点回顾…102
习题 5…102
第 6 章 框架…104
6.1 应用框架制作电子书——HTML 教程…104
6.1.1 案例综述…104
6.1.2 案例分析…104
6.1.3 实现步骤…105
6.2 框架的基本操作…110
6.2.1 创建框架和框架集…110
6.2.2 选择框架和框架集…113
6.2.3 设置框架和框架集的属性…113
6.2.4 保存框架和框架集文档…115
6.2.5 框架中的链接…116
6.2.6 框架兼容性…116
本章小结与重点回顾…117
习题 6…118
第 7 章 插入多媒体元素…119
7.1 网页的动感效果设计——多媒体示例…119
7.1.1 案例综述…119
7.1.2 案例分析…120
7.1.3 实现步骤…120
7.2 插入 Flash 对象…131
7.2.1 插入 Flash 动画…132
7.2.2 插入 Flash 按钮…133
7.2.3 插入 Flash 文本…134
7.2.4 插入 Flash 元素——图像查看器…135
7.2.5 插入 Flash 视频…136
7.2.6 插入 FlashPaper 文档…137
7.3 插入其他多媒体元素…138
7.3.1 插入 Java Applet 小程序…138
7.3.2 插入 ActiveX 控件…139
7.3.3 插入 Shockwave 影片…140
7.4 插入第三方插件…141
7.4.1 安装扩展插件…141
7.4.2 使用扩展插件…141
本章小结与重点回顾…142
习题 7…142

第8章　行为…………143
8.1　“行为”使网站更智能化——软件下载之家…………143
8.1.1　案例综述…………143
8.1.2　案例分析…………143
8.1.3　实现步骤…………144
8.2　行为概述…………151
8.2.1　事件与动作…………151
8.2.2　使用“行为”面板…………151
8.3　向页面中添加基本行为…………153
8.3.1　弹出信息…………153
8.3.2　打开浏览器窗口…………153
8.3.3　设置文本…………155
8.3.4　交换图像…………155
8.3.5　转到 URL…………156
8.3.6　显示—隐藏 AP Div…………157
8.3.7　拖动 AP 元素…………157
8.3.8　在时间轴中加入行为…………159
本章小结与重点回顾…………159
习题 8…………160
第9章　使用 CSS 样式…………161
9.1　使用 CSS 样式格式化页面…………161
9.1.1　案例综述…………161
9.1.2　案例分析…………161
9.1.3　实现步骤…………162
9.2　CSS 样式概述…………170
9.2.1　CSS 的特点…………170
9.2.2　CSS 的类型…………170
9.2.3　CSS 的存在方式…………171
9.2.4　CSS 在 Dreamweaver 中的创建方法…………171
9.3　CSS 样式面板的使用…………173
9.3.1　认识 CSS 样式面板…………173
9.3.2　创建新的 CSS 样式…………175
9.3.3　编辑 CSS 样式…………176
9.3.4　CSS 样式的应用…………185
9.4　CSS 布局…………186
9.4.1　Div+CSS 布局…………186
9.4.2　使用 CSS 布局创建页面…………189
本章小结与重点回顾…………190
习题 9…………190

第 10 章　模板和库的应用 …… 192
10.1　应用模板制作相似网页——美文随笔 …… 192
10.1.1　案例综述 …… 192
10.1.2　案例分析 …… 193
10.1.3　实现步骤 …… 193
10.2　模板的基本操作 …… 200
10.2.1　模板的基本特点 …… 200
10.2.2　模板的创建与保存 …… 200
10.2.3　创建模板区域 …… 201
10.2.4　创建基于模板的网页 …… 203
10.2.5　修改模板及更新页面 …… 205
10.3　库的应用 …… 205
10.3.1　创建库项目 …… 206
10.3.2　插入库项目 …… 207
10.3.3　修改库项目和更新站点 …… 207
10.4　资源管理 …… 208
本章小结与重点回顾 …… 209
习题 10 …… 209
第 11 章　嵌入表单元素 …… 211
11.1　表单页面制作——注册 …… 211
11.1.1　案例综述 …… 211
11.1.2　案例分析 …… 211
11.1.3　实现步骤 …… 212
11.2　表单概述 …… 215
11.2.1　什么是表单 …… 215
11.2.2　如何创建表单 …… 215
11.2.3　插入表单 …… 216
11.2.4　设置表单属性 …… 216
11.3　添加表单对象 …… 217
11.3.1　添加文本域 …… 217
11.3.2　添加隐藏域 …… 219
11.3.3　添加复选框 …… 220
11.3.4　添加单选按钮 …… 220
11.3.5　添加列表 / 菜单 …… 221
11.3.6　添加按钮 …… 222
11.3.7　添加图像域 …… 223
11.3.8　添加文件域 …… 224
11.3.9　创建跳转菜单 …… 225
11.4　Spry 验证表单 …… 226
11.4.1　Spry 验证文本域 …… 226

11.4.2 Spry 验证文本区域 229
11.4.3 Spry 验证选择 230
11.4.4 Spry 验证复选框 231
本章小结与重点回顾 232
习题 11 232
第 12 章 使用 Spry 构件 234
12.1 使用“Spry”构件——新功能展示 234
12.1.1 案例综述 234
12.1.2 案例分析 234
12.1.3 实现步骤 235
12.2 Spry 构件 245
12.2.1 Spry 菜单栏 245
12.2.2 Spry 选项卡式面板 247
12.2.3 Spry 折叠式 249
12.2.4 Spry 可折叠面板 250
12.3 使用 Spry 显示数据 252
12.3.1 定义 Spry XML 数据集 252
12.3.2 创建 Spry 区域 253
12.3.3 创建 Spry 表格 254
12.3.4 创建 Spry 重复区域 256
12.3.5 创建 Spry 重复列表 257
12.4 Spry 效果 258
本章小结与重点回顾 258
习题 12 259
第 13 章 站点整理维护与上传 260
13.1 网站整理上传 260
13.1.1 案例综述 260
13.1.2 案例分析 260
13.1.3 实现步骤 260
13.2 申请 IP 地址和注册域名 266
13.3 上传网站 268
13.3.1 Web 方式上传 268
13.3.2 FTP 上传 268
13.4 网站的推广 273
13.4.1 登录搜索引擎 273
13.4.2 设置 meta 信息 274
13.5 网站的管理与维护 275
13.5.1 文件扩展面板 275
13.5.2 站点文件同步 277
13.5.3 使用设计备注 278

13.6 检查站点……279
13.6.1 检查辅助功能……280
13.6.2 检查链接……281
13.6.3 检查浏览器兼容性……281
13.6.4 使用站点报告……282
本章小结与重点回顾……283
习题 13……283
第 14 章 动态网站开发的前期准备……285
14.1 动态网站开发准备——留言板制作（1）……285
14.1.1 案例综述……285
14.1.2 案例分析……285
14.1.3 实现步骤……286
14.2 动态网站概述……294
14.2.1 动态网页技术……294
14.2.2 构建动态网站的基本流程……295
14.3 设置动态网站开发及运行环境……296
14.3.1 IIS 的安装和设置……296
14.3.2 重新定义 Dreamweaver 站点……301
14.3.3 后台数据库的连接……303
本章小结与重点回顾……307
习题 14……307
第 15 章 动态网站的开发……308
15.1 制作动态网页——留言板制作（2）……308
15.1.1 案例综述……308
15.1.2 案例分析……308
15.1.3 实现步骤……308
15.2 数据绑定……331
15.2.1 设置记录集……331
15.2.2 绑定记录集到网页……332
15.3 设置服务器行为……333
15.3.1 显示记录……333
15.3.2 用户身份验证……336
15.3.3 记录的操作……338
本章小结与重点回顾……341
习题 15……341

第 1 章　网页设计基础

Dreamweaver CS3 是 Adobe 公司自 2005 年 4 月收购 Macromedia 公司后，于 2007 年 4 月推出的最新版的网页设计软件，它将可视化布局工具、应用程序开发和代码编辑支持组合在一起，功能强大，使得各个层次的开发人员和设计人员都能够快速创建标准的、界面美观的网站和应用程序。利用 Dreamweaver CS3 可以快速、轻松地完成设计、开发及维护站点和 Web 应用程序的全过程。

本章重点介绍在 Dreamweaver CS3 中如何创建站点并进行站点管理，从而为下一步开发网站作好准备，同时，通过本章的学习使读者熟悉 Dreamweaver CS3 界面及运行环境。

1.1　初识 Dreamweaver CS3

在使用 Dreamweaver CS3 开发网站之前，首先需要熟悉一下 Dreamweaver CS3 的启动及设计环境。俗话说“工欲善其事，必先利其器”，通过本节可以使大家了解 Dreamweaver CS3 这个网页制作软件的“庐山真面目”，会使后面的学习变得更加轻松，上手更加迅速。

1.1.1　Dreamweaver CS3 的启动

步骤

① 单击任务栏“开始”按钮，选择“程序”。

② 单击 Adobe Dreamweaver CS3 图标，如图 1-1 所示，即可启动 Dreamweaver CS3。

首次启动 Dreamweaver CS3 时，系统会弹出一个“默认编辑器”界面，让用户从中选择 Dreamweaver CS3 默认支持的文件类型，如图 1-2 所示。

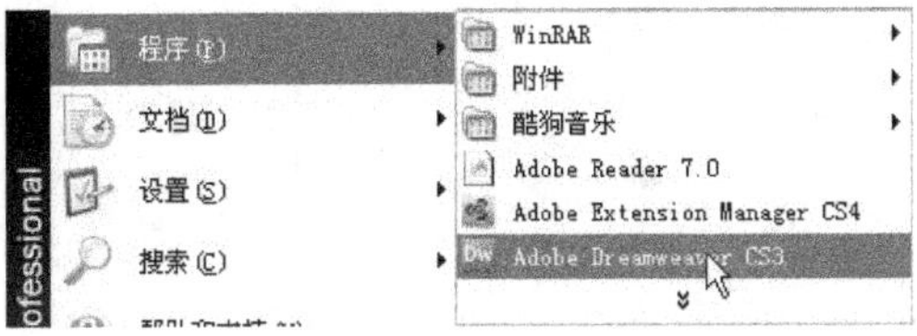

图 1-1　启动 Dreamweaver CS3

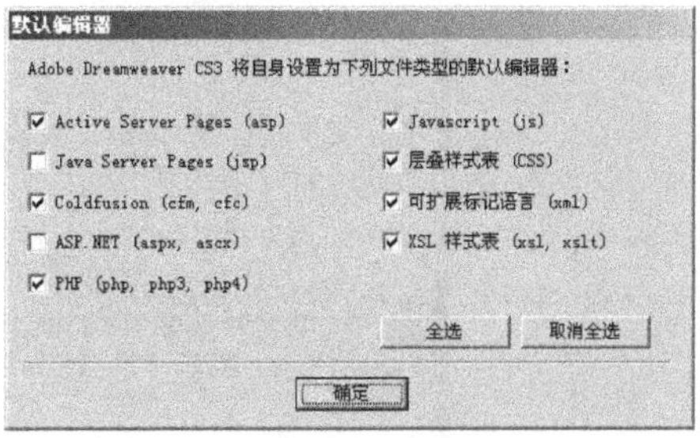

图 1-2　“默认编辑器”对话框

这里用户可以根据自己的需要选择文件类型。例如，如果希望把 Dreamweaver 作为 ASP 代码的默认编辑器，就选中第 1 个复选框。这里选择默认，单击“确定”按钮，此时将打开 Adobe Dreamweaver CS3 程序窗口，如图 1-3 所示。

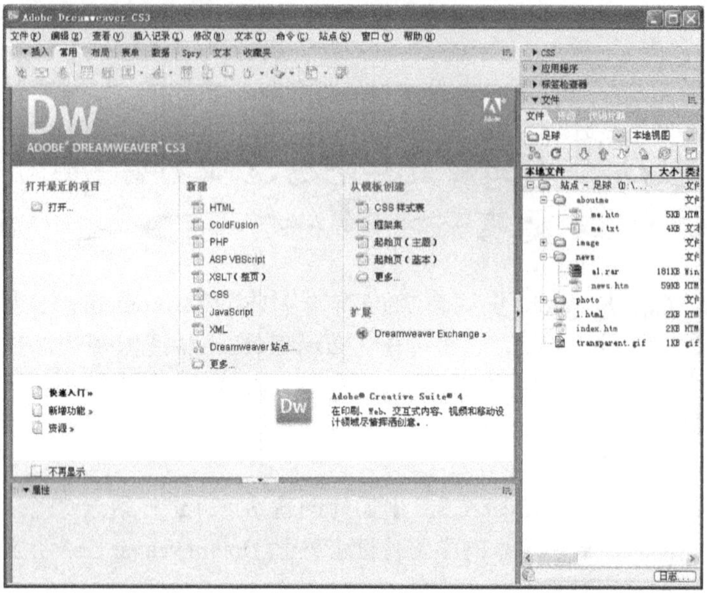

图 1-3　Adobe Dreamweaver CS3 程序窗口

1.1.2　Dreamweaver CS3 的工作环境

启动 Dreamweaver CS3，单击“新建”类型的“HTML”，创建一个网页页面文件，此时 Dreamweaver CS3 工作界面如图 1-4 所示。

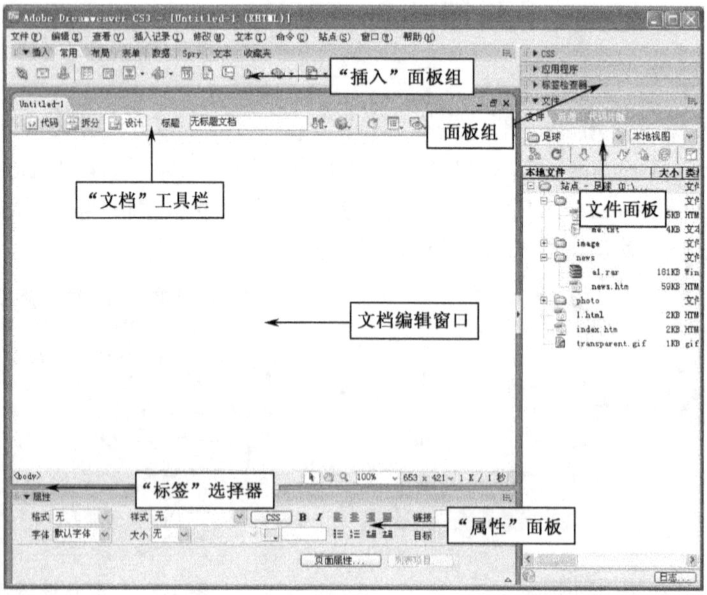

图 1-4　Dreamweaver CS3 工作界面

Dreamweaver CS3 窗口是一个标准的 Windows 窗口，它也有标题栏、菜单栏和快捷菜单。将鼠标指针移到窗口、面板或其他地方，单击鼠标右键，会弹出一个快捷菜单。快捷菜单中会列出当前状态下可能要进行的操作命令。

1．“插入”面板组

“插入”面板组上包括 7 个子面板，如图 1-5 所示，依次为“常用”、“布局”、“表单”、“数据”、“Spry”、“文本”和“收藏夹”。通过单击面板组的标签，可以切换到其他子面板。

图 1-5　“插入”面板组（制表符）

“插入”面板有两种显示方式：菜单方式和选项方式。如要切换显示方式，在制表符方式下，单击面板右侧的控制按钮，选择“显示为菜单”命令，如图 1-6 所示；而在菜单显示方式下，单击“常用”旁的下拉按钮，选择“显示为制表符”命令即可，如图 1-7 所示。

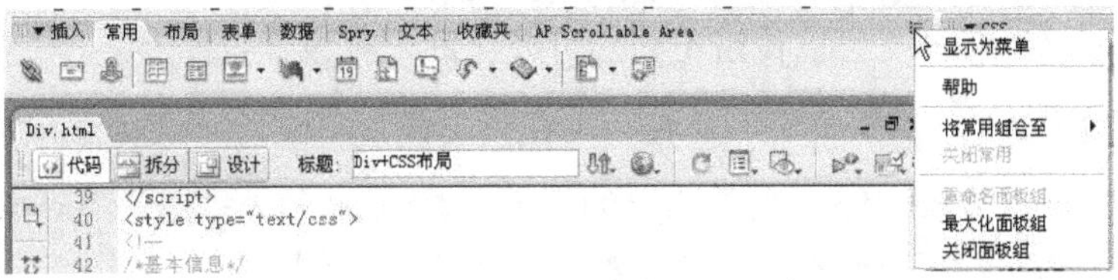

图 1-6　“插入”面板组的制表符方式

图 1-7　“插入”面板组的菜单方式

如果“插入”面板组没有显示出来，可以选择主菜单中的“窗口”｜“插入”将其打开。

2．“文档”工具栏

“文档”工具栏中设有按钮，使用这些按钮可以在文档的不同视图间快速切换，这些视图包括“代码”视图、“设计”视图、同时显示“代码”和“设计”视图的“拆分”视图，如图 1-8 所示。“文档”工具栏中还包含一些与查看文档、在本地和远程站点间传输文档有关的常用命令和选项。

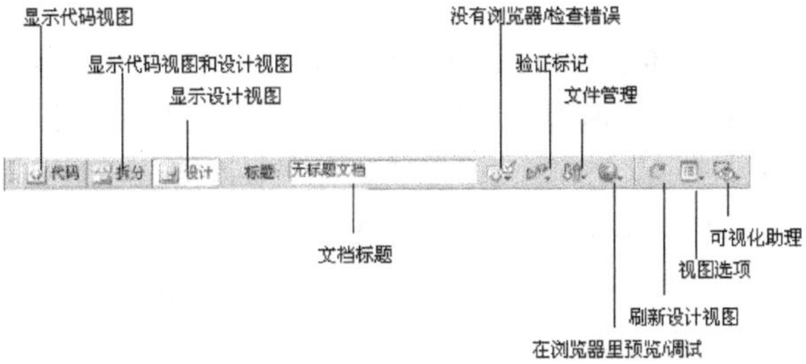

图 1-8　“文档”工具栏

“文档”工具栏中主要的工具按钮功能如下。

没有浏览器/检查错误按钮——单击该按钮可以在下拉菜单中实现检查浏览器支持、查找错误及设置目标浏览器的版本等功能。

验证标记按钮——可以验证当前文档或选中的标签。

文件管理按钮——单击该按钮可以在下拉菜单中实现对文件只读属性的编辑、本地站点和服务器端文件的上传和下载、网页文件的自动检查及方便团队工作时的设计备注等菜单命令。

在浏览器里预览/调试按钮——单击该按钮可以在下拉菜单中实现网页预览（可按F12 键代替），纠正 JavaScript 的错误及选择浏览器等。

刷新设计视图按钮——用于刷新本地和远程站点的目录列表。

视图选项按钮——单击该按钮可以在下拉菜单中实现人性化的功能，如表格边框、层边框等可视化助理的显示，文件头、网格、标尺的显示等。

可视化助理按钮——可以使用不同的可视化助理来设计页面。

3．“属性”面板

“属性”面板可以检查和编辑当前选定的页面元素（如文本和插入的对象）的最常用属性。“属性”面板中的内容根据选定的元素会有所不同。例如，如果选择页面上的一个图像，则“属性”面板将改为显示该图像的属性，如图 1-9 所示。

图 1-9　图像“属性”面板

在默认情况下，“属性”面板位于工作区的底部，根据需要也可以将它停靠在工作区的顶部。单击“属性”字样或左端的下拉按钮，属性面板折叠起来，再次单击，面板即可展开。

4．文档编辑窗口

网页文档编辑窗口是 Dreamweaver CS3 的主工作区，在这里可以进行网页的设计制作。

（1）文档编辑窗口的缩放

网页文档编辑窗口的大小可以通过鼠标拖曳编辑区右边框来调整，或单击编辑区右边框线上的按钮，完成最大化或还原网页编辑区的操作，如图 1-10 所示。

（2）文档编辑窗口的标题栏

当文档窗口有标题栏时，标题栏显示页面标题，并在括号中显示文件的路径和文件名。如果做了更改但尚未保存，Dreamweaver 将在文件名后显示星号。如果文档窗口处于最大化状态时，没有标题栏，页面标题、文件的路径和文件名显示在主工作区窗口的标题栏中。

此外，当文档窗口处于最大化状态时，出现在文档窗口区域顶部的选项卡显示所有打开的文档的文件名。若要切换到某个文档，可以单击相应的选项卡。

（3）缩放工具和手形工具

使用放大工具可以有助于更容易地对齐图像、选择较小的对象及查看较小的文本。使用手形工具，可以在设计视图下拖曳页面以便查看，如图 1-11 所示。

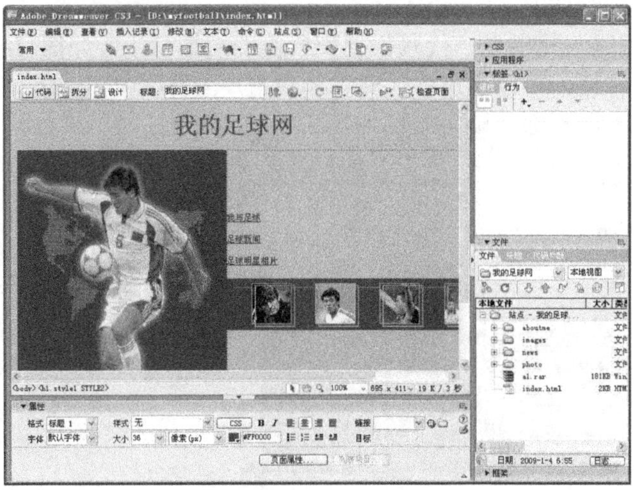

图 1-10　最大化文档窗口按钮

图 1-11　缩放工具和手形工具

（4）标尺和辅助线

执行“查看”|“标尺”|“显示”命令，可在文档编辑窗口中显示标尺，方便设计时的定位。

辅助线是从标尺拖动到文档上的线条，有助于准确地放置和对齐对象。使用辅助线还可以测量页面元素的大小，或者模拟 Web 浏览器的重叠部分（可见区域），如图 1-12 所示。

图 1-12　辅助线

若要创建水平辅助线或垂直辅助线，可以采用以下方法。

① 从相应的标尺拖动。

② 在“文档”窗口中定位辅助线，然后松开鼠标按钮。

③ 可以通过再次拖动辅助线来重新定位辅助线。

在默认情况下，以绝对像素度量值来记录辅助线与文档顶部或左侧的距离，并相对于标尺原点显示辅助线。若要以百分比形式记录辅助线，可在创建或移动辅助线时按住 Shift 键。若将光标放到辅助线上，可查看此辅助线的位置，按住 Ctrl 键时可查看辅助线两侧的宽度或高度。

（5）编码工具栏（只用于“代码”视图）

Dreamweaver CS3 中新增加的编码工具栏在“代码”视图一侧的沟槽栏中，如图 1-13 所示，它提供了用于常见编码功能的按钮，可以迅速将代码添加到用户的页面中。

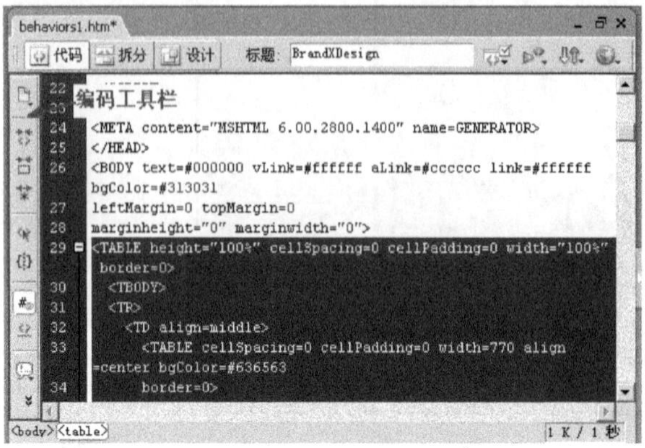
behaviors1.htm*
代码
拆分
设计
标题：BrandXDesign
编码工具栏
<META content="MSHTML 6.00.2800.1400" name=GENERATOR>
</HEAD>
<BODY text=#000000 vLink=#ffffff aLink=#cccccc link=#ffffff
bgColor=#313031
leftMargin=0 topMargin=0
marginheight="0" marginwidth="0">
<TABLE height="100%" cellSpacing=0 cellPadding=0 width="100%"
border=0>
<TBODY>
<TR>
<TD align=middle>
<TABLE cellSpacing=0 cellPadding=0 width=770 align
=center bgColor=#636563
border=0>
<body><table>
1 K / 1 秒

图 1-13　编码工具栏

编码工具栏中各按钮的功能如下。

打开的文档按钮——列出已打开的文档。选择一个文档后，它将显示在“文档”窗口中。

折叠整个标签按钮——折叠位于一组开始和结束标签之间的内容，例如位于 <table> 和</table>之间的内容。

折叠所选按钮——折叠所选代码。

扩展全部按钮——可还原所有折叠的代码。

选择父标签按钮——可选择放置了插入点的那一行的内容及其两侧的开始和结束标签。

选取当前代码按钮——选择放置了插入点的那一行的内容及其两侧的圆括号、大括号或方括号。

行号按钮——可以在每个代码行的行首隐藏或显示行号。

高亮显示无效代码按钮——将以黄色、高亮显示无效的代码。

应用注释按钮——可以在所选代码两侧添加注释标签或打开新的注释标签。

删除注释按钮——删除所选代码的注释标签。如果所选内容包含嵌套注释，则只会删除外部注释标签。

环绕标签按钮——在所选代码两侧添加选自“快速标签编辑器”的标签。

最近的代码片断按钮——可以从“代码片断”面板中插入最近使用过的代码片断。

缩进代码按钮——将选定内容向右移动。

凸出代码按钮——将选定内容向左移动。

格式化源代码按钮——将先前指定的代码格式应用于所选代码，如果未选择代码块，则应用于整个页面。

（6）代码折叠

这是 Dreamweaver CS3 新增的一个好用的功能，通过隐藏和展开代码块，可以重点显示想要查看的代码，如图 1-14 和图 1-15 所示。

若要折叠代码，请执行以下操作。

① 选择代码。

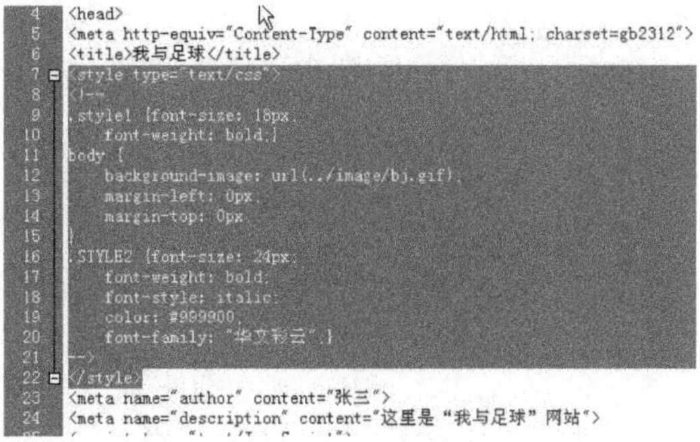
<head>
<meta http-equiv="Content-Type" content="text/html; charset=gb2312">
<title>我与足球</title>
<style type="text/css">
<!--
.style1 {font-size: 18px;
font-weight: bold;}
body {
background-image: url(../image/bj.gif);
margin-left: 0px;
margin-top: 0px;
}
.STYLE2 {font-size: 24px;
font-weight: bold;
font-style: italic;
color: #999900;
font-family: "华文彩云";}
-->
</style>
<meta name="author" content="张三">
<meta name="description" content="这里是“我与足球”网站">

图 1-14　代码折叠前

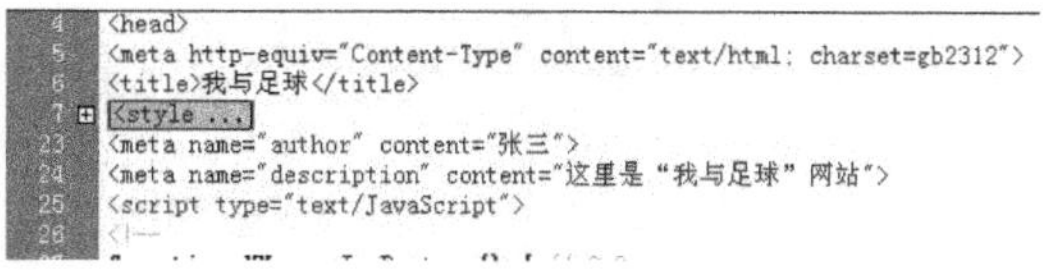
<head>
<meta http-equiv="Content-Type" content="text/html; charset=gb2312">
<title>我与足球</title>
<style ...
<meta name="author" content="张三">
<meta name="description" content="这里是“我与足球”网站">
<script type="text/JavaScript">
<!--

图 1-15　代码折叠后

② 选择“编辑”｜“代码折叠”｜“折叠所选”命令，或单击所选代码旁边的折叠（⊞或⊟）按钮。

若要折叠所选代码之外的代码，请执行以下操作。

① 在“代码”视图中选择代码。

② 选择“编辑”｜“代码折叠”｜“折叠外部所选”命令。

5. 面板组

面板组是组合在一个标题下面的相关面板的集合。面板组中选定的面板显示为一个选项卡。每个面板组都可以展开或折叠，并且可以和其他面板组停靠在一起或取消停靠。浮动面板是非常重要的网页处理辅助工具，它具有随着调整即可看到效果的特点。由于它可以方便地拆分、组合和移动，所以也把它叫做浮动面板。

Dreamweaver CS3 默认的面板组有以下 4 个。

（1）CSS 面板组

CSS 面板组包含“CSS 样式”和“AP 元素”两个浮动面板，主要提供交互式网页设计和网页格式化的工具，如图 1-16 所示。

（2）“应用程序”面板组

“应用程序”面板组包含“数据库”、“绑定”、“服务器行为”、“组件”4 个浮动面板，主要提供动态网页设计和数据库管理的工作，如图 1-17 所示。

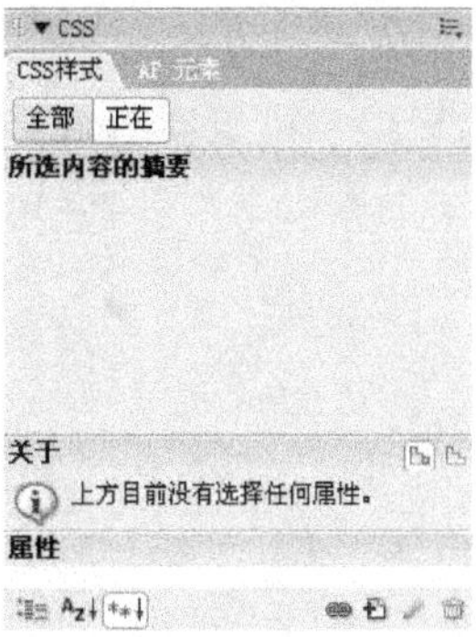
CSS
CSS样式
AP 元素
全部
正在
所选内容的摘要
关于
上方目前没有选择任何属性。
属性

图 1-16　“CSS”面板组

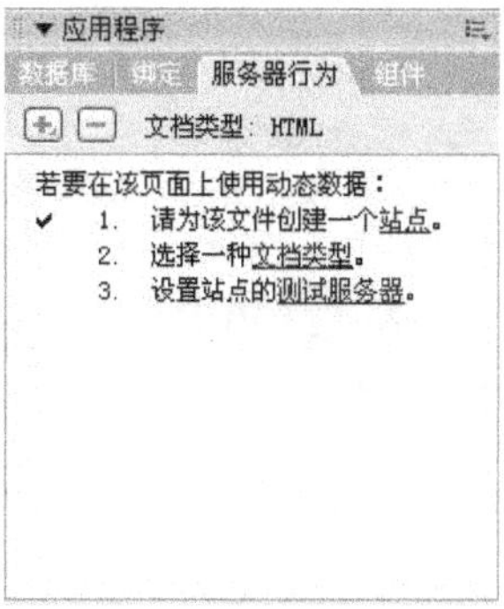
应用程序
数据库
绑定
服务器行为
组件
文档类型: HTML
若要在该页面上使用动态数据：
1. 请为该文件创建一个站点。
2. 选择一种文档类型。
3. 设置站点的测试服务器。

图 1-17　“应用程序”面板组

（3）“标签检查器”面板组

“标签”面板组包含“属性”和“行为”两个浮动面板，可方便代码的调试，如图 1-18 所示。

（4）“文件”面板组

“文件”面板组包含“文件”、“资源”和“代码片断”3 个浮动面板，主要提供管理站点的各种资源，如图 1-19 所示。

图 1-18　“标签检查器”面板组

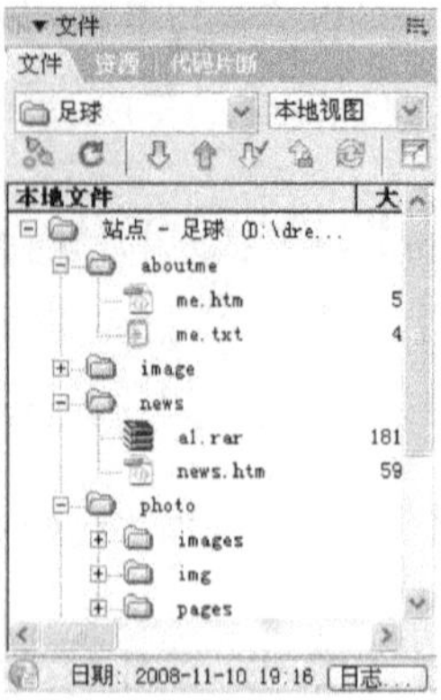

图 1-19　“文件”面板组

这些面板组中的面板将在以后的章节中逐一介绍。

6．浮动面板组的操作

常用的浮动面板组的操作方法如下。

（1）展开和折叠浮动面板组

Dreamweaver CS3 的每个浮动面板组都具有展开与折叠的功能，单击面板左上角的三角标记▶即可展开与折叠浮动面板。

（2）移动浮动面板组

将鼠标指向浮动面板组左上角的标签，当鼠标指针变成 4 个方向的箭头图标时，便可移动浮动面板组。利用这种方法可将浮动面板组拖离浮动面板组停靠区，或将浮动面板组拖入浮动面板组停靠区。

（3）重新组合浮动面板

选中浮动面板组中某个选项，单击浮动面板组右上角的按钮，打开下拉式菜单，并在级联菜单中选择与当前浮动面板组合的浮动面板组，可重新组合浮动面板，如图 1-20 所示。

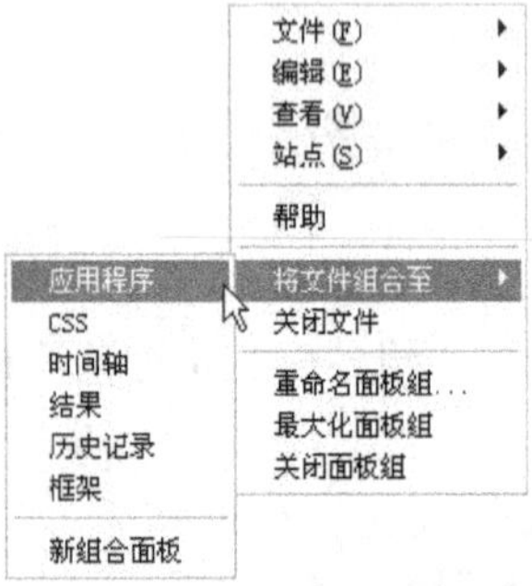

图 1-20　重新组合浮动面板

1.2　创建本地站点——我的足球网

1.2.1　案例综述

一般来说，用户所浏览的网页都存储在 Internet 服务器上的。所谓 Internet 服务器，就是用于提供 Internet 服务的计算机，对于 WWW 浏览服务来说，Internet 服务器主要用于存储用户所浏览的 Web 站点和页面。

通常，创建一个网站总是先在本地计算机上进行开发和调试，待完成后再上传到 Internet 服务器上。因此，在本地计算机上，应该首先创建一个本地站点，用以进行网站的开发和管理。本例将通过创建一个简单的站点来介绍本地站点的创建及站点中的文件管理。

1.2.2　案例分析

在制作网页之前，首先应该在本地计算机的磁盘上以文件夹的形式建立一个本地站点，然后将设计的网页文件及所搜集的资料（例如图片、声音、文字等）存放在该文件夹下，以便控制站点结构、全面系统地管理站点中的每个文件。

利用 Dreamweaver CS3 的文件面板就可以完成本地及远程站点的编辑和管理等任务。本例要做的主要工作有以下几方面。

① 规划站点。

② 创建本地站点。

③ 管理站点中的文件。

④ 制作简单主页。

1.2.3　实现步骤

1．规划站点

在着手进行网站设计之前，做一些诸如栏目规划、文件管理的准备工作是非常重要的。

① 在 D 盘新建文件夹 myfootball 作为存放整个站点内容的文件夹，它也是网站的根目录。

② 网站命名为“我的足球网”，包括 3 个栏目：“我与足球”、“足球新闻”、“足球明星相片”，这 3 个栏目的内容分别存放在网站根目录下的 aboutme，news，photo 文件夹里。

③ 网站所有素材图像存放于根目录下的文件夹 images 中。

④ 案例效果设计如图 1-21 所示。

图 1-21　“我的足球网”网站效果

2．创建本地站点

为更好地实现对网站的管理，通常需要在 Dreamweaver CS3 中新建一个站点，这样可以利用 Dreamweaver CS3 强大的站点管理功能来管理自己的网站。

步骤

① 打开 Dreamweaver CS3，选择菜单栏中的“站点”|“管理站点”命令，在随后出现的“管理站点”窗口中，单击“新建”|“站点”命令，如图 1-22 所示。

图 1-22　新建“站点”

② 出现“站点定义”向导，在文本框中为站点命名，这里输入 myfootball，如图 1-23 所示，单击“下一步”按钮。

③ 在“站点定义”第 2 部分，选择默认选项“否，我不想使用服务器技术”，如图 1-24 所示，单击“下一步”按钮。

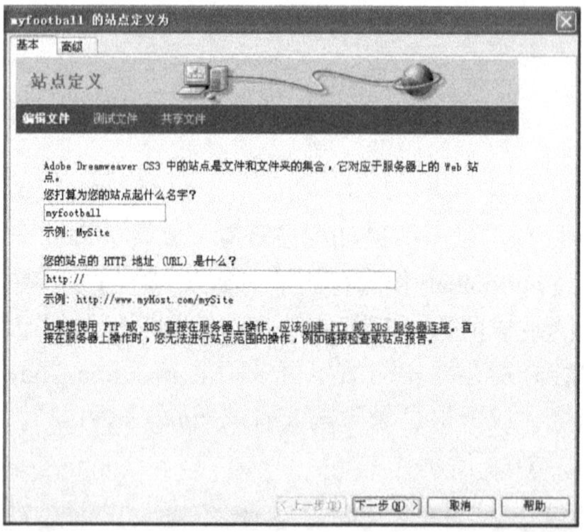

图 1-23　输入站点名称“myfootball”

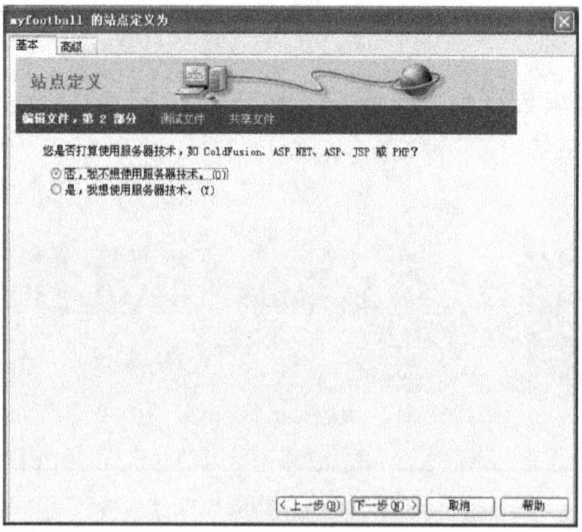

图 1-24　选择“否，我不想使用服务器技术”

④ 在“站点定义”第 3 部分，在“您将把文件存储在计算机上的什么位置？”处的文本框内输入站点根目录路径，这里输入“D:\myfootball\”，如图 1-25 所示，单击“下一步”按钮。

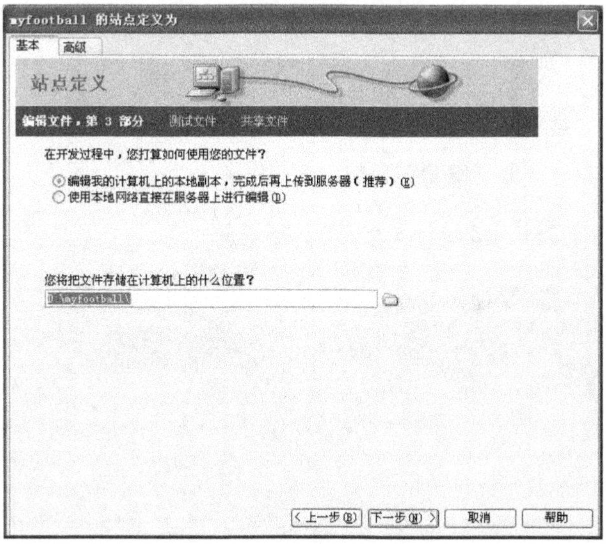

图 1-25　输入本地站点所在的根目录路径

提示　在第③步中选择默认选项“否，我不想使用服务器技术”，是因为本案例要建立的站点是一个简单的本地站点，与服务器技术无关。在第④步中，定义站点根目录路径为本地计算机根目录路径，仅在本地测试，同样与服务器无关。

⑤ 在“您如何连接到远程服务器？”下拉列表处，选择“无”选项，如图 1-26 所示，单击“下一步”按钮。

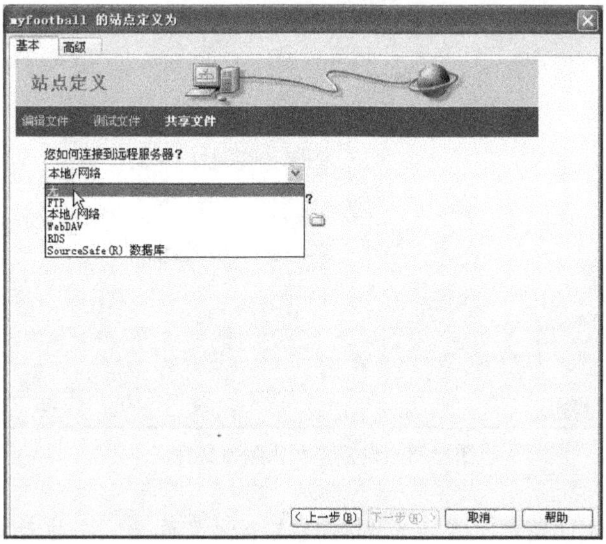

图 1-26　远程服务器选择“无”选项

⑥ 站点定义完成，出现“总结”窗口，显示出了刚才所定义的站点的基本信息，最后一句提示“可以使用‘高级’选项卡对您的站点进行进一步配置”，单击该窗口上方“高级”标签，作进一步设置，如图 1-27 所示。

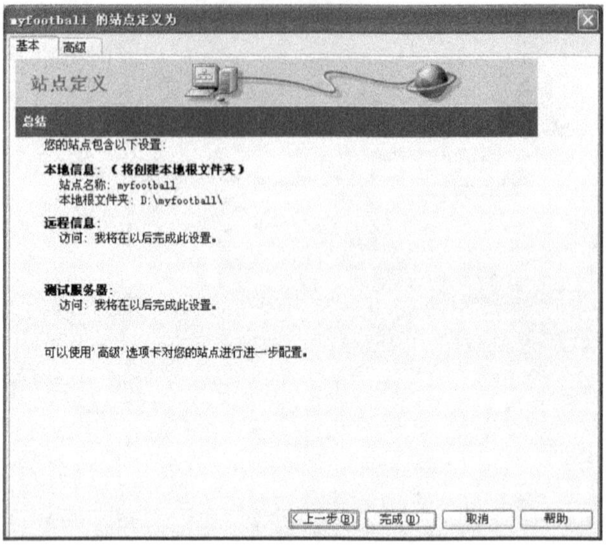

图 1-27　站点定义向导“总结”窗口

⑦ 在“高级”选项卡内，可以看到前面所设置的“站点名称”及“本地根文件夹”情况，这里需要进一步设置“默认图像文件夹”位置，此处设为“D:\myfootball\images\”，如图 1-28 所示，单击“确定”按钮。

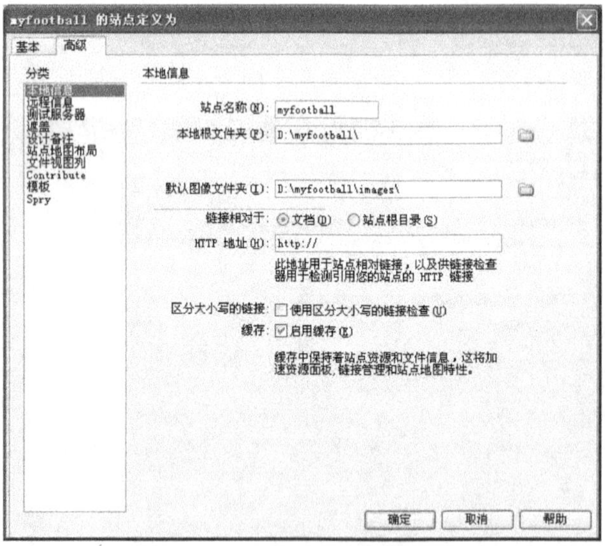

图 1-28　设置“默认图像文件夹”

提示　设置“默认图像文件夹”的好处在于，当要插入一幅站点外的图像到网页上时，系统会提示是否需要复制，如果需要，则系统自动将图像复制到默认图像文件夹内。如果不设此项，则默认图像文件夹为当前站点根目录。

⑧ 系统自动返回到“管理站点”窗口，新建站点 myfootball 已出现在列表框中，单击“完成”按钮，完成站点的创建。

⑨ 创建完成的站点会自动显示在“文件”面板中，如图 1-29 所示。

图 1-29　站点显示在“文件”面板中

3．管理在“文件”面板中的文件

新创建好的站点显示在“文件”面板中，这时可以看到站点下除 images 文件夹外，没有任何内容，现在可以在这里按网站的事先规划创建其他文件。

步骤

① 在“文件”面板中的“站点 myfootball (D:\myfootball\)”处单击鼠标右键，在弹出的快捷菜单中选择“新建文件”命令，如图 1-30 所示。

② 系统将自动创建新文件 untitled.html，如图 1-31 所示。

图 1-30　新建文件

图 1-31　创建新文件 untitled.html

③ 将默认文件名 untitled.html 改为 index.html，该文件为网站的首页文件，也是本例中要重点编辑的网页。

提示　此处将新建文件名改为 index.html 是因为在本站规划中，该文件是网站的首页文件，即访问网站的人最先看到的一个网页。一般情况下，网站默认的首页文件名是 index.html，此外也可以是 index.htm，index.asp，default.html 等。（注意区分大小写）

图 1-32　新建文件夹

④ 用鼠标右键单击“文件”面板中的“站点 myfootball(D:\myfootball\)”，在弹出的快捷菜单中选择“新建文件夹”命令。

⑤ 系统自动创建新文件夹 untitled，图标表示这是一个文件夹，将默认文件夹名 untitled 改为 aboutme，如图 1-32 所示。

⑥ 用同样的方法创建另两个文件夹 photo，news，用 aboutme，photo，news 文件夹存放事先设计的 3 个栏目内容，如图 1-33 所示。

⑦ 在 3 个文件夹 aboutme，photo，news 中分别再建 3 个网页文件 me.htm，photo.htm，news.htm，作为首页文件的 3 个链接指向，如图 1-34 所示。

图 1-33　再建两个文件夹

图 1-34　分别在各文件夹中创建网页文件

提示　在文件夹 aboutme，photo，news 中分别再建网页文件 me.html，photo.html，news.html 时，应在相应文件夹上单击鼠标右键，从而保证所建文件分别在 3 个文件夹内。

4．编辑首页文件

首页文件，有时也称主页文件，是来访者光临网站时最先看到的页面。双击“文件”面板上的 index.html 文件，可以在编辑区域内打开此文件进行编辑。下面重点介绍“我的足球网”首页文件的编辑方法。

步骤

① 首先为要编辑的网页设置背景色，单击编辑区域下方的 页面属性... 按钮，出现“页面属性”对话框。

② 单击“背景颜色”旁的按钮，选择绿色作为背景色，如图 1-35 所示，单击“确定”按钮。

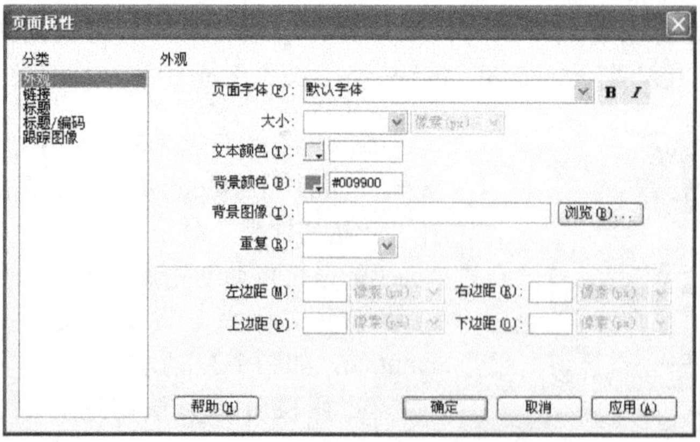

图 1-35　“页面属性”对话框

③ 编辑的页面变成绿色的背景，在编辑区域内输入“我的足球网”。

④ 在“我的足球网”的下一行插入一个 1 行 2 列的表格。选择“插入”|“表格”命令，在“表格”对话框中将“行数”设为 1，将“列数”设为 2，单击“确定”按钮，如图 1-36 所示。

⑤ 在页面上出现一个 1 行 2 列的表格，将文本光标停留在第 1 列内，在菜单栏中选择“插入”|“图像”命令，这时会弹出“图像标签辅助功能属性”对话框，如图 1-37 所示，在“替换文本”中输入页面不显示图片时的替代文字，单击“确定”按钮，将素材库里的图像 ch1\MAN.jpg 插入，如图 1-38 所示。

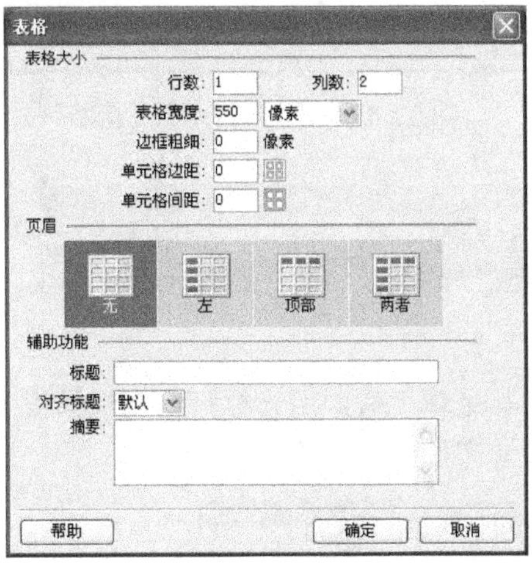

图 1-36　插入表格

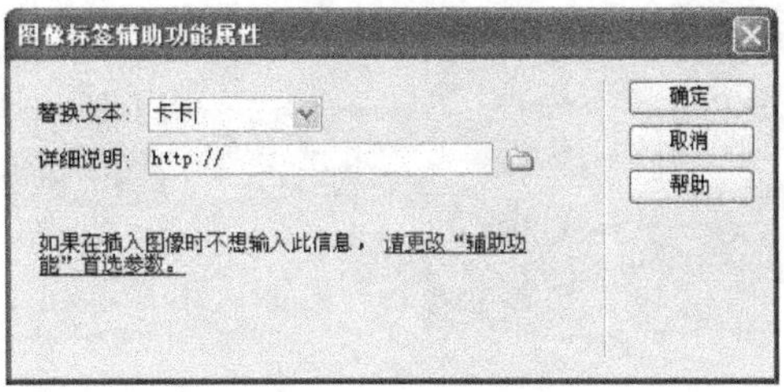

图 1-37　“图像标签辅助功能属性”对话框

图 1-38　在表格第 1 列内插入图像

提示　由于在创建站点时事先设置好的默认图像文件夹为 D:\myfootball\images\，在插入站点外的图像时，系统会自动将图像文件复制到默认图像文件夹。如果在创建站点时没有设置默认图像文件夹，则在插入站点外的图像时，系统会提示是否需要复制。单击“是”按钮，则将文件复制到站点根目录下，如图 1-39 所示。如果单击“否”按钮，则不复制，只保持与源图像的链接关系，这样在网站移动后，会出现图像无法显示的情况。

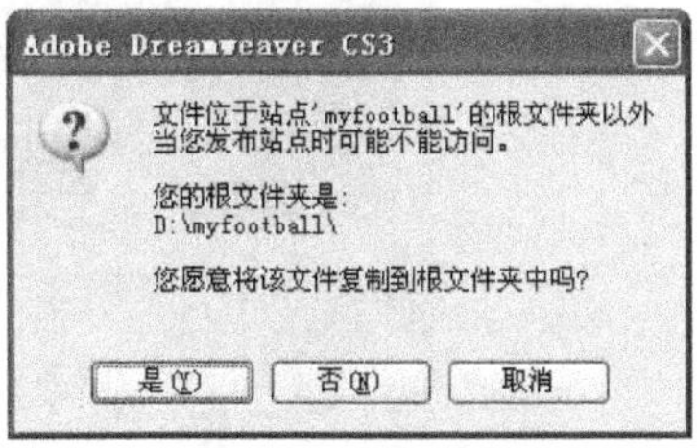

图 1-39　选择是否要复制图像文件到站点根文件夹

⑥ 在表格的第 2 列中，分 3 行依次输入“我与足球”、“足球新闻”、“足球明星相片”，并在下一行处插入一张图像素材，如图 1-40 所示。

⑦ 将光标移至表格的下一行，输入“本网站最后更新时间”，紧接着插入“日期”。选择菜单栏上的“插入”|“日期”命令，在出现的“插入日期”对话框中设置好显示的日期与时间格式，“储存时自动更新”复选框一定要选中，如图 1-41 所示，单击“确定”按钮。

⑧ 选择“我的足球网”后，在如图 1-42 所示的“属性”面板中进行设置，在“格式”下拉列表中选择“标题 1”，单击按钮☰，将网页标题居中。

图 1-40 在表格第 2 列输入文字及图像

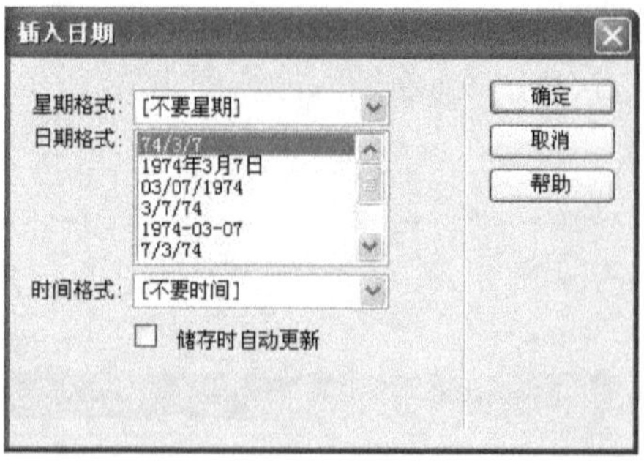

图 1-41 “插入日期”对话框

图 1-42 设置文本属性

⑨ 制作栏目链接。一个最简单的方法是选择“我与足球”后，用光标指向属性面板上的图标，并拖动鼠标到右边“文件”面板上的 me.html 文件处，如图 1-43 所示。

图 1-43 拖动图标到 me.html 文件

⑩ 用同样的方法制作文本“足球新闻”与“足球明星相片”的链接，其中“足球新闻”的链接指向文件 news.html，“足球明星相片”的链接指向文件 photo.html。

⑪ 在文档编辑区域上方的标题栏，将默认标题“无标题文档”改为“我的足球网”，如图 1-44 所示。文件存盘后按 F12 键，调用 IE 浏览器预览效果。

至此，一个简单的图文并茂的主页就制作完成了，至于其他几个链接页面的制作，读者可以自由发挥。为了方便用户浏览网站中的各个页面，应记住在 3 个分页面中设置返回的超链接。

图 1-44　将页面标题“无标题文档”改为“我的足球网”

1.3　站点的创建及基本操作

用 Dreamweaver CS3 创建 Web 站点有多种方式，可以创建一个静态的网站，也可以创建一个动态的具有交互功能的网站。利用 Dreamweaver CS3，用户可以在本地计算机的磁盘上构造出整个网站的框架，进行完善的测试。当站点设计完毕，可以利用各种上传工具，例如 FTP 程序，将本地站点上传到 Internet 服务器上，形成远端站点。

1.3.1　站点的规划

在创建站点之前，应合理地规划站点的目标、结构、内容、导航机制及站点的整体风格等。合理规划，不仅有利于避免设计的盲目性，而且有利于管理众多的站点文件。

1. 确定站点目标

一个好的站点，应该具有明确的目标。目标可谓是站点设计的灵魂与向导，能够引导设计者成功地设计站点。站点的目标因主题而异，因此，在设计站点之前应该明确站点的目标，才能有条不紊地设计和管理好站点文件。

2. 规划站点结构

俗话说，“良好的开端就是成功的一半”，认真地规划站点结构，能够避免日后出现文件管理混乱的局面。在规划站点结构时应遵循以下两个原则。

（1）本地站点和远程站点采用相同的结构

将本地站点和远程站点设置成相同的结构，以便于站点的维护和管理。在本地站点结构设置修改完成后，利用 Dreamweaver 将本地站点上的文件及文件夹上传到远程服务器上。

（2）用文件夹保存文档

应将站点文件分门别类，保存在站点根目录下的文件夹中，从而使文件的组织管理一目了然。

3．规划站点内容

站点的内容一定要丰富，纵然有漂亮的外表，没有充实的内容，也不能吸引广大浏览者。

可以将各种不同的内容划分为几个板块，例如，生活、旅游、健康、IT 等，这样既可以方便网站设计者，更能够方便用户获取相关信息。

除了文本和图像等内容外，如果需要，还可以加入多媒体元素、层动画等内容，使得在丰富网站内容的同时，平添几分生趣。

提示 要注意使用合理的文件名称，尽量避免使用中文名称，因为大多数的软件平台是基于英文的。有的 Web 服务器是区分大小写的，所以，一般都采用小写字母命名站点中的文件。

4．规划站点的导航机制

一个优秀的站点，应该具有明确的导航系统，避免使用户在页面上迷失方向，找不到自己想要浏览的内容。

在规划站点的导航机制时，应注意以下两个方面。

（1）返回首页链接

一般在站点的每个页面上都有首页的链接，方便用户回到开始的地方，寻找新的导航目标。同时，当用户在页面上迷失方向时，可以返回首页，重新开始。

（2）导航标题明确

导航标题文字或图像具有明确的导航指示作用，标题性文字一般是页面内容的概括，例如“今日要闻”，用户一看到该标题文字，就可知道链接的内容是当日重要的新闻，如果要查阅当日发生的重要事件，单击该链接即可。

相对于文字导航标题，图像标题更有其独到的一面。例如，做一个首页的链接，设计者往往是添加一个大家所熟悉的小狐狸图标，即搜狐网站的图标。这样，既可以起到明确的导航作用，同时又比单调的文本显得丰富。此外，可以在图像上添加替代文本，这些文本可起到辅助的指示作用。

5．明确站点的风格

站点的风格应该能够自然地流露出站点的主题，因此，应紧紧围绕站点主题和内容设计出页面的形象和风格。例如，以诗词歌赋为主题的站点，最好能够体现出书香韵味。

在实际创作过程中，可以使用模板创建风格相同的页面，使用库调用页面内经常出现的元素，这样，既可以提高设计的效率，又使得管理这些文件变得轻松。

1.3.2 定义本地站点

在 Dreamweaver 中，使用“文件”面板可查看和管理 Dreamweaver 站点中的文件。单击“文件”面板中左侧的下拉列表，从中选择“管理站点”，或选择主菜单“站点”|“新建站点”或“管理站点”命令，可以打开站点管理窗口。利用“管理站点”对话框可以创建和管理站点。

1．“管理站点”对话框

选择“站点”|“管理站点”命令，弹出“管理站点”对话框，该对话框的作用是创建新站点、编辑站点、复制站点、删除站点及导入或导出站点。

（1）创建新站点

Dreamweaver 的“管理站点”对话框除了提供新建“站点”功能，还提供了新建“FTP 与 RDS 服务器”功能，如图 1-45 所示。利用新建“FTP 与 RDS 服务器”，可以建立与远程计算机的联系，进行文件的远程编辑。

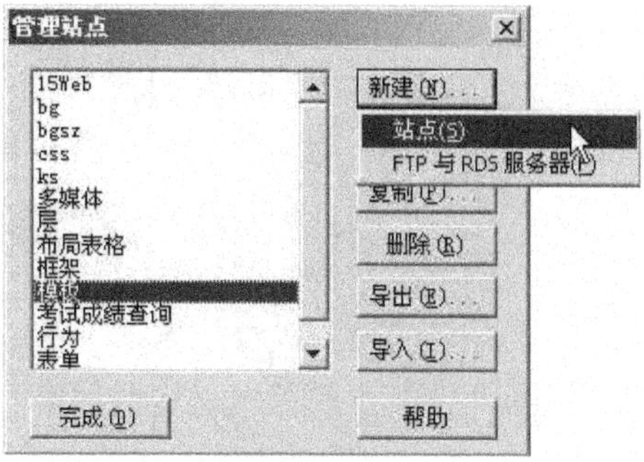

图 1-45　“管理站点”对话框

（2）编辑站点

对已经设置好的站点进行设置修改。

（3）复制站点

在“管理站点”对话框中可以建立一个站点的副本，副本将出现在站点列表窗口中。

（4）删除站点

将不需要的所选站点从“管理站点”对话框中删除，执行删除命令时会提醒用户该操作无法撤销。

（5）导入和导出站点

可以将站点导出为 XML 文件，然后将其导入 Dreamweaver。这样就可以在各计算机和产品版本之间移动站点，或与其他用户共享。

2．创建本地站点

单击“管理站点”对话框中的“新建”按钮，可以通过弹出的如图 1-46 所示的对话框来创建本站点。此对话框提供了“基本”和“高级”两种创建本地站点的方式。

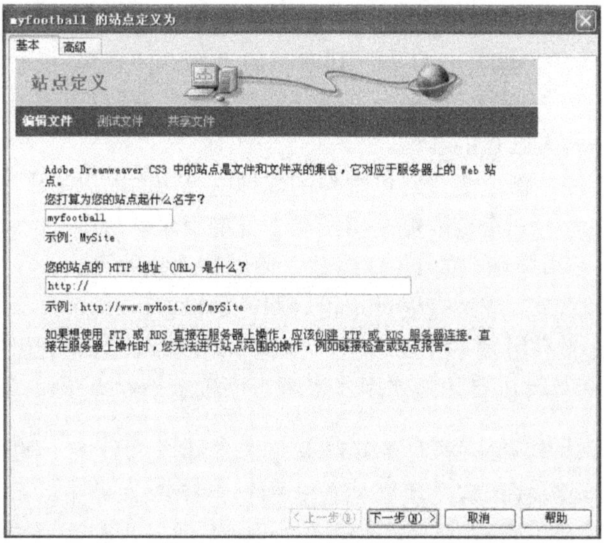

图 1-46　“站点定义”向导中的“基本”选项卡

（1）通过“基本”选项卡创建

在如图 1-46 所示对话框中，单击“基本”标签，出现“站点定义”向导，如图 1-46 所示，它将逐步引导完成设置过程。在“站点定义”向导中回答每一屏上出现的问题，然后单击“下一步”按钮，直至完成。

（2）通过“高级”选项卡创建

对于有经验的 Dreamweaver 用户，推荐使用“高级”选项卡来完成站点的创建。单击“站点定义”向导中的“高级”标签，出现“高级”设置选项卡，如图 1-47 所示。可以根据需要分别设置本地、远程和测试服务器信息。

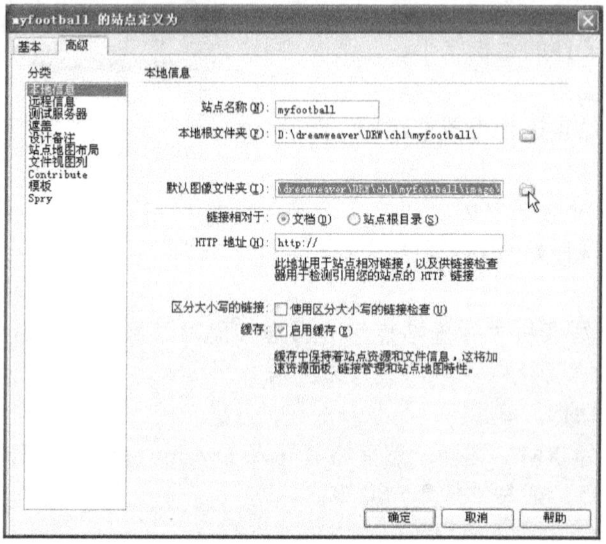

图 1-47　设置本地信息

在本机上用 Dreamweaver 设计网站时，如要快速开始，可以先设置本地信息，并且在开始使用 Dreamweaver 前至少应设置一个本地文件夹。至于其他远程和测试信息，可以以后添加。下面重点介绍对“本地信息”设置的方法。

在“高级”选项卡中，选择“分类”列表中的“本地信息”，在右侧出现相关选项。本地文件夹的属性如下。

“站点名称”——输入站点的名称。

“本地根文件夹”——指定放置站点文件的本地文件夹。

“默认图像文件夹”——指定放置站点图像文件的目录。

“HTTP 地址”——指定站点的 URL 地址。使用该选项的目的是为了使 Dreamweaver 能够验证站点中使用绝对 URL 或站点根目录相对路径的链接。

“缓存”——选择“启用缓存”复选框，创建本地缓存，这有利于提高站点的链接和站点管理任务的速度，而且可以有效地使用“资源”面板管理站点资源。

提示　如果没有选中“缓存”，当修改某个文件（或文件夹）的名称或移动某个文件（或文件夹）时，Dreamweaver 需要读取站点中每个 HTML 文档中的所有代码，才能验证哪些文件使用要修改的文件名或路径。如果站点内的文件很多，检测将要花费很长的时间。如果选中了此项，当用户在站点中创建文件夹时，将会自动在该目录下生成一个名为“_notes”的缓存文件夹，该文件夹默认是隐藏的。每当用户添加一个文件时，Dreamweaver 就会在该缓存文件中添加一个小的文件，专门记录该文件中的链接信息。这样当修改某个文件的名称时，软件将不需要读取每个文件中的代码，而只要读取缓存文件中的链接信息即可，大大节省更新站点链接的时间。

1.3.3　管理站点

在 Dreamweaver CS3 中利用“文件”面板，可以对本地站点的文件或文件夹进行选择、移动、复制、删除等操作。

1．在站点中选择多个文件

在“文件”面板中可以用以下操作方法选择多个文件。

① 单击第一个文件，按住 Shift 键，然后单击最后一个要选择的文件，可选择一组连续的文件。

② 按住 Ctrl 键，然后单击要选择的文件，可选择一组不连续的文件。

2．在本地站点中剪切、粘贴、复制、删除、重命名文件或文件夹

在“文件”面板中对文件的剪切、粘贴、复制、删除、重命名操作可先选中要操作的文件或文件夹，用鼠标右键单击在弹出的快捷菜单中选择相应的命令便可完成相应的文件操作，如图 1-48 所示。

3．创建文件或文件夹

建立了本地站点后，就可以创建自己的网页文件和文件夹来扩充站点。

步骤

① 在“文件”面板中单击鼠标右键，从弹出的快捷菜单中选择“新建文件”命令，如图 1-49 所示。将名称改为相应的网页文件名即可。

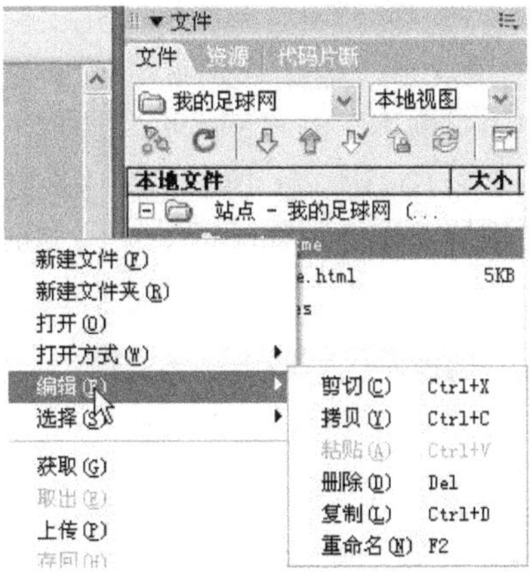

图 1-48　在“文件”面板中操作文件

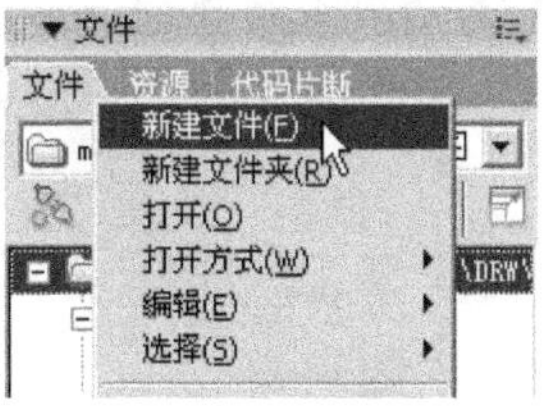

图 1-49　新建网页文件

② 在“文件”面板中单击鼠标右键，从弹出的快捷菜单中选择“新建文件夹”命令，给新创建的文件夹命名即可。

提示　在创建文件或文件夹时，用鼠标右键单击的位置即为创建后的位置。例如，用鼠标右键单击站点根目录新建文件，则此文件将存在站点根目录中。

可以使用相同的方法创建代表网站结构的其他文件夹，从而可以创建一个清晰的树状目录。

1.3.4 网页文件的基本操作

网页文件的基本操作包括：创建网页、打开网页和保存网页及网页的设置等。

1. 创建网页

在 Dreamweaver CS3 中，通常可以通过下列 4 种方法创建空白网页。

① 通过启动页面创建网页。启动 Dreamweaver CS3 后，窗口中会出现一个初始页面，单击“新建”下面的“HTML”选项即可创建网页，如图 1-50 所示。

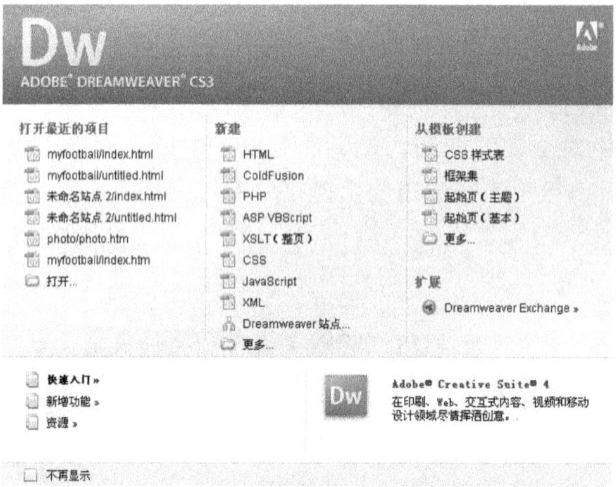

图 1-50　Dreamweaver CS3 的初始页面

② 在 Dreamweaver CS3 已启动或正在使用的情况下，选择“文件”|“新建”命令，打开“新建文档”对话框，选择“常规”选项卡中“类别”下的“基本页”选项，单击“创建”按钮，即可新建一个页面，默认名称为 Untitled-1，如图 1-51 所示。在“新建文档”对话框的“常规”选项卡的“类别”列表框中可以根据情况选择创建不同的页面类别，例如动态页面、模板页面、框架页等。

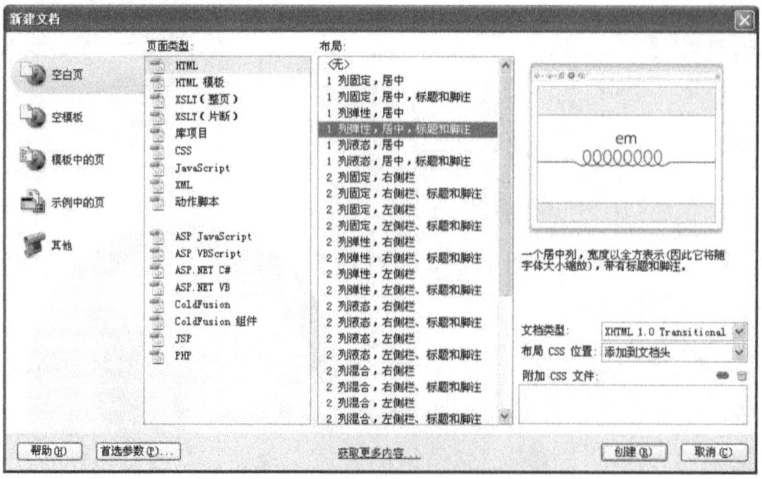

图 1-51　“新建文档”对话框

③ 在“文件”面板的站点根目录上单击鼠标右键，在弹出的快捷菜单中选择“新建文

件”创建网页。

④ 还可通过 Dreamweaver CS3 范例创建，在 Dreamweaver CS3 初始页面上，选择“从模板创建”|“起始页（主题）”下的风格类型，如图 1-52 所示。

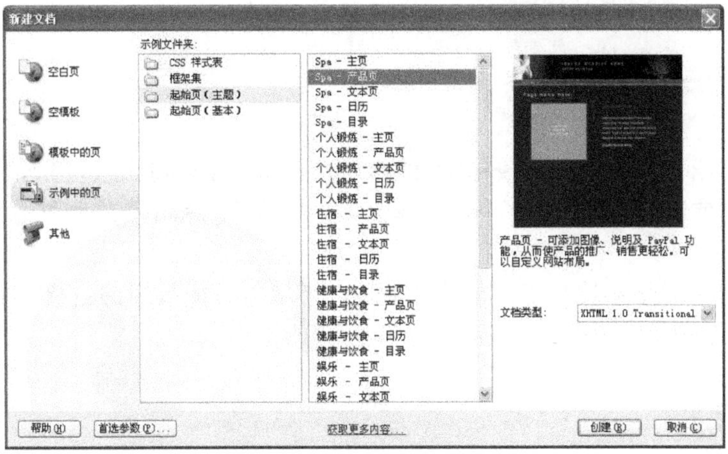

图 1-52　从范例创建

2. 打开网页

打开网页的操作方法有以下 4 种。

① 在 Windows 操作系统的资源管理器中选中要打开的文件图标，单击鼠标右键，从弹出的快捷菜单中选择“使用 Dreamweaver CS3 编辑”命令，便可在 Dreamweaver CS3 中打开该文档。

② 通过初始页面打开网页。启动 Dreamweaver CS3 后，单击初始页面上的“打开最近项目”下面的选项，可以打开文件。

③ 通过菜单命令打开网页。选择“文件”|“打开”命令，弹出“打开”对话框，选择要打开的文件，单击“打开”按钮，即可打开该文件。

提示　在默认情况下，系统打开 HTML 格式的文件。除此之外，还可以打开多种格式的文件，例如.asp，.js，.dwt，.as，.asr，.txt 等。打开的方法是：单击“打开”对话框的“文件类型”右端的下拉按钮，打开下拉列表，从中直接选择将要打开的文件类型即可。

④ 通过工具栏按钮打开网页。

3. 保存文件

编辑好的网页需要将其保存起来。在 Dreamweaver CS3 中，保存指定文件的常用方法有以下 3 种。

① 若在网页文件编辑区打开了多个文档窗口，应切换到要保存文件的网页编辑窗口，然后选择“文件”|“保存”命令或按 Ctrl+S 组合键，保存文件。需要说明的是，使用“保存”文件命令，在新建文件后第一次保存文件时会弹出“保存为”对话框，而当该文档已被保存过，或是该文档为打开的已有文档时，单击此命令只是将本次修改的内容补存进去，不会弹出“保存为”对话框。

② 若希望当前文档以另外的路径或文件名保存，则可选择“文件”|“另存为”命令，然后在“保存为”对话框中，输入该文件的路径和名称，单击“保存”按钮即可。

③ 在网页设计过程中，有时会同时打开多个文档窗口，编辑多个网页文件。若希望保存全部文件，可选择“文件”|“保存全部”命令，则可保存所有打开的文件。若某些窗口中的文件尚未保存过，则会出现“保存为”对话框，提示输入该文件保存的路径和名称，然后单击“保存”按钮，即可将其保存。

本章小结与重点回顾

本章详细介绍了 Dreamweaver CS3 的启动方式和工作环境，重点介绍了本地站点的创建、站点地图的使用，同时介绍了网站制作流程、建站技巧和在制作网页过程中需要注意的问题。

本章的重点知识是本地站点的创建和管理，了解常用面板组的主要功能，学会规划网站、创建站点，并掌握在站点中创建网页及文件夹的方法。

习题 1

一、选择题

1．设置文本属性可以通过__________来设置。

A．属性面板　　B．控制面板　　C．启动面板　　D．文本菜单

2．在 Dreamweaver CS3 中，可以在__________或__________中将图像插入文档。

A．标准视图　　B．代码视图　　C．设计视图　　D．布局视图

3．下面关于设计网站的结构的说法错误的是__________。

A. 按照模块功能的不同分别创建网页，将相关的网页放在一个文件夹中

B. 必要时应建立子文件夹

C. 尽量将图像和动画文件放在一个大文件夹中

D. 当地网站和远程网站最好不要使用相同的结构

4．若要编辑 Dreamweaver CS3 站点，可采用的方法是__________。

A．选择“站点”|“管理站点”，选择一个站点，单击“编辑”按钮

B．在文件面板中，切换到要编辑的站点窗口中，双击站点名称

C．选择“站点”|“打开站点”，然后选择一个站点

D．在“属性”面板中进行站点的编辑

二、填空题

1．开始使用 Dreamweaver CS3 前必须先定义一个站点，至少设置一个本地文件夹。选择__________|__________菜单命令可打开定义新建站点对话框。

2．有两种设置 Dreamweaver CS3 站点的方法：使用__________对话框的__________选项卡，可以使用向导带领用户逐步完成设置过程；或者使用__________选项卡，它使用户可以根据需要分别设置本地、远程和测试文件夹。

三、简答题

1．Dreamweaver CS3 是由哪个公司出品的？它是一个什么样的软件？

2．Dreamweaver CS3 网站构建的一般流程是什么？

第 2 章　制作网页的基本操作

经过前一章的学习，已经初步了解了 Dreamweaver CS3 基础知识和建立站点等内容，下面就可以对网页内容进行充实及版面布局了。在本章中将介绍网页的创建、打开和保存及网页制作的一些基本知识。

2.1　简单的图文混排——我与足球（me.html）

2.1.1　案例综述

在第 1 章中，完成了“我的足球网”站点的规划和创建，并制作了网站的首页。初步认识了在 Dreamweaver CS3 中制作网页的基本方法。在本例中将继续制作网站中的另一个页面“我与足球”，通过它可以掌握网页制作时的一些基本步骤和相关的属性设置，学会在网页中加入最基本的元素——文字和图像。本例的最终效果如图 2-1 所示。

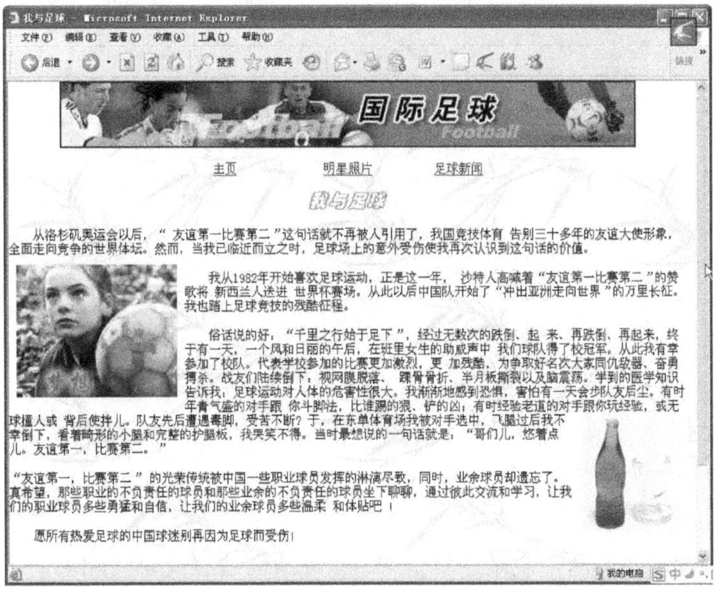

图 2-1　实例效果

2.1.2　案例分析

在制作网页时，大致需要以下 7 个环节。

① 新建或打开网页。

② 设置页面属性。

③ 设置头部信息。

④ 规划页面布局。

⑤ 添加页面元素。

⑥ 制作超链接。

⑦ 保存网页。

本例将按照这 7 个步骤，介绍制作网页的基本方法。由于本例中的主要元素是文字和图像，因而将涉及网页文件的操作、文本的插入和编辑、图像的插入和编辑等内容。

2.1.3 实现步骤

1. 新建或打开网页

在第 1 章中已创建了站点和主页，因此在继续制作时，只需打开已存在的页面即可。

具体操作步骤如下。

在“文件”面板中选定站点 myfootball，双击 aboutme 文件夹下的网页文件 me.html，在“编辑”窗口打开此文件。

2. 设置页面属性

对于在 Dreamweaver 中创建的每一页，都可以使用“页面属性”对话框指定布局和格式。页面属性主要包括设置网页中文本的颜色、网页的背景颜色及背景图片、网页边距等。

步骤

① 选择“修改”|“页面属性”命令，打开“页面属性”对话框，如图 2-2 所示。

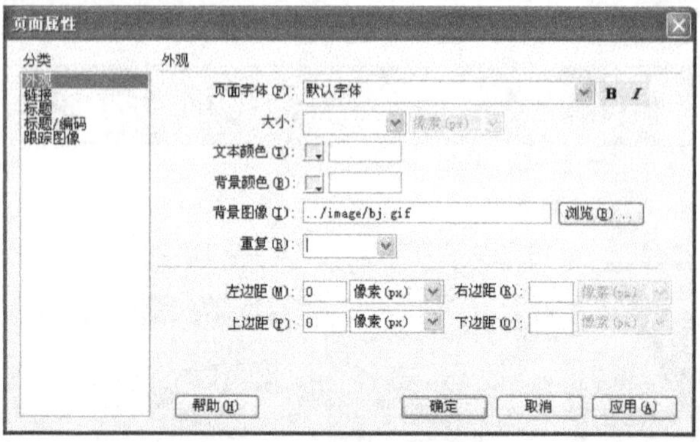

图 2-2 “页面属性”对话框

② 单击“背景图像”文本框后面的“浏览”按钮，选择图像文件 bg.jpg，使该图片以平铺的方式铺满页面，如图 2-3 所示。

③ 分别设“左边距”和“上边距”值为 0，使页面边缘没有间隙。

④ 通过该对话框，用户还可以设置标题、链接、标题/编码等属性。在“分类”列表中选择某一项，对话框右侧即会出现有关该选项的属性。

⑤ 设置完成后，单击“确定”按钮。

3. 设置头部信息

HTML 文件由两个主要部分组成，即 head 部分和 body 部分。Body 指文档的主要部分，也是包含文本和图像等的可见部分。head 部分指除文档标题外的不可见部分。

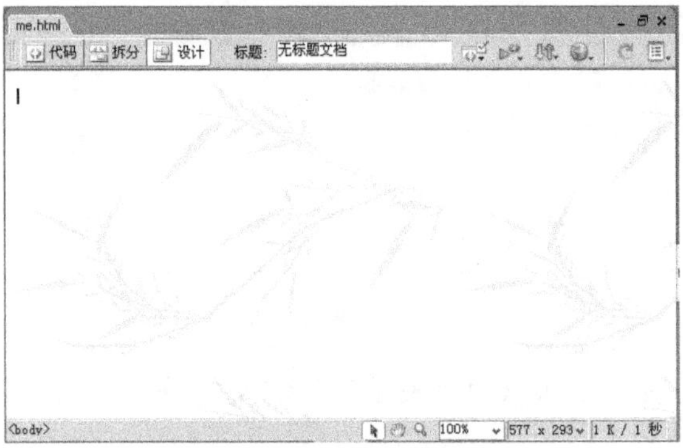

图 2-3　在“页面属性”中设置背景图片

设置页面标题。页面标题可使用户在浏览该网页时，从标题栏中看到该页的标题，可使浏览者一睹全貌，达到画龙点睛的作用。方法是直接在文档工具栏的“标题”文本框中（原显示为“无标题文档”），输入该页的标题“我与足球”，如图 2-4 所示。

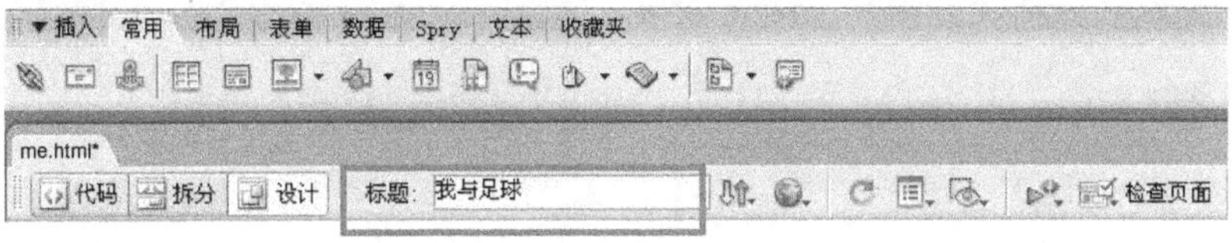

图 2-4　改变网页标题

设置头部信息包括文档类型、语言编码、搜索引擎的关键字和内容指示器及样式定义。

插入头部信息的方法是：选择“插入”面板组中的“常用”选项卡，单击“文件头”下拉按钮，如图 2-5 所示，或选择主菜单“插入记录”|“HTML”|“文件头标签”命令，选择需插入的信息，如图 2-6 所示。

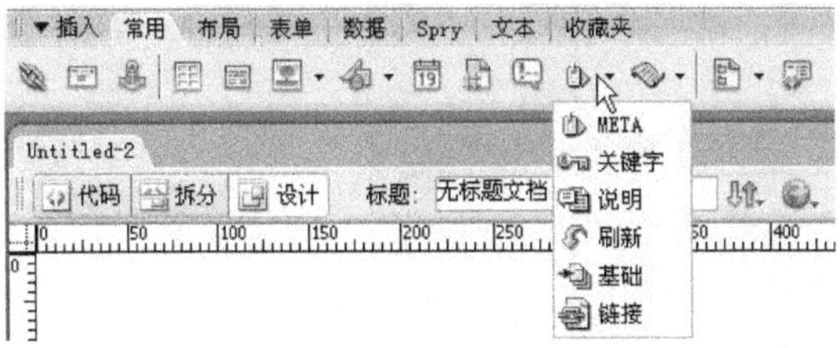

图 2-5　在“插入”面板组的常用类型中插入头部信息

图 2-6　用菜单方式插入头部信息

下面重点介绍头部信息的内容。

（1）插入“作者”信息

单击“META”选项，“META”标签记录有关当前页面的信息。在“值”文本框中输入“author”，在“内容”文本框中输入“葛艳玲”，作者的信息就设置好了，如图 2-7 所示。

（2）插入“关键字”

设置网页的关键字后，使用搜索引擎可以在网络上快速搜索到该网页。许多搜索引擎会自动阅读<meta>标签中的 Keywords（关键字）内容，并使用该信息在其数据库中建立对该页面的索引。有些搜索引擎在建立关键字时对关键字或字符有字符数量限制，有些则在关键字超出限定范围时忽略所有关键字。因此，网页的关键字应当精简且准确。

图 2-7　设置作者信息

单击“关键字”选项，在标记为“关键字”的文本框中输入关键字，并以逗号隔开，如图 2-8 所示。

（3）插入“说明”

“说明”为网页的说明性文字，如作者、介绍等。它和关键字一样可供搜索引擎寻找网页，只不过它提供了更加详细的网页描述性信息。单击“说明”选项，在标记为“说明”的文本框中输入网页的说明语句，如图 2-9 所示。

图 2-8　设置搜索关键字

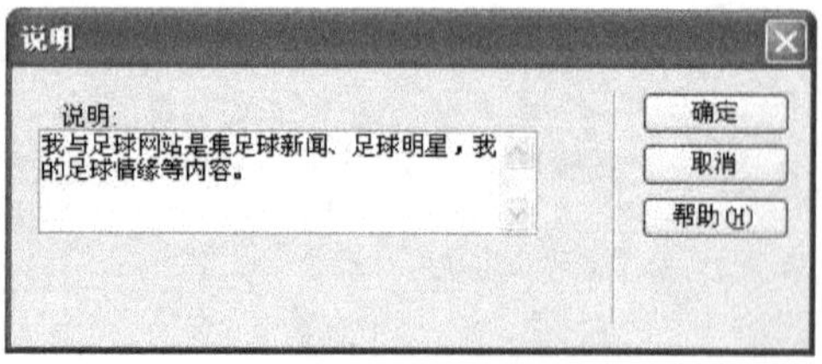

图 2-9　设置“说明”信息

（4）插入“刷新”

网页刷新通常用于两种情况：第一种是在打开某个网页后停留若干秒后，自动跳转到另一个新的页面；第二种是用于需要经常刷新的网页（如留言板中的页面），可以让浏览器每隔一段时间自动刷新自身的网页。

在“文件头”下拉菜单中选择“刷新”命令，此时将会打开“刷新”对话框，如图 2-10 所示。

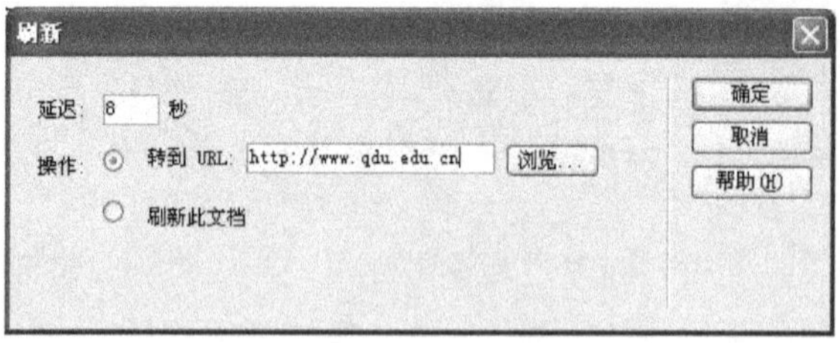

图 2-10　设置页面刷新

基本的准备工作完成之后，单击文档工具栏中的“代码”按钮，显示页面的源代码，如图 2-11 所示。

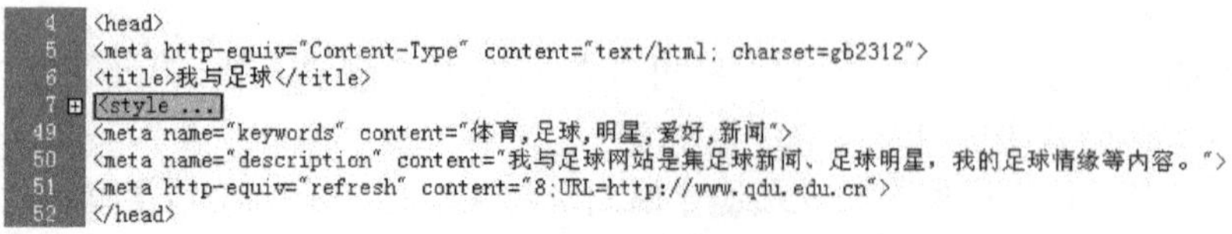

图 2-11　查看文件头部信息代码

其中的<head>、</head>之间的部分为文件头部分，<body>、</body>之间的部分为正文部分，前面所作的准备工作的内容已经插入到了文件头部分，其代码包括了文档标题、作者、说明、关键字等相关信息。

4．添加页面元素

步骤

（1）插入文本

① 打开素材文件夹中 ch2 下的 me.txt 文件，将其中内容全部选中，复制到剪贴板上。

② 打开 Dreamweaver CS3，在文件面板中打开站点 myfootball，打开第 1 章所创建的网页 me.html。

③ 在文档空白处用鼠标右键单击，在弹出的快捷菜单中选择“粘贴”命令，如图 2-12 所示，将文章内容全部复制到新建网页文档上。

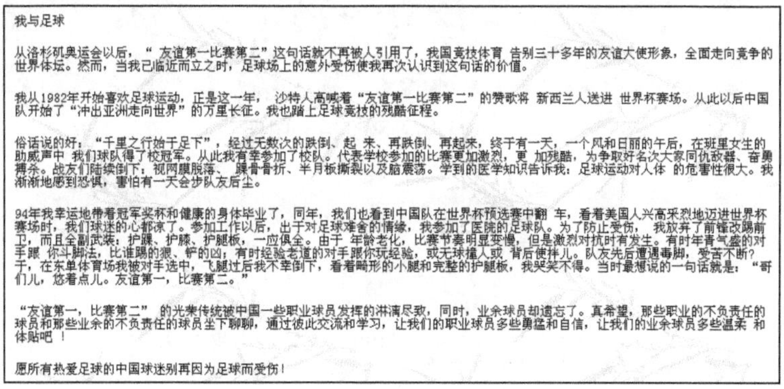
我与足球
从洛杉矶奥运会以后，“ 友谊第一比赛第二”这句话就不再被人引用了，我国竞技体育 告别三十多年的友谊大使形象，全面走向竞争的世界体坛。然而，当我已临近而立之时，足球场上的意外受伤使我再次认识到这句话的价值。
我从1982年开始喜欢足球运动，正是这一年， 沙特人高喊着“友谊第一比赛第二”的赞歌将 新西兰人送进 世界杯赛场。从此以后中国队开始了“冲出亚洲走向世界”的万里长征。我也踏上足球竞技的残酷征程。
俗话说的好：“千里之行始于足下”，经过无数次的跌倒、起 来、再跌倒、再起来，终于有一天，一个风和日丽的午后，在班里女生的助威声中 我们球队得了校冠军。从此我有幸参加了校队。代表学校参加的比赛更加激烈，更 加残酷，为争取好名次大家同仇敌忾、奋勇搏杀。战友们陆续倒下：视网膜脱落、 踝骨骨折、半月板撕裂以及脑震荡。学到的医学知识告诉我：足球运动对人体 的危害性很大。我渐渐地感到恐惧，害怕有一天会步队友后尘。
94年我幸运地带着冠军奖杯和健康的身体毕业了，同年，我们也看到中国队在世界杯预选赛中翻 车，看着美国人兴高采烈地迈进世界杯赛场时，我们球迷的心都凉了。参加工作以后，出于对足球难舍的情缘，我参加了医院的足球队。为了防止受伤， 我放弃了前锋改踢前卫，而且全副武装：护踝、护膝、护腿板，一应俱全。由于 年龄老化，比赛节奏明显变慢，但是激烈对抗时有发生。有时年青气盛的对手跟 你斗脚法，比谁踢的狠、铲的凶；有时经验老道的对手跟你玩经验，或无球撞人或 背后使绊儿。队友先后遭遇毒脚，受苦不断?于，在东单体育场我被对手选中，飞腿过后我不幸倒下，看着畸形的小腿和完整的护腿板，我哭笑不得。当时最想说的一句话就是：“哥们儿，悠着点儿。友谊第一，比赛第二。”
“友谊第一，比赛第二” 的光荣传统被中国一些职业球员发挥的淋漓尽致，同时，业余球员却遗忘了。真希望，那些职业的不负责任的球员和那些业余的不负责任的球员坐下聊聊，通过彼此交流和学习，让我们的职业球员多些勇猛和自信，让我们的业余球员多些温柔 和体贴吧 ！
愿所有热爱足球的中国球迷别再因为足球而受伤！

图 2-12　将文本内容粘贴到网页中

④ 选中文章标题文字“我与足球”，在“属性”面板中将其对齐方式设置为水平居中。

⑤ 在“属性”面板中设置其文本格式，如图 2-13 所示。字体为“华文彩云”，大小为 24px，颜色为#999900，选中“粗体 **B** ”、“斜体 *I* ”按钮。其他正文属性采用默认值。

属性
格式 段落
样式
CSS
B I
链接
字体 华文彩云
大小 24
像素(px)
#999900
目标
页面属性...
列表项目...

图 2-13　设置标题文字“我与足球”的属性

（2）插入图像

① 将光标定位在网页的开始位置，然后选择“常用”工具栏中的“图像”按钮，从硬盘中选择一张图像，这时，Dreamweaver 自动在 HTML 源代码中生成对该图像文件的引用。为了确保此引用的正确性，该图像文件必须位于当前站点中。如果在创建本地站点时设置了默认的图像文件夹，则 Dreamweaver 会自动将文件复制到该文件夹中，而如果未设置默认图像文件夹，Dreamweaver 会询问“是否要将此文件复制到当前站点中”。

② 单击“确定”按钮，在弹出的“图像标签辅助功能属性”对话框的“替换文本”文本框中输入文字，在只显示文本的浏览器或已设置为手动下载图像的浏览器中将显示代替图像的文字，如图 2-14 所示。

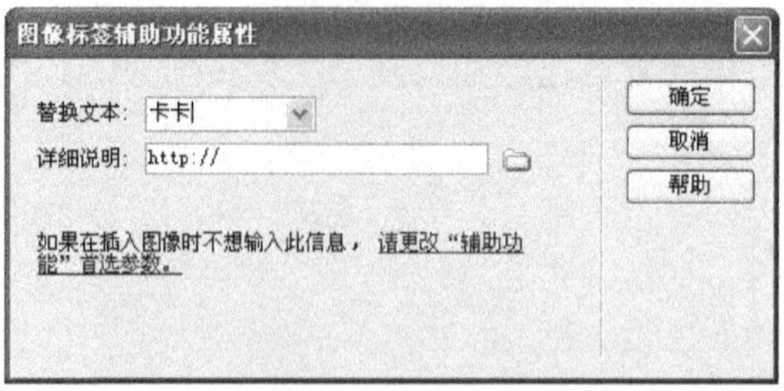

图 2-14　“图像标签辅助功能属性”对话框

③ 单击“确定”按钮，如图 2-15 所示，网页横幅图像便被插入到了页面光标所在的位置。用相同方法，在文章中再插入一张插图，如图 2-16 所示。

图 2-15　插入网页横幅图像

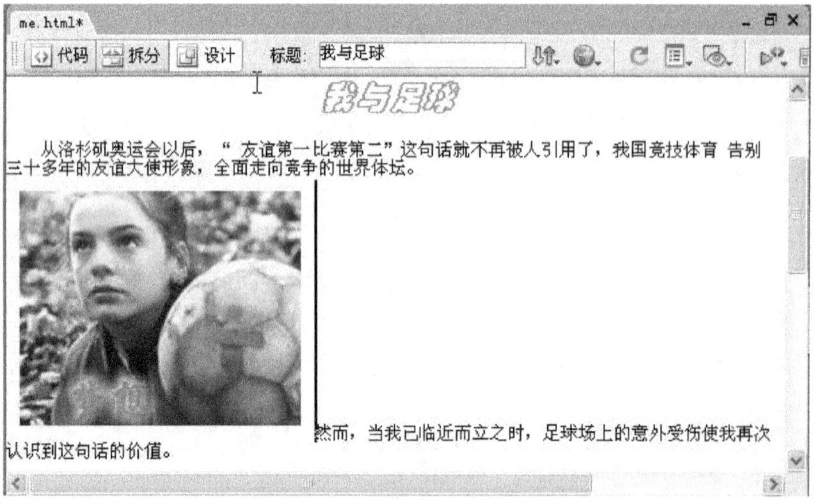

图 2-16　在文章中插入图像

④ 单击图片后，在属性面板中可以看到该图片的属性值，如图 2-17 所示。在“边框”文本框中可设置图像边框的宽度，如 10。Dreamweaver CS3 默认图像边框宽度为 0。

图 2-17　图像“属性”面板

（3）图文混排

① 选中前面插入的图像，然后在属性面板中选择“左对齐”，如图 2-18 所示，图像和文字就呈混合排列了。

② 为了使图像和文字之间的间距不至于太过紧密，可以选中图像，在属性面板中设置“垂直边距”和“水平边距”均为 10，其中“垂直边距”沿图像的顶部和底部添加边距，“水平边距”沿图像左侧和右侧添加边距。页面效果如图 2-19 所示。

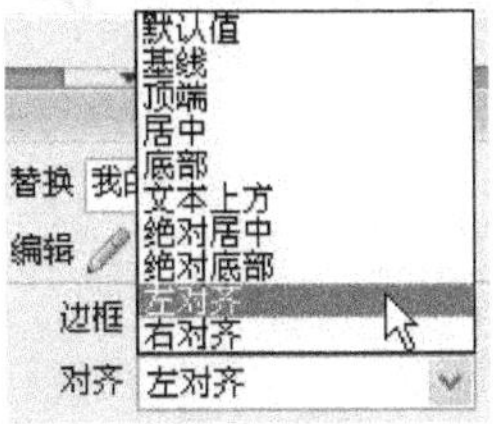

图 2-18　选择对齐方式

图 2-19　设置了边距的页面效果

（4）图像的编辑

插入图像并排好图像位置后，可以使用 Dreamweaver CS3 的编辑工具完成对图像的编辑。Dreamweaver CS3 的图片编辑工具如图 2-20 所示。

图 2-20　图片编辑工具

① 选中图像，单击“属性”面板中的“编辑”按钮，启动在“外部编辑器”首选参数中指定的“图像编辑器”并打开选定的图像，对图像进行编辑。若系统安装了 Fireworks，单击“编辑”按钮则会自动打开 Fireworks，编辑完成后网页中的图像自动被更新，如图 2-21 所示。

图 2-21　Dreamweaver CS3 中的图像被更新了

② 单击按钮，打开优化对话框，进行图像的优化处理。在 Dreamweaver CS3 下优化图像是经常要使用到的功能，如图 2-22 所示为优化窗口。

③ 用裁剪工具裁剪图像，由于图像的面积过大，而且为了突出图像的主体，可使用裁剪工具对图像进行裁剪，通过调整图像四周的调节柄即可裁剪图像的内容，如图 2-23 所示。

④ 使用重采样工具按钮缩小图像尺寸。单击该按钮工具后，如果把图像宽度和高度变小后，可以重采样图像，使文件本身尺寸变小。如图 2-24 所示为图像重采样前后图像大小的对比。

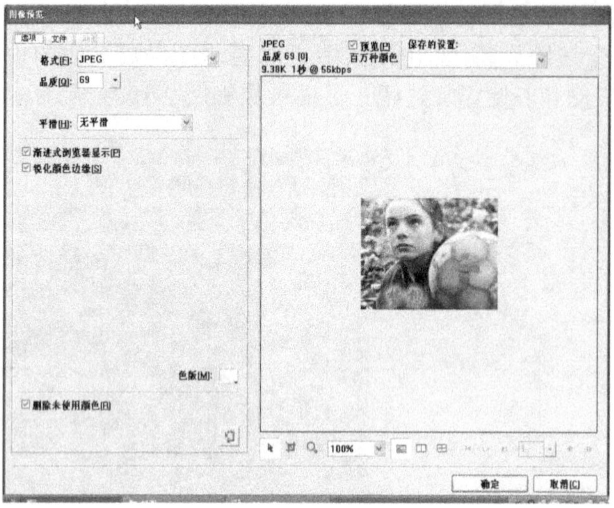

图 2-22　图像优化窗口

图 2-23　裁剪图像

图 2-24　图像重采样前后图像文件的大小对比

⑤ 对图像进行调整亮度和对比度处理。单击按钮，通过拖动如图 2-25 所示的滑块来调整图像的亮度和对比度。

⑥ 对图像进行锐化处理。单击按钮，通过设置值来调整图像的锐化效果，如图 2-26 所示。

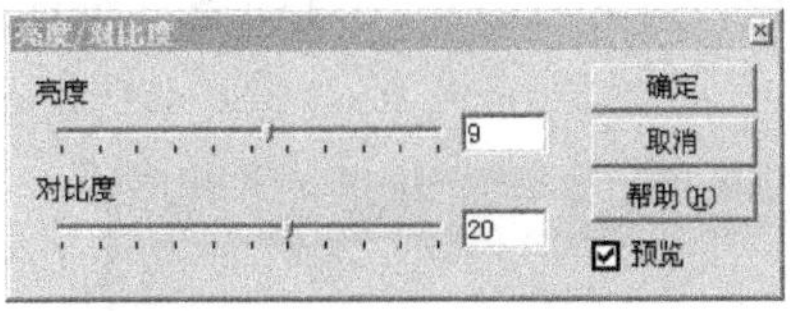

图 2-25　调整亮度和对比度

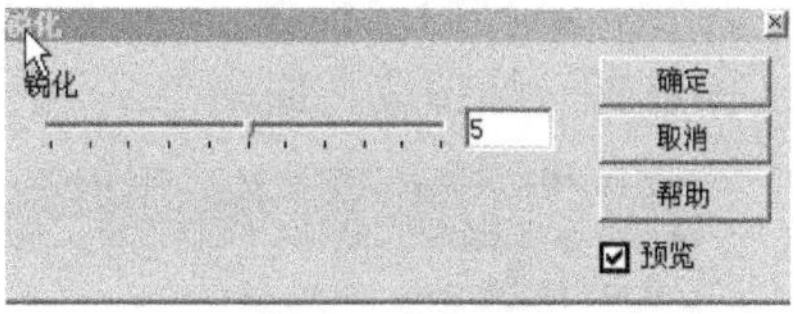

图 2-26　调整锐化效果

（5）插入“鼠标经过图像”效果

鼠标经过图像是一种在浏览器中查看的，当鼠标指针经过时发生变化的图像。鼠标经过图像由两个图像组成：主图像（首次载入页时显示的图像）和次图像（鼠标指针移过主图像时显示的图像）。鼠标经过图像中的两个图像必须大小相同，如果图像大小不相同，Dreamweaver 会自动调整第 2 幅图像的大小，使之与第 1 幅图像大小相匹配。

① 将光标放到要插入鼠标经过的图像的位置。

② 选择“插入记录”|“图像对象”|“鼠标经过图像”命令，或在“插入”面板中打开“常用”选项卡，单击“图像”按钮，从下拉列表中选择“鼠标经过图像”，打开“插入鼠标经过图像”对话框，如图 2-27 所示。

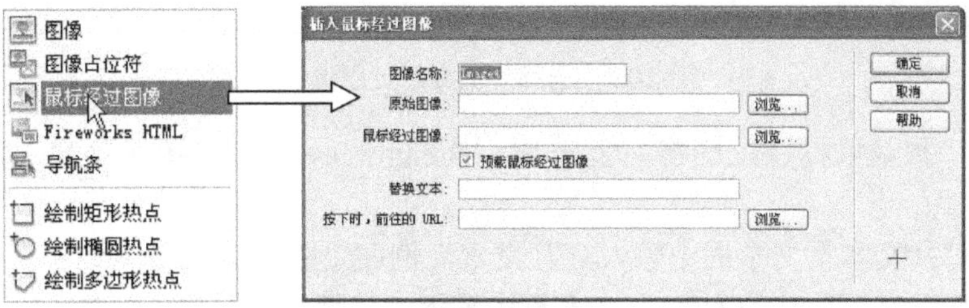

图 2-27　单击“插入”栏中的“图像”按钮打开“插入鼠标经过图像”对话框

③ 在“插入鼠标经过图像”对话框中可以进行以下设置。

✧ 在“图像名称”文本框中输入图像的名称，例如 pic1。

✧ 选择“原始图像:”右侧的“浏览”按钮，打开“原始图像:”对话框，从中选择一幅图像，如图 2-28 所示。

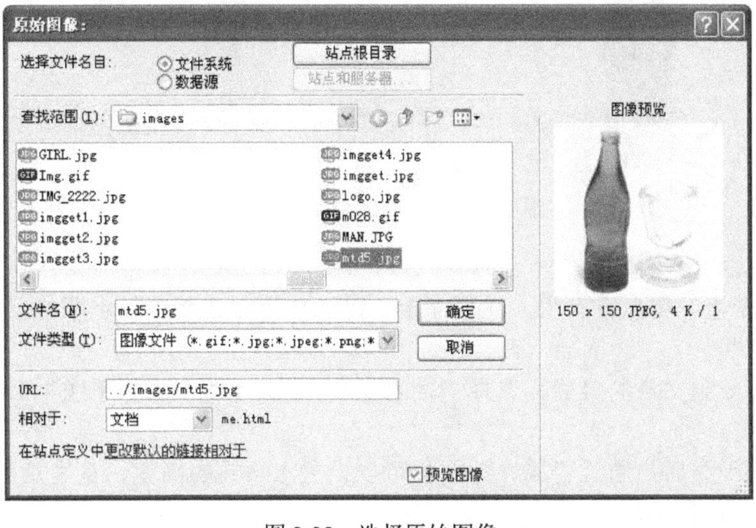

图 2-28　选择原始图像

✧ 选择“鼠标经过图像:”右侧的“浏览”按钮，打开“鼠标经过图像”对话框，从中选择一幅图像，如图 2-29 所示。

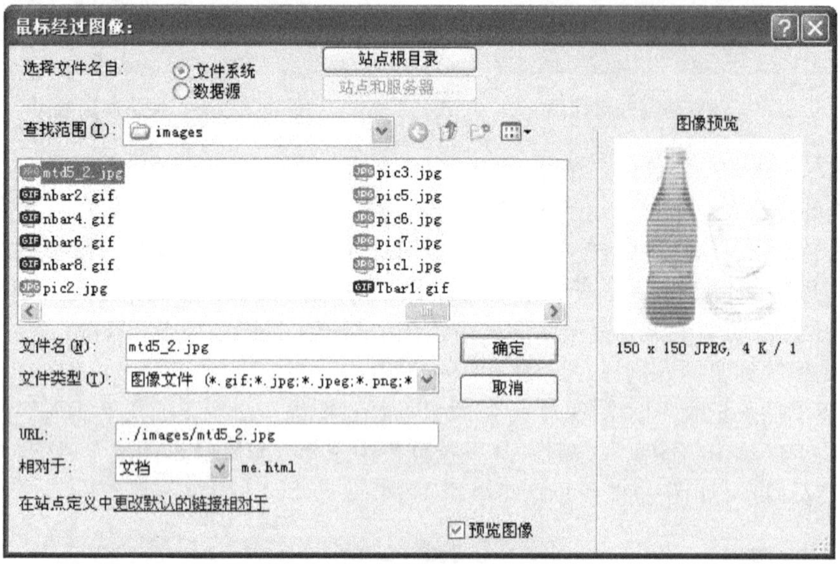

图 2-29 选择“鼠标经过图像”

✧ 选中“预载鼠标经过图像”复选框，Dreamweaver 可将图像预载入浏览器缓冲区中。

✧ 在“替换文本”文本框中输入交互文本，例如“主题图像”。

✧ 在“按下时，前往的 URL”文本框中输入链接地址。

④ 单击“确定”按钮，即插入鼠标经过图像。

⑤ 选择“文件”|“在浏览器中预览”|“IExplore”命令，或按 F12 键，打开浏览器，将鼠标放到图片上，即会显示交互图像，预览效果如图 2-30 所示。

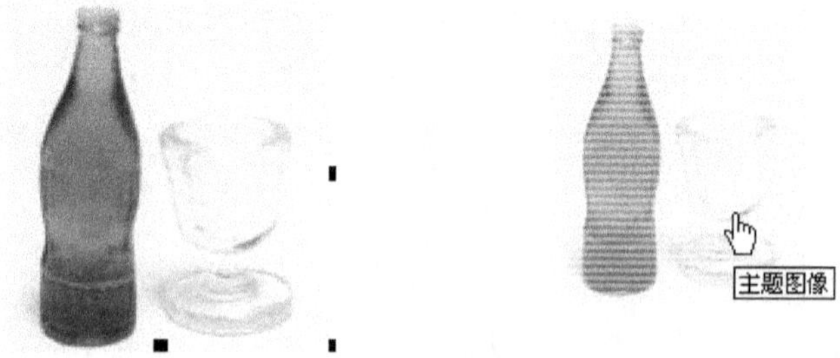

图 2-30 鼠标经过图像时的效果

（6）插入水平线

水平线对于组织信息很有用。在页面上，可以使用一条或多条水平线以可视方式分隔文本和对象。

① 将光标放到文章的最后，选择“插入记录”| HTML | “水平线”命令，直接插入一条水平分隔线。

② 选定水平线后，通过“属性”面板可以设置水平线的高度、宽度及对齐方式。“属性”面板如图 2-31 所示。

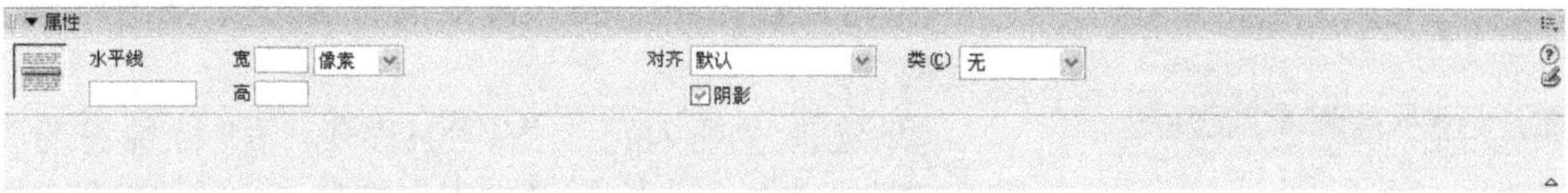

图 2-31　水平线“属性”面板

③ 在水平线属性面板中可以进行以下设置。

✧ “水平线”——可输入水平线的名称。

✧ “宽”、“高”——可输入水平线的宽度和高度；在“宽”和“高”右边的下拉框中，可选择宽度和高度的单位值（像素或百分比）。

✧ “对齐”——可选择水平线的对齐方式（默认、左对齐、右对齐）。

✧ “阴影”——可给水平线添加阴影效果。

④ 单击属性面板中的按钮，可以在“编辑标签”中设置水平线的颜色，如图 2-32 所示。

（7）插入日期

在网页上设置站点发布日期，给设计者和浏览者都会带来方便。

① 将插入点放置到水平线的下方，对齐方式设为水平居中。

② 选择“插入记录”|“日期”命令，或选择“插入”面板“常用”选项卡中的“日期”按钮，此时系统将打开“插入日期”对话框，如图 2-33 所示。

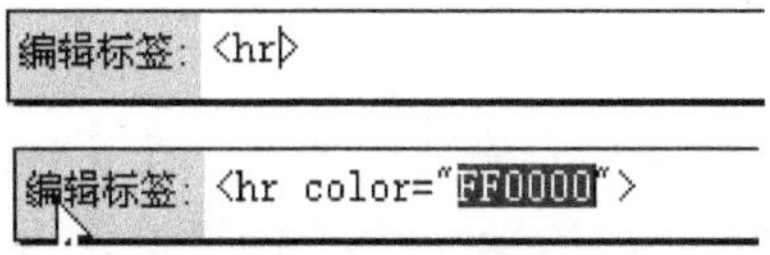

图 2-32　在“编辑标签”中设置水平线的颜色

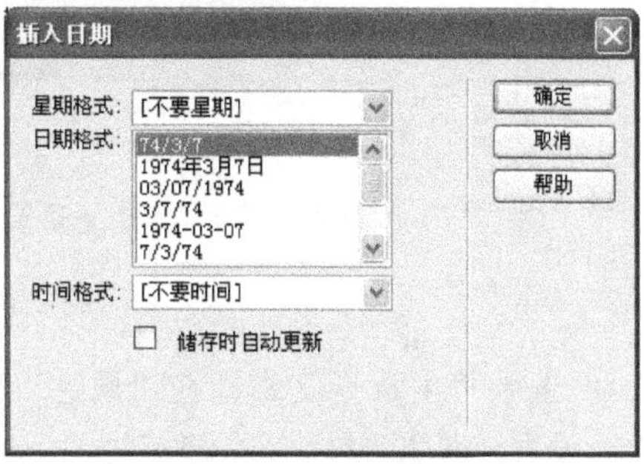

图 2-33　“插入日期”对话框

③ 在“插入日期”对话框中可以进行以下设置。

✧ “星期格式”——选择星期的格式或不显示星期。

✧ “日期格式”——选择日期的格式。

✧ “时间格式”——选择时间的格式，有 12 小时和 24 小时两种格式。

✧ “储存时自动更新”——如果选中此项，每次存储文档时，都会自动更新插入的日期信息，用来记录文档最后生成的日期和时间，不选中该复选框，插入的日期不再变化。

④ 选择一种日期格式，单击“确定”按钮，即可在指定位置插入时间和日期对象，如图 2-34 所示。

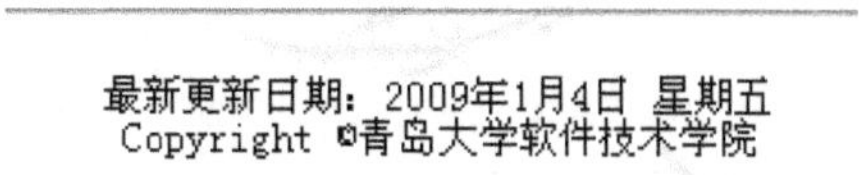

图 2-34　插入的日期

（8）插入特殊字符

某些字符在 HTML 中以名称或数字的形式表示，它们被称为实体。HTML 包含版权符号、注册商标符号等字符的实体名称。

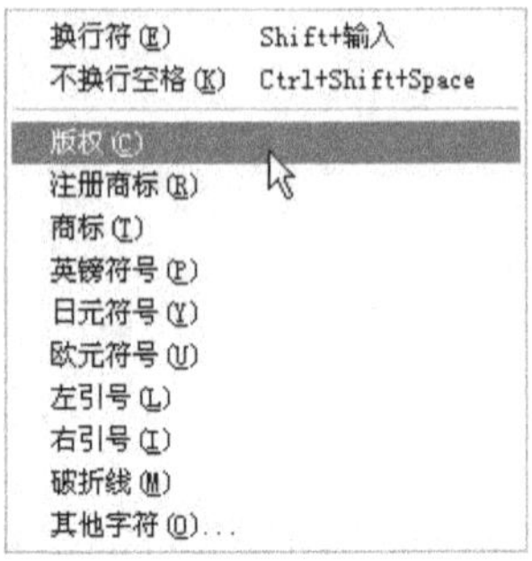

图 2-35 用菜单或插入面板方式插入特殊字符

① 将光标定位在插入日期的后面，按 Shift+Enter 组合键换行。

② 选择“插入记录”|“HTML”|“特殊符号”命令，或选择“插入”面板“文本”选项卡中的“字符”按钮右边的级联菜单，从中选择所需的符号，如图 2-35 所示。

如果需要更多的特殊字符，可单击菜单中的“其他字符”选项，从“插入其他字符”对话框中选择所需字符。

5. 制作超级链接

当用户浏览网站时，各页面间链接的好坏，起着至关重要的作用，在浏览完当前页后，应该使用户方便地返回主页或跳转到其他页。具体步骤如下。

步骤

① 将光标放到网页横幅图像的下一行，对齐方式设为水平居中。

② 分别输入“主页”、“明星照片”、“足球新闻”等文本，将中文输入法切换到全角方式，按空格键，输入几个连续的空格用来间隔文字，如图 2-36 所示。

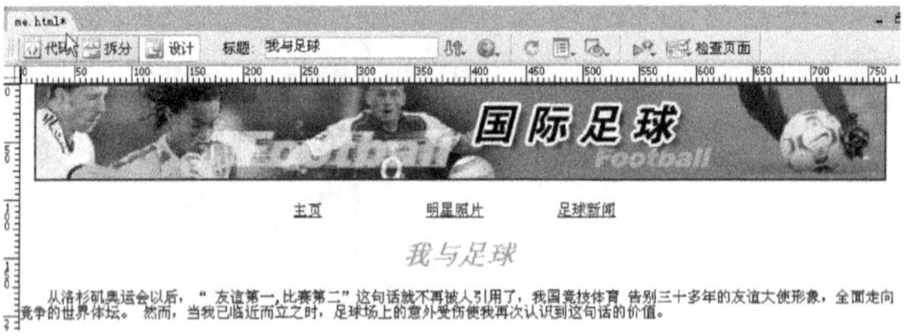

图 2-36 输入超链接文本

③ 选中“主页”文本，在“属性”面板的链接文本框中设置要跳转的页面 index.html，同样，设置“明星照片”的链接为“…\Photo\photo.html”，“足球新闻”的链接为“...\news\news.html”。

6. 保存网页

在修改了页面或页面制作完成后，都应及时保存，选择“文件”|“保存”命令或 Ctrl+S 键保存文件，由于本网页是前面建好后又打开的，所以不会弹出“保存为”对话框，而直接存盘。

到此整个页面的制作就完成了，按 F12 键即可预览。

2.2 网页文本的输入和属性设置

当在 Internet 上冲浪的时候，网页中显示最多的就是文字。对文本进行良好的控制和布局，灵活运用各种格式文本的设置方法，是决定网页是否美观和富有创意的关键。

2.2.1 插入文本

通常的文本输入有以下两种方法。

1. 直接输入

可以在 Dreamweaver CS3 的文档窗口的光标位置直接输入文本内容。特别提示以下两项操作。

（1）换行

可以按 Enter 键或 Enter+Shift 组合键实现。按 Enter 键（硬回车），会自动生成一个段落，在 Dreamweaver 中段落间自动有一空行，使换行后行间距较大，而按 Shift+Enter 快捷键，可换行而不分段（软回车），从而使换行后行间距较小。

（2）输入空格

在默认情况下，在 Dreamweaver 中不能连续输入多个空格，而只能输入一个。如果用户想要输入多个空格，则将输入法提示框上的“半角”改为“全角”即可。

（3）插入特殊字符

插入特殊字符的方法有以下 3 种。

① 选择菜单栏“插入记录”|“HTML”|“特殊字符”命令，从子菜单中选择要插入的特殊字符名称，如图 2-37 所示。

② 在“插入”工具栏的“文本”类别中，单击“字符”按钮，从弹出的快捷菜单中选择一种字符，如图 2-38 所示。

③ 如果在快捷菜单中没有找到需要插入的特殊字符，可以单击“其他字符”选项，打开“插入其他字符”对话框，这里提供了更多的可选择的特殊字符。

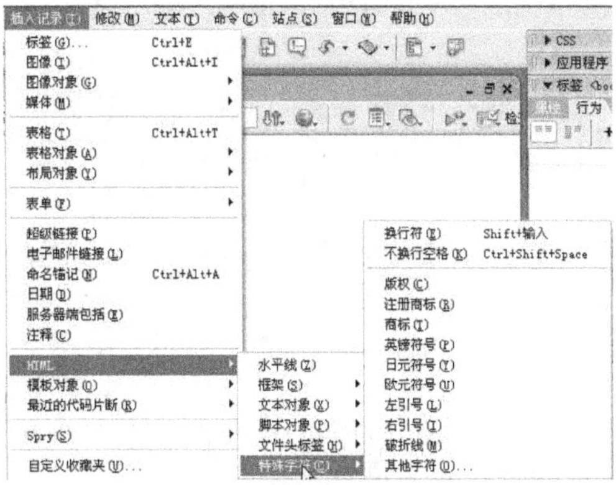

图 2-37 从菜单插入特殊字符

图 2-38 从“插入”面板中插入特殊字符

2. 复制粘贴

先复制要输入的文本内容，然后在 Dreamweaver CS3 的文档窗口中粘贴。如打开 Windows 附件中的“记事本”，然后打开一个文本文件，选中相应的文本内容，用鼠标右键单击，在弹出的快捷菜单中选择“复制”命令（或按组合键 Ctrl+C）复制该内容；回到 Dreamweaver CS3 文档窗口，将光标放在要输入文本的地方，单击鼠标右键，在弹出的快捷菜单中选择“粘贴”命令（或按快捷键 Ctrl+V），即可把前面复制的内容粘贴到该处。

在 Dreamweaver CS3 的“编辑”菜单中还增加了“选择性粘贴”命令，可以保留在 Microsoft Word 中创建的所有源格式设置，也可以只粘贴文本。如图 2-39 所示，可以按需要粘贴所复制的文本内容及格式。

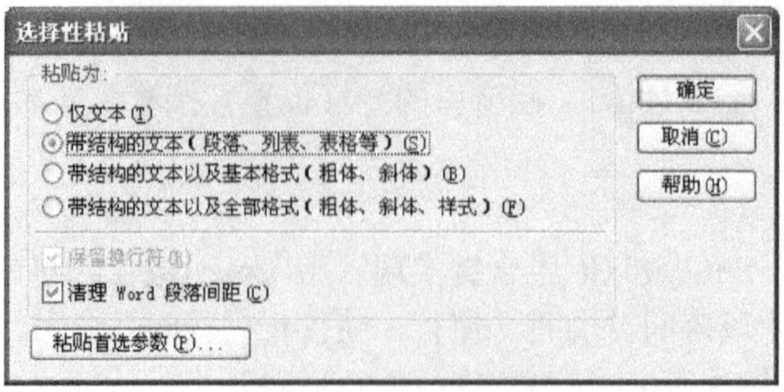

图 2-39 “选择性粘贴”对话框

2.2.2 文本的格式设置

文本的格式设置操作包括字符的格式设置和段落的格式设置两个方面。字符的格式设置操作只针对字符本身，例如，将某个段落中的某些文字设置为斜体等；而段落的格式设置操作是针对该段落整体的，例如段落的缩进方式、对齐方式等。

Dreamweaver 文本格式设置主要有以下 3 种方式。

① 手工格式设置方式是在文本“属性”面板中完成文字的格式设置操作。

② HTML 标记格式设置方式是用系统提供的 HTML 标记来设置文本格式。

③ CSS 样式是一种对网页文档内容进行精确格式设置的方法，它可以使用许多 HTML 样式不能使用的属性。CSS 样式还可以同时对多篇文档进行格式设置处理，可将创建好的样式保存在外部样式表中，若修改样式表，便可对相关网页做出相应的更新，从而实现对文本格式设置的自动化管理。

3 种格式设置方式的优先级别由高到低，分别是手工格式设置方式、HTML 标记格式设置方式、CSS 样式格式设置方式，也就是说用手工方式可以对用其他方式格式设置过的文字重新进行格式设置。

本节主要介绍前两种文本格式的设置方法，在第 9 章中将重点介绍用 CSS 样式的文本格式设置方法。

1．手工方式

在 Dreamweaver CS3 中用手工方式设置网页文本，可以使用“文本”菜单中的相关命令，也可以使用“编辑”窗口正下方的“属性”面板，如图 2-40 所示。

图 2-40 文本“属性”面板

可以利用属性面板上的多种下拉列表和按钮来设置文本属性，包括段落与标题的格式，字体的类型、大小、颜色及段落的对齐方式、文字列表等。

“样式”——设置编辑 CSS 样式。在进行文本格式设置时，手工设置各属性后，将自动形成样式，出现在“样式”下拉框中，以方便重复使用。Dreamweaver 将跟踪在每个页面中创建的样式，并生成可以重复使用的样式库，这使得将同一格式应用于文本块更加简单，同时能快速地为页面创建更加一致的外观，创建后的样式将显示在“文本属性检查器”的“样式”下拉列表框里。

“字体”——设置文字的字体。如果“字体”列表中没有需要的字体，则单击其下的“编辑字体列表”命令，如图 2-41 所示。打开“编辑字体列表”对话框，如图 2-42 所示。在“可用字体”列表框中选择需要的字体，单击按钮，将其导入到“选择的字体”框中，单击“确定”按钮，此时“字体”列表中即添加了新字体。

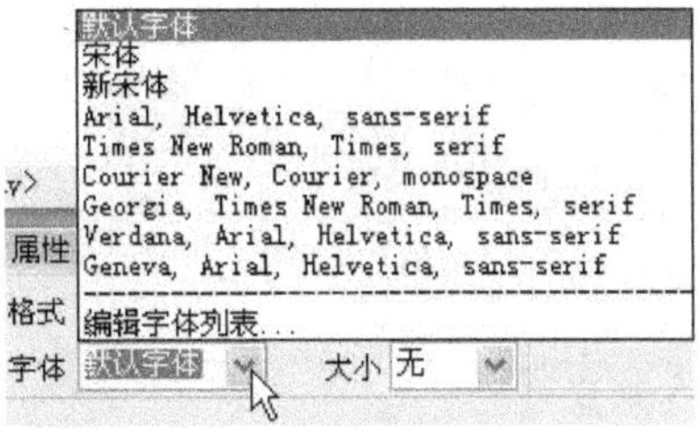

图 2-41　选择“编辑字体列表”命令

图 2-42　“编辑字体列表”对话框

“大小”——设置文字的大小。

颜色按钮——选择文字的颜色，或在右边的文本框中直接输入表示颜色的带“#”号的十六进制数字。

按钮——文字加粗、斜体、左对齐、居中、右对齐和两端对齐格式设置按钮。

按钮——设置无序项目符号、有序项目符号、左缩进、右缩进的格式设置按钮。

提示　在“文档”窗口中输入文本时，可以对文本创建、编辑编号列表、项目符号列表和定义列表。列表还可以嵌套。

创建：定位光标后，单击属性面板中的“项目列表”图标或“编号列表”图标。

编辑：在已有列表的文本上单击鼠标右键，在弹出的快捷菜单中选择“列表”|“属性”命令，打开“列表属性”对话框，设置相应选项。

“链接”——为选定的文本输入超链接地址，可以是图片、HTML 文件等对象的 URL 地址。

按钮——链接定位器，用于创建超链接。

按钮——选择链接对象的按钮。

“目标”——选择被链接文件窗口的打开方式。其下拉列表中的 4 种显示方式如下。

✧　_blank：在新的浏览器窗口中显示链接的目标文档。
✧　_parent：在父框架或本窗口中显示链接的目标文档。
✧　_self：在同一框架或本窗口中显示链接的目标文档。
✧　_top：在顶层框架中显示链接的目标文档。

按钮——HTML 标记编辑器。

按钮——展开或折叠“属性”面板的切换按钮。

2. HTML 标记方式

用 HTML 标记方式进行文本的设置，则通过选择“属性”面板中的“格式”下拉列表，或“文本”菜单下的“段落格式”进行，如图 2-43 所示，各选项的意义如下。

“属性”面板“格式”选项中的样式在 Dreamweaver 中被称为 HTML 标记。Dreamweaver 中的标记有“段落”、“标题 1”、“标题 2”……“标题 6”，其功能主要是设置段落格式。设计者可以选中要设置格式的文字段落，然后在文本“属性”面板的“格式”下拉列表中选择 HTML 标记“段落”、“标题 1”、“标题 2”……或在“编辑”窗口中选择“文本”|“段落格式”|“段落”、“标题 1”、“标题 2”……完成对文字段落格式的设置。要取消对段落格式的设置，可选择“无”选项。预览效果如图 2-44 所示。

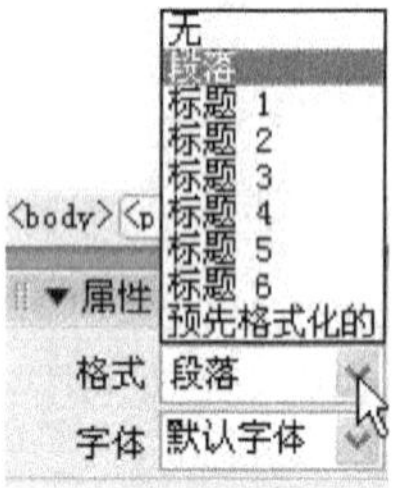

图 2-43 “格式”下拉列表

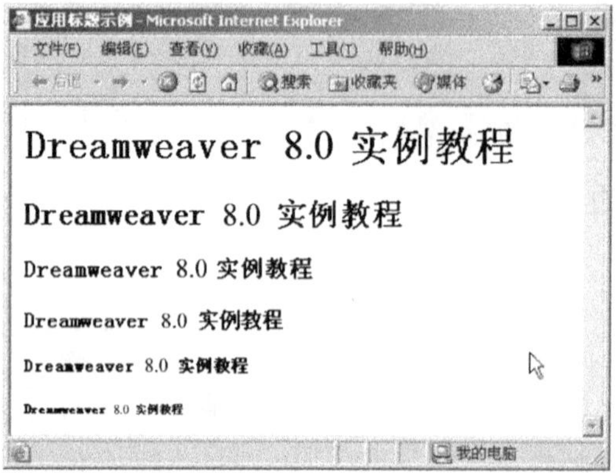

图 2-44 应用 HTML 标记格式设置段落

2.3 网页图片的插入及其属性设置

图像是使网页充满吸引力的非文本元素，它不但能美化页面，而且能更直观地表达网页的主题和要传递的信息。

2.3.1 网页图像格式

图片的格式有多种，但不是所有格式的图像都可以放在网页上的。目前，网络上支持的图像格式有 3 种：GIF, JPEG 和 PNG。所以如果要将其他格式的图像放到网页上，首先需要转换成这 3 种格式。

（1）GIF 格式

GIF 是图像交换格式的简称。它采用图像无损压缩方式，可以较好地解决跨平台的兼容性问题。它只支持 256 种颜色，对色彩要求不高的地方可采用这种图像格式。GIF 格式的文件较小，因此在网页上被大量使用。

（2）JPEG 格式

JPEG 是联合图像专家组的简称。它主要用于处理分辨率较高、色彩丰富的图片，它可以提供上百万种颜色，由于采用了特殊的压缩算法，在图像失真很小的情况下可以对图像进行高效的压缩，从而在网络中减少下载图像的时间。

（3）PNG 格式

PNG 是便携网络图像的简称。Fireworks CS3 生成的文件就是 PNG 格式文件，它保留所有原始层、矢量、颜色和效果信息，并且在任何时候，所有元素都是完全可编辑的。这种图像格式在网络上已得到广泛应用。

如果设计者在网页中插入了图像，当 Web 页面被浏览时，系统会调用位于站点中的图像文件。为了保证图像调用正确，该图像文件应先复制到当前站点中，这样就可以避免在浏览图像时出错。

2.3.2　插入图像

要在 Dreamweaver CS3 的文档窗口中插入图像，可以按照以下方法进行。

步骤

① 将光标放到要插入图像的位置。

② 选择“插入记录”|“图像”命令，或单击“插入”面板上的“图像”按钮，如图 2-45 所示。

③ 从下拉列表中选择“图像”命令，弹出“选择图像源文件”对话框，如图 2-46 所示，选择需要的图片文件，在该对话框的 URL 文本框中会显示当前选中文件的 URL 地址。

图 2-45　插入图像

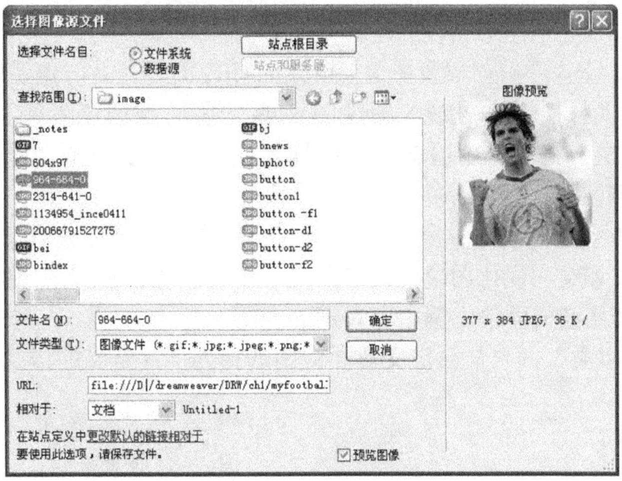

图 2-46　选择图像文件

④ 在“相对于”下拉列表框中，可以选择文件 URL 地址的类型，选择“文档”则使用相对地址；选择“站点根目录”则使用基于根目录的地址。

提示　如果新建的网页文档没有保存，将致使插入到网页中的图像与网页之间的保存关系不能确定，从而在该网页被转移或上传后，导致图像无法浏览。所以，要确保网页文件的保存定位，这样才能确保插入其中的图像文件有相对位置做参考。

⑤ 选中“预览图像”复选框，则可以在该对话框上预览图像。

⑥ 选中图像文件后，单击“确定”按钮，即可将图像插入到文档中。

在网页中插入图像文件还可以采用以下两种方法。

- ✧ 将“插入”面板中“常用”选项卡的按钮拖曳到图像插入处，在打开的“选择图像源文件”对话框中选择图像文件的路径和文件名，便可插入图像。
- ✧ 直接从 Windows 操作系统窗口或 Dreamweaver CS3 的文件面板中将图像文件拖入当前编辑的网页文档中。

提示　在未准备好图片时，可用图像占位符代替图像，在插入图像占位符时，须设置宽和高。

2.3.3　设置图像的属性

选定图像后窗口正下方会出现图像“属性”面板，如图 2-47 所示。

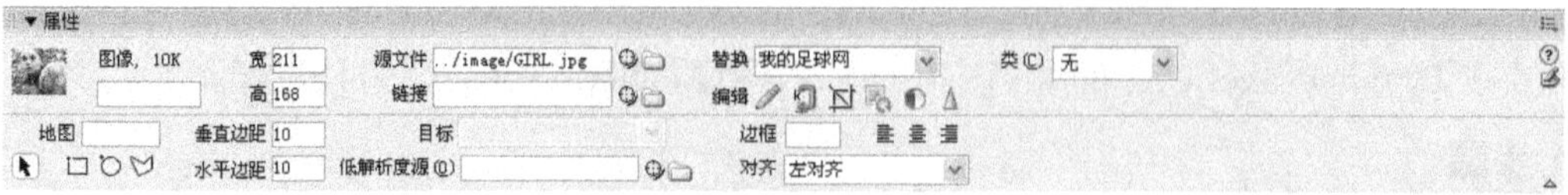

图 2-47　图像“属性”面板

在图像“属性”面板可以进行以下设置。

“图像”——设置图像的名称。

“宽”、“高”——设置图像的宽度和高度。

“源文件”——输入图片的路径和文件名称。也可以单击文本框右边的图标，以浏览的方式显示图形文件的路径和名称。

“链接”——设置图像超链接的 URL 地址，此时该图像被设置为一个超链接的源端点。

“替换”——输入图像的说明文字。当浏览者浏览网页时，在图像位置上将先显示“替换”文本框中的文字。这样在图像没显示出来之前，浏览者就能知道图像所要显示的内容。

“编辑”——此选项中集合了一些常用的图片编辑工具，如图 2-48 所示。通过这些工具可以编辑和优化图像、裁剪图像、重设图像、设置图像的亮度和对比度及锐化图像。各按钮的使用在前面的案例中有详细的介绍。

“类”——从已定义的样式中选择为图片定义的样式。

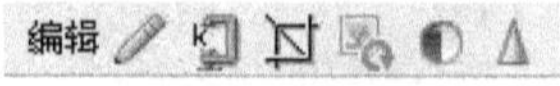

图 2-48　图片编辑工具

“垂直边距”和“水平边距”——设置图片四周空出的尺寸。

“目标”——指定图像链接的目标文件的显示方式。如果图像无链接，此项设置无效。

“低解析度源”——指定另一个图像，这个图像一般是原图的低品质替换图形。在原图没有显示出来之前先显示这幅图，让浏览者能大体了解图形的内容。

“边框”——输入图形的边框宽度。

——定义图像在页面中的对齐方式：左对齐、居中对齐和右对齐。

“对齐”——设置在一行中图形和文本的对齐方式，在其下拉列表中有以下选项。

- ✧　“默认值”：采用浏览器默认的图像对齐方式，通常为基线对齐。
- ✧　“基线”和“底部”：将文本基准线与图像的底部对齐。
- ✧　“顶端”：将文本基准线与图像的顶部对齐。
- ✧　“居中”：将文本基准线与图像的中央对齐。
- ✧　“文本上方”：将文本最高字符的顶线与图像顶部对齐。
- ✧　“绝对中间”：将图像中央与文本的正中间对齐。
- ✧　“绝对底部”：将文本的绝对底端与图像底部完全对齐。
- ✧　“左对齐”：将图像居左对齐，文本在图像右边对齐。
- ✧　“右对齐”：将图像居右对齐，文本在图像左边对齐。

“地图”——为所创建的热区命名。选择创建热区的按钮可建立图像的不同形状的链接区域。

本章小结与重点回顾

本章详细介绍了网页对象文本和图像的插入及属性的设置，图文混排及鼠标经过图像、导航条、水平线、日期等元素的插入方法。

本章的重点知识是文本的插入及属性设置、图像的插入及属性设置、图文混排、图像的编辑。

习题 2

一、选择题

1．在网页中连续输入空格的方法是__________。

A．连续按空格键　　B．按下 Ctrl 键再连续按空格键

C．转换到中文的全角状态下连续按空格键　　D．按下 Shift 键再连续按空格键

2．网页可以支持的图像格式有__________。

A．.gif　　B．.bmp　　C．.psp　　D．.jieg

二、填空题

1．在计算机领域中，图像分为__________和__________两大类。

2．GIF 格式图像采用的是__________压缩格式。

3．Web 页中通常使用的图像文件格式为__________、__________和__________。

4．若要插入更多的特殊字符，请选择__________|__________|__________或在__________栏的__________类别中选择__________图标，选择一个字符，然后单击“确定”按钮。

三、简答题

1．简述美化网页文本的意义。

2．简述编辑文本格式的方式。

3．什么是图像占位符，它有何作用？

4．在网页中插入图像的方法有哪些？

第 3 章　建立网页链接

在制作网页时，并不可能将所有的内容同时呈现在窗口中，这时就需要建立超链接。建立超链接后可实现从一个页面跳转到另一个页面、从一个网站跳转到另一个网站的操作。这一切只需要用鼠标单击带有链接的文字或图片。

Dreamweaver CS3 提供多种创建超链接的方法，可创建到文档、图像、多媒体文件或可下载软件的链接，可以创建到文档内任意位置的任何文本或图像的链接等。

3.1　编织网站链接——足球新闻（news.html）

3.1.1　案例综述

在大海上航行时必须依靠相应的导航设备才能从起点顺利到达终点。而上网冲浪也是一样，超级链接就是一个这样的导航器，它使人们能够在网络中进行各种“跳转”，到达想要去的地方。

本例就以编织网站中的各种超链接为目的，介绍创建各种超链接的方法和技巧，使读者能够精心编织网站的链接，为访问者能够尽情地遨游在网站的各个页面中创造必要的条件。

3.1.2　案例分析

在用户浏览网页时，当光标在一些文字或图片上停留时，光标的形状会变为“小手”，同时在浏览器的状态栏里会显示出链接地址，这说明这些文字或图像被创建了超链接，单击文本或图像时，用户就可以跳转到链接所指定的页面上去。

本例将以前面章节开发的站点 myfootball 中的足球新闻 news.html 为基础，创建到网站内页面的超链接——内部链接、到网站外页面的超链接——外部链接、电子邮件形式的超链接——E-mail 链接、到网页某一特定位置的超链接——锚点链接，以及其他一些链接。

3.1.3　实现步骤

1．准备网页内容

因为页面布局要用到的表格在后面的章节才能讲到，在这里先避开这部分内容，直接将已做好的网页复制到 myfootball 站点中作为足球新闻页 news.html。

步骤

① 启动 Dreamweaver CS3，打开“文件”面板，选中站点 myfootball。

② 将素材文件夹中 ch3\news.html 文档复制到站点的 news 文件夹下，取代原来所创建的 news.html 文档。

③ 将素材中 ch3\image 文件夹下所有文件复制到站点的 images 文件夹下。

2. 创建超链接

步骤

（1）创建内部链接

内部链接指网站内部页面之间创建的链接关系。

① 选中如图 3-1 所示的 news.html 页面中的文字“首页”之后，直接在“属性”面板中单击“链接”文本框右侧的文件夹图标，通过“浏览”选择一个文件。这里选择 index.html，如图 3-2 所示。

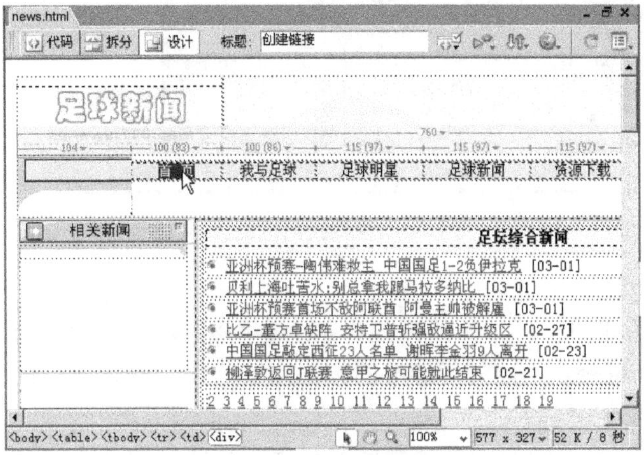

图 3-1 选中要创建超链接的文本

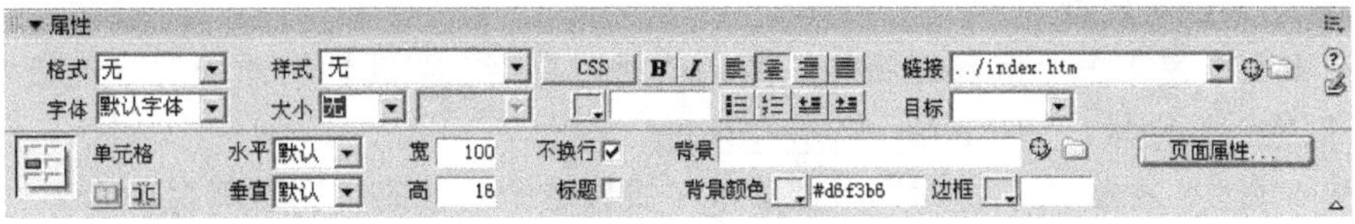

图 3-2 链接文件

提示 这里也可以使用拖动鼠标指向文件的方法创建超链接。在如图 3-2 所示对话框中拖动“链接”文本框右侧的“指向文件”按钮到“文件”面板上的相应网页文件，则会链接到这个网页，如图 3-3 所示，拖动鼠标时会出现一条带箭头的线指示要拖动的位置。指向文件后只需释放鼠标，即会自动生成链接。

② 从“目标”下拉框中，选择文档打开的位置。若要使所链接的文档出现在当前窗口或框架以外的其他位置，可从“属性”面板的“目标”下拉框中选择一个选项，这里选择_blank。

“目标”下拉菜单中的各选项含义如下。

- ✧ “_blank”——在一个未命名的新浏览器窗口中载入所链接的文档。
- ✧ “_parent”——如果是嵌套的框架，链接会在父框架中打开，如果不是嵌套的框架，则等同于_top，在整个浏览器窗口中显示。
- ✧ “_self”——浏览器的默认值，会在当前网页所在的窗口或框架中打开链接的网页。
- ✧ “_top”——会在完整的浏览器窗口中打开网页。

③ 用同样的方法，可创建“我与足球”、“明星照片”的链接，分别为“..\news\news.html”和“..\photo\photo.html”文件。

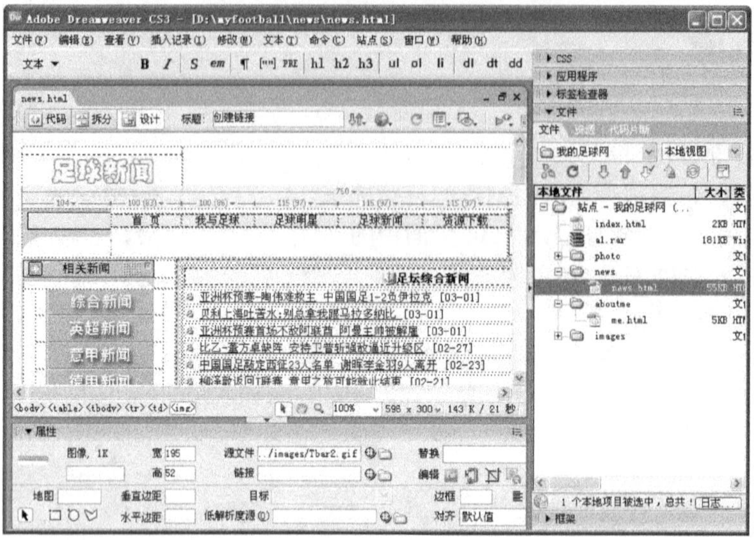

图 3-3　拖动指向链接页面

（2）创建外部链接

在本页中只有新闻的条目，而新闻的详细内容则将链接到一些综合体育网站的相关网页，因此，需要外部链接。创建外部链接的方法比较单一，不论是文本还是图像，都可以创建链接到绝对地址的外部链接。

① 将光标定位在网页中心的某个新闻条目上（呈蓝色的文字），查看其“属性”面板中“链接”文本框中的外部链接地址，发现与内部链接不同的是，外部链接地址是以 http:// 开头的，称之为绝对地址。

② 选中页面最下方“世界杯新闻”块的条目，直接在“属性”面板的“链接”文本框中输入外部的链接地址，如：http://www.ffire.net。

③ 从“属性”面板的“目标”下拉菜单中设置这个链接的目标窗口为_blank，如图 3-4 所示。

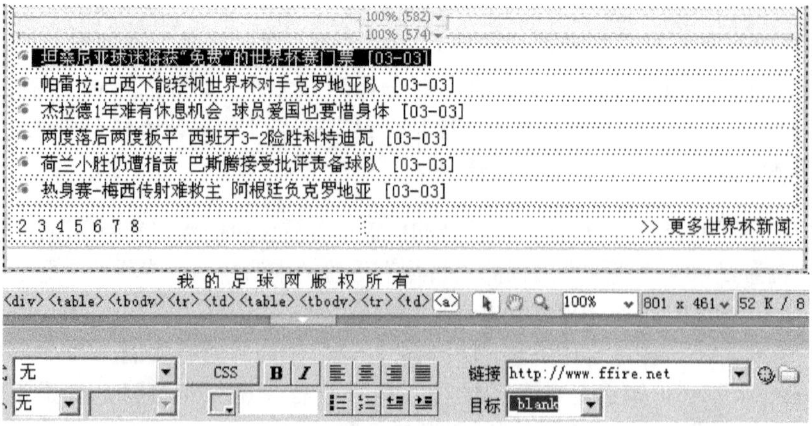

图 3-4　输入外部链接地址

提示　还可以通过选择“插入”面板组中的“常用”|“超级链接”按钮来设置各种链接，如图 3-5 所示。

（3）创建 E-mail 链接

为了方便用户与网站联系，在网页（特别是首页）中一般都要创建 E-mail 链接，当浏览者单击电子邮件链接时，即可打开浏览器默认的电子邮件处理程序，而收件人的邮件地址已被电子邮件链接中指定的地址自动替代，浏览者就可以开始写信了。

① 选择网页中文本“联系我们”，单击鼠标右键，在弹出的快捷菜单中选择“剪切”命令，将文本放到剪贴板中。

② 选择“插入”面板组中的“常规”|“电子邮件链接”按钮，打开如图 3-6 所示的对话框。在“文本”文本框中输入或粘贴链接文本“联系我们”，在 E-mail 中输入作者的电子邮件地址。

图 3-5　通过“插入”面板创建超链接

图 3-6　“电子邮件链接”对话框

③ 单击“确定”按钮，完成电子邮件链接的创建。

提示　也可选中相应文本或图像后，在“属性”面板的“链接”文本框中输入“mailto:电子邮件的地址”。例如 mailto: gyl0532@126.com，如图 3-7 所示，即可直接创建 E-mail 链接。

（4）创建锚点链接

由于本页面内容较长，为了方便浏览者查看感兴趣的新闻，在这里创建了到页面中某位置的超链接，以使用户在单击了这种超链接后，就可以跳转到这一页的某一指定位置，这称为锚点链接。

创建锚点链接的过程分为两步：第 1 步创建命名锚记，第 2 步链接锚记。

第 1 步：创建命名锚记，也就是在文档中设置位置标记，并给该位置一个名称，以便引用。

① 将光标定位在标题“足球综合新闻”处，选择“插入”面板组中的“常用”|“命名锚记”按钮，如图 3-8 所示。

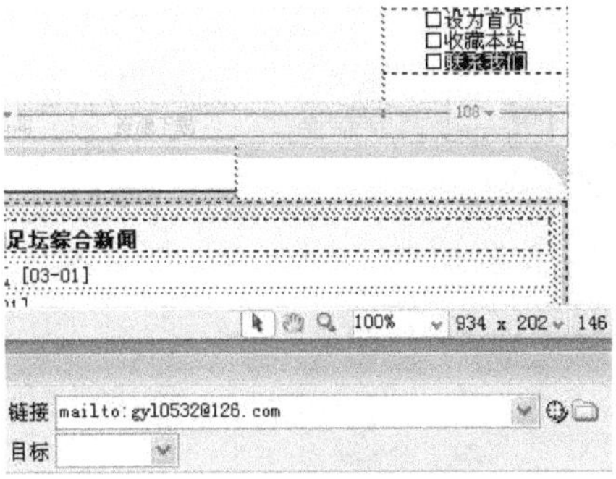

图 3-7　直接在“链接”文本框中创建 E-mail 链接

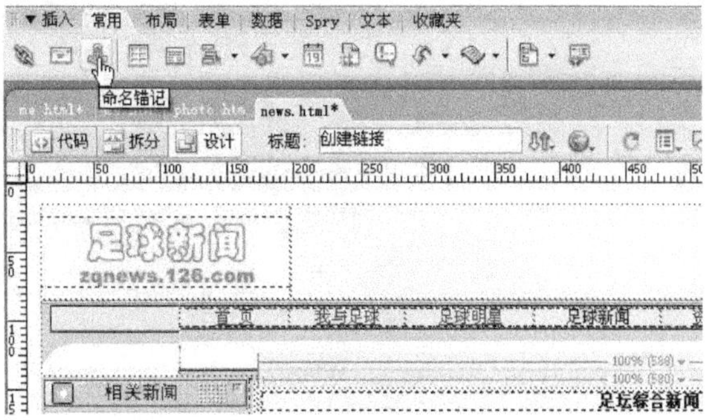

图 3-8　将光标定位后单击“命名锚记”按钮

图 3-9　“命名锚记”对话框

② 在弹出的“命名锚记”对话框中输入该锚记的名称“zh”（注意：区分大小写），如图 3-9 所示。然后单击“确定”按钮，名为“zh”的锚点即被插入文档中的相应位置。

③ 依次创建页面中标题的命名锚记。

链 接 按 钮	锚　记	链 接 按 钮	锚　记
英超新闻	yc	意甲新闻	yj
德甲新闻	dj	西甲新闻	xj
法甲新闻	fj	冠军杯新闻	gjb
联盟杯新闻	lmb	世界杯新闻	sjb

④ 创建了命名锚记后，在页面上相应位置就作上了标记，如图 3-10 所示。

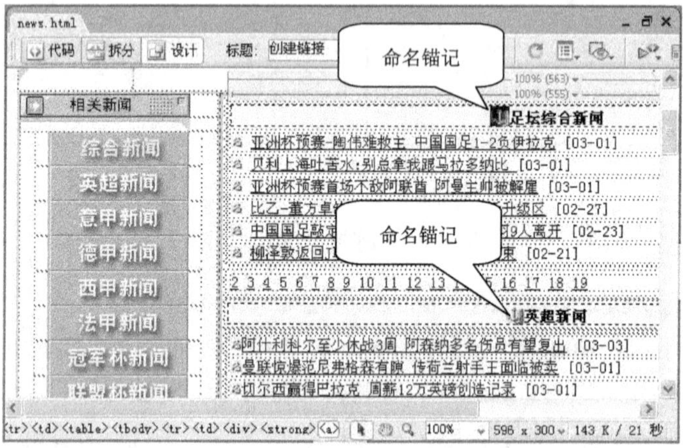

图 3-10　命名锚记标记

第 2 步：链接锚点。链接到当前页面中的锚记上。

① 选择要创建链接的文本或图像，这里在页面的左侧放了 9 个相应条目的链接按钮，选中“综合新闻”按钮。

② 在“属性”面板的“链接”文本框中，键入“#”号和锚记名称，即“#zh”，表示链接到当前文档的标记位置，如图 3-11 所示。也可以在“浏览”对话框中，选中要链接的文件后加“#”和锚记名称，链接到某一文档的某一位置。

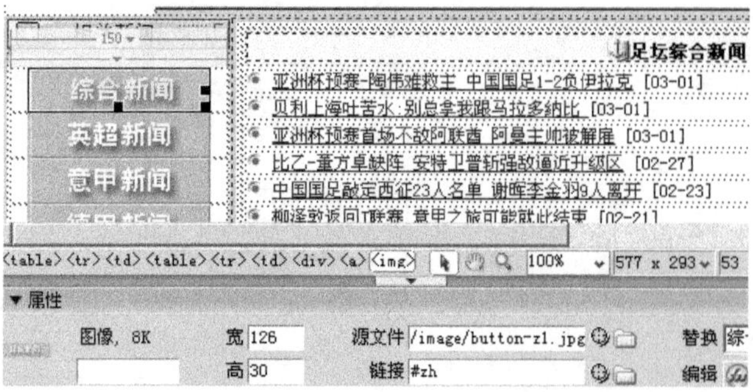

图 3-11　创建“综合新闻”按钮的锚点链接

③ 再依次选中“英超新闻”、“意甲新闻”、“德甲新闻”、“西甲新闻”、“法甲新闻”、“冠军杯新闻”、“联盟杯新闻”、“世界杯新闻”按钮，分别链接到前面已创建好的命名锚记上。

（5）创建下载链接

链接到下载文件的方法与链接到网页的方法完全一样。当被链接的文件是浏览器无法识别的文件时，会弹出“文件下载”对话框，单击“保存”按钮，即可下载该文件。例如 .exe 文件或.zip 文件。

① 将供下载的资源都放在一个文件夹中，并压缩为.rar 文件或.zip 文件，如 a1.rar，将其复制到创建好的网站的文件夹 news 内。

② 选中页面上方导航栏中的链接文本“资源下载”，在“属性”面板中设定链接的文件为刚才复制到站点中的 a1.rar 文件，如图 3-12 所示。

图 3-12　选择浏览器下载链接文件

③ 在浏览时单击“资源下载”命令，会弹出如图 3-13 所示的“文件下载”对话框，从中选择将链接的文件打开或保存的位置。

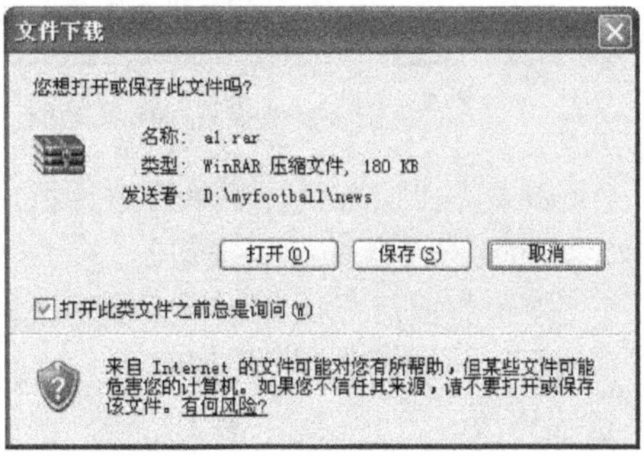

图 3-13　“文件下载”对话框

（6）创建空链接

在 news.html 页面上方横向的导航栏中，有到自身页面“足球新闻”的链接，将其制作成空链接，可以使其既具有链接的外观，却又不会跳转到其他任何位置上去。链接的方法为选中要制作空链接的文本“足球新闻”，在“属性”面板的“链接”文本框中输入“#”号或输入“JavaScript:;”即可，如图 3-14 所示。

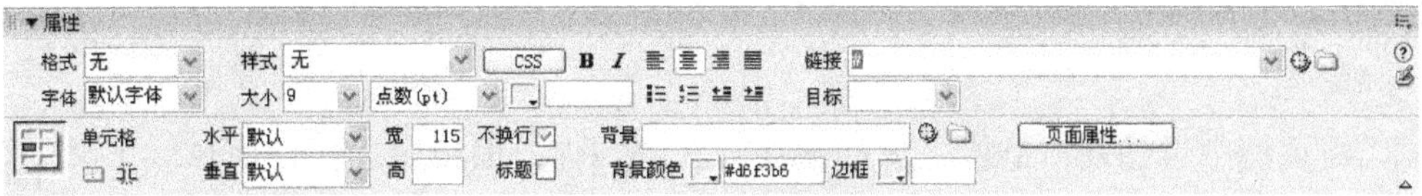

图 3-14　创建空链接

3．创建“跳转菜单”

在页面左侧下方的友情链接中，要插入一个跳转菜单，即文档中的下拉式菜单，在其中列出链接地址。

步骤

① 选择“插入”面板组的“表单”类别中的“跳转菜单”按钮，如图 3-15 所示。

图 3-15 插入跳转菜单

② 在弹出的如图 3-16 所示的“插入跳转菜单”对话框中，设置“文本”为要在菜单列表中出现的文本，在“选择时，转到 URL”文本框中，通过浏览找到要打开的文件，或在文本框中输入文件的路径。单击“添加项”添加一个菜单项，如此可设置多个菜单项。这时如果选定一个菜单项，然后单击“移除项”可将其删除。

③ 单击“确定”按钮后，一个标准的跳转菜单就实现了，如图 3-17 所示。

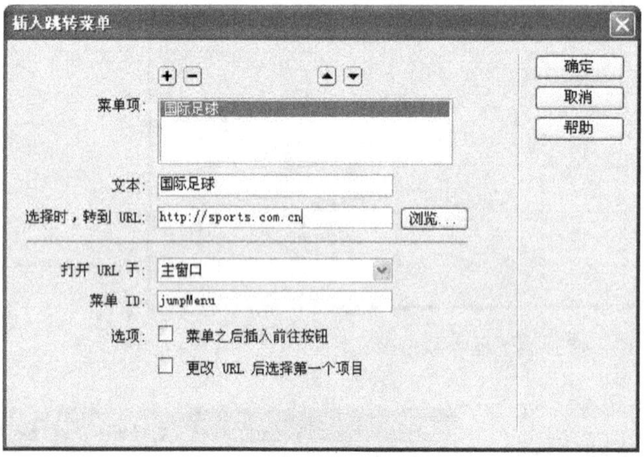

图 3-16 设置跳转菜单项目

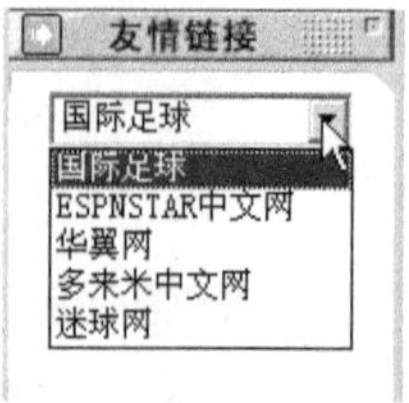

图 3-17 跳转菜单

④ 如果在“插入跳转菜单”对话框中选中“选项”下的“菜单之后插入前往按钮”复选框，可添加一个“前往”按钮。

⑤ 设置完成后，如果还希望编辑跳转菜单的选项，可在选中跳转菜单后，单击其“属性”面板中的“列表值”按钮如图 3-18（a）所示，在弹出的列表值对话框中（图 3-18（b）所示）进行修改。

4．创建“图像地图”

可以对整个图像创建超链接，也可以对它的某一个局部创建超链接（称为热区），即创建图像地图。

步骤

① 在页面中选择友情链接下方的图像，在“属性”面板中选择使用热区工具（矩形、椭圆、多边形），在图像上划分热区，如图 3-19 所示。

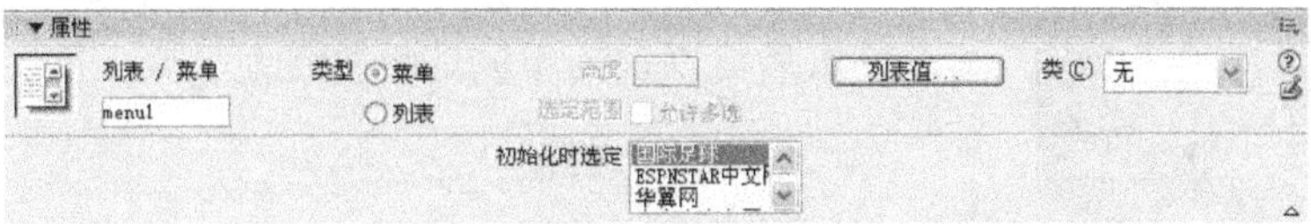

（a）属性

（b）修改列表值

图 3-18　编辑跳转菜单

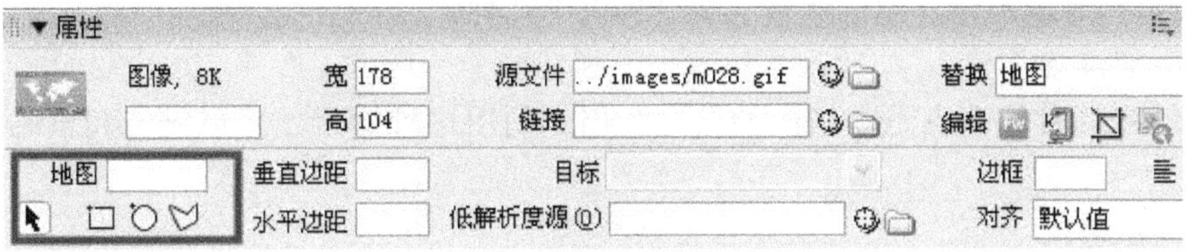

图 3-19　图像“属性”面板

② 选择椭圆工具，并将鼠标指针拖至图像上，创建一个圆形热点。这时在“属性”面板中会出现如图 3-20 所示的对话框，为绘制的热点区域设置不同的链接地址 http://www.espnstar.com.cn 和替代文字 ESPNSTAR 中文网。

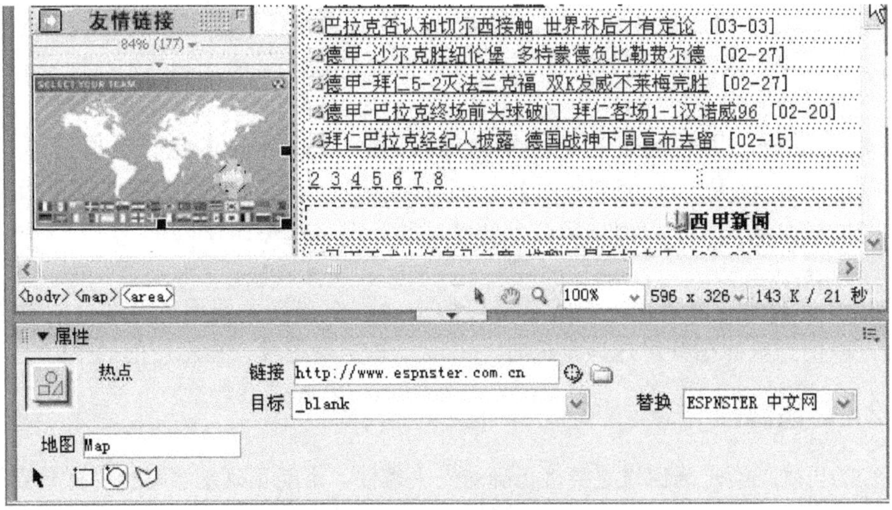

图 3-20　设置热区的链接地址和替代文字

③ 选择矩形工具，可创建一个矩形热点。选择多边形工具，在各个顶点上单击，然后单击选择工具封闭此形状，可创建不规则形状的热点。如图 3-21 所示。

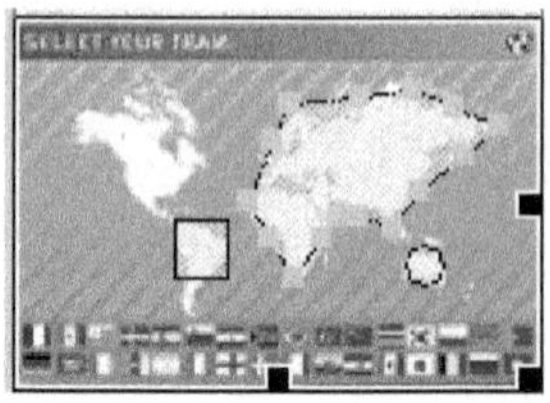

图 3-21 不同形状的热点区域

④ 按 F12 键预览网页，当鼠标指向不同的区域时，单击后可以访问不同的链接地址。

5. 保存文件

至此，本案例已基本制作完成了，现在需将网页保存，由于本页面是从站点页面中打开的，因此，只需单击"文件"菜单下的"保存"命令即可保存文件。

3.2 超链接概述

3.2.1 超链接的类型

若用户在浏览网页时，单击带有链接的文字或图片，就会跳转到链接所指向的文件或网站。可以将带有链接的文字或图片称为"链接源端点"，而把跳转的地方称为"链接目标端点"，根据两者的不同，超级链接主要分为以下几种。

（1）内部链接

这种链接的目标端点是本站中的其他文档。利用这种链接，可以跳转到本站点其他的页面上。

（2）外部链接

这种链接的目标端点是本站点之外的站点或文档。利用这种链接，可以跳转到其他的网站上。

（3）E-mail 链接

单击这种链接，可以启动电子邮件程序书写邮件，并发送到指定的地址。

（4）锚点链接

这种链接的目标端点是文档中的命名锚记，利用这种链接，可以跳转到当前文档中的某一指定位置，也可以跳转到其他文档中的某一指定位置。

（5）下载链接

实现软件下载，也是通过超链接实现的，只不过超链接指向的对象，不是一般的 HTML 网页文档，而是.exe 类型的可执行文件或.zip，.rar 类型的压缩文件。当单击"下载"链接时，会出现文件下载对话框，询问是打开文件，还是保存文件。

（6）空链接

空链接就是创建一个链接，但没有链接的指向。空链接主要用于页面上的对象或文本附加行为，以便当鼠标指针滑过该链接时，出现一些交换图像或显示层的效果。

3.2.2 链接路径

对路径的正确理解是确保设置链接正确的先决条件。不能正确理解路径，将导致所设置的链接在本地正确执行，但是在别的计算机或上传到互联网中却不能使用，网页中的部分图片不能正确显示等情况，这些问题大多是由于在链接的过程中使用了错误的路径所造成的。

要正确创建链接，必须了解链接与被链接文档之间的路径。每个网页都有一个唯一的地址，称为统一资源定位符（URL）。然而，当创建内部链接时，一般不会指定被链接文档的完整 URL，而是指定一个相对于当前文档或站点根文件夹的相对路径。

一般来说，链接的路径有以下 3 种表达方式。

（1）绝对路径

如果在链接中使用完整的 URL 地址，这种链接路径可称为绝对路径。绝对路径的特点是，路径与链接的源端点无关。只要网站的地址不变，无论文档在站点中如何移动，都可以正常实现跳转而不会发生错误，但是这种方式的链接不利于测试和站点的移植。

（2）相对路径

相对路径可以表述源端点与目标端点之间的相互位置，它与源端点的位置密切相关。链接中源端点和目标端点位于一个目录下，则在链接路径中只需要指明目标端点的文档名称即可。如果在链接中源端点和目标端点不在同一个目录下，则只需要将目录的相对关系表达出来即可。

利用相对目录的好处在于，如果站点的结构和文档的位置不变，那么链接就不会出错。如果将整个网站移植到另一个地址的网站中，那么并不需要修改文档中的链接路径。但是如果修改了站点的结构，或是移动了文档，则文档中的链接关系就会失效。

（3）基于目录的路径

基于目录的路径可以看成是绝对路径和相对路径之间的一种折中，在这种路径表达方式中，所有的路径都是从站点的根目录开始的，它与源端点的位置无关。通常用一个斜线（/）表示根目录。与绝对路径相比，基于根目录的路径只是省去了绝对路径中带有协议的地址部分。它既具有绝对路径的源端点位置无关性，同时又克服了绝对路径的缺点。

使用 Dreamweaver CS3 可以轻松地选择文档路径的类型来建立链接。

3.2.3　创建超链接

首先在文档窗口中选中想作为链接的文本或图片，然后在“属性”面板“链接”文本框中输入链接的路径，或单击图标，在弹出的“选择文件”对话框中，选定要链接的文档及采用哪种方式表达路径。如图 3-22 所示，在对话框的下半部分可对链接文档的路径表达方式进行设定，也可在单击“更改默认的链接相对于”后，打开如图 3-23 所示对话框，在其中对整个站点设置默认的链接路径。

图 3-22　定位文件

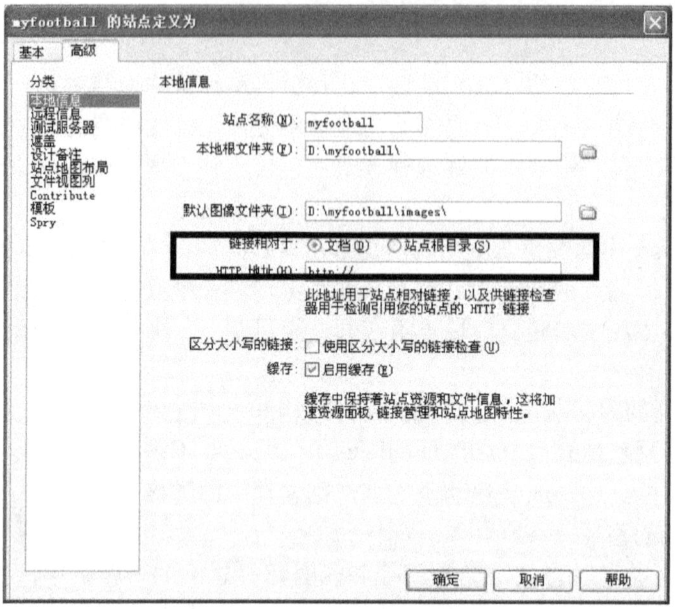

图 3-23　改变路径的表达方式

链接的对象可以是多样的，如图片文件、电子表格，或某个网站。如果链接的对象是浏览器不能识别的文档，例如一个带有扩展名的压缩文件，或带有扩展名的报告文件，则通常浏览器会打开“下载文件”的对话框，提示“是否要下载该文件”。按链接的目标可以创建内部链接、外部链接、E-mail 链接、锚点链接、下载链接等，这些在前面的案例中都有详细的介绍。

3.2.4　插入导航条

在前面的案例中，为导航按钮分别创建了锚点链接，而对于创建导航条，Dreamweaver CS3 提供了一个向导，在其对话框中分别设置按钮在不同状态时所用的图片，以及要链接的地址或位置等，就可自动生成导航条。在创建导航条之前，应准备好导航条中要用的图片。这些图片分别表示导航条某个按钮不同动作的状态。按钮图像的状态根据浏览者的鼠标动作而改变。当鼠标移动、移出或单击图像时，该图像就会被替换成另一幅图像。

步骤

① 将光标放到要插入导航条的位置，如图 3-24 所示。

② 选择“插入记录”|“图像对象”|“导航条”命令，或选择“插入”面板中“常用”选项卡的“图像”按钮，从下拉列表中选择“导航条”，打开“插入导航条”对话框，如图 3-25 所示。

③ 在“插入导航条”对话框中可以进行如下设置。

- ✧ “项目名称”——可以输入导航条名称。所输入的名称将在“导航条元件”列表中显示。可用▲、▼调整导航条中各元素的显示次序。
- ✧ “状态图像”——表示图像为页面载入时的初始图像。
- ✧ “鼠标经过图像”——表示图像为鼠标移到“导航条”按钮上时所显示的图像。

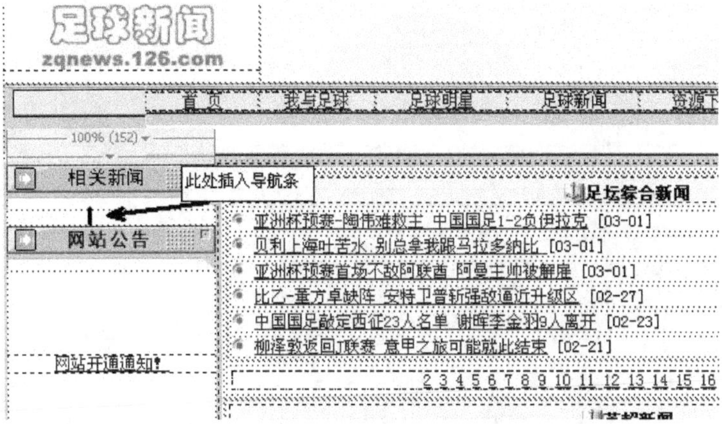

图 3-24　将光标定位在导航条位置

图 3-25　“修改导航条”对话框

✧ “按下图像”——表示图像为单击“导航条”按钮时所显示的图像。
✧ “按下时鼠标经过图像”——表示图像为单击“导航条”按钮后将光标移去时所显示的图像。
✧ “替换文本”——输入该导航条按钮的替换文字。
✧ “按下时，前往的 URL”——输入要链接的网页地址，并在右侧的下拉列表框中，选择在何处打开要链接的网页。
✧ “选项”——包括两个复选框。如果要在打开网页时先将图像装载到内存中，应选中“预先载入图像”复选框。如果要在导航条上显示“按下时鼠标经过图像”的图像，可选中“初始时显示‘鼠标按下图像’”复选框。

④ 单击“确定”按钮，按 F12 键预览，如图 3-26 所示，可看到按钮图像的状态根据浏览者的鼠标动作而改变。当鼠标移上、移出或单击图像时，该图像都会有动态效果。

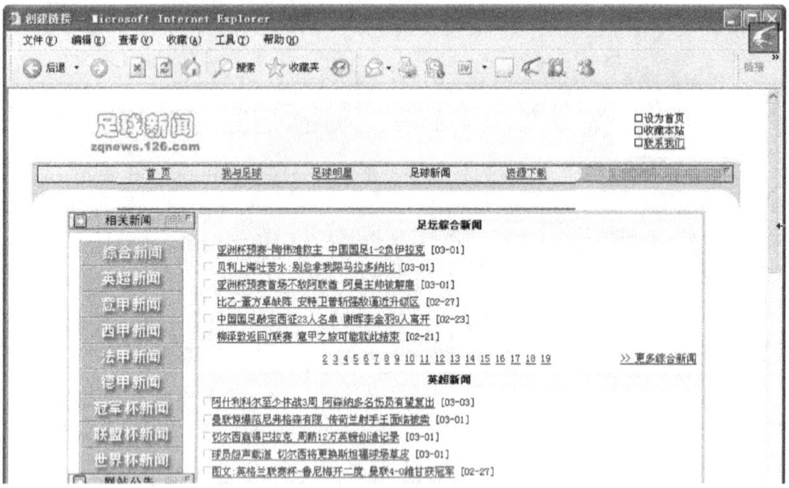

图 3-26　导航条预览效果

3.3　管理超链接

超链接创建好后，Dreamweaver CS3 提供了强大的管理功能，这里重点介绍自动更新管理功能与站点地图中超链接管理功能。

3.3.1　自动更新链接

新建一个站点后，有时经常需要调整文件的位置，文件的位置变了，其相关的超链接如果不发生相应变化，就会出现“断链”的情况。如果手工来修改，在文件数多的情况下，工作量相当大，且易出错；如果是利用 Dreamweaver 的链接管理自动更新功能，则可轻松完成。

要实现 Dreamweaver 链接的自动管理，首先要进行相关参数的设置。选择“编辑”|“首选参数”命令，打开“首选参数”对话框，如图 3-27 所示。在“移动文件时更新链接”选项的下拉列表中进行选择。如果选择“总是”选项，则每当移动或重命名选定文档时，Dreamweaver 将自动更新该文档的所有链接。如果选择“提示”选项，Dreamweaver 将显示一个提示对话框，列出更改影响到的所有文件，以进行进一步选择，系统默认的选项是“提示”。

启动 Dreamweaver 之后，第一次更改或删除指向本地文件夹中文件的链接时，Dreamweaver 会提示载入缓存。如果单击“是”按钮，则载入缓存，并且 Dreamweaver 会更新指向刚刚更改的文件的所有链接；如果单击“否“按钮，则将所作更改记入缓存，但并不载入该缓存，而且 Dreamweaver 也不更新链接。Dreamweaver 创建缓存文件，主要用以存储有关本地文件夹中所有链接的信息，可以加快更新过程。

3.3.2　在站点地图中管理

利用站点地图，除可直观地查看站点文件彼此的链接关系之外，还可向站点添加新文档、创建和删除文档链接以及检查到相关文件的链接等。

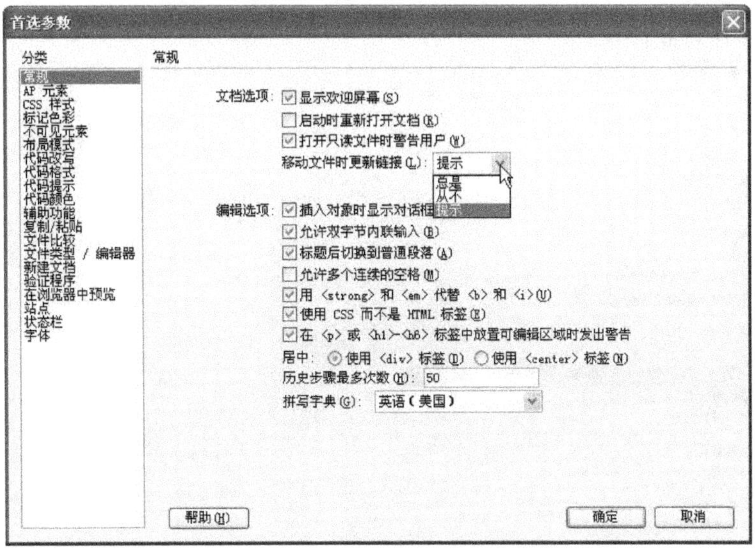

图 3-27　在首选参数对话框设置移动文件时更新链接

1．打开“站点地图”面板

打开一个站点，在“文件”面板中单击展开按钮，将该面板最大化，单击“站点地图”按钮，切换到“站点地图”窗口。如图 3-28 所示。通过单击“站点地图”按钮旁的下拉按钮，可切换“仅地图”或“地图和文件夹”两种显示方式。

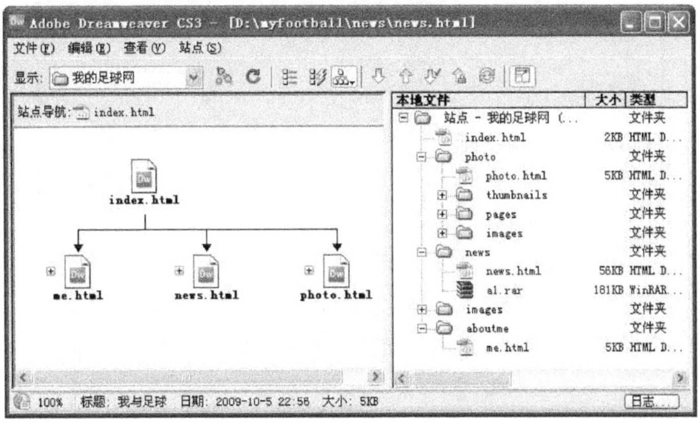

图 3-28　“站点地图”窗口

2．更改链接

如果更改链接可进行如下操作。

步骤

① 在“站点地图”窗口中，选择要更改的链接。

② 在“文件”面板的主菜单栏选择“站点”|“改变链接”命令，如图 3-29 所示，或单击鼠标右键，从弹出的快捷菜单中选择“改变链接”命令，如图 3-30 所示。

图 3-29　用菜单改变链接

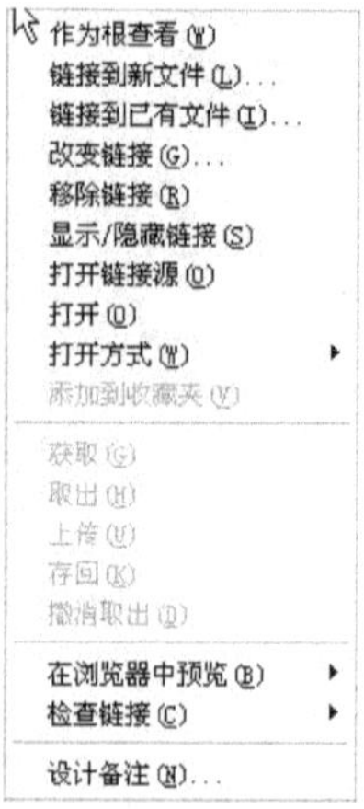

图 3-30　用快捷菜单改变链接

③ 在出现的“选择 HTML 文件”窗口中，找到希望链接指向的文件，或者输入 URL，如图 3-31 所示。

图 3-31　改变或删除链接的“选择 HTML 文件”对话框

3. 撤销链接

在站点地图中撤销链接的操作如下。

① 在站点地图中选择页面。

② 选择“站点”|“撤销链接”命令，或从右键快捷菜单中选择“移除链接”命令。

③ 撤销链接不会删除该文件，但会从指向该链接的页面上的 HTML 源代码中删除该链接。

4. 打开链接源

在站点地图中打开链接源的操作如下。

① 在站点地图中选择一个文件。

② 选择“站点”|“打开链接源”命令，或从右键快捷菜单中选择“打开链接源”命令。

③ 在“文档”窗口中打开属性面板和含有此链接的源文件，同时该链接以高亮显示。

3.3.3　在整个站点范围内更改链接

有时需要改变站点中的所有链接，而不必逐个地进行修改，Dreamweaver 提供了在整个站点范围内容更改链接的强大管理功能。在整个站点范围内更改链接的操作方法如下。

步骤

① 在“文件”面板中选择一个文件，如果更改电子邮件链接、FTP 链接、空链接则不需要选择文件。

② 选择“站点”|“改变站点范围内链接”命令，出现“更改整个站点链接”对话框，如图 3-32 所示，在“更改所有的链接”文本框旁，单击文件夹图标，选择要更改其链接的文件；在“变成新链接”文本框旁，单击文件夹图标，选择要链接到的新文件。

③ 单击“确定”按钮，出现“更新文件”对话框，其中列出了需要更新的链接文件，如图 3-33 所示，单击“更新”按钮。

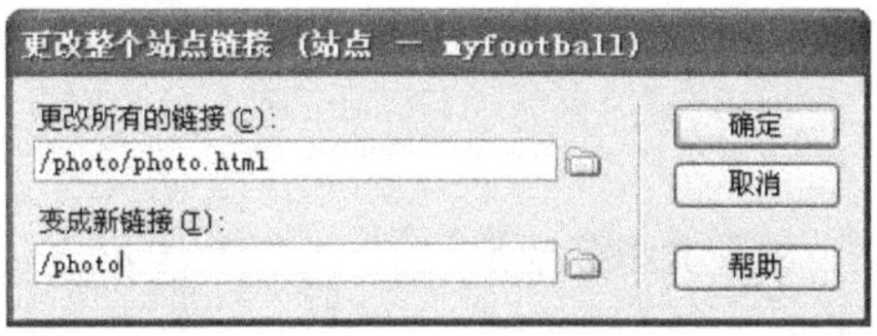

图 3-32　“更改整个站点链接”对话框

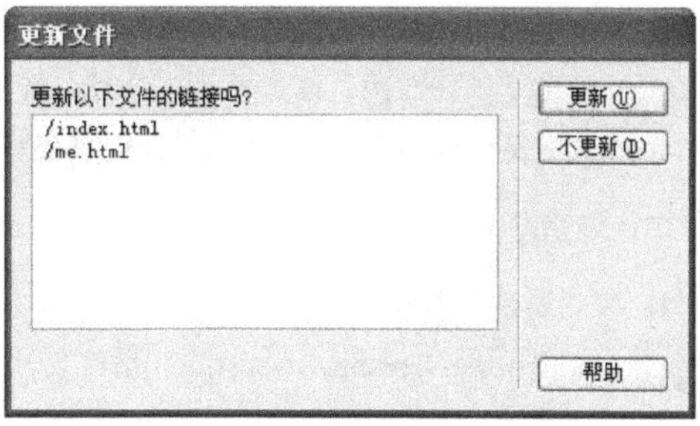

图 3-33　列出了需要更新的链接文件

提示　Dreamweaver 更新链接到选定文件的所有文档，使这些文档指向新文件，并沿用文档已经使用的路径格式（例如，如果旧路径为文档相对路径，则新路径也为文档相对路径）。不论链接类型是文档相对链接还是根目录相对链接，Dreamweaver 都会自动更新该链接。

本章小结与重点回顾

本章详细介绍了超链接的概念以及在网页中建立各种超链接的方法。

本章的重点知识是内部链接、外部链接、锚点链接、E-mail 链接的创建方法。

习题 3

一、选择题

1．在一个网络中，路径通常有__________种表示方式，分别是__________。

A．3，绝对路径、根目录相对路径、文档目录相对路径

B．2，绝对路径、根目录相对路径

C．3，绝对路径、根目录绝对路径、文档目录相对路径

D．2，绝对路径、根目录绝对路径

2．下列关于绝对路径的说法正确的是__________。

A．绝对路径是被链接文档的完整的 URL，不包含使用的传输协议

B．使用绝对路径需要考虑源文件的位置

C．在绝对路径中，如果目标文件被移动，则链接同时可用

D．创建外部链接时，必须使用绝对路径

3．在 Dreamweaver CS3 中，下面关于定义超级链接的说法中错误的是__________。

A．可以给文字定义超级链接

B．也可以给图形定义超级链接

C．只能使用默认的超级链接颜色，不可更改

D．链接、已访问过的链接、当前访问的链接可设为不同的颜色

4．链接到同一网页的超链接，又称为__________。

A．绝对超链接　　B．相对超链接　　C．邮件超链接　　D．锚点超链接

5．下面关于在一个文档中可以创建的链接类型，说法不正确的是__________。

A．链接到其他文档或文件（如图形、影片、PDF 或声音文件）的链接

B．命名锚记链接，此类链接可跳转至文档内的特定位置

C．电子邮件链接，此类链接可新建一个收件人地址已经填好的空白电子邮件

D．空链接和脚本链接，此类链接能够在对象上附加行为，但不能创建执行 JavaScript 代码的链接

二、填空题

1．在“属性”面板的“目标”文本框中的_blank 表示__________。

2．Macromedia Dreamweaver CS3 允许使用的三种文档路径类型分别是__________、__________、__________。

三、简答题

1．简述锚点链接的定义和作用。

2．超链接有哪些分类？

3．在 Dreamweaver CS3 中，创建超链接有哪些方法？

第4章 表格处理

表格不但在组织页面数据时非常有用，而且在网页元素布局安排上也起着非常重要的作用，利用表格可以控制文本和图形等对象在页面上的位置。网页一般可用表格（Table）、层（Layer）和框架（Frame）来对网页元素定位，低版本的浏览器对层布局的网页不支持，但支持用表格布局的网页。要创建跨平台、跨浏览器的网页，用表格布局是较理想的方案。

4.1 表格基本操作

4.1.1 初识表格——创建网站相册：足球明星页面 photo.html

4.1.1.1 案例综述

表格是用于在 HTML 页上显示表格式数据，以及对文本和图形进行布局的强有力工具。在前面章节中所创建的网站 Myfootball 中有一个足球明星页 photo.html，准备用来放明星照片，在本例中将使用 Dreamweaver CS3 中提供的“创建网站相册”命令，自动生成足球明星页 photo.html。从中使读者初步认识表格的基本操作方法及其作用。制作效果如图 4-1 所示。

图 4-1 足球明星页面效果

4.1.1.2 案例分析

使用“创建网站相册”命令创建的 photo.html 页是采用表格布局，将图片的缩略图排列在网页中的。在本例中可以进一步对表格进行修改和美化，并涉及表格的插入、添加或删除行列、拆分合并单元格等基本操作。

Dreamweaver 中的“创建网站相册”命令能够自动生成一个 Web 站点，该站点将显示给定文件夹中图像的“相册”。此命令调用 Fireworks 为该文件夹中每个图像创建一个缩略图和一个较大尺寸的图像，然后 Dreamweaver 创建一个 Web 页，它包含所有缩略图及指向较大图像的链接。若要使用“创建网站相册”，系统必须安装 Dreamweaver CS3 和 Fireworks CS3。

4.1.1.3　实现步骤

1. 创建网站相册

步骤

① 将需要制作成相册的图片放在一个单独的文件夹（源图像文件夹）中，本案例放在素材的 ch4\img 文件夹下。同时建立一个目标文件夹，这里使用前面已创建好的 photo 文件夹，用来存放系统生成的图片和文件。

② 选择“命令”|“创建网站相册”命令，此命令要求机器上必须安装 Fireworks 4.0 及以上版本，否则会弹出如图 4-2 所示对话框，要求安装 Fireworks。如已安装则会弹出“创建网站相册”对话框，如图 4-3 所示。

图 4-2　提示安装 Fireworks

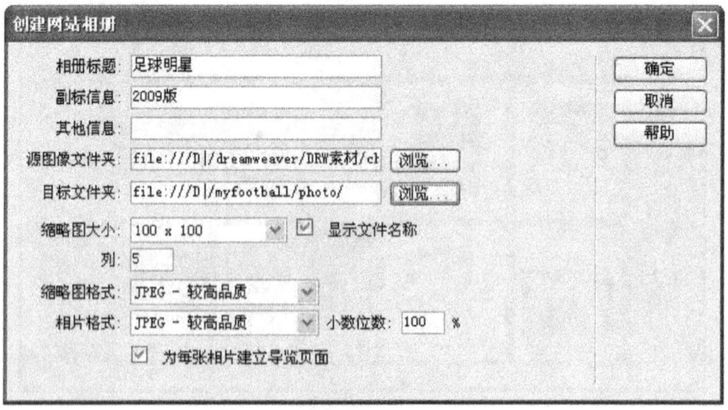

图 4-3　“创建网站相册”对话框

③ 在“相册标题”、“副标信息”、“其他信息”文本框中输入相册的标题、副标题和其他补充信息。

④ 在“源图像文件夹”和“目标文件夹”文本框中，指定图片源文件夹和目标相册的位置。

⑤ 设置“缩略图大小”的参数，每张缩略图片可选择 36×36、72×72、100×100、144×144、200×200 5 种选项。在“列”文本框中设置每行放置几张图片，选中“显示文件名称”复选框，则在网站相册的缩略图下方显示文件名称。

⑥ 设置“缩略图格式”和“相片格式”为“JPEG—较高品质”，并为每张图片创建导览页面。

⑦ 单击“确定”按钮后，Dreamweaver CS3 自行启动 Fireworks CS3 为网站相册完成批处理操作。Fireworks CS3 自动将“源图像文件夹”中所有图片按指定大小处理成缩略图，并在“目标文件夹”中存放制作完成的缩略图和图片。

⑧ 当 Fireworks CS3 将网站相册制作完成后，在 Dreamweaver CS3 的窗口中弹出“相册已经建立”对话框，如图 4-4 所示。单击“确定”按钮后，Dreamweaver CS3 将自动打开网站相册的页面，如图 4-5 所示。

图 4-4　相册已建立

图 4-5　创建的网站相册

⑨ 打开站点 Myfootball 下的文件夹 Photo，可看到 Dreamweaver CS3 生成的相关文件夹和页面文件 index.html，删除原来的 photo.html，将页面 index.html 重命名为 photo.html，并更新链接，以取代原来的足球明星页。

2．网站相册的修改

前面所创建的网站相册页面是按照对话框中的选项，以表格形式将各照片的缩略图排列在网页中的，在此基础上，还可以进行文字、背景、颜色及表格的一些修改。

步骤

① 将光标定位在每一幅图片下面，将原自动生成的图片说明（原为图片文件名）改为每位球星的名字（在素材中的 ch4 文件夹下的文本文件中已提供）。

② 为了配合足球主题，在页面中的空白位置单击鼠标右键，选择“页面属性”命令，将页面背景色设为绿色（#009900）。

③ 选中标题文字“足球明星”，格式为“标题 1”，字体为“华文彩云”，大小为“36”，文字颜色为#FFFF00。单击标签选择器中的<table>标签，选中标题文字外层表格，将其背景色也设置为绿色（#009900）。设置完成后的标题如图 4-6 所示。

④ 拖动光标选中整个页面的文字，由于这里文字都是在表格中的，实际就是选中所有单元格，设置文字颜色为#CC6600，如图 4-7 所示。

图 4-6　修改其标题、背景、文本颜色

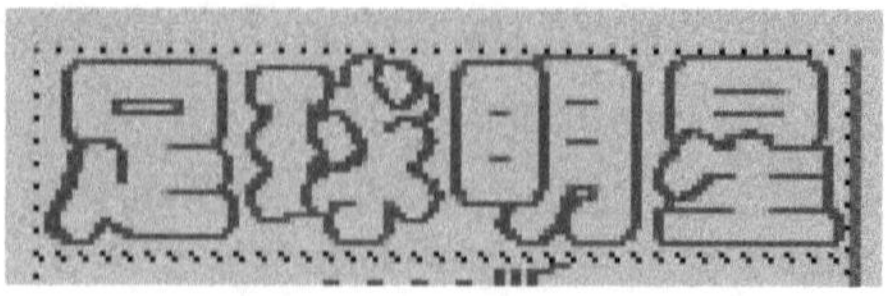

图 4-7　页面标题文字

3．相册表格的美化

表格外观样式可以通过设置表格、单元格、行、列的属性来改变，在设置前需选中相应对象。

步骤

① 单击图片外层表格，在“标签选择器”中选中<table>标签，选中表格，在其“属性”面板中设置背景颜色为#006600，如图 4-8 所示。

图 4-8　设置表格背景色

② 将光标定位在第一行的任意单元格中，在标签选择器中单击<tr>标签选择一行，在“属性”面板中设置其背景色为#FFFF99，同样地将第三行背景也设成与第一行相同。将第二和第四行的背景色设置为#CCFFFF，如图 4-9 所示。

③ 在标题和图片表格之间插入一行五列表格，宽度为 600，如图 4-10 所示。在各单元格中分别输入链接文字，制作网站各页的超链接，如图 4-11 所示。

至此，足球明星页的制作就基本完成了，保存后按 F12 键预览。

4.1.2　表格的基本操作

设计者用 Dreamweaver CS3 能很方便地在表格中输入数据，对表格进行修改，改变其外观和结构。设计者可以增加、删除、拆分、合并表格的单元格、行和列，可以修改单元格、行、列以及表格的属性，实现表格的嵌套，表与层互相转换等操作。

图 4-9 设置行背景色

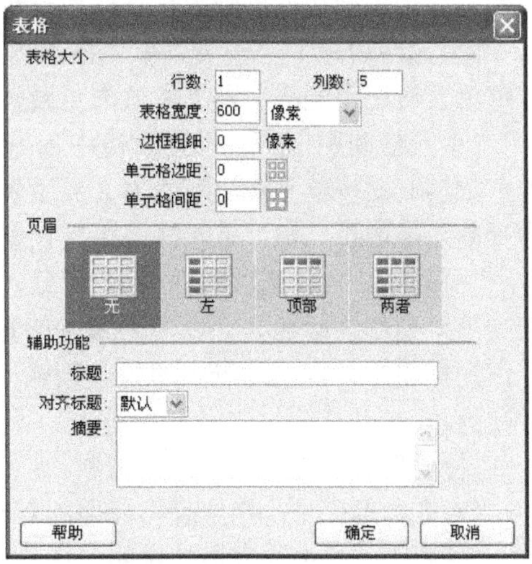

图 4-10 插入表格制作导航栏

图 4-11 导航栏效果

1. 插入表格

在网页制作时要新建一个表格，可选择“插入”|“表格”命令，或单击“插入”栏“常用”类型中的“插入表格”按钮，也可用 Ctrl+Alt+T 组合键，此时网页编辑窗口会弹出“表格”对话框，如图 4-12 所示。

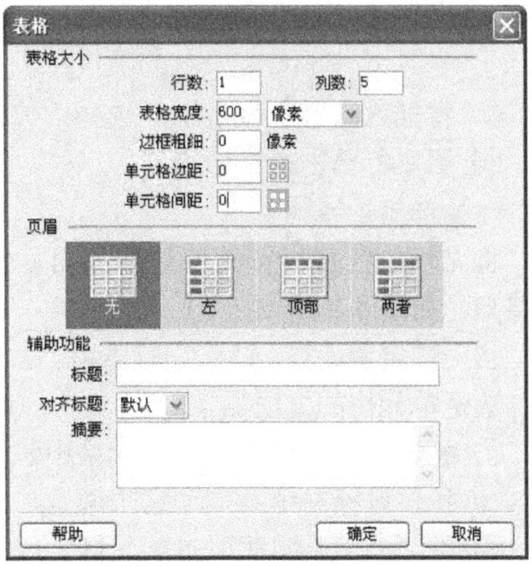

图 4-12 “表格”对话框

在此对话框中，可设置表格的属性，然后单击“确定”按钮确认后，便可在页面指定位置上插入表格。“表格”对话框中各选项的具体意义如下。

“行数”、“列数”——设置表格的行数和列数。

“表格宽度”——设置表格的宽度，并在右侧的下拉列表框中选择表格宽度的单位，选项分别为像素和百分比，其中百分比是指表格与浏览器窗口的百分比。

“边框粗细”——设置表格外框线的宽度，

如果没有明确指定边框粗细的值，则大多数浏览器按边框粗细值为 1 显示表格。若要确保浏览器不显示表格边框，则应将表格边框粗细值设置为 0。

“单元格边距”——设置单元格的内容和单元格边框之间空白处的宽度，如果没有明确指定单元格边距的值，则大多数浏览器按单元格边距值为 1 显示表格。

“单元格间距”——设置表格中各单元格之间的宽度，如果没有明确指定间距的值，则大多数浏览器按单元格边距值为 2 显示表格。要确保浏览器不显示表格中的边距和间距，应将“单元格边距”和“单元格间距”设置为 0。

“页眉”——此选项包括 4 个部分。“无”表示在表格中不使用页眉；“左”表示可以将表的第一列作为标题列，以便为表中的每一行输入一个标题；“顶部”表示可以将表的第一行作为标题行，以便为表中的每一列输入一个标题；“两者”表示能够在表中输入列标题和行标题。

“标题”——选择一个标题选项。

“对齐标题”——指定表格标题相对于表格的显示位置。

“摘要”——描述表格的说明。该说明不会显示在用户的浏览器中。

2. 选定表格和单元格

由于表格包括行、列、单元格 3 个组成部分，所以选定表格的操作除包括如何选定整个表格的操作外，还包括如何选定表格的行、列、单元格等内容。

（1）选定整个表格

有很多种方法可以实现选定表格的操作，大致可分为以下 3 种情况。

① 单击编辑窗口左下角的<table>标签来选定。当嵌套的表格不止一个时，很难用鼠标直观地指明需要编辑的表格或单元格，从而很难通过“表格”属性检查器对表格或单元格的属性进行设置。其实可以通过 Dreamweaver 的标签选择器来解决这一难题。如图 4-13 所示，第一个<table>表明是最外围的表格，第二个<table>表明是表格内嵌套的第二层表格，用鼠标指向不同的<table>时，就会出现相应的“表格”属性检查器。至于其他单元格与行的选定，与此类似，<tr>表示光标所在的行，<td>表示光标所在的单元格。

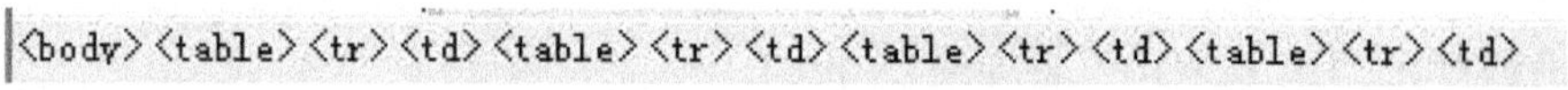

图 4-13　Dreamweaver CS3 标签选择器

② 将插入点置于表格中，选择“修改”|“表格”|“选择表格”命令。

③ 用鼠标单击表格边缘。

（2）选定行或列

将光标放在目标行的左边缘或目标列的上边缘，出现黑色箭头后，单击即可选定整行或整列，如图 4-14 所示。

（3）选定单元格

选定单元格的方法如下。

① 将光标移到欲选定的单元格中，单击“编辑”窗口左下角的<td>标签。

② 按住鼠标左键并拖动它来选定。

③ 按“Shift”键并单击单元格，或拖动鼠标，选定多个相连的单元格。

④ 按“Ctrl”键并单击单元格，或拖动鼠标，选定多个不相连的单元格。

3．调整表格的大小

选择表格后，在表格的边缘出现 3 个黑色的手柄，用鼠标拖动这些控制手柄，可以在相应的方向上改变表格的大小，这种方法比较直观，如图 4-15 所示。

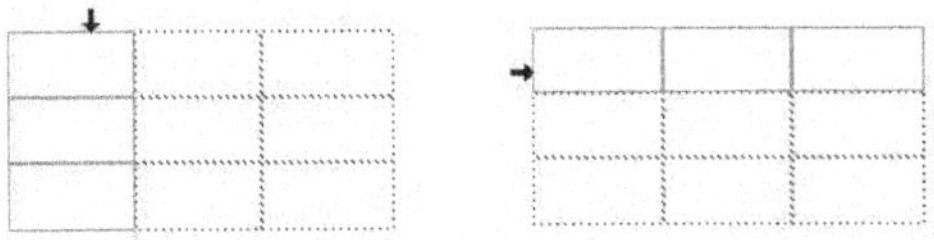

图 4-14　选择整行或整列

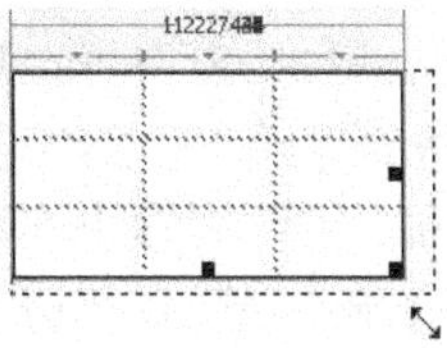

图 4-15　调整表格大小

4．设置表格和单元格的属性

选择表格或单元格后，打开其属性检查器，可以设置表格或单元格的属性。

（1）设置表格属性

选定表格后，在“属性”面板中可以查看或改变表格的属性，如图 4-16 所示。

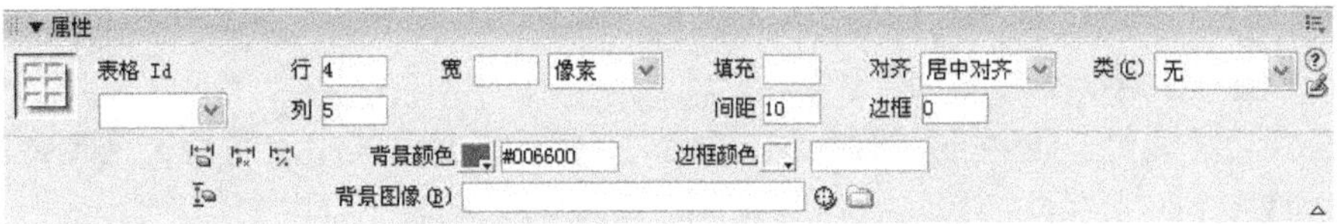

图 4-16　表格“属性”面板

在表格“属性”面板上可设置表格的下列属性。

“表格 Id”——输入表格的名称。

“行”、“列”、“宽”、“填充”、“间距”、“边框”——设置方法与“插入表格”对话框的参数设置方法相同。

“对齐”——设置表格的对齐方式。

“清除列宽”、“清除行高”——可清除表格中行、列原来所设的行高和列宽。

“将表格宽度转换成像素/百分比”——在百分比和像素之间切换，以设置表格的宽度。

“背景颜色”——设置表格背景颜色。

“边框颜色”——设置表格框线的颜色。

“背景图像”——在此域中设置表格的背景图像。

（2）设置单元格属性

如图 4-17 所示为单元格“属性”面板。

图 4-17　单元格“属性”面板

在单元格“属性”面板中可以设置单元格的下列属性。

“水平”——设置单元格中内容的水平对齐方式。

"垂直"——设置单元格中内容的垂直对齐方式。

"宽"、"高"——设置单元格的宽度和高度。

"不换行"——防止换行，单元格会自动延展以容纳数据。

"标题"——将选定单元格设置为表格的标题栏，其文本居中且粗体显示。

"背景"——设置单元格背景图像。

"背景颜色"——设置单元格背景颜色。

"边框"——设置单元格边框的颜色。

"合并单元格"按钮——可合并选定的单元格。

"拆分单元格"按钮——可拆分选定的单元格。

5. 添加/删除行列

在网页设计的过程中，常常会根据需要对表格中的行、列进行增加和删除的操作，这类操作可以通过表格"属性"面板、"插入记录"菜单或"修改"菜单来完成。

（1）通过表格"属性"面板增加与删除表格的行和列

步骤

① 选中整个表格。

② 在表格"属性"面板的"行"和"列"文本框中调整其中的数值来增加或删除表格的行数和列数。

③ 用这种方法完成增、删表格行、列的操作，都是针对表格的最下边的行和最右边的列而言的。

（2）通过"插入记录"菜单增加表格的行和列

步骤

① 将光标定位在需插入行或列的单元格中。

② 选择"插入记录"|"表格对象"|"在上面插入行"（或"在下面插入行"、"在左边插入列或"在右边插入列"）命令，如图 4-18 所示。即可完成行或列的插入。

（3）通过"修改"菜单完成增加表格的行和列

步骤

① 选中表格的某个单元格或将光标插入该单元格中。

② 选择"修改"|"表格"|"插入行（或插入列）"命令，便可在该单元格上边增加一行或在该单元格左边增加一列。

③ 选择"修改"|"表格"|"插入行或列"命令，此时弹出"插入行或列"对话框，在对话框中设置插入行（列）及插入数量，在当前行（列）上边（前边）或下边（后边）插入行（列），如图 4-19 所示。

（4）删除表格的行和列

① 选中该表格后，在其"属性"面板中修改行和列的值。

② 将光标插入在表格的某个单元格中，选择"修改"|"表格"|"删除行（或删除列）"命令，也可删除该行或列。

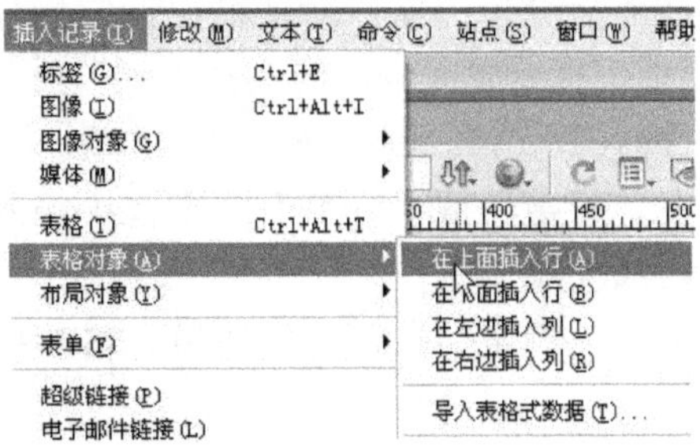

图 4-18 用“插入记录”菜单添加行或列

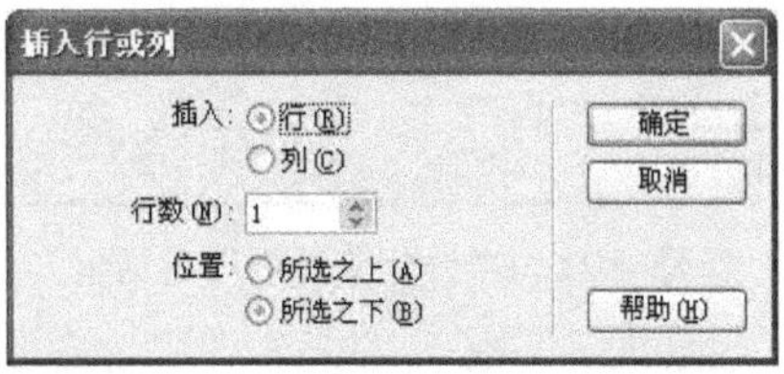

图 4-19 “插入行或列”对话框

③ 将光标插入表格的某个单元格中，单击鼠标右键，在弹出的快捷菜单中选择“表格”|“删除行（或删除列）”命令，也可完成删除该行或列的操作。

6. 单元格的合并和拆分

在编辑表格的操作过程中，常常会根据需要对表格的某些单元格进行拆分和合并的操作。在表格的“属性”面板全部展开时，可看到合并和拆分按钮。

（1）单元格的合并操作

步骤

当“属性”面板的伸缩按钮为时，单击此按钮。

① 单击表格“属性”面板右下角的按钮，将表格“属性”面板全部展开。

② 选中要合并的几个单元格，这些单元格的四周被出现的粗框线框住。

③ 单击单元格“属性”面板左下方的合并按钮，完成单元格的合并操作，如图 4-20 所示。

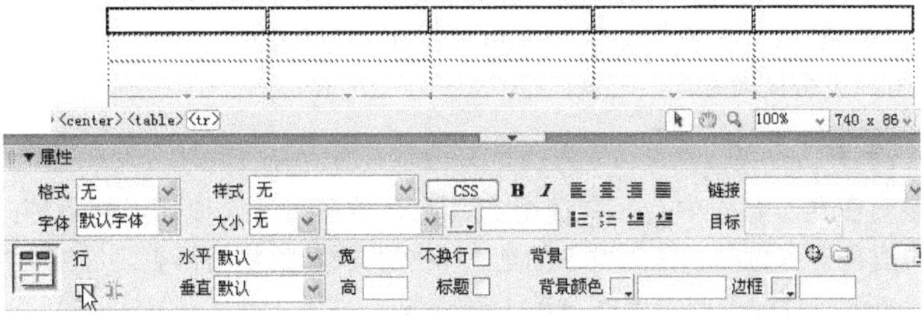

图 4-20 合并单元格

（2）单元格的拆分操作

步骤

当“属性”面板的伸缩按钮为时，单击此按钮。

① 单击表格“属性”面板右下角的按钮，将表格“属性”面板全部展开。

② 将光标定位在要拆分的单元格中。

③ 单击单元格“属性”面板左下方的拆分按钮，此时屏幕弹出“拆分单元格”对话框，如图 4-21 所示。

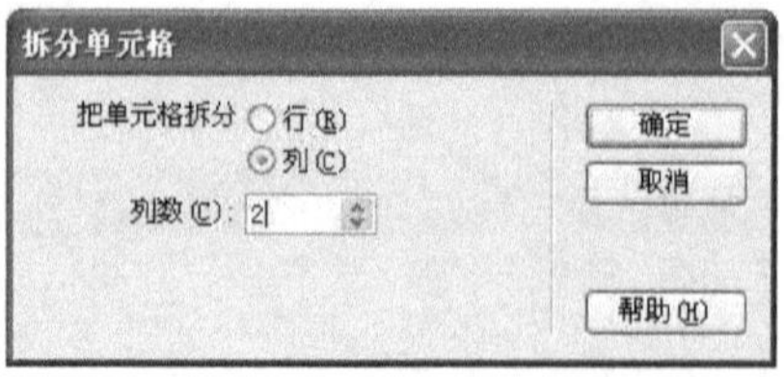

图 4-21 “拆分单元格”对话框

④ 在“拆分单元格”对话框中设定拆分方式。若要上下拆分单元格，则选择“行”选项；若要左右拆分单元格，则选择“列”选项。

⑤ 在“行数”或“列数”文本框中输入拆分单元格的数量。

⑥ 单击“确定”按钮，完成单元格的拆分操作。

若单元格拆分前有内容，单元格拆分后内容要作相应的调整。

7. 单元格的复制、粘贴、移动和清除

设计网页时，文本、图片等对象可以被复制、粘贴、移动或清除，表格中的单元格同样也支持这些操作。可以一次复制、粘贴、移动和清除一个或多个单元格。

单元格移动、复制与清除的操作方法如下。

- ✧ 在网页编辑窗口中选中要复制的对象，按 Ctrl+C 组合键，或选择“编辑”|“复制”命令，将对象复制到剪贴板中。
- ✧ 在网页编辑窗口中选中要移动的对象，按 Ctrl+X 组合键，或选择“编辑”|“剪切”命令，将对象移动到剪贴板中。
- ✧ 单击目标单元格，按 Ctrl+V 组合键，或选择“编辑”|“粘贴”命令，将对象粘贴到目标单元格中。
- ✧ 在编辑窗口中选中要复制的对象，按住 Ctrl 键后，可将复制的对象拖入目标单元格，完成对象的复制操作。直接拖曳选中的对象到目标单元格中，就可完成对象的移动操作。
- ✧ 单元格内容清除的操作方法是，选中目标单元格中要清除的对象，按 Delete 键，或选择“编辑”|“清除”命令，便可清除单元格中的内容，但该单元格的格式仍旧被保留，没有被清除。

8. 表格的嵌套

表格的嵌套在网页制作中会经常使用到，尤其是在新浪、搜狐、网易等门户网站中，为了使大量的信息整齐地展示在浏览者面前，表格的嵌套就使用得更为频繁。如图 4-22 所示为在编辑状态下，页面密密麻麻地布满了表格线。

在 Dreamweaver CS3 中，对于表格的嵌套没有特别的限制，表格完全可以像文本、图像一样直接插入其他表格的单元格中，然后通过对单元格的拆分和合并等编辑操作，完成更复杂表格的嵌套操作。

将光标插入当前表格的某个单元格中，然后选择“插入”|“表格”命令，或单击“插入”栏“常用”类型中的“插入表格”按钮，在“插入表格”对话框中输入新表格的属性，便可以在当前单元格内再插入一个表格，这就是表格的嵌套操作。此时表格边框线的宽度应该设为 0，否则会影响页面的美观。

在网页表格中理论上可以有多层嵌套，但是表格多层嵌套后会直接影响浏览速度，故表格嵌套层数不宜过多。

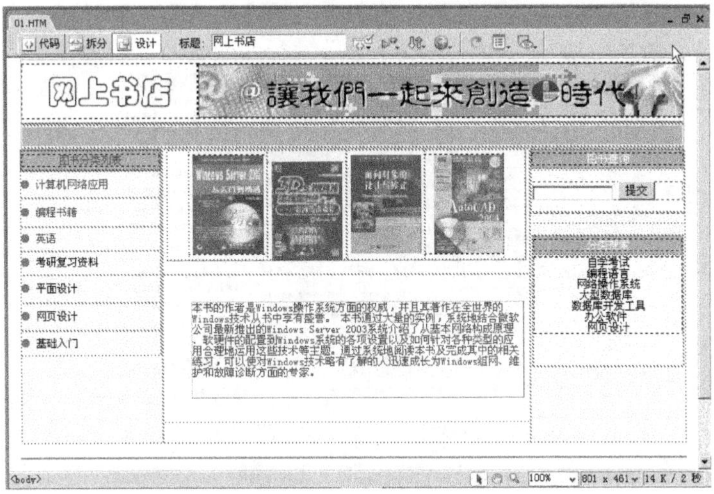

图4-22 表格嵌套网页

4.2 应用表格布局页面

设计精美的网站都采用了优秀的版式设计。做一个网页，先要进行网页布局。在设计中，假如你知道什么是一种约定俗成的标准或者说大多数访问者的浏览习惯，那么在此基础上加上自己的东西，便可以创造出自己的设计方案。因此对于初学者，就应该明白网页布局的基本概念。

4.2.1 网页布局的基本概念

1. 网页布局类型

网页布局大致可分为“国”字型、拐角型、标题正文型、左右框架型、上下框架型、综合框架型、封面型、Flash型、变化型，下面分别论述。

（1）“国”字型

“国”字型也可以称为“同”字型，是一些大型网站所喜欢的类型，即最上面是网站的标题及横幅广告条，接下来就是网站的主要内容，左右分列两小条内容，中间是主要部分，与左右一起罗列到底，最下面是网站的一些基本信息，如联系方式、版权声明等。这种结构是目前在网上见到的最多的一种结构类型，如图4-23所示。

（2）拐角型

这种结构与“国”字型结构只是形式上的区别，实际上是很相近的，上面是标题及广告横幅，接下来的左侧是一窄列链接等，右列是很宽的正文，下面也是一些网站的辅助信息。在这种类型中，最常见的类型是最上面是标题及广告，左侧是导航链接，如图4-24所示。

（3）标题正文型

这种类型最上面是标题或类似的一些东西，下面是正文，如一些文章页面或注册页面等就是这种类型，如图4-25所示。

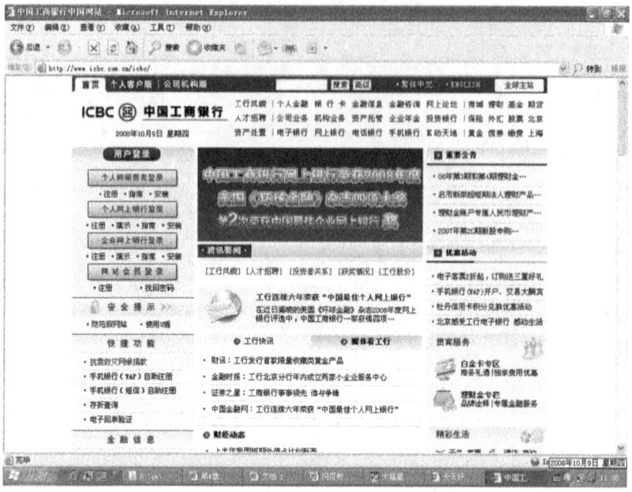

图 4-23 “国”字型布局

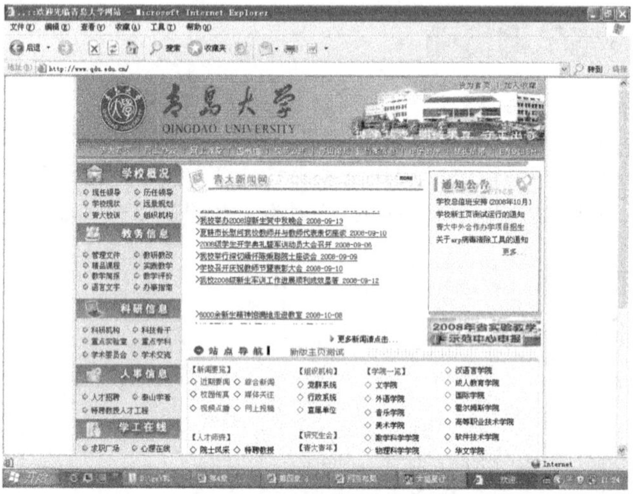

图 4-24 拐角型布局

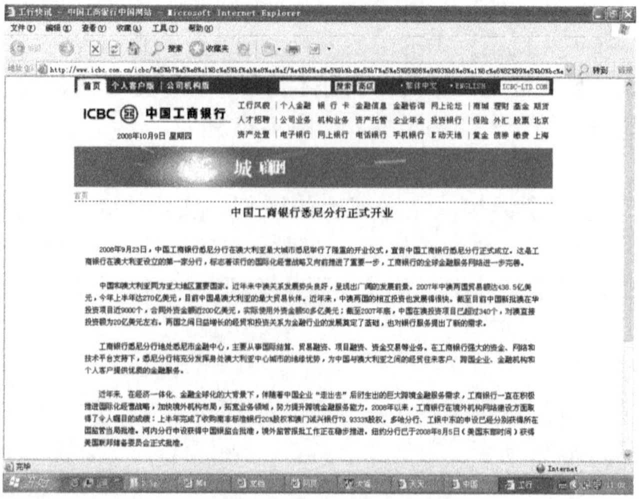

图 4-25 标题正文型布局

（4）左右框架型

这是一种左右型的框架结构，一般左面是导航链接，有时最上面会有一个小的标题或标志，右面是正文。一般见到的大部分大型论坛都是这种结构，有一些企业网站也喜欢采用。这种类型结构非常清晰，一目了然，如图4-26所示。

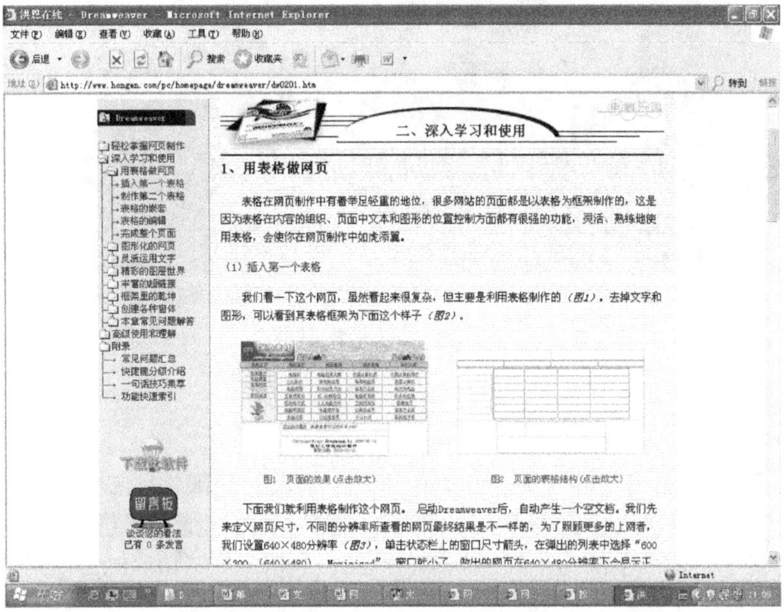
洪恩在线 - Dreamweaver - Microsoft Internet Explorer
二、深入学习和使用
1、用表格做网页
表格在网页制作中有着举足轻重的地位，很多网站的页面都是以表格为框架制作的，这是因为表格在内容的组织、页面中文本和图形的位置控制方面都有很强的功能，灵活、熟练地使用表格，会使你在网页制作中如虎添翼。
（1）插入第一个表格
我们看一下这个网页，虽然看起来很复杂，但主要是利用表格制作的（图1），去掉文字和图形，可以看到其表格框架为下面这个样子（图2）。
图1 页面的效果（点击放大）
图2 页面的表格结构（点击放大）

图4-26 左右框架型布局

（5）上下框架型

与左右框架型类似，区别仅仅在于是一种上下分为两页的框架结构。

（6）综合框架型

左右框架型与上下框架型两种结构的结合，相对复杂的一种框架结构，较为常见的是类似于拐角型的结构，只是采用了框架结构。

（7）封面型

这种类型基本上出现在一些网站的首页，特点是，一些精美的平面设计结合一些小的动画，再放上几个简单的链接，或仅是一个“进入”的链接，甚至直接在首页的图片上做链接而没有任何提示。这种类型大部分出现在企业网站和个人主页，如果处理得好，会给人带来赏心悦目的感觉。

（8）Flash型

其与封面型结构很类似，只是这种类型采用了目前非常流行的Flash，与封面型不同的是，由于Flash强大的功能，页面所表达的信息更丰富，其视觉效果及听觉效果如果处理得当，绝不亚于传统的多媒体，如图4-27所示。

（9）变化型

是上面八种类型的结合与变化。

图 4-27　Flash 型页面

2．页面构成

（1）页面尺寸

由于页面尺寸和显示器大小及分辨率有关系，网页的局限性就在于你无法突破显示器的范围，而且因为浏览器也将占去不少空间，留给你的页面范围变得越来越小。一般分辨率在 800×600 的情况下，页面的显示尺寸为 780×428；分辨率在 640×480 的情况下，页面的显示尺寸为 620×311；分辨率在 1024×768 的情况下，页面的显示尺寸为 1007×600。从以上数据可以看出，分辨率越高页面尺寸越大。

在网页设计过程中，向下拖动页面是唯一给网页增加更多内容（尺寸）的方法。但除非你能肯定站点的内容能吸引大家拖动，否则不要让访问者拖动页面超过三屏。如果需要在同一页面显示超过三屏的内容，那么你最好能在上面做出页面内部连接，方便访问者浏览。一般来说，不拖动垂直滚动条页面所显示出的称为第一屏。

（2）页头

页头又可称之为页眉，页眉的作用是定义页面的主题。如一个站点的名字多数都显示在页眉里。这样，访问者能很快知道这个站点是什么内容。页头是整个页面设计的关键，它将涉及下面的更多设计和整个页面的协调性。页头常放置站点名字的图片（Logo）和公司标志及广告条（Banner）。

（3）页脚

页脚和页头相呼应。页头放置站点主题的地方，而页脚放置制作者或者公司信息的地方。你能看到许多制作信息都是放置在页脚的，称为版权信息。

（4）导航栏

导航栏能让人们在浏览时方便地到达不同的页面，是网页元素非常重要的部分，所以导航栏一定要清晰、醒目，一般来讲，导航栏要在第一屏能显示出来，但是有时第一屏可能会小于上面所说的 428，基于这点考虑，横向放置的导航栏要优于纵向放置的导航栏。原因很简单，如果浏览者的第一屏较短，横向的仍能全部看到，而纵向的就很困难了，窗口的宽度一般是不会受浏览器设置影响的，而纵向的不确定性要大得多。

4.2.2 应用表格布局页面案例

1．案例综述

以一个专业网站的主页设计为例，来说明表格在网页设计排版时所起的重要作用，实例效果如图 4-28 所示。其中 3 个不能显示图像的地方是在设计时使用了占位符替代了具体的图像。

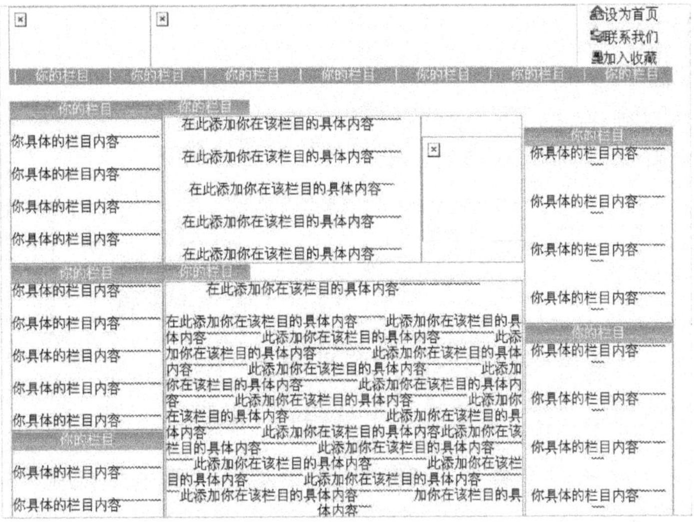

图 4-28 表格布局构架

通过操作使读者掌握以下知识要点。

① 表格在用于页面布局时的属性设置。

② 表格的嵌套。

③ 表格细线的制作。

2．案例分析

由于在浏览器中要完全下载完一个表格的内容，表格才能显示出来。因此，在设计页面表格时，应该做到：

① 整个页面不要都套在一个表格里，尽量拆分成多个从上到下宽度相同的表格。

② 单一表格的结构尽量整齐。

③ 表格嵌套的层次尽量不要太多。

④ 表格的尺寸在设计最外层表格时应使用基于像素的表格，而在内层嵌套表格时应使用基于百分比的表格。

如图 4-29 所示为本例制作的专业网页的表格布局构架，整个版面可以分为页眉区、导航栏区、信息区和版权区 4 个区域。其中信息区又分为左信息区、中信息区、右信息区 3 个部分。除信息区包含的 3 个区域使用了嵌套表格外，其他各区域都是一个个宽度相同但又独立的表格。

页眉区		
导航栏区		
左信息区	中信息区	右信息区
版权区		

图 4-29　网页结构

3. 实现步骤

（1）设计页眉区

页眉区除包括网站 Logo 图像、网页广告图像外，还包括“设为首页”、“联系我们”、“加入收藏”3 个链接选项，如图 4-30 所示。

网站 Logo 图　标	网页广告图像	设为首页
		联系我们
		加入收藏

图 4-30　页眉区的基本结构

步骤

① 选择“插入”|“表格”命令，或在“插入”栏的“常用”类别中，单击表格图标，随后出现“表格”对话框。

② 在“表格”对话框中设置插入的表格为 3 行 3 列，宽度为 778，表格边框为 0，边距为 0，间距为 0。单击“确定”按钮后，即在网页文档上生成一个 3×3 的表格。

③ 选择表格，网页文档下方的“文本”属性检查器变为“表格”属性检查器，如图 4-31 所示。在“表格 Id”处输入表格的标志名称“t-1”，在“对齐”下拉列表框中选择“居中对齐”。

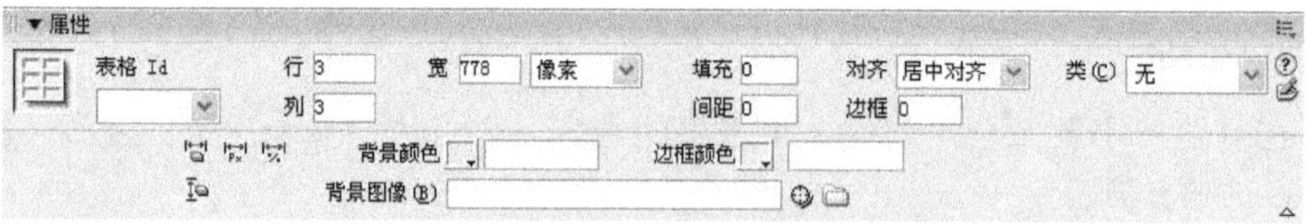

图 4-31　表格“属性”检查器

④ 拖动鼠标选择第 1 列的 3 个单元格后，单击鼠标右键，在弹出的快捷菜单中选择“表格”|“合并单元格”命令，将 3 个单元格合并为 1 个单元格。用同样的方法可将第 2 列的 3 个单元格合并，并设置各列宽度，如图 4-32 所示。

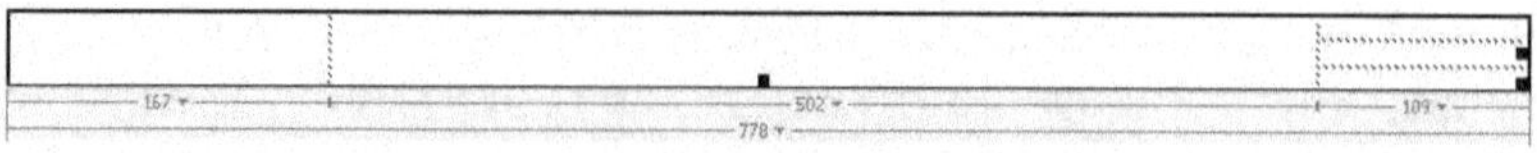

图 4-32　合并第 1 列、第 2 列的 3 个单元格

⑤ 在合并后的第 1 列插入 1 个标志占位符，其宽度为 167，高度为 71；在第 2 列中插入图像占位符，宽为 499，高为 71，如图 4-33 所示。

图 4-33 插入占位符

（2）设计导航栏区

在设计完页眉区后，在表格 t-1 的下一行，继续插入表格进行导航栏区的设计。

步骤

① 在“插入”栏的“常用”类别中，单击表格图标，在出现的“表格”对话框中进行设置，插入一个 2×14 的表格，宽度为 778，边距为 0，间距为 0，边框为 0，表格的名称为 t-2，如图 4-34 所示。

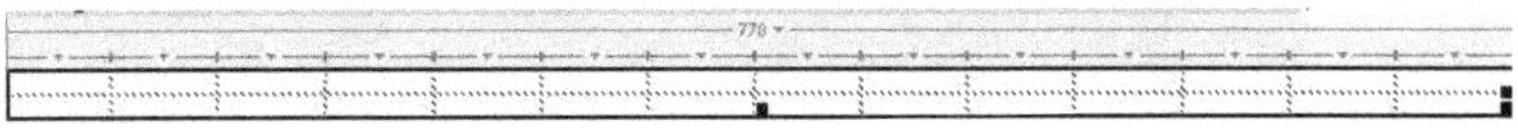

图 4-34 插入一个 2×14 的表格（t-2）

② 在表格 t-2 的第 1 行的第 1、3、5、7、9、11、13、15 列处输入导航栏分隔符“｜”，在第 2、4、6、8、10、12、14 列的单元格内输入导航栏名称，这里为方便讲解，全部输入“你的栏目”字样。

提示 表格 t-2 列数的多少，视栏目的多少而定，栏目之间的分隔符也可用其他特殊符号或图标取代。表格第 2 行没有进行编排，主要作用是作为一个空行，可使导航栏与上下文之间的间隔距看上去更合理。

（3）设计信息区

信息区一分为三，是网页设计常见方式。两边可放置一些常见信息，例如公告信息、天气预报、用户登录信息、友情链接、搜索引擎、动态新闻等。中间为网站主要栏目区。在各信息区，为排版需要，用到了表格的嵌套。

插入一个 1×3 的表格，宽度为 778，边框为 0，边距为 0，间距为 0，表格的名称为 t-3。调整各单元格的宽度，分别设为 181、411、156，如图 4-35 所示。

图 4-35 插入一个 1×3 的表格

① 设计左、右内容区

在左、右内容区的很多信息栏都有统一的外观。为此，可以先使用嵌套制作一个信息栏，再将其复制并粘贴到左、右栏的其他位置，这样可快速完成布局设计，且能保持风格一致。

步骤

i 将光标定位在表格 t-3 的第 1 列中，在单元格“属性”面板中设置单元格的“垂直”对齐属性为“顶端”，如图 4-36 所示。

ii 在表格 t-3 第 1 列内插入一个 2×1 的表格，宽度为 100%，并适当调整高度，使其第 1 行的高度为 15，第 2 行的高度为 163，如图 4-37 所示。

图 4-36　在单元格“属性”中设置“垂直”属性

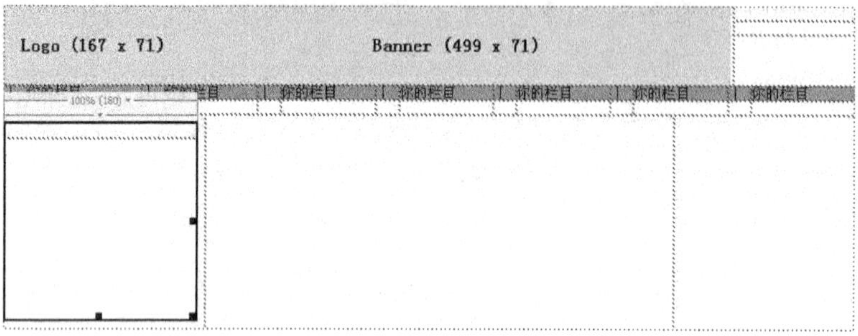

图 4-37　插入 2×1 表格

iii 在表格的“属性”面板中进一步设置其属性，设置“表格 Id”名为 t-31，“边框颜色”为#FFFFFF 白色，“边框”粗细设为 1，如图 4-38 所示。

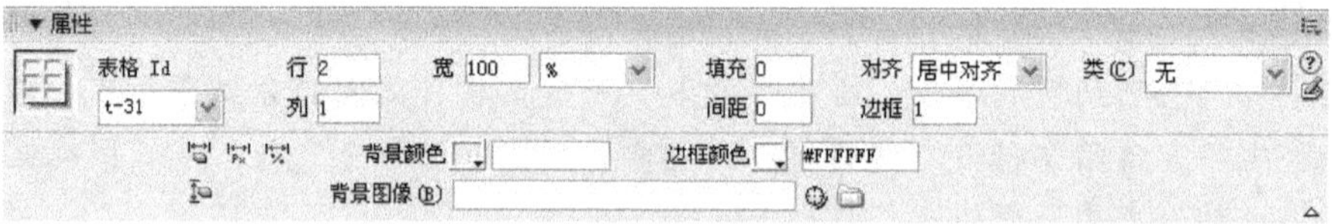

图 4-38　表格“属性”设置

iv 同时选择表格 t-31 的两个单元格，在单元格“属性”面板中将边框颜色设为绿色（细边框色），如图 4-39 所示（第③、④步的操作可以获得像素值为 1 的细边框）。

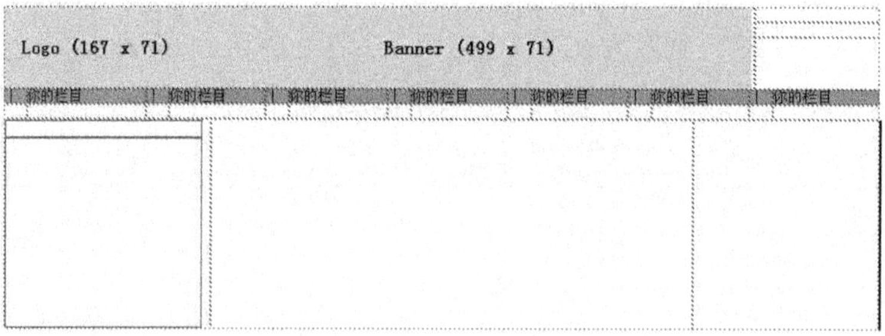

图 4-39　通过分别设置表格、单元格边框色得到细线表格

v 将光标停在表格 t-31 的第 1 行上，在单元格“属性”检查器中选择“背景”，插入一个单元格的背景图像，然后在第 1 行上输入栏目名称，这里输入“你的栏目”。在第 2 行的单元格里，输入该栏目的具体内容，如图 4-40 所示。

vi 选择表格 t-31，将其复制并粘贴到下方及表格 t-3 的第 3 列中，至于粘贴多少，视栏目多少而定，这里使其左、右各存在 3 个这样的栏目列表，如图 4-41 所示。

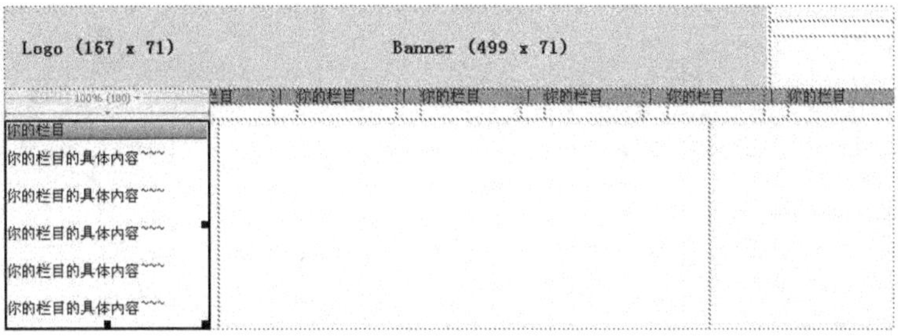

图 4-40 插入单元格的背景图像并输入栏目内容

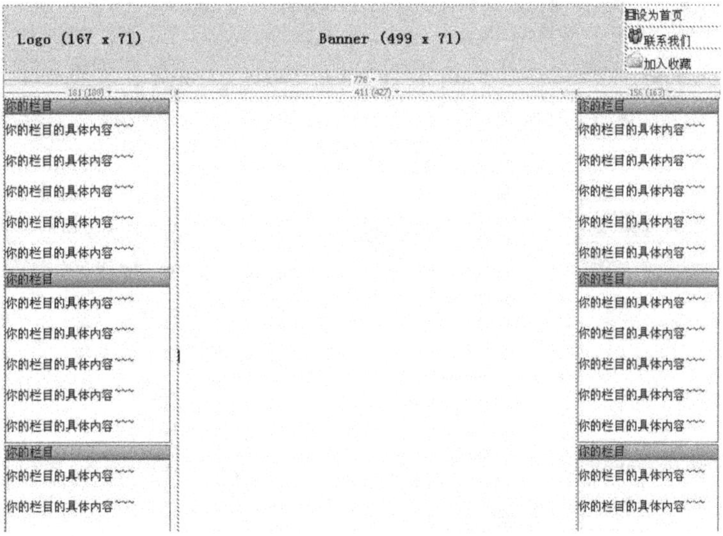

图 4-41 复制表格 t-31

② 设计主内容区

主内容区的设计指在表格 t-3 的中间单元格进行的设计，同样可以先制作一个信息栏，再将其复制、粘贴，以保持风格统一。

步骤

i 将光标定位在表格 t-3 的第 1 列中，在单元格"属性"面板中设置单元格的"垂直"对齐属性为"顶端"。

ii 在表格 t-3 的第 2 列内插入一个 2×3 表格、宽度为 100%，表格边框为 0，边距为 0，间距为 0，表格的名称为 t-32。

iii 合并表格 t-32 第 2 行的单元格，并在该单元格内插入一个 1×1 的表格 t-321，表格的边框为 1，边框色为白色，如图 4-42 所示。

iv 将光标停在表格 t-321 内，然后在单元格"属性"检查器上，将单元格边框颜色设为绿色，并设其高度为 127。

v 在表格 t-32 的第 1 行的 3 个单元格内，分别设置 3 个单元格的背景图像作为栏目修饰，并输入栏目名称，如图 4-43 所示。

vi 同样将制作好的表格 t-32 在中间工作区内进行复制，将复制的表格分别更名为 t-322 和 t-323，并在复制的表格内添加适当的内容，如图 4-44 所示。

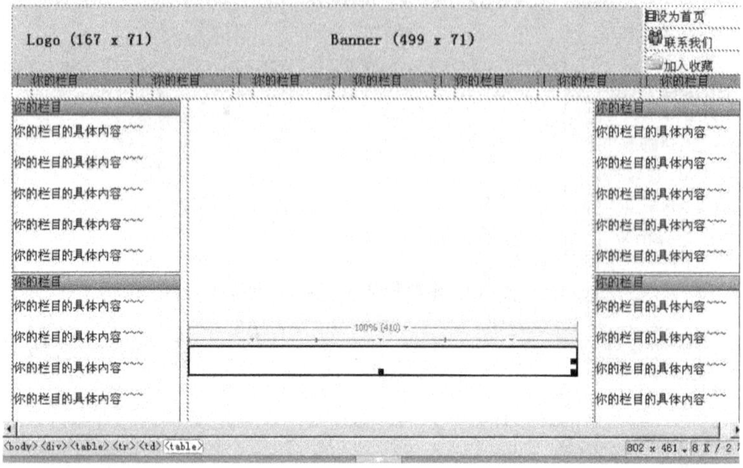

图 4-42　插入表格 t-321

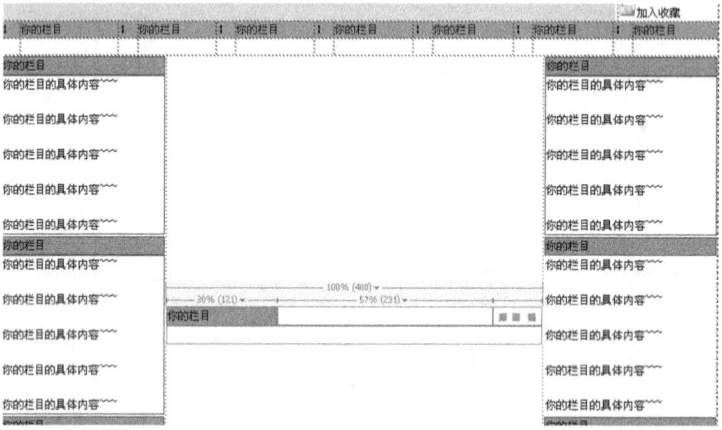

图 4-43　设置 3 个单元格的背景图像并输入栏目名称

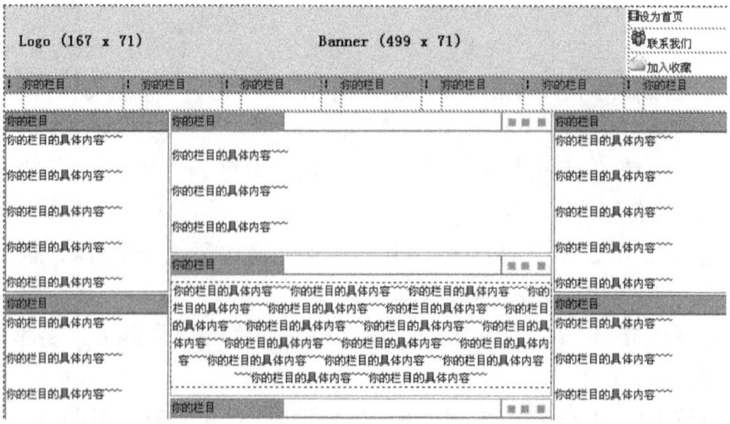

图 4-44　中间工作区复制表格 t-32 并适当添加内容

vii 将光标停在表格 t-321 内，单击鼠标右键，在弹出的快捷菜单中选择“表格”|“拆分单元格”命令，将单元格拆分为两个单元格，在表格 t-321 的第 1 个单元格中输入一些文

字作为该栏目下的具体内容，在第 2 个单元格中插入一个图像占位符，完成后的效果如图 4-45 所示。

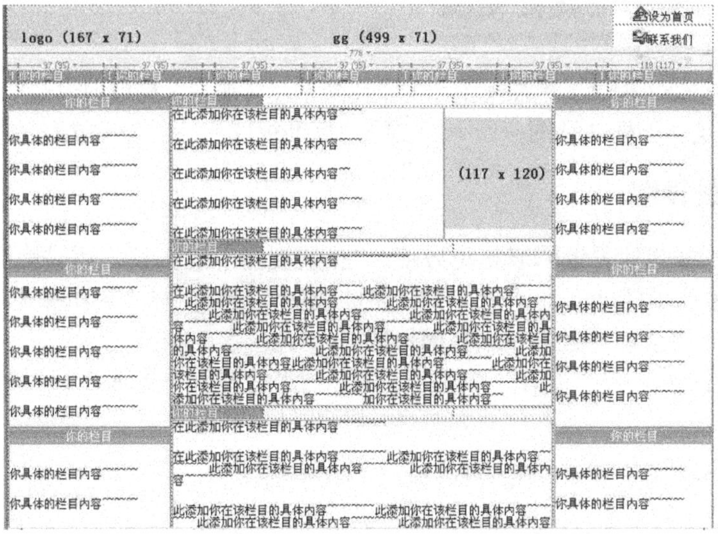

图 4-45　在表格 t-321 的第 2 个单元格中插入图像占位符

提示　如果上述操作没有将间距与属性设为 0，则表格的单元格与单元格之间出现一定的距离，不能实现插入背景图像后的无缝结合。

（4）设计版权区

版权区是网页设计最底部的一个区域，通常放置一些版权信息。

步骤

① 插入一个 2×1 的表格，边框为 0，居中对齐，表格名为 t-4，如图 4-46 所示。

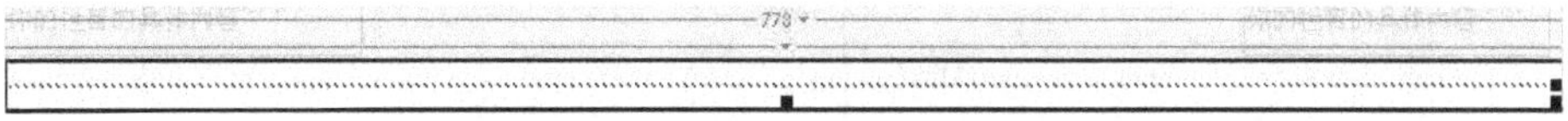

图 4-46　插入一个 2×1 的表格

② 将光标停在第 1 行，将单元格高度设为 1，切换到“代码”视图，删除代码 ，如图 4-47 所示。从而将第 1 行制作成 1 像素的细线。

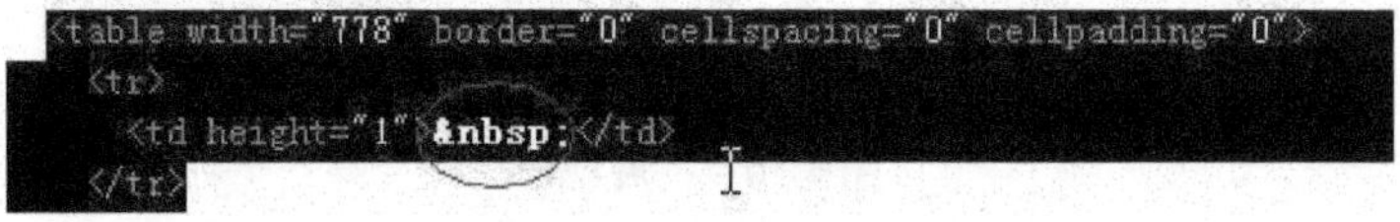

图 4-47　删除代码 并将单元格高度设为 1

③ 在表格 t-4 的第 2 行输入相关版本信息，如图 4-48 所示。

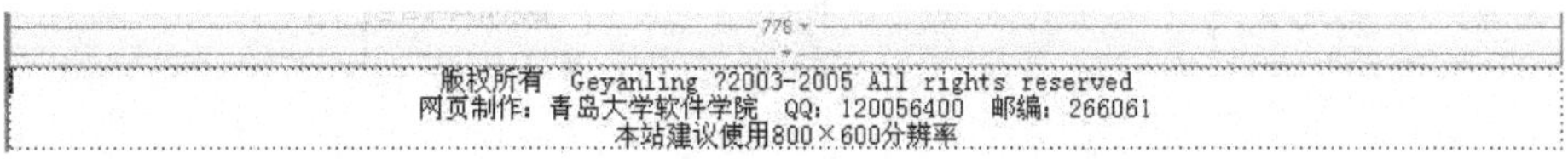

图 4-48　在表格中输入相关版权信息

至此，一个基于表格进行排版设计的典型网页就基本构建完成，按 F12 键进行预览。

4.3 使用表格的其他视图

Dreamweaver CS3 提供了标准视图、扩展视图、布局视图 3 种视图模式。通常在默认情况下，使用的表格是属于标准视图应用下的表格。标准视图实际上就是传统的表格使用方式。

4.3.1 扩展视图

“扩展视图”模式使得编辑表格更方便。“扩展视图”的主要作用是临时向文档中所有表格添加单元格的边距和间距，并且增加表格的边框，这样可以使编辑操作更加简单。利用这种模式，可以选择表格中的项目或精确地定位光标。

在“插入”面板组的“布局”类型中，可看到“标准”、“扩展”视图按钮，如图 4-49 所示。

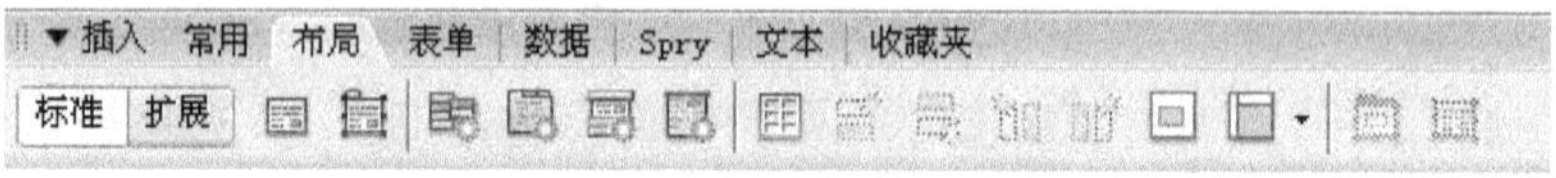

图 4-49 “插入”面板组的“布局”类型

如图 4-50 所示为网页切换到“扩展视图”格式后看到的效果，在这种视图格式下，表格所有的边框线都以较粗的线条显示，表格中的元素都适当居中，这非常有利于文本光标的定位操作。

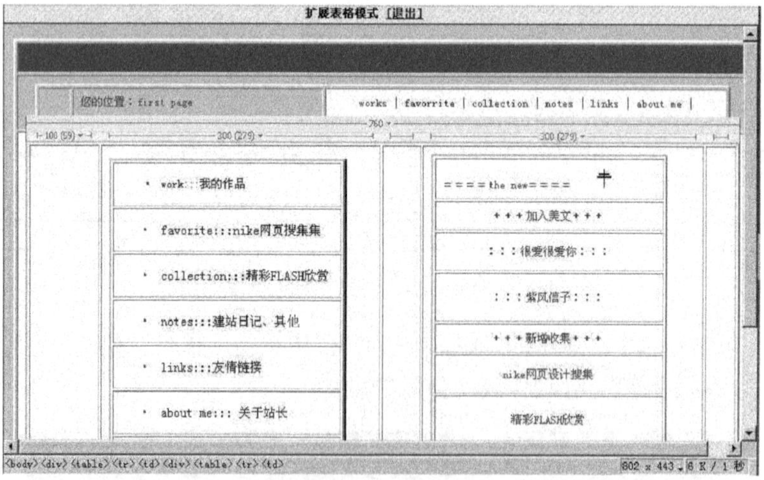

图 4-50 扩展视图

4.3.2 布局视图

由于表格太过于规律，有时显得很不灵活，为使表格在设计排版时更具灵活性，Dreamweaver 中文版引入了“布局视图”的概念，在“布局视图”方式下利用表格进行网页排版设计更为直观方便。通过鼠标自由拖曳就可实现任意的表格布局，且可自由移动。可以说“布局视图”是 Dreamweaver 的一道“特色菜”，它是传统“标准视图”格式下表格应用的进一步发挥，使表格在布局排版中的弹性大大加强。如图 4-51 所示为将网页切换到“布局视图”下的效果。图中多了“布局表格”字样标志，在操作中有多少个“布局表格”就表明有多少个表格。

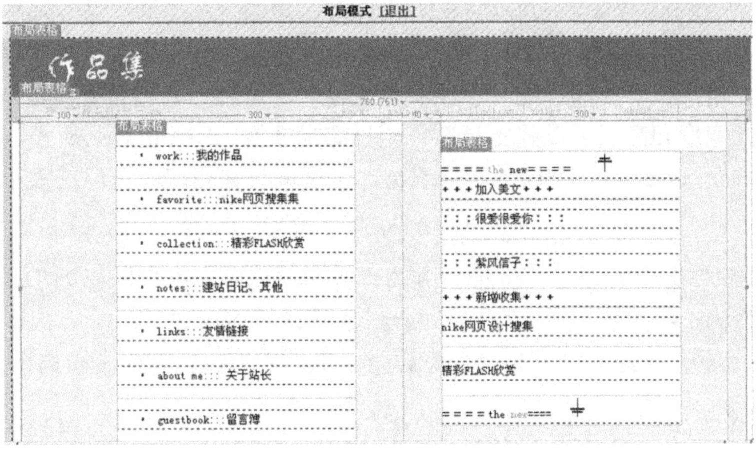

图 4-51　布局视图

4.3.3　创建布局表格和布局单元格

选择 Dreamweaver 主菜单中的“查看”|“表格模式”|“布局模式”命令，如图 4-52 所示，切换到布局视图。

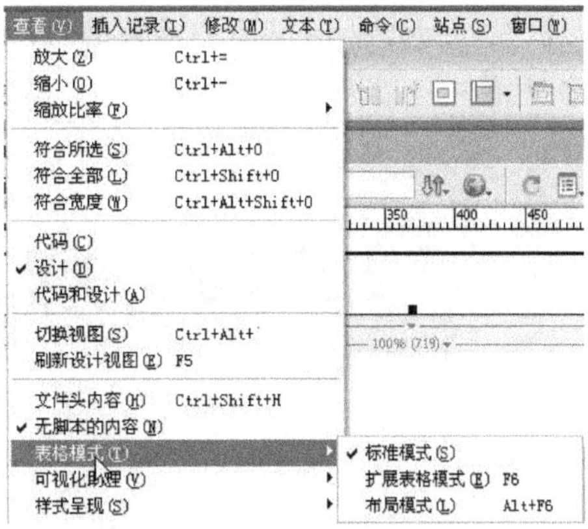

图 4-52　利用查看菜单切换视图模式

如果在一个页面中只是简单地绘制出一个布局表格，而没有绘制布局单元格，那么布局表格的表面将是灰色的，此时不能向布局表格内输入任何文本和插入图像，但是这些操作在布局单元格内部是可以进行的。

1．绘制布局表格

在“布局视图”模式下，需要先绘制表格，后绘制单元格。

步骤

① 在“布局视图”模式下，单击“绘制布局表格”图标，光标变为十字形状，开始绘制布局表格。

② 移动光标到想要绘制单元格的任意位置，拖动鼠标，就完成了布局表格的绘制。此时表格的标志名称“布局表格”及其尺寸在表格顶部区域显示出来。

提示　如果要绘制多个表格，不必每次都单击“布局表格”图标，只要在绘制过程中按住 Ctrl 键即可。

2．绘制布局单元格

布局单元格可以在下列两种条件下绘制。

① 在布局表格内绘制布局单元格。如果在布局表格内绘制布局单元格，所绘制的布局单元格将受到布局表格的限制，布局单元格的宽度和高度均不能超出其外布局表格的宽度和高度。

② 在空白的文档内绘制布局单元格。从理论上来讲，单元格是包含于表格中的，没有表格就没有单元格，在“布局视图”下绘制单元格时，可以一开始就直接绘制布局单元格，且布局单元格的宽度和高度可以随意调整，至于布局表格，Dreamweaver 会自动添加。在默认情况下，Dreamweaver 自动创建的布局表格，其宽度与文档编辑窗口的大小相同。

步骤

① 在“布局视图”模式下，位于上方的“绘制布局单元格”图标处于激活状态，单击该图标，光标变为十字形状，表明可以开始绘制布局单元格。

② 移动光标到想要绘制单元格的任意位置，拖动鼠标，就完成了布局单元格的绘制。

提示 如果要绘制多个单元格，不必每次都单击“布局单元格”图标，只要在绘制过程中按住 Ctrl 键即可。

3. 移动布局表格和布局单元格

选择布局表格和布局单元格后，用鼠标将其拖曳到新的位置，也可以使用方向键移动，每按一次方向键，移动 1 个像素的距离，如果按住 Shift 键，每按一次方向键，移动 10 个像素的距离。

提示 布局表格只有嵌套在其他表格中才可以移动，如图 4-53 所示。

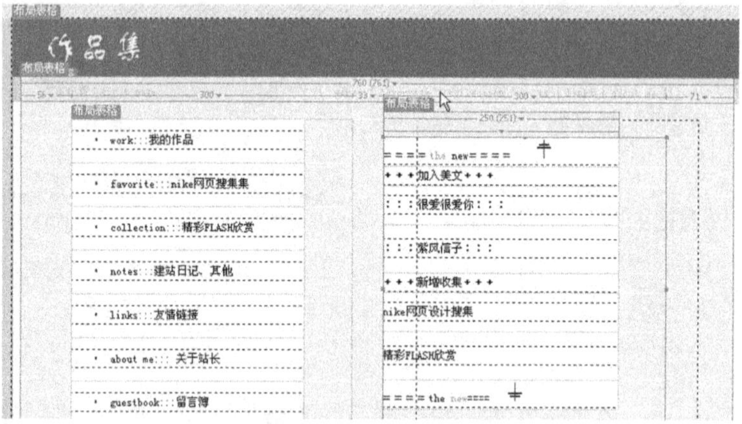

图 4-53 移动布局表格

本章小结与重点回顾

本章介绍了表格的基本操作及应用表格进行版式设计的方法和步骤，较详细地介绍了在标准、扩展、布局 3 种视图下表格的应用，从而使网页布局能够得心应手。

本章的重点知识是表格的基本操作、应用表格布局（标准视图下）、布局表格，在表格及单元格中输入各种网页元素的方法，表格格式化等操作方法。

习题4

一、选择题

1．在 Dreamweaver CS3 中查看和操作表格提供三种模式，它们是__________。

A．标准模式、代码模式、设计模式　　B．代码模式、设计模式、布局模式

C．标准模式、扩展模式、布局模式　　D．代码模式、拆分模式、设计模式

2．在 Dreamweaver CS3 中对表格所进行的操作中论述正确的是__________。

A．选择表格中的单个或多个单元格都能进行对单元格的拆分操作

B．在一个表格中，如果所选择的区域是矩形区域可以对其进行拆分操作

C．在一个表格中，如果所选择的区域是矩形区域可以对其进行合并操作

D．在 Dreamweaver CS3 的表格中，只能对所选择的是非连续的区域才可以对其进行合并操作

二、填空题

1．表格格式设置的优先顺序：__________ | __________ | __________。

2．为了使所设计的表格在浏览网页时，不显示表格的边框，应把表格的边框宽度设为__________。

3．单元格内间距指单元格内的对象与单元格__________之间的距离。

4．如果设置表格背景色为白色，某单元格背景色为红色，则浏览时该单元格背景为__________。

三、简答题

1．选定表格的操作有几种方法？

2．如何移动布局表格和布局单元格？

第 5 章　AP Div 元素与时间轴动画

AP 元素（绝对定位元素）是一种 HTML 页面元素，即网页内容的容器，包含文本、图像或其他任何可以在 HTML 文档正文中放入的内容。它可以定位在页面上的任意位置，可实现对 AP 元素中文档内容的精确定位，还可以在一个 AP 元素中插入另一个 AP 元素，即 AP 元素可以嵌套使用，实现页面元素的重叠。

同样的，时间轴也是 Dreamweaver 中用于制作网页动画效果的有力工具，时间轴动画不是所谓的 GIF 动画，而是真正用 JavaScript 代码编写的动画。它不需用户书写一行 JavaScript 代码也可实现多种动感网页效果。

5.1　应用 AP 元素布局页面——环游世界

5.1.1　案例综述

AP 元素是网页中比较特殊的对象，它可以自由地移动，显示或隐藏，同时还可以相互嵌套、叠加，所以在很大程度上弥补了表格排版的不足。但是 AP 元素的定位比较难处理，同一个网页在不同版本的浏览器中位置有差别，因此完全使用 AP 元素排版的网页很少，它主要用来完成一些动态特效。如图 5-1 所示的页面不仅采用 AP 元素进行页面布局，实现图片重叠的效果，还通过 AP 元素与时间轴相结合，制作出奇妙的动态效果。

图 5-1　实例效果

5.1.2　案例分析

本例网页不论文字还是图片都是采用 AP 元素来进行定位的，因此将重点介绍 AP 元素的创建、AP 元素的属性设置和在 AP 元素中插入网页元素的知识。

5.1.3　实现步骤

1. 制作基本页面

步骤

① 新建页面，将页面标题设置为“AP Div 元素应用”。

② 选择“插入”面板组的“布局”类别，单击“绘制 AP Div”按钮，如图 5-2 所示。在文档窗口中拖动鼠标绘制一个 AP 元素 apDiv1，如图 5-3 所示。

图 5-2　“布局”栏

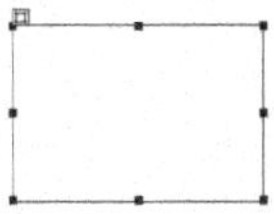

图 5-3　绘制 AP 元素

③ 将光标置于 AP 元素内，插入图片文件 1.jpg。插入的图片很大，在“属性”检查器中可将其宽度设置为 250，高度设置为 150，如图 5-4 所示。在文档窗口中的效果如图 5-5 所示。

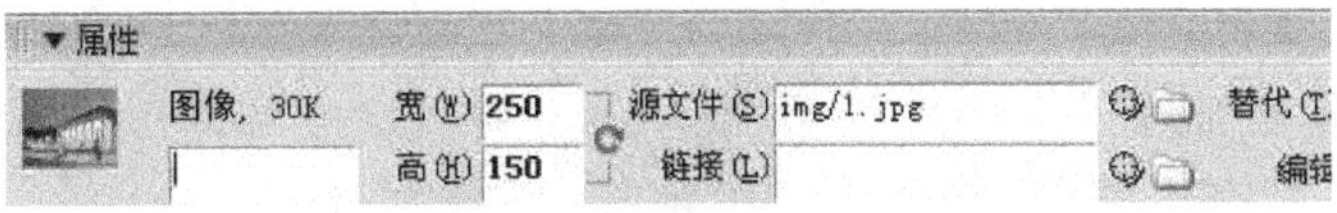

图 5-4　设置图片大小

图 5-5　在 AP 元素内插入图片

④ 单击 AP 元素的边框以选中 AP 元素，在“属性”检查器中设置其精确位置。它们分别是“左”为 70px，“上”为 40px，“宽”为 250px，“高”为 150px，以精确定位 AP 元素，如图 5-6 所示。

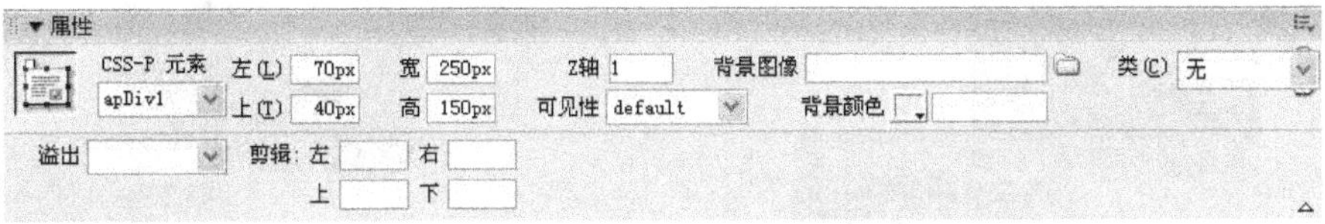

图 5-6　精确定位 AP 元素

⑤ 继续插入一个 AP 元素 apDiv2，在 AP 元素内插入 2.jpg，图片大小设置宽为 260px，高为 160px，如图 5-7 所示。精确定位 AP 元素的属性设置为左 180px，上 160px，宽 260px，高 160px。

⑥ 继续插入一个 AP 元素 apDiv3，在 AP 元素内插入 3.jpg，其属性设置为左 330px，上 260px，宽 260px，高 160px。插入 apDiv3 后的效果如图 5-8 所示。这时各 AP 元素的叠放次序是按照创建时的顺序，其 Z 轴值分别为 1、2、3。

图 5-7　插入 apDiv2 及图片

图 5-8　插入 apDiv3 后的效果

⑦ 改变 AP 元素的叠放顺序。在 Dreamweaver 窗口右侧的“CSS”面板组中单击“AP 元素”标签，打开 AP 元素面板，如图 5-9 所示。单击 AP 元素 apDiv3 的编号，将其 Z 值改变为 1，apDivl、apDiv2 的编号不变。改变了顺序的 AP 元素，在文档窗口的效果如图 5-10 所示。

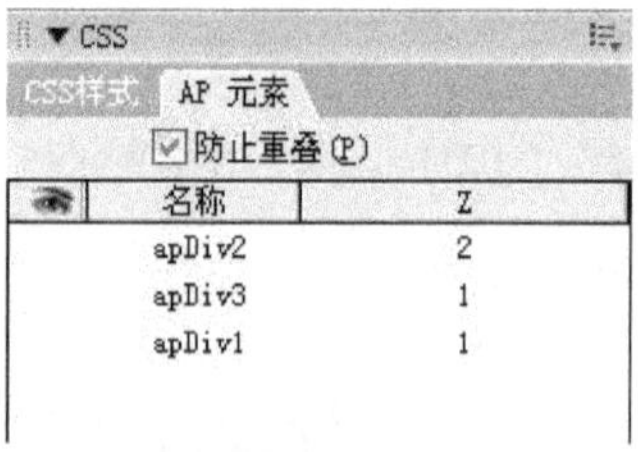

图 5-9　AP 元素面板

图 5-10　改变了 AP 元素的顺序的效果

⑧ 在如图 5-11 所示的位置再插入一个 AP 元素 apDiv4，将其宽度和高度设置为 67px。在 apDiv4 内输入文字“环”，在“属性”检查器里将其大小设置为 60px。

⑨ 继续插入其他 AP 元素，并分别输入“游”、“世”、“界”文本，排成如图 5-12 所示的效果。

图 5-11　插入 AP 元素 apDiv4

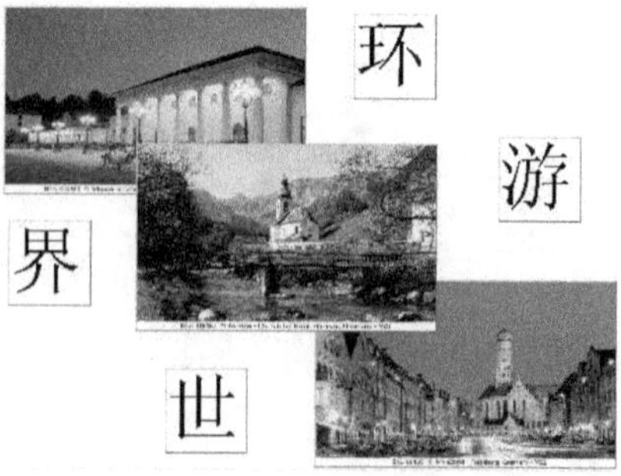

图 5-12　AP 元素的排放

2．用时间轴控制图片替换

步骤

① 选择“窗口”|“时间轴”命令，打开“时间轴”面板。

② 将 apDiv2 中的图片拖入时间轴，松开鼠标后可看到自动形成的 15 帧的动画条，如图 5-13 所示。

③ 将时间轴动画条增加至 40 帧，并在 10、20、30 帧处单击鼠标右键，在弹出的快捷菜单中选择“增加关键帧”命令。

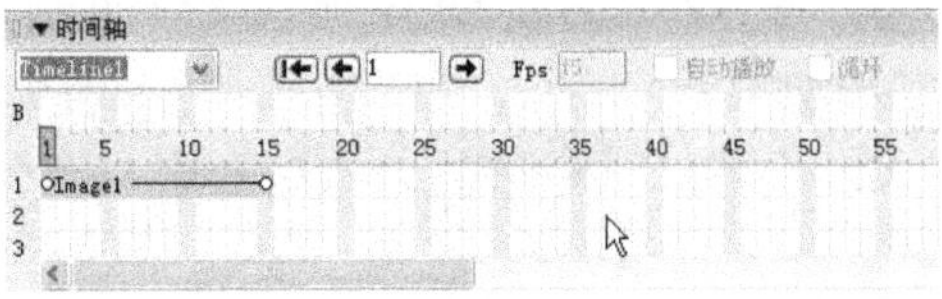

图 5-13　将 AP 元素中的图片拖入时间轴

④ 选中第 10 帧，在“属性”面板的“源文件”文本框中，单击“浏览”按钮，选择该关键帧处替换图片文件 img1，设置其宽为 250，高为 150，如图 5-14 所示。

⑤ 同样的，在第 20、30 两个关键帧处的替换图片文件分别是 img2.jpg 和 img3.jpg，这样使 AP 元素中的图片每隔 10 帧换一个图片。

⑥ 在“时间轴”面板上，选择“自动播放”，弹出如图 5-15 所示提示框，使网页在载入时便开始播放。

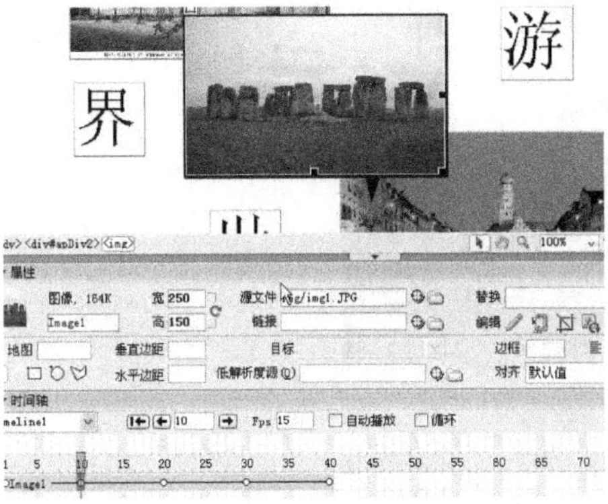

图 5-14　在关键帧处设置不同的图片

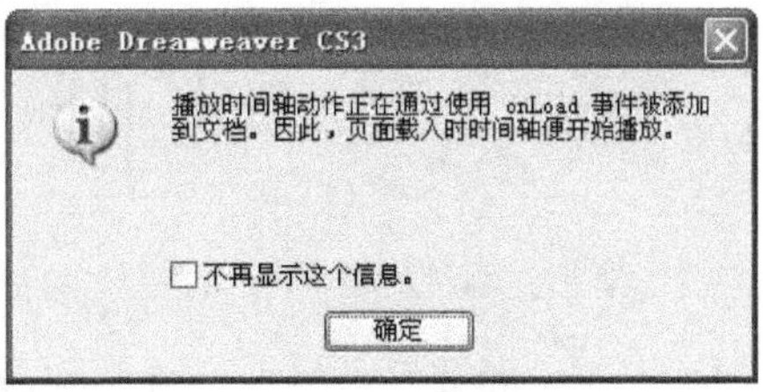

图 5-15　提示自动播放

3. 创建小鸟飞翔动画

步骤

① 插入 AP 元素 apDiv8，在 AP 元素中插入图片 BIRD.gif，调整 AP 元素的大小以适应图片的大小。

② 在“时间轴”面板中单击鼠标右键，在弹出的快捷菜单中选择“添加时间轴”命令，在“时间轴”面板中添加新的时间轴 Timeline2。

提示　前面所创建的动画是循环播放的，为了不相互影响，在此为小鸟动画创建一新的时间轴。

③ 在“时间轴”

下拉列表中可进行不同时间轴的切换，如图 5-16 所示。

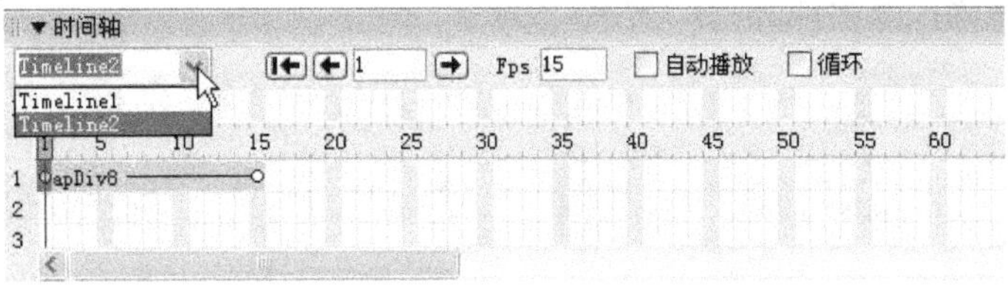

图 5-16　切换到 Timeline2 时间轴

④ 将 AP 元素 apDiv8 拖入“时间轴”面板，即可看到在“时间轴”面板上自动形成的 15 帧的动画条。

⑤ 在第 15 帧处单击鼠标右键，在弹出的快捷菜单中选择“记录 AP 元素的路径”命令。

提示　由于要创建小鸟在页面上飞舞的动画，所以其运动轨迹应较为流畅，这里采用“录制 AP 元素路径”的方法，创建动画。

⑥ 按住 AP 元素 apDiv8 的控制柄拖动该对象，在网页中录制轨迹，如图 5-17 所示。

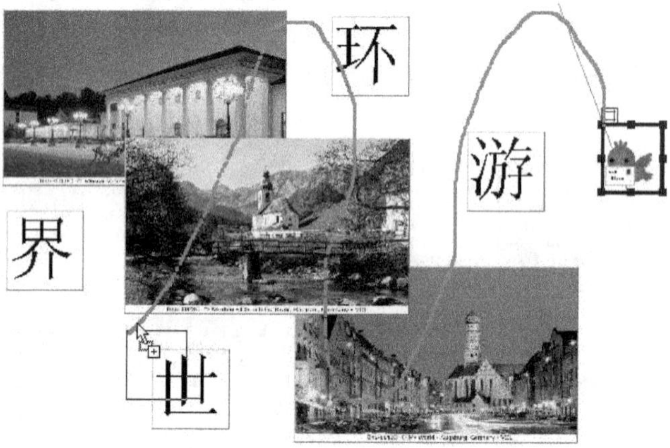

图 5-17　录制运动路径

⑦ 在“时间轴”面板中，可看到自动形成的动画条，如图 5-18 所示。

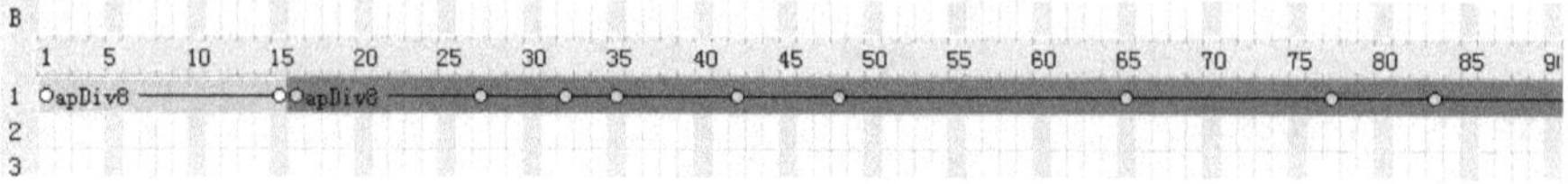

图 5-18　“时间轴”中自动形成的动画条

⑧ 单击前 15 帧动画条，按 Delete 键删除此段无效动画条。将后面动画条拖到第 1 帧处，如图 5-19 所示。

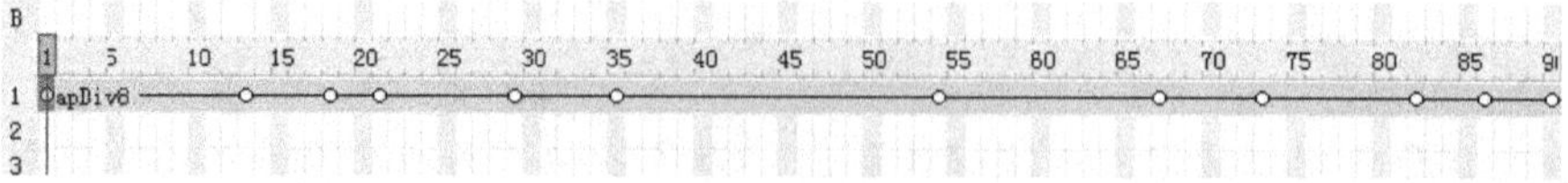

图 5-19　编辑动画条

⑨ 选中“时间轴”面板上的“自动播放”和“循环”复选框，如图 5-20 所示。使网页在载入时便开始播放，并形成循环的动画。

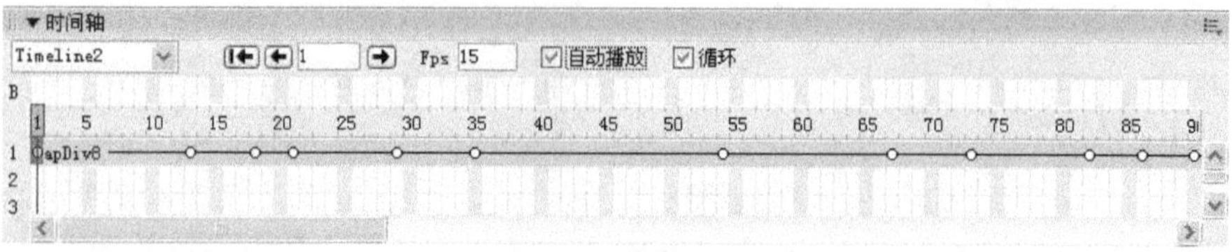

图 5-20　时间轴面板

4．制作滚动字幕

步骤

① 从垂直标尺中分别拖出两条垂直辅助线，放在网页中图片左右的边缘线上，如图 5-21 所示。

② 在页面顶部插入 AP 元素 apDiv9，选中该元素后在其“属性”面板中设置其大小和位置，如图 5-22 所示。

图 5-21　在页面中添加辅助线

图 5-22　设 apDiv9 的属性

③ 将光标置于 apDiv9 中，选择“插入记录”|“布局对象”|“AP Div”命令，创建嵌套 AP 元素 apDiv10。

④ 将 AP 元素 apDiv10 移至外层 apDiv9 的右侧，调整其大小使其高度小于外层，如图 5-23 所示。

图 5-23　调整嵌套 AP 元素的位置和大小

⑤ 在嵌套 AP 元素 apDiv10 中输入滚动字幕的文本“走一走，看一看，这个世界真奇妙！”，设置好文字的大小和颜色，如图 5-24 所示。

图 5-24　设置嵌套 AP 元素中的文字

⑥ 选择外层 apDiv9，在其“属性”面板中进行参数设置，如图 5-25 所示。在“溢出”下拉列表中选择“hidden”，在“剪辑”的“左”、“上”文本框中分别输入 10，在“右”、“下”文本框中输入该 AP Div 的宽度和高度分别减去 10 的结果。从而设置该 AP Div 的可显示区域（四周各去掉 10，在中央显示）。

⑦ 在时间轴面板上单击鼠标右键，在弹出的快捷菜单中选择“添加时间轴”命令，添加时间轴 。打开“CSS”面板组中的“AP 元素”面板，单击 AP 元素 apDiv10，从而选中该元素，将其拖入到时间轴中，在“时间轴”面板中，可看到自动形成的动画条，如图 5-26 所示。

⑧ 拖动第 16 帧将动画延长到 60 帧，选中第 60 帧，将嵌套 apDiv10 移动至外层 apDiv9 的左侧，如图 5-27 所示。

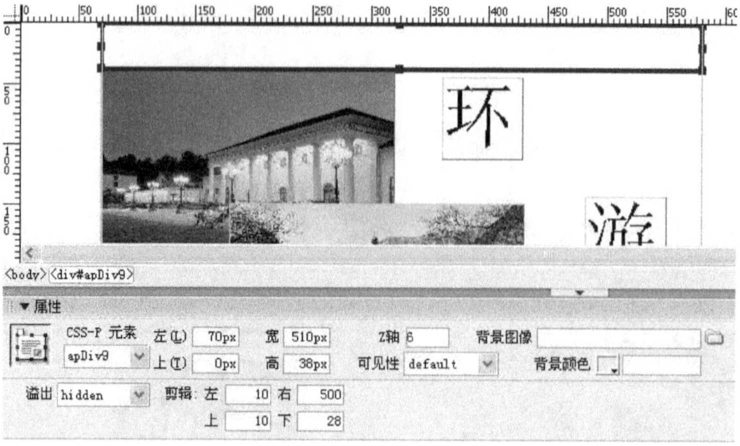

图 5-25　设置 apDiv9 的可显示区域

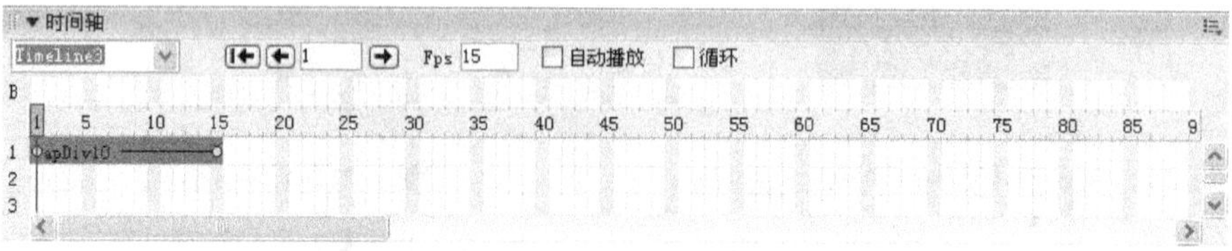

图 5-26　“时间轴”中自动形成的动画条

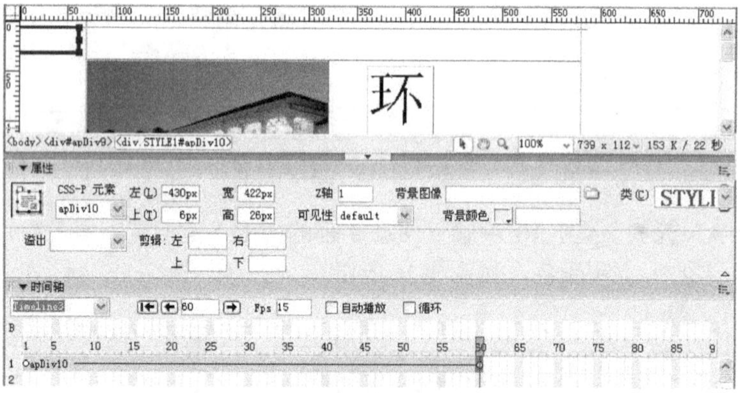

图 5-27　编辑动画条

⑨ 选中“时间轴”面板上的“自动播放”和“循环”复选框，使网页在载入时便开始播放，并形成循环播放的动画。

分别在 800×600、1024×768 分辨率下按 F12 键预览，观察其位置的偏差。

5.2　AP 元素的创建与编辑

AP 元素通常是绝对定位的 Div 标签。在 Dreamweaver CS3 之前的版本中都将 AP 元素称为层。Dreamweaver CS3 使用 Div 标签创建 AP 元素。当使用“绘制 AP Div”工具绘制 AP 元素时，Dreamweaver CS3 会在文档的代码中自动添加一个 Div 标签，并为该 Div 标签指定一个唯一的 ID 值。

5.2.1　创建 AP 元素

创建 AP 元素有多种方法，如插入法、拖放法、绘制法等。一旦 AP 元素被创建，就可以使用“AP 元素”面板、“AP 元素”属性面板来对它进行编辑。

1. 插入法

先将光标置于要插入 AP 元素的位置，然后选择主菜单栏中“插入记录”|“布局对象”|“AP Div”命令，这时在编辑窗口光标位置处会出现一个 AP 元素，如图 5-28 所示。此时在网页编辑区窗口中出现一个 AP 元素和一个 AP 元素的标记。如果 AP 元素标志不可见，选择“查看”|“可视化处理”|“不可见元素”，可使其显示。这样就在光标所在位置上创建了一个默认属性的 AP 元素。

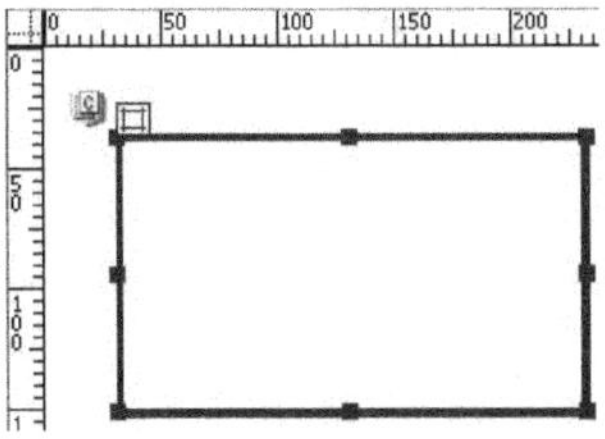

图 5-28　插入 AP 元素

2. 拖放法

用鼠标拖动“插入”栏“布局”类中的“绘制 AP Div”按钮，并在需要插入 AP 元素的位置释放。

3. 绘制法

单击“插入”栏“布局”类中的“绘制 AP Div”按钮，此时光标变为十字形状，在网页编辑区中选择插入 AP 元素的位置，拖动鼠标便可绘制一个 AP 元素。

5.2.2　创建多个 AP 元素及 AP 元素的嵌套

1. 连续创建多个 AP Div

单击“插入”面板“布局”类型中的“绘制 AP Div”按钮，按下 Shift 键，在文档窗口中可以连续绘制多个 AP 元素。

2. 创建嵌套的 AP Div

在创建好的 AP 元素中还可以继续创建 AP 元素，以实现 AP 元素的嵌套。嵌套 AP 元素可称为子 AP 元素，包含嵌套 AP 元素的那个 AP 元素称为父 AP 元素，嵌套 AP 元素的属性与上一级 AP 元素的属性有一定的继承关系。

创建嵌套 AP 元素要首先在文档中插入一个 AP 元素，将光标插入到已建好的 AP 元素中，然后用插入法或拖入法继续插入新一个 AP 元素，即可在已建的 AP 元素中插入一个嵌套 AP 元素。

对于普通 AP 元素而言，它的 AP 元素标记将依次出现在网页编辑器窗口的左上角，而对于嵌套 AP 元素，它的 AP 元素标记将出现在父 AP 元素的窗口中，如图 5-29 所示。

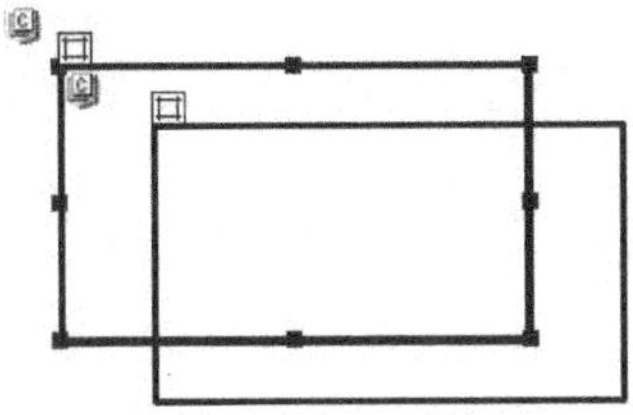

图 5-29　插入嵌套 AP 元素

5.2.3 激活和选中 AP 元素

一个 AP 元素在被激活后，才能将文本、图像、表格、表单、多媒体等网页元素插入到 AP 元素中。单击 AP 元素中的任意位置或单击其对应的 AP 元素标记，就可激活 AP 元素，此时光标在 AP 元素中闪烁，AP 元素的左上角出现选择柄，边框线由灰色变为蓝色。选中 AP 元素后，才能对 AP 元素进行属性设置和调整、移动等操作，图 5-30、图 5-31、图 5-32 所示分别标示出了 AP 元素的三种不同状态。

图 5-30 未被选中激活的 AP 元素

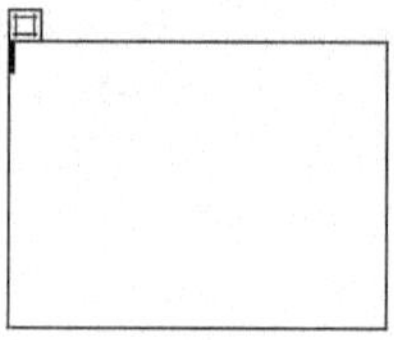

图 5-31 被激活的 AP 元素

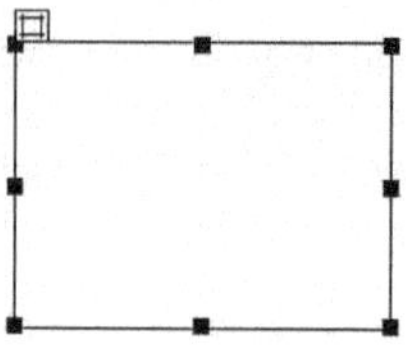

图 5-32 被选中的 AP 元素

选中 AP 元素的方法如下。

- ✧ 单击 AP 元素左上角的选择柄，可选中该 AP 元素。
- ✧ 将光标置于 AP 元素中，然后在编辑窗口左下角标签选择器中选择<div>标签。
- ✧ 单击 AP 元素的边框，也可选中 AP 元素。
- ✧ 在“AP 元素”面板中，单击该 AP 元素的名称，就可选中该 AP 元素。
- ✧ 按住 Shift 键，可以在文档窗口或“AP 元素”面板中同时选中多个 AP 元素。

5.2.4 设置 AP 元素的属性

创建 AP 元素以后，可利用 AP 元素“属性”面板设置 AP 元素的名称、位置、大小、背景颜色或背景图像、AP 元素的可见性、堆叠顺序、AP 元素标记、AP 元素内容溢出时的处理方法、AP 元素中可见区域的位置和尺寸等属性。

选中 AP 元素的选择柄就可打开 AP 元素“属性”面板，如图 5-33 所示。

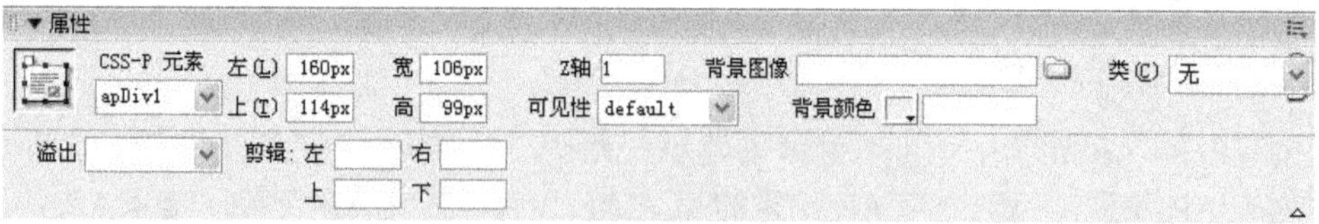

图 5-33 AP 元素“属性”面板

在 AP 元素“属性”面板中可以进行如下设置。

“CSS-P 元素”——为选择的 AP 元素指定一个唯一的名称，以便识别该 AP 元素。AP 元素名称中不能带有符号和汉字，也不能以数字开头，只能是英文字母和数字。

“左”和“上”——设置当前 AP 元素左上角相对于页面或父 AP 元素的左上角的位置。

“宽”和“高”——指定 AP 元素的宽度和高度。

“Z 轴”——设置当前 AP 元素的 Z 轴或堆叠顺序。

提示 可以把整个网页的页面看成 X-Y 平面，把网页上 AP 元素的 Z 轴值看成 Z 轴的坐标值。这个值决定了当前 AP 元素放置在哪个 AP 元素面上。通常，Z 轴值大的 AP 元素放在上面，Z 轴值小的 AP 元素放在下面。

"可见性"——设置 AP 元素的可见性。下拉列表框中的 4 个选项分别为 Default（默认状态），Inherit（继承父 AP 元素的可见性），Visible（设置 AP 元素为可见），Hidden（设置 AP 元素为隐藏）。

"背景图像"和"背景颜色"——设置 AP 元素的背景图片和背景颜色。

"溢出"——确定当 AP 元素的内容超出 AP 元素范围时处理的方式。"溢出"部分处理的 4 个选项分别为 Visible（增加 AP 元素尺寸，显示超出部分的内容），Hidden（保持 AP 元素尺寸不变，隐藏超出部分的内容），Scroll（增加滚动条），Auto（当内容超出 AP 元素尺寸时自动增加滚动条）。

"剪辑"——设置 AP 元素的可视区域，在其后的"左"、"上"、"右"、"下"文本框中，输入的数值表示 AP 元素可视区域的大小即与 AP 元素左、上边界之间的距离。

5.2.5　AP 元素的编辑

1．调整 AP 元素的大小

创建 AP 元素后，可通过如下方法调整 AP 元素的大小。

- ✧ 选中需要调整的 AP 元素，此时在 AP 元素的边框四周出现 8 个黑色活动块，用鼠标拖曳某个活动块，即可调整 AP 元素的大小。
- ✧ 选中需要调整的 AP 元素，在 AP 元素的"属性"面板的"宽"和"高"文本框中，输入 AP 元素的宽度和高度尺寸，可精确调整该 AP 元素的尺寸。

2．移动 AP 元素

移动 AP 元素的两种方法如下。

- ✧ 用鼠标移动 AP 元素时，可将光标移到 AP 元素左上角的选择柄上，或将光标移到 AP 元素的边框线上，当光标指针变成 4 个十字状符号时，拖动鼠标即可移动该 AP 元素。
- ✧ 选中要移动的 AP 元素，在 AP 元素的"属性"面板的"左"和"上"文本框中，输入 AP 元素左上角相对于页面左上角的坐标，便可精确设置这个 AP 元素在网页中的目标位置。

3．对齐 AP 元素

对齐 AP 元素的方法是，先选中多个要对齐的 AP 元素，选择"修改"|"排列顺序"菜单中的"左对齐"、"右对齐"、"上对齐"、"对齐下缘"命令，以最后选中的 AP 元素为基准，可对齐选中的所有 AP 元素。选择"修改"|"排列顺序"菜单中的"设成宽度相同"和"设成高度相同"命令，可使选中的 AP 元素具有相同的宽度和高度。

4．删除 AP 元素

当选中一个 AP 元素后，按 Delete 键或单击"剪切"按钮，可删除该 AP 元素，也可在 AP 元素面板中删除该 AP 元素。

5.3　AP 元素面板的使用

Dreamweaver CS3 中的"AP 元素"面板是一种能方便、轻松、直观地对 AP 元素进行控制和操作的工具。选择"窗口"|"AP 元素"命令，或按 F2 键，可打开"AP 元

图 5-34 “AP 元素”面板

素”面板，如图 5-34 所示。

在“AP 元素”面板中可以完成对 AP 元素改名，选定 AP 元素，修改 AP 元素的可见性，设置 AP 元素在堆栈中的叠放次序及设置 AP 元素嵌套等操作，操作方法如下。

1．选定某个 AP 元素

只需在“AP 元素”面板列表中单击 AP 元素，即可选定这个 AP 元素。

2．更改 AP 元素名

双击 AP 元素名称，AP 元素名称处出现光标，此时可删除原来的 AP 元素名称，输入新的 AP 元素名称。

3．显示、隐藏 AP 元素

单击“AP 元素”面板左边的显示与隐藏列，可显示或隐藏该 AP 元素。如果在该列中显示一个睁眼的图标，表示显示该 AP 元素；如果在该列中显示一个闭眼的图标，表示隐藏该 AP 元素；如果在该列中不显示任何图标，表示该 AP 元素继承其父 AP 元素的可见性。

4．改变 AP 元素的叠放次序

单击该 AP 元素控制窗口的 Z 列，便可修改该 AP 元素的 AP 元素叠放次序属性值，或用鼠标拖曳 AP 元素，也可以调整该 AP 元素的叠放次序。

5．创建和取消嵌套 AP 元素

按住 Ctrl 键，然后在“AP 元素”面板中拖曳子 AP 元素到父 AP 元素上，当父 AP 元素上出现黑框时松开鼠标，便可创建一个嵌套 AP 元素，如图 5-35 所示。子 AP 元素可随父 AP 元素移动而移动，可继承父 AP 元素的可见性，也可另外设置可见性。在“AP 元素”面板中用鼠标将子 AP 元素拖离父 AP 元素，便可取消嵌套 AP 元素。

在“AP 元素”面板中，apDiv1 是 apDiv2 的嵌套 AP 元素。嵌套 AP 元素在页面上显示时并不一定位于其父 AP 元素之中，如图 5-36 所示。它的 HTML 代码嵌套在其父 AP 元素的 HTML 代码中，它的 AP 元素标记显示在其父 AP 元素之中。移动父 AP 元素时，嵌套 AP 元素会一齐移动。如果从页面上看到某一 AP 元素位于另一 AP 元素之中，它们的 HTML 代码互不包含，就不是嵌套 AP 元素。

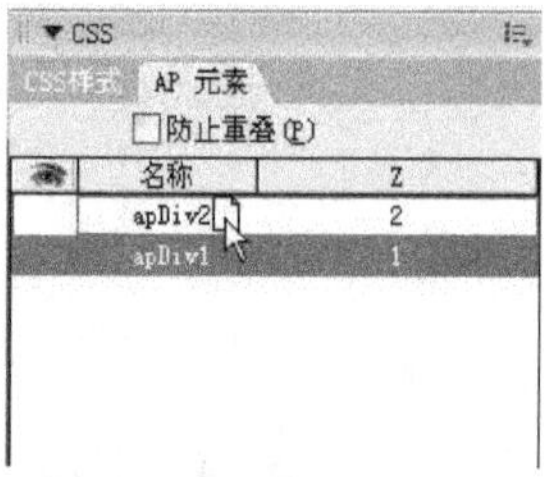

图 5-35 创建或取消嵌套 AP 元素

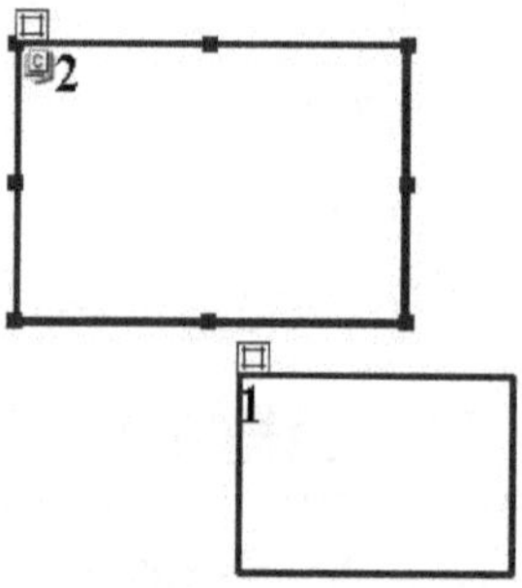

图 5-36 嵌套子 AP 元素在页面中

6. 禁止 AP 元素重叠

选中“AP 元素”面板中的“防止重叠”复选框，表示对 AP 元素操作时禁止各 AP 元素重叠。创建嵌套 AP 元素时，必须取消该复选框。

5.4 AP 元素与表格互换

AP 元素和表格是网页设计中经常用到的两种技术，两者各有优缺点。利用表格对网页进行布局过于呆板；用 AP 元素设计的页面方便、灵活、定位精确，是网页设计的首选工具，但使用低版本浏览器浏览页面时可能会有麻烦。设计时可先用 AP 元素来设计版面，然后再转换成表格。AP 元素和表格结合起来使用可扬长避短。

5.4.1 表格转换为 AP 元素

当页面布局不令人满意时，就需要对其进行调整。如果是表格布局，调整起来比较麻烦。此时，用户可以先把表格布局转换为 AP 元素布局，通过移动 AP 元素来调整布局，既方便又快捷。

步骤

① 选中要转换为 AP 元素的表格。

② 选择“修改”|“转换”|“表格到 AP 元素”命令，系统将打开“将表格转换为 AP Div”对话框，如图 5-37 所示。

③ 在“将表格转换为 AP Div”对话框中可进行以下设置。

- ✧ “防止重叠”——可禁止 AP 元素重叠。
- ✧ “显示 AP 元素面板”——可显示〈AP 元素〉面板。
- ✧ “显示网格”——在表格转换为 AP 元素后的网页编辑区中显示网格线。
- ✧ “靠齐到网格”——转换后的 AP 元素靠齐到网格线上。

④ 选中合适的布局工具复选框后，单击“确定”按钮，表格就可按要求转换为 AP 元素。如图 5-38 所示就是将前面的“我的足球网”主页转成了 AP 元素布局的页面。

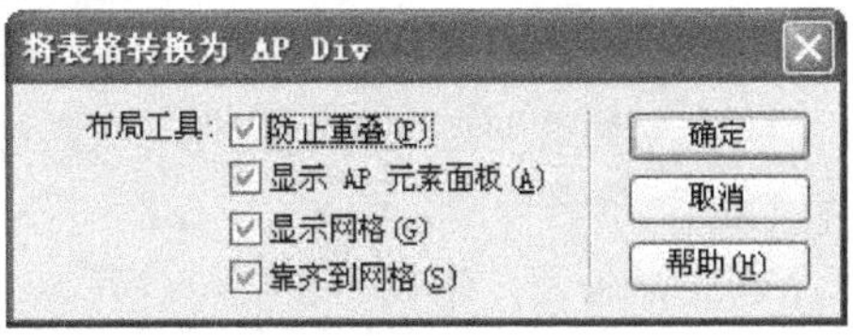

图 5-37　“将表格转换为 AP Div”对话框

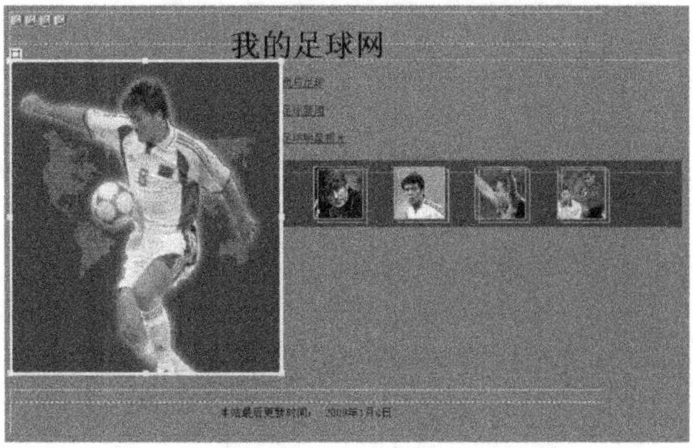

图 5-38　转换为 AP 元素后的页面布局

5.4.2 AP 元素转换为表格

用户可以通过设置“AP 元素与表格”转换关系实现 AP 元素的定位。将 AP 元素布局的页面转换为表格布局的页面，使不支持 AP 元素的浏览器能浏览页面。在 AP 元素转换为表格之前，必须防止 AP 元素重叠。

先用 AP 元素来设计一个页面，然后使用 Dreamweaver 提供的“把 AP 元素转换为表格”功能，可以轻易地把 AP 元素转换为表格。例如，用 AP 元素设计一个页面布局，如图 5-39 所示。

图 5-39　用 AP 元素布局的页面

要把页面中的 AP 元素转换为表格，具体操作步骤如下。

步骤

① 打开要将 AP 元素转换为表格的页面。

② 选择“修改”|“转换”|“将 AP Div 转换为表格”命令，系统将打开“将 AP Div 转换为表格”对话框，如图 5-40 所示。

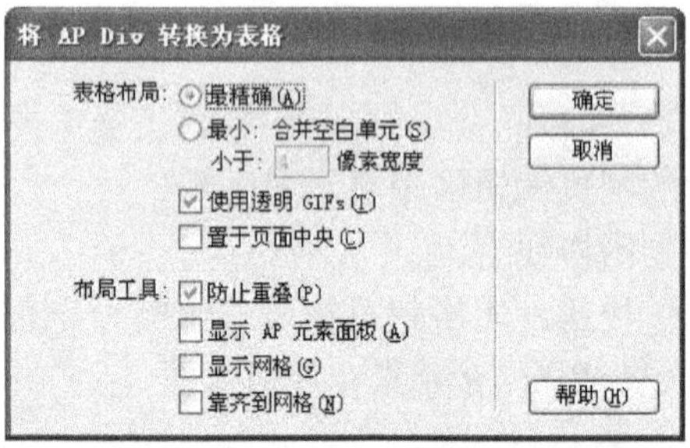

图 5-40　“将 AP Div 转换为表格”对话框

③ 在“表格布局”区域中，可以根据需要设置如下选项。

✧ “最精确”——可为每一个 AP 元素建立一个表格单元格。AP 元素与 AP 元素之间若有间距，则插入表格单元格来弥补间距造成的空间。

✧ “最小”——若 AP 元素之间的距离过近，会将这些 AP 元素转换成相邻的表格单元格，选择本选项生成的表格空行、空列最少。设计者可在下方的文本框中输入允许的 AP 元素之间的最小距离。

✧ “使用透明 GIFs”——将转换后的表格最后一行填充为透明的 GIF 图像，这样可确保在所有的浏览器中表格显示的结果都保持一致。

✧ “置于页面中央”——AP 元素转换后生成的表格居中，否则，生成的表格左对齐。

④ 在布局工具区域中，可根据需要设置如下选项。

✧ “防止重叠”——可禁止 AP 元素重叠。

✧ “显示 AP 元素面板”——可显示“AP 元素”面板。

✧ “显示网格”——在表格转换为 AP 元素后的网页编辑区中显示网格线。

✧ “靠齐到网格”——转换后的 AP 元素靠齐到网格线上。

⑤ 选择好对话框中的选项后，单击“确定”按钮，AP 元素布局的页面就可转换成表格布局的页面，如图 5-41 所示。

图 5-41　转换为表格后的页面

5.5 时间轴概述

利用时间轴可以更改 AP 元素的位置、大小、可见性和堆叠顺序。在网页设计过程中，使用时间轴技术能使网页中的对象随时间变化而产生动感，从而创建出多姿多彩的动感网页。

5.5.1 使用时间轴面板

时间轴动画是通过“时间轴”面板来制作完成的。选择“窗口”|“时间轴”命令，在编辑窗口正下方打开“时间轴”面板。“时间轴”面板中的每一列代表帧，帧的显示速度是由频率（Fps）决定的，如图 5-42 所示。

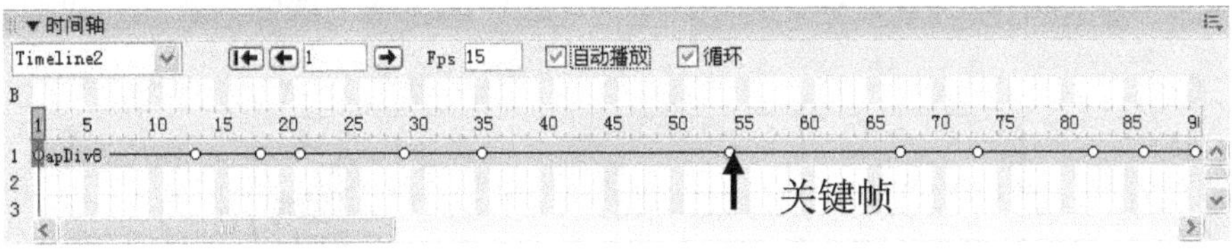

图 5-42　“时间轴”面板

“时间轴”面板最上面一行是标题栏，下面是控制栏，在控制栏中可设置时间轴动画的各项参数。标有大写字母 B 的是行为通道，在行为通道中带有行为标记的帧附加了行为。面板中间是时间标尺，标尺上有个红色小块是当前帧标记，表明了当前帧的状况。再往下就是动画条了，在一个 Web 页面上可设置描述多个对象运动的动画条。

在“时间轴”面板中可以进行如下设置。

——时间轴选择列表，在同一个文档中可以设置多个时间轴，当用户创建多个时间轴时，利用该下拉列表可选择当前时间轴。

——这 3 个按钮的功能分别是切换到第一帧、当前帧的上一帧或下一帧，

文本框中是当前帧的序号。若输入某个帧序号值，便可切换到该帧。

Fps 15 ——Fps 文本框中设置每秒要播放的帧，默认值是 15fps。该数值越小，播放速度越慢。

“自动播放”——若选中该复选框，表示网页打开后，时间轴动画自动开始播放。

“循环”——若选中该复选框，表示网页打开后，循环播放时间轴动画。系统自动在动画的最后一帧后面插入“转到时间轴帧”的行为，设计者可以在“行为”面板中双击该行为后，进行修改。

5.5.2 创建时间轴动画

时间轴一般可通过控制 AP 元素来实现图片、文本或其他对象的活动。将图片或文本插入 AP 元素中，通过时间轴控制 AP 元素的变化，就能制作出图片、文本或其他对象的动画效果。

1. 通过时间轴创建动画

步骤

① 在页面中插入 AP 元素，在 AP 元素中插入图片或文本。

② 选中该 AP 元素，将其拖动到“时间轴”面板中，在“时间轴”面板中形成一段 15 帧的动画条，如图 5-43 所示。

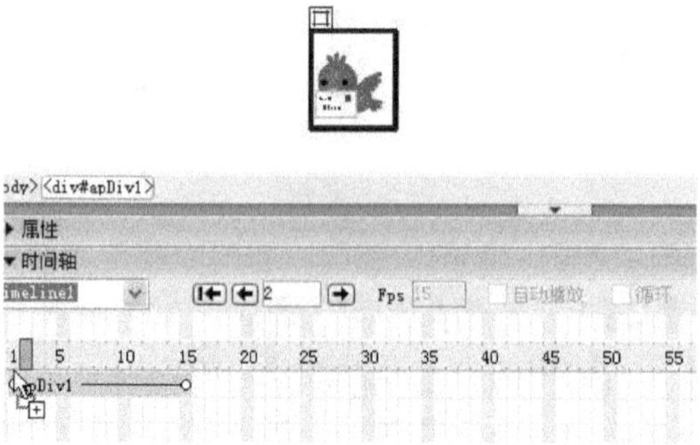

图 5-43 将 AP 元素拖入时间轴创建动画

③ 动画条两端的小圆圈表示两个关键帧，前者为起始帧，后者为结束帧，用于定义动画开始和结束时动画对象的状态。选中时间轴中第 15 帧，将 AP 元素从原位置移动到另一新位置，此时可以看见网页中出现了一条轨迹线，如图 5-44 所示。

④ 用播放控制选项中的按钮和，或拖动当前帧指示线，可查看动画的效果。

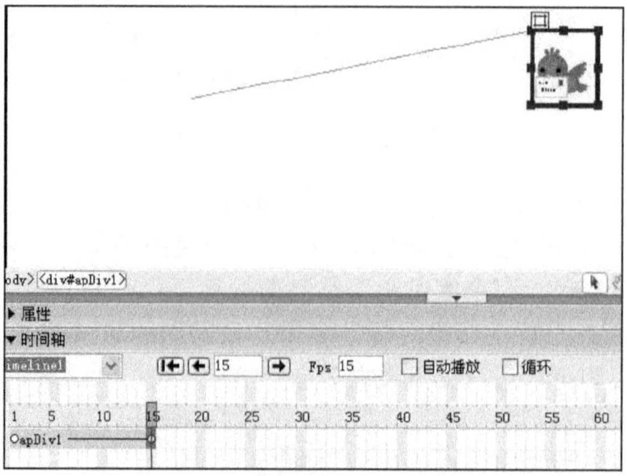

图 5-44 网页中出现的轨迹线

⑤ 要想调整动画的速度和时间，可拖动动画条中的结束帧标记，增加或减少动画的帧。

⑥ 要想改变对象运动的轨迹，则可在时间轴的动画条上相应帧处单击鼠标右键，在弹出的快捷菜单中选择“增加关键帧”命令，在动画条上添加关键帧，选中该帧后，拖动动画对象到相应位置，如图 5-45 所示。

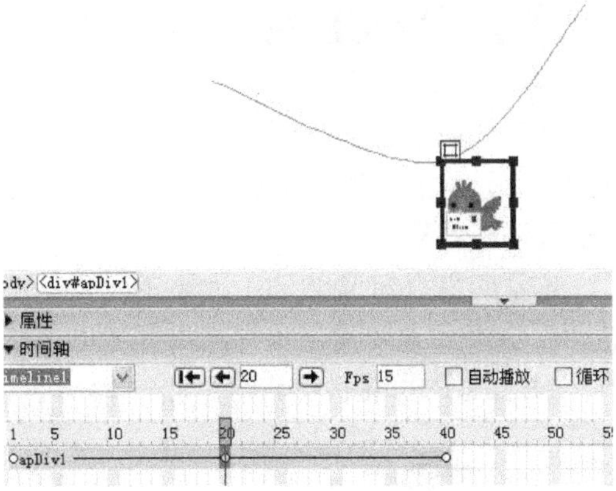

图 5-45　改变动画对象运动的轨迹

⑦ 如果在当前动画条上已经插入了关键帧，在增加或减少动画的帧时不希望调整其他关键帧的位置，可在拖动结束帧标记时按住 Ctrl 键，此时动画条中关键帧的位置不变。

⑧ 要移动整个 AP 元素对象和其运动轨迹，可在动画条上任意非关键帧处单击，选中整个动画条，然后单击 AP 元素控制柄□拖动该对象，这时可移动整个动画对象和其运动的轨迹。

⑨ 要在网页中增加动画对象，实际上就是在“时间轴”面板中增加动画条，可在“时间轴”面板上单击鼠标右键，在弹出的快捷菜单中选择“添加时间轴”命令，也可以选择“修改”|“时间轴”|“增加对象到时间轴”命令，还可以在选中某个 AP 元素对象后，直接将其拖到“时间轴”面板中。

2. 记录 AP 元素的路径

步骤

① 选中 AP 元素。

② 单击“时间轴”面板右上角的“选项”菜单按钮，在选项菜单中选择“记录 AP 元素的路径”，或选择“修改”|“时间轴”|“记录 AP 元素的路径”菜单命令，如图 5-46 所示。

③ 单击 AP 元素控制柄拖动该对象，系统会自动记录下拖动 AP 元素时的运动轨迹，并在时间轴中添加关键帧，如图 5-47 所示。

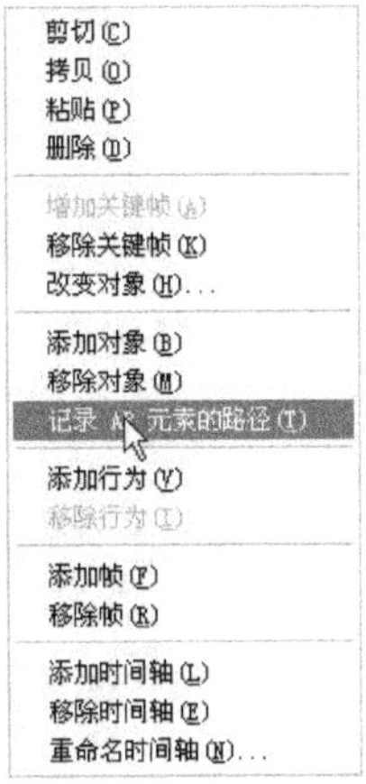

图 5-46　“记录 AP 元素的路径”命令

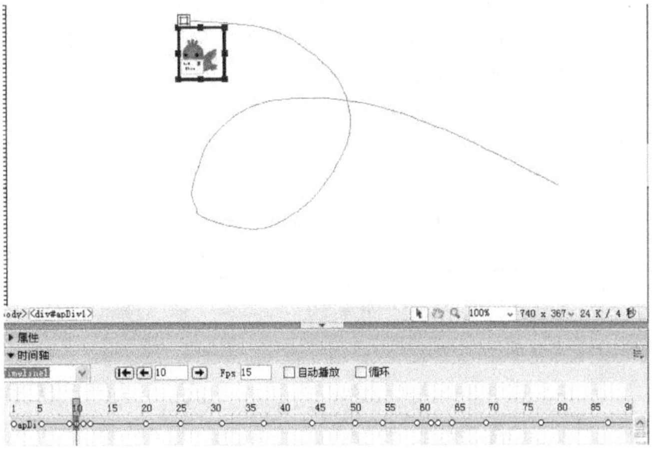

图 5-47　拖动 AP 元素录制动画

本章小结与重点回顾

本章介绍了关于 AP 元素的创建、设置及相关的使用技巧，并通过具体实例让读者真正掌握 AP 元素的运用。了解 AP 元素在布局中的优势和劣势，理解利用 AP 元素的属性可制作多种动态效果。

本章的重点知识是 AP 元素的创建、选择、编辑、保存等操作方法，AP 元素的属性设置，在 AP 元素中输入各种网页元素的方法，AP 元素及嵌套 AP 元素、AP 元素的堆叠次序、AP 元素的可见性等内容。

习题 5

一、选择题

1．下列哪种元素不能插入 AP 元素中__________。

A．AP 元素　　B．框架　　C．表格　　D．表单及各种表单对象

2．选择一个 AP 元素，下面说法不正确的是__________。

A．在 AP 元素面板中单击该 AP 元素的名称

B．单击一个 AP 元素的选择柄。如果选择柄不可见，请在该 AP 元素中的任意位置单击以显示该选项柄

C．单击 AP 元素代码标记

D．按下 Shift+Alt 键可选择一个 AP 元素

3．关于 AP 元素和表格的关系，以下说法正确的是__________。

A．表格和 AP 元素可以互相转换

B．表格可以转换成 AP 元素

C．只有不与其他 AP 元素交叠的 AP 元素才可以转换成表格

D．表格和 AP 元素不能互相转换

4．编辑新 AP 元素的时候，怎样才不会破坏其他 AP 元素？__________。

A．在 AP 元素属性面板的“可见性”下拉框中选择锁定（locked）

B．在 AP 元素属性面板的“可见性”下拉框中选择隐藏（hidden）

C．删除图 AP 元素

D．添加图 AP 元素

二、填空题

1．AP 元素可分为__________和__________两类。

2．通过 AP 元素可以非常精确地对页面的__________定位。

3．在默认情况下，AP 元素的__________值是按照 AP 元素的创建顺序依次增加的，该值越大 AP 元素显示时越靠前。

4．如果选中多个 AP 元素，__________的一个 AP 元素调整柄为黑色突出显示，其他被选中的 AP 元素的调整柄以白色显示。

三、简答题

1．简述 AP 元素的概念。

2．AP 元素在网页设计和制作中的作用有哪些？

3．创建 AP 元素有几种方法？

4．如何设置 AP 元素的大小并定位 AP 元素？

5．AP 元素的重叠与 AP 元素的嵌套各有何特点？

第6章 框 架

框架提供了将一个浏览器窗口划分为多个区域，每个区域都可以显示不同 HTML 文档的方法。这也为我们提供了一种新的布局方式，那就是一个页面可由多个 HTML 文档组合而成。框架最常见的用法是，将一些不需要更新的元素放在一个框架内作为单独的网页文档，这个文档是不变的，其他需要经常更新的内容放在主框架内。

框架由两部分组成，框架集和单个框架。框架集是定义框架结构的 HTML 页面，而单个框架是框架集中的单个区域，所以，框架集是单个框架的集合。

6.1 应用框架制作电子书——HTML 教程

6.1.1 案例综述

本例将制作一个 HTML 在线教程的页面，页面分 3 个区域，在顶部放置标题栏，左侧框架放置导航栏（目录），单击链接，在右侧框架中打开链接内容，最终效果如图 6-1 所示。

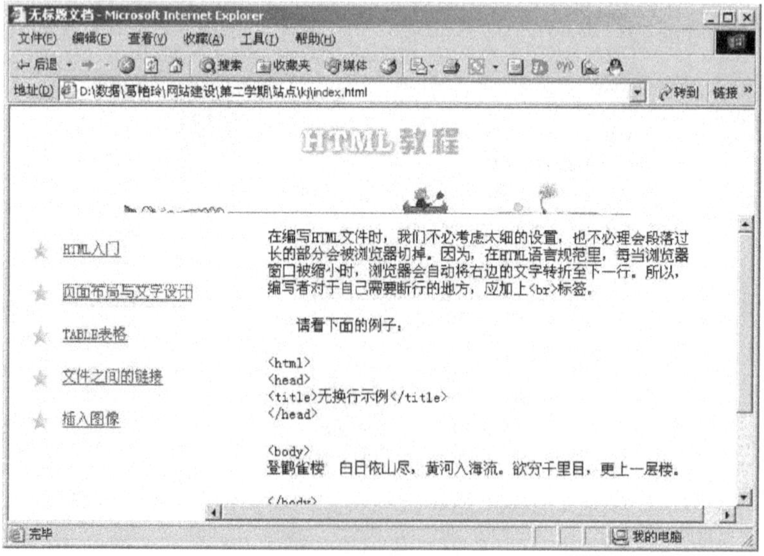

无标题文档 - Microsoft Internet Explorer
文件(F) 编辑(E) 查看(V) 收藏(A) 工具(T) 帮助(H)
地址(D) D:\数据\葛艳玲\网站建设\第二学期\站点\kj\index.html
转到 链接
HTML教程
HTML入门
页面布局与文字设计
TABLE表格
文件之间的链接
插入图像
在编写HTML文件时，我们不必考虑太细的设置，也不必理会段落过长的部分会被浏览器切掉。因为，在HTML语言规范里，每当浏览器窗口被缩小时，浏览器会自动将右边的文字转折至下一行。所以，编写者对于自己需要断行的地方，应加上
标签。
请看下面的例子：
<html>
<head>
<title>无换行示例</title>
</head>
<body>
登鹳雀楼 白日依山尽，黄河入海流。欲穷千里目，更上一层楼。
完毕
我的电脑

图 6-1 框架实例效果图

6.1.2 案例分析

本案例中将浏览器窗口划分为 3 个区域，在制作时首先构造框架集，即选择所采用的划分方式，然后再按区域（框架）逐个制作单个网页。因此，制作过程按以下步骤进行。

① 创建框架集。

② 制作框架、链接页面。

③ 创建超链接。

④ 保存框架集。

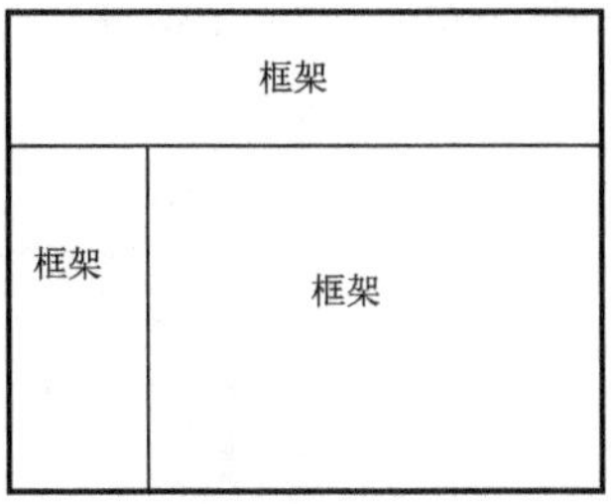

图 6-2　框架集构成

6.1.3　实现步骤

1. 创建框架集

步骤

① 创建站点 kj，默认图像文件夹为 img，新建 HTML 页面 Untitled-1，如图 6-3 所示。

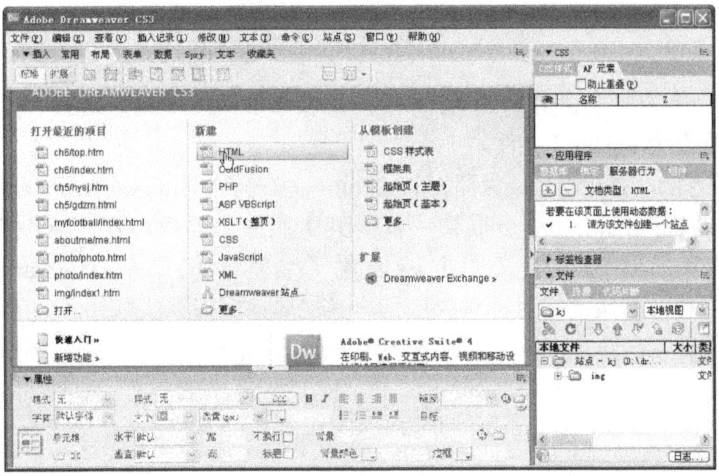

图 6-3　新建 HTML 页面

② 单击“插入”面板中的“布局”选项卡上的按钮，选择框架集“顶部和嵌套的左侧框架”选项，如图 6-4 所示。该框架集图标中的蓝色部分是当前打开的页面 Untitled-1 的位置。

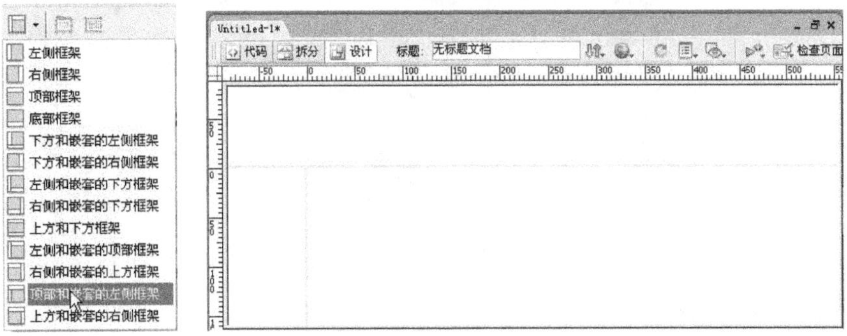

图 6-4　创建框架集

③ 选择“文件”|“保存全部”命令，将逐个保存框架集、框架文档，首先保存的是框架集文件，它是整个框架网页的入口，用来存放区域划分、各框架属性等综合信息，故将其命名

为 index.html，随后依次保存各框架中的网页，每保存一个页面，都会在相应框架上用虚线框标识，如图 6-5 所示。

图 6-5　保存框架集和各框架网页

④ 也可分别单击各个区域，分别保存。在顶部框架内单击，选择“文件”|“保存框架”命令，将其保存为 top.html 文件。

⑤ 用同样的方法，将左侧框架保存为 left.html，将右侧框架保存为 main.html 文件。

⑥ 按住 Alt 键的同时，单击框架，打开其“属性”面板，在“属性”面板上可看到 Dreamweaver CS3 已经为预定义的框架设置了名称，例如：mainFrame，leftFrame，topFrame，这些名称在指定链接目标时要用到。其他属性保持默认选择，如图 6-6 所示。

图 6-6　指定框架属性

⑦ 在所创建的框架集中，框架的边框是看不见的，为了便于调整其大小，选择“查看”|“可视化助理”|“框架边框”命令，使其可见，如图 6-7 所示。

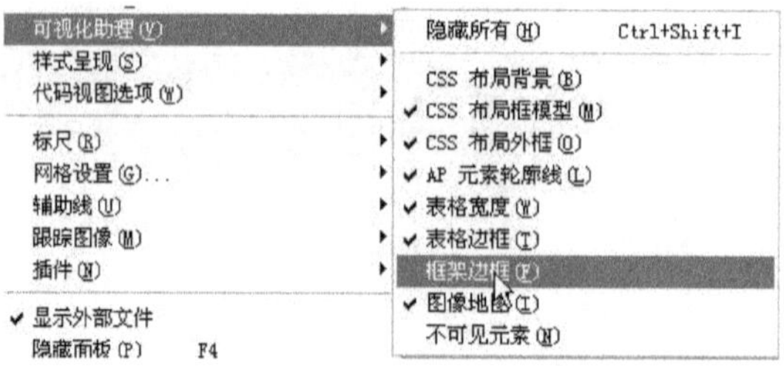

图 6-7　显示框架边框

2．制作各框架中的页面

步骤

（1）制作顶部页面（top.html）

① 在顶部框架内创建标题栏，设置为“HTML 教程”。

② 将光标定位于上面的框架内，插入图片，设置对齐方式为居中对齐，如图 6-8 所示。若页面高度不够可拖动框架边框进行调整。

图 6-8　居中对齐后的 top.html 页面效果

（2）创建左页面（left.html）

① 将光标定位于左边框架内，单击“属性”面板中的“页面属性”按钮，将左边距和上边距都设为 0。

② 选择“窗口”|“框架”命令，可打开“框架”面板，在其中单击各框架区域可选择相应的框架，而单击框架的边线，则可选中相应的框架集，如图 6-9 所示。

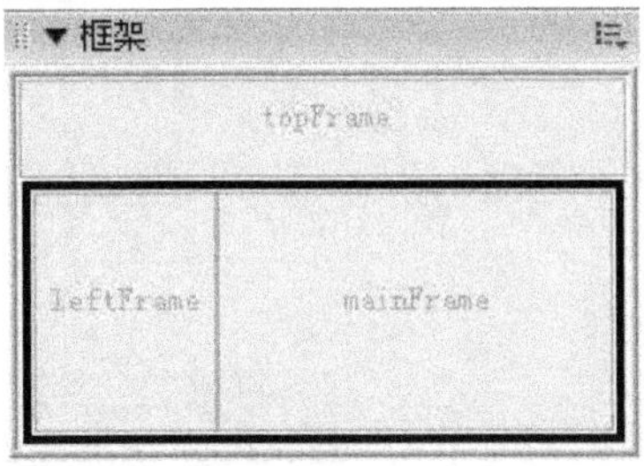

图 6-9　在框架面板中选择框架集

③ 选中框架或框架集后，即可在“属性”面板中查看或修改其属性值，如图 6-10 所示。单击“框架”面板中左右框架的外框线，选中框架集，在“属性”面板中，设置列宽为 200 像素。

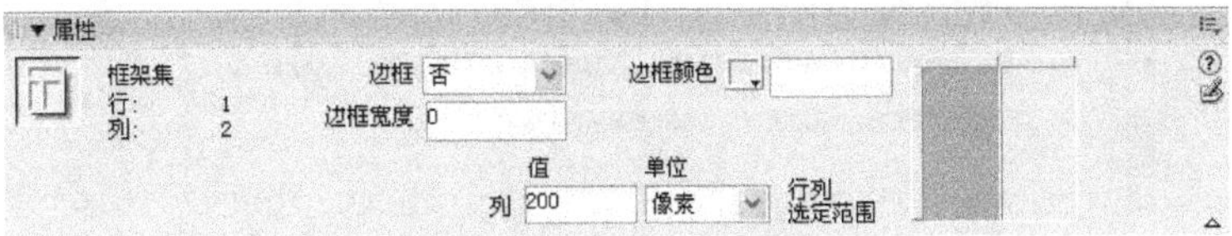

图 6-10　设置框架或框架集属性

④ 插入一个 5×2 的表格，宽度为 200 像素，如图 6-11 所示。在表格内插入图片和文本，如图 6-12 所示。

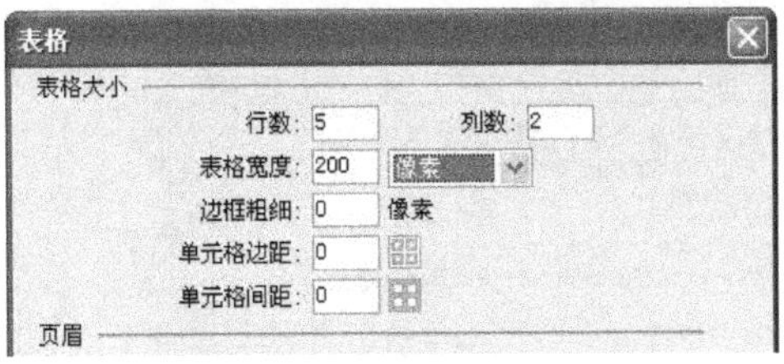

图 6-11　设置表格属性

图 6-12　插入的图片和文本

（3）制作右侧主页面（main.html）

① 将光标定位于右面的框架内，设置为居中对齐，在页面内插入一个 1×1 的表格，其表格宽度占页面宽度的 80%，如图 6-13 所示。

② 在表格内输入文本，设置文本的字号为 14，如图 6-14 所示。

（4）创建链接子页面

① 新建一个目录 pages，再在其中新建 5 个页面，分别为 1.html、2.html、3.html、4.html 和 5.html。

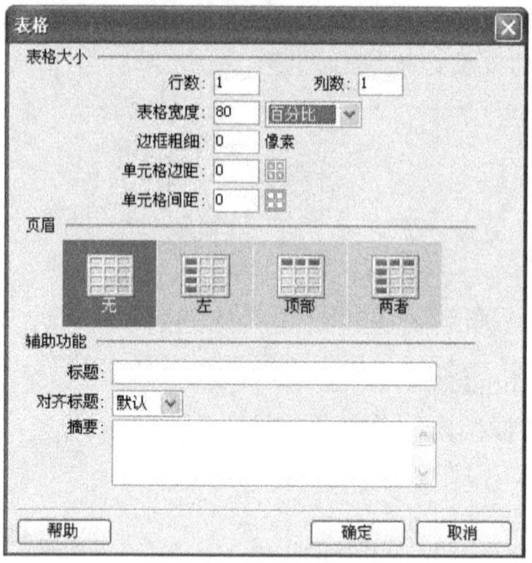
表格
表格大小
行数：1
列数：1
表格宽度：80
百分比
边框粗细：0
像素
单元格边距：0
单元格间距：0
页眉
无
左
顶部
两者
辅助功能
标题：
对齐标题：默认
摘要：
帮助
确定
取消

图 6-13　插入表格

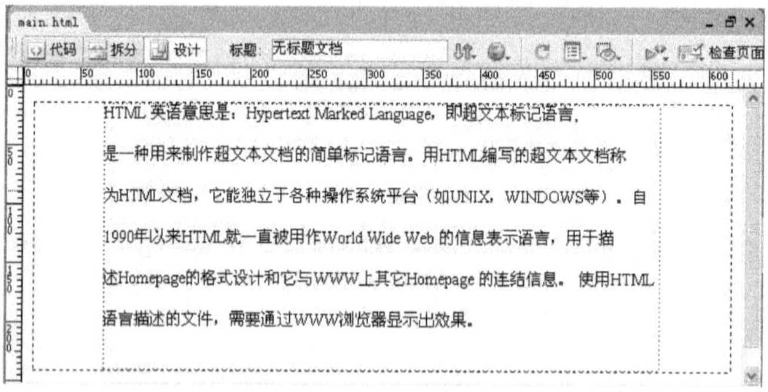
main.html
代码
拆分
设计
标题：无标题文档
检查页面
HTML 英语意思是：Hypertext Marked Language，即超文本标记语言，
是一种用来制作超文本文档的简单标记语言。用HTML编写的超文本文档称
为HTML文档，它能独立于各种操作系统平台（如UNIX，WINDOWS等）。自
1990年以来HTML就一直被用作World Wide Web 的信息表示语言，用于描
述Homepage的格式设计和它与WWW上其它Homepage 的连结信息。使用HTML
语言描述的文件，需要通过WWW浏览器显示出效果。

图 6-14　输入文本后的效果

② 编辑页面 1.html，设置为居中对齐，插入一个 1×1 的表格，宽度为 80%，将文本插入其中，字号为 14，如图 6-15 所示。

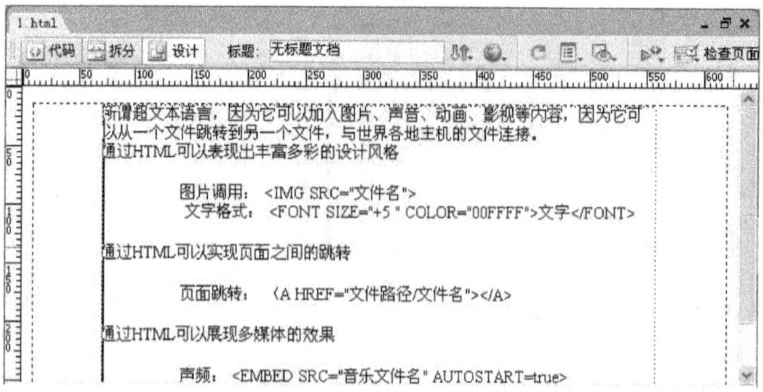
1.html
代码
拆分
设计
标题：无标题文档
检查页面
所谓超文本语言，因为它可以加入图片、声音、动画、影视等内容，因为它可
以从一个文件跳转到另一个文件，与世界各地主机的文件连接。
通过HTML可以表现出丰富多彩的设计风格
图片调用：<IMG SRC="文件名">
文字格式：<FONT SIZE="+5 " COLOR="00FFFF">文字</FONT>
通过HTML可以实现页面之间的跳转
页面跳转：<A HREF="文件路径/文件名"></A>
通过HTML可以展现多媒体的效果
声频：<EMBED SRC="音乐文件名" AUTOSTART=true>

图 6-15　编辑页面 1.html

③　编辑页面 2.html，同样将内容插入表格中，如图 6-16 所示。

④ 编辑页面 3.html，如图 6-17 所示。

⑤ 编辑页面 4.html，如图 6-18 所示。

⑥ 编辑页面 5.html，如图 6-19 所示。

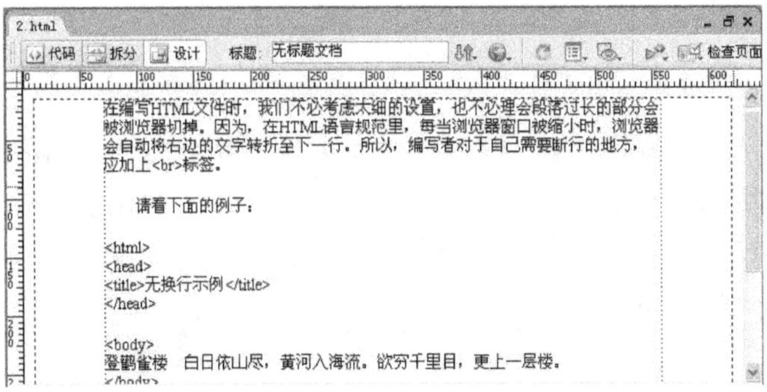
2.html
代码 拆分 设计 标题: 无标题文档 检查页面
在编写HTML文件时，我们不必考虑太细的设置，也不必理会段落过长的部分会被浏览器切掉。因为，在HTML语言规范里，每当浏览器窗口被缩小时，浏览器会自动将右边的文字转折至下一行。所以，编写者对于自己需要断行的地方，应加上
标签。
请看下面的例子：
<html>
<head>
<title>无换行示例</title>
</head>
<body>
登鹳雀楼 白日依山尽，黄河入海流。欲穷千里目，更上一层楼。

图 6-16　编辑页面 2.html

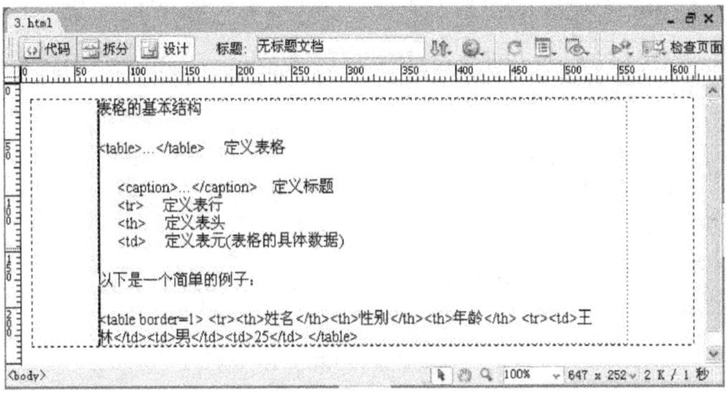
3.html
代码 拆分 设计 标题: 无标题文档 检查页面
表格的基本结构
<table>...</table> 定义表格
<caption>...</caption> 定义标题
<tr> 定义表行
<th> 定义表头
<td> 定义表元(表格的具体数据)
以下是一个简单的例子：
<table border=1> <tr><th>姓名</th><th>性别</th><th>年龄</th> <tr><td>王林</td><td>男</td><td>25</td> </table>
<body>
100% 647 x 252 2 K / 1 秒

图 6-17　编辑页面 3.html

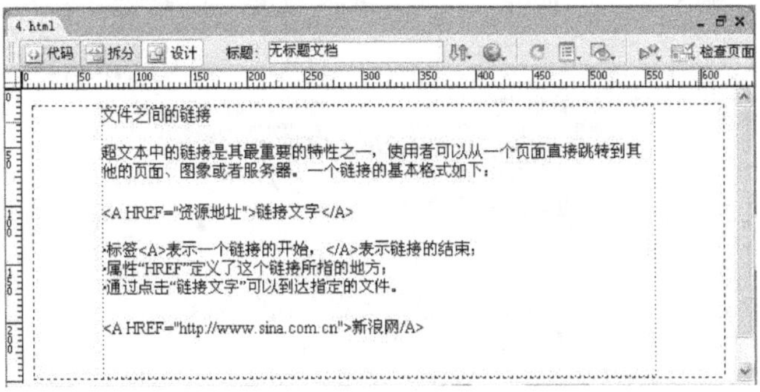
4.html
代码 拆分 设计 标题: 无标题文档 检查页面
文件之间的链接
超文本中的链接是其最重要的特性之一，使用者可以从一个页面直接跳转到其他的页面、图象或者服务器。一个链接的基本格式如下：
<A HREF="资源地址">链接文字</A>
标签<A>表示一个链接的开始，</A>表示链接的结束；
属性“HREF”定义了这个链接所指的地方；
通过点击“链接文字”可以到达指定的文件。
<A HREF="http://www.sina.com.cn">新浪网/A>

图 6-18　编辑页面 4.html

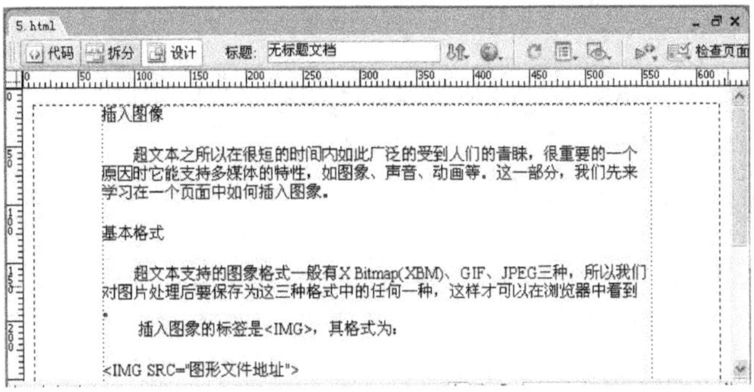
5.html
代码 拆分 设计 标题: 无标题文档 检查页面
插入图像
超文本之所以在很短的时间内如此广泛的受到人们的青睐，很重要的一个原因时它能支持多媒体的特性，如图象、声音、动画等。这一部分，我们先来学习在一个页面中如何插入图象。
基本格式
超文本支持的图象格式一般有X Bitmap(XBM)、GIF、JPEG三种，所以我们对图片处理后要保存为这三种格式中的任何一种，这样才可以在浏览器中看到
插入图象的标签是<IMG>，其格式为：
<IMG SRC="图形文件地址">

图 6-19　编辑页面 5.html

3. 创建超链接

步骤

① 左边框架中的文本是用来进行导航链接的。选中文本“HTML 入门”，单击“属性”面板“链接”文本框右边的“浏览”按钮，在 pages 目录中选择 1.html，单击“确定”按钮，在“目标”下拉列表框中，选择“mainFrame”，如图 6-20 所示。

图 6-20　创建导航栏超链接

② 为其他文本添加链接并设定链接目标，其他文本的链接目标也设定为“mainFrame”。

③ 按住 Alt 键，同时单击左框架（leftFrame）。在“属性”面板中设置“滚动”为否，并选中“不能调整大小”选项，如图 6-21 所示。

图 6-21　设置 leftFrame 框架属性

4. 保存框架集

选择“文件”|“保存全部”命令，将框架集和框架的内容全部保存，如图 6-22 所示。

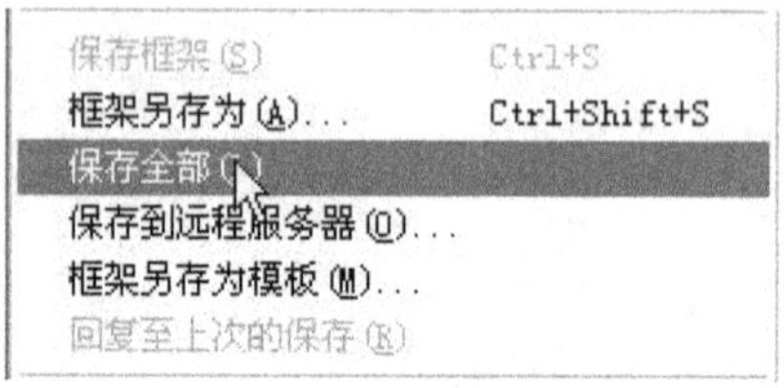

图 6-22　选择“保存全部”命令

6.2 框架的基本操作

6.2.1 创建框架和框架集

在 Dreamweaver 中，通常使用两种方法创建框架集，既可以直接插入 Dreamweaver 预定义的框架集，也可以自行创建。

1. 插入预定义框架集

Dreamweaver 提供了多种预定义的框架结构，选择预定义的框架集将自动设置创建布局所需的框架集和框架，它是迅速创建基于框架布局的最简单的方法。

插入预定义框架集有两种方法：创建包含当前文档的框架集和创建新的空框架集。

（1）创建包含当前文档的框架集

✧ 通过“插入”面板。打开“插入”面板，切换到“布局”分类，选择“框架集”按钮，就可以看到这些预定义的框架集，如图 6-23 所示。单击预定义框架集按钮，插入相应的框架集。

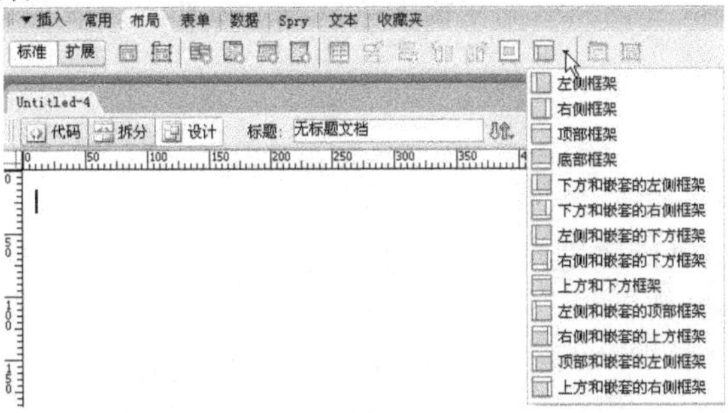

图 6-23 用“插入”面板插入预定义框架集

提示 预定义框架集中有蓝色和白色两个区域，这两个区域的含义是，蓝色区域表示当前文档，白色区域显示其他文档，如图 6-24 和图 6-25 所示。

图 6-24 当前网页

图 6-25 创建框架页后的当前网页

- ✧ 通过插入菜单。选择“插入”|“HTML”|“框架”命令，从打开的子菜单中选择要插入的框架集，如图 6-26 所示。例如，插入上方和左侧嵌套的框架集。

（2）创建新的空预定义框架集

- ✧ 用新建命令。选择“文件”|“新建”命令，打开“新建文档”对话框，如图 6-27 所示。在“类别”列表中选择“框架集”，在右侧的“框架集”列表中选择一种框架集，单击“创建”按钮。

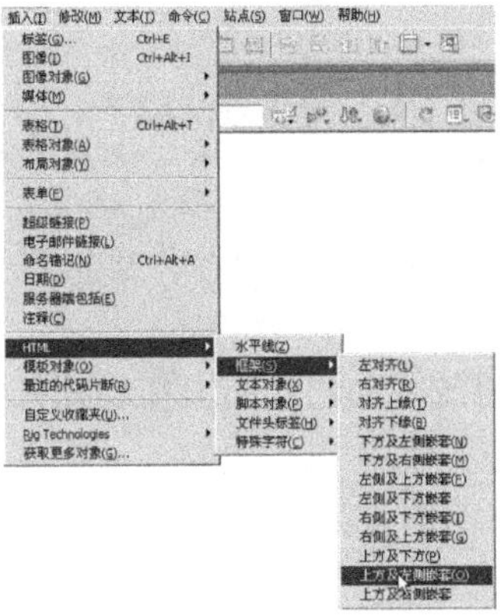

图 6-26 “插入”菜单

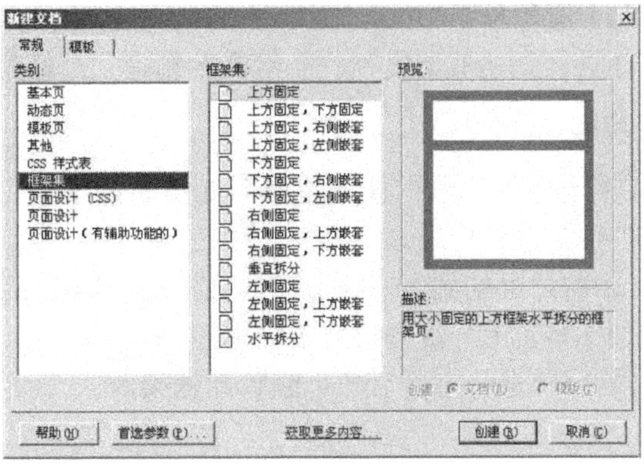

图 6-27 “新建文档”对话框

2. 创建自定义的框架集

如果 Dreamweaver 提供的框架集模型不能满足需要，可以在 Dreamweaver 中自行设计框架集。

（1）创建框架集

步骤

① 选择“查看”|“可视化助理”|“框架边框”命令，确保能够显示框架边框。

② 执行下列操作之一。

✧ 选择“修改”|“框架集”命令，在子菜单中选择“拆分左框架”、“拆分右框架”、“拆分上框架”、“拆分下框架”4 个命令之一，创建框架，如图 6-28 所示。

✧ 拖动窗口四周的边框，可以在水平方向或垂直方向创建框架，将框架继续拆分成更小的框架。拖动窗口的一角，同时创建 4 个框架，如图 6-29 和图 6-30 所示。

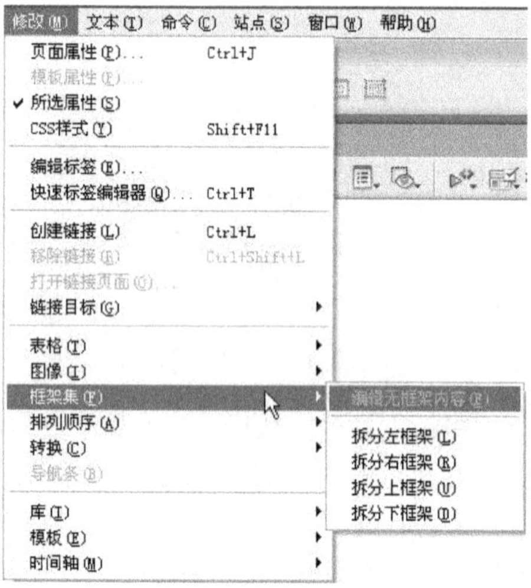

图 6-28 “修改”|“框架集”下的拆分框架

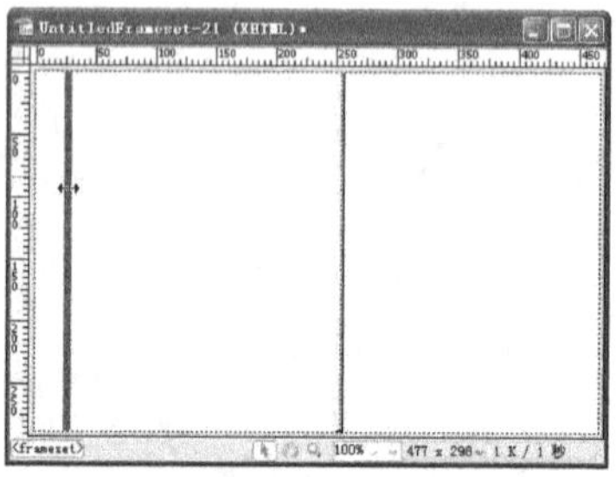

图 6-29 拖动边框创建框架

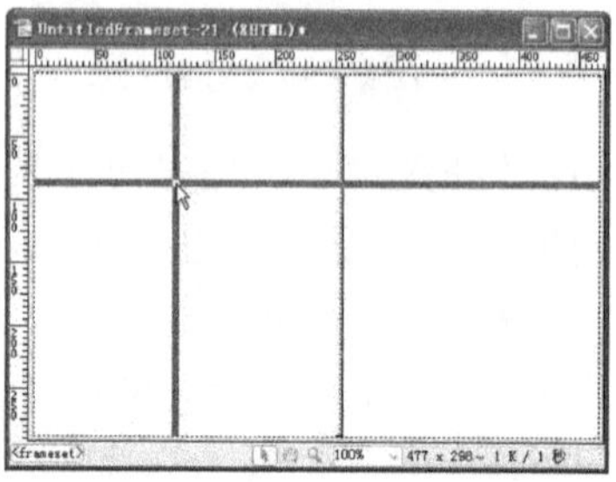

图 6-30 拖动框架边框或一角，创建多个框架

（2）删除框架集

在自行创建框架集时，经常需要删除一个框架。删除框架的基本操作方法如下。

步骤

① 选择要删除框架的边框，如要删除前面创建的框架集中的“上框架”，则选择“上框架”下方的边框线。

② 将边框拖到上一级框架的边框上，如图 6-31 所示。将选择的边框向上拖动，直至边框顶部，即其上一级框架的边框上。

③ 释放鼠标左键后即可删除此框架。

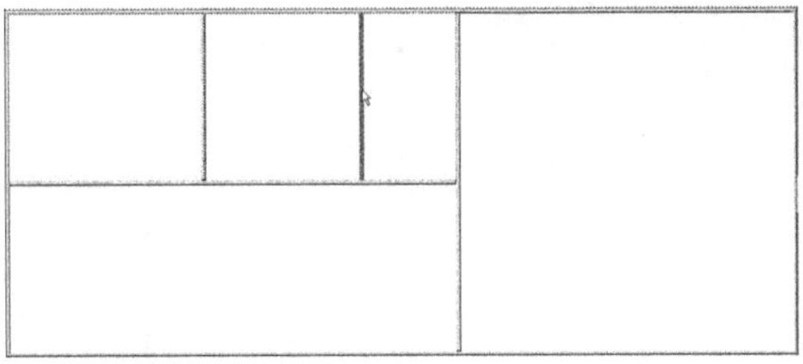

图 6-31 将边框线拖至上一级框架边框上

6.2.2 选择框架和框架集

在 Dreamweaver 中，要设置框架和框架集的属性，只有选择了相应的框架或框架集，文档下方的“框架”或“框架集”属性面板才会出现。

1．选择框架

用户可以使用下列方法之一选择框架。

- ✧ 按住 Alt 键的同时，在文档窗口中单击框架，选定框架，如图 6-32 所示。
- ✧ 选择“窗口”|“框架”命令，打开“框架”面板。在“框架”面板中单击框架，则选中相应的框架，如图 6-33 所示。

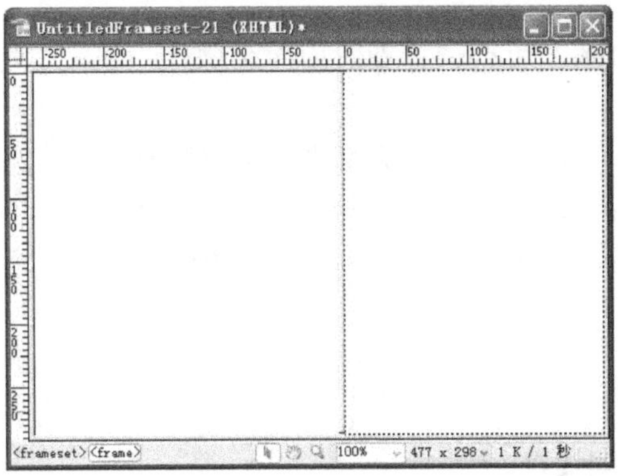

图 6-32 在“设计”视图中选择框架

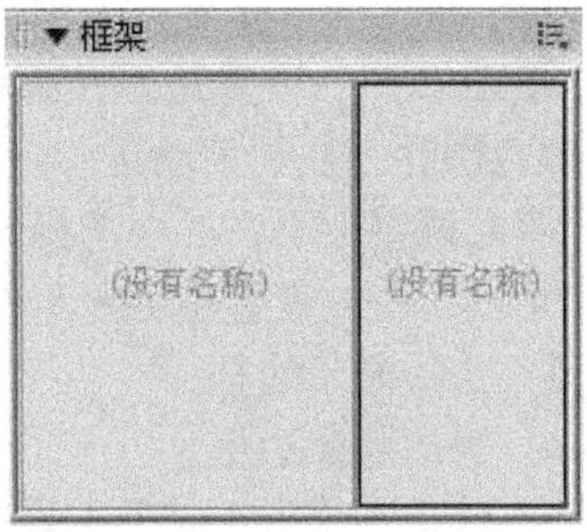

图 6-33 在“框架”面板中选择框架

2．选择框架集

用户可以使用下列方法之一选择框架集。

- ✧ 在文档窗口中，单击框架集中任意两个框架的边界，如图 6-34 所示为选中的框架集。
- ✧ 选择“窗口”|“框架”命令，打开“框架”面板。在“框架”面板中，单击框架集的外围，如图 6-35 所示为选中的框架集。

6.2.3 设置框架和框架集的属性

在框架和框架集“属性”面板中，可以查看和设置框架和框架集的属性。

1．设置框架的属性

选择框架后，打开框架“属性”面板，如图 6-36 所示。

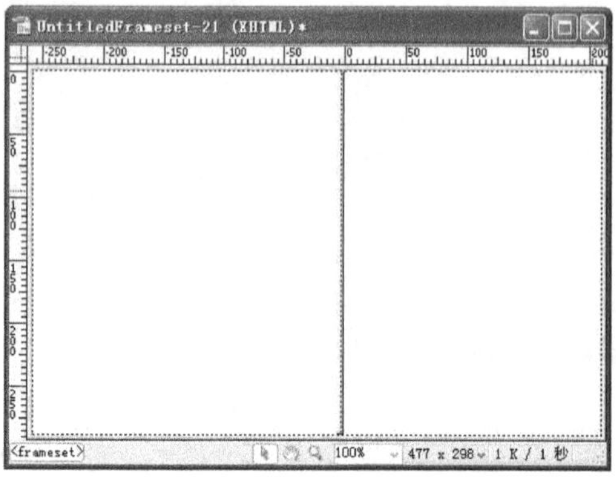

图 6-34　在“设计”视图中选择框架集

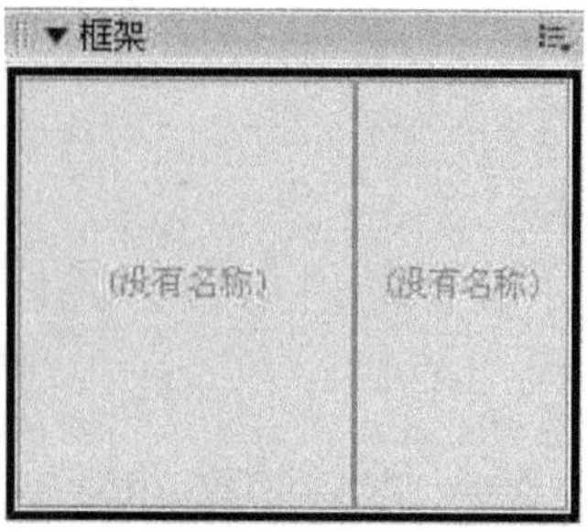

图 6-35　在“框架”面板中选择框架集

图 6-36　框架“属性”面板

在框架“属性”面板中可以进行如下设置。

“框架名称”——是链接的 target 属性或脚本在引用该框架时所用名称。

“源文件”——指定框架中显示的文档。

“滚动”——设置是否在框架中出现滚动条。大多数浏览器设置为“默认”，当内容超出框架范围时，显示滚动条。

“不能调整大小”——选择该项，则用户不能拖动框架边框改变框架的大小。

“边框”——设置是否显示框架边框。

✧ 是：显示边框。

✧ 否：隐藏边框。

✧ 默认：根据浏览器的默认设置显示框架边框。

“边框颜色”——设置所有边框的颜色。

“边界宽度”——输入以像素为单位的数值，确定框架左边框与右边框之间的距离。

“边界高度”——输入以像素为单位的数值，确定框架上边框与下边框之间的距离。

2. 设置框架集的属性

选择框架集后，打开框架集“属性”面板，如图 6-37 所示。

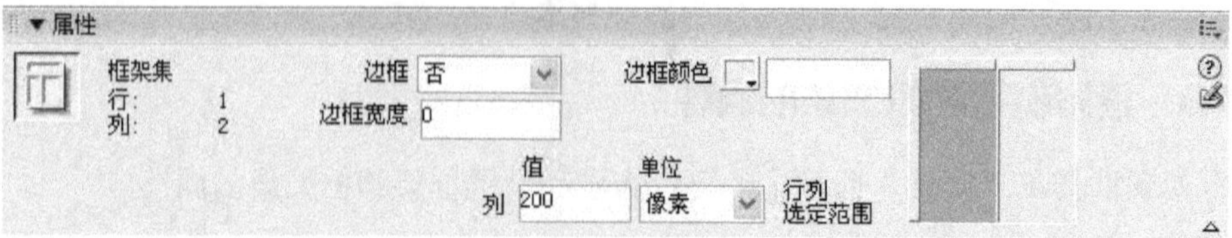

图 6-37　框架集“属性”面板

在框架集“属性”面板中可以进行如下设置。

“边框”——设置是否显示边框。

“边框宽度”——设置框架集中所有框架的边框宽度。

“边框颜色”——设置边框颜色，单击下拉按钮选取颜色，或在文本框中输入颜色的十六进制代码。

“值”——指定所选择的行或列的高度。

“单位”——选择适当的单位。

- ✧ 像素：输入以像素为单位的数值，指定所选行或列的绝对大小。
- ✧ 百分比：所选择行或列相对于框架集大小的百分比。
- ✧ 相对：在指定“像素”和“百分比”空间后，分配剩余的框架空间。

“行列选定范围”——单击左侧或顶部的标签，选择行或列。

6.2.4 保存框架和框架集文档

如果要在浏览器中正确浏览框架集文件，必须正确保存框架和框架集文件。框架结构的页面制作完成后，可以分别保存每个框架文档，也可单独保存框架集文档，还可以将整个框架集与各个框架文档一起保存。

1. 保存框架集文档

步骤

① 选择框架集。

② 保存框架集可采取下列方法之一。

- ✧ 选择“文件”|“保存框架集”命令，保存框架集，如果是第一次保存，会弹出“另存为”对话框，如图 6-38 所示。
- ✧ 选择“文件”|“框架集另存为”命令，将框架集另存为新文件。

图 6-38　保存框架集

2. 保存框架文档

步骤

① 光标放在目标框架内。

② 保存框架文档可采取下列方法之一。

✧ 选择“文件”|“保存框架”命令，保存框架。

✧ 选择“文件”|“框架另存为”命令，将框架另存为新文件。

3. 保存框架集中所有文档

如果当前网页是由多个框架构成，分别保存每个框架文件很麻烦，此时可采用一次保存框架集中所有文档的方法。

步骤

① 选择“文件”|“保存全部”命令。

② 系统先保存框架集文档，然后再保存框架集中其他的框架文档。

③ 若框架集中有尚未保存过的框架，则系统会打开文件“另存为”对话框，输入正确的文件名和路径，单击“保存”按钮。若所有框架文件以前都已保存过，则该操作在原有的基础上保存所有的框架文档。

6.2.5 框架中的链接

链接在框架中应用较为广泛，例如，在左侧框架放置导航条，单击导航条中的链接，则右侧框架中显示链接内容，这里就需要将导航条中链接的目标窗口设置为右侧框架窗口。

在为导航部分添加链接时，需要指定链接的文件在哪个窗口打开，选中导航文本或图片后，在其“属性”面板的“目标”文本框中进行设置，如图 6-39 所示。

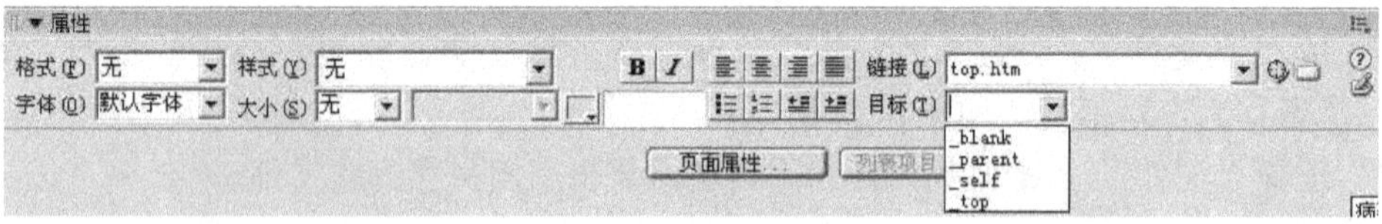

图 6-39　选择目标框架

在默认的情况下，“目标”域中总有如下 4 个目标。

_blank——在新的窗口中打开链接。

_parent——在当前框架的父框架中打开链接。

_self——在当前框架中打开链接。

_top——在当前窗口中打开链接，将清除所有框架。

除了以上几个目标位置以外，还可以在“目标”文本框中输入当前页中的某一框架名称，那么指定的 HTML 文件就在指定的框架中打开，这就是创建框架集时一定要给每个框架命名的原因。若使用预定义的框架集，各框架的名称已自动给出，这时在“目标”下拉列表中可直接查找。

6.2.6 框架兼容性

框架兼容性功能主要用于处理不能显示框架的浏览器。当不支持框架的浏览器加载该框架集文件时，浏览器只显示用标签<noframes></noframes>表示的内容。为不支持框架的浏览器提供显示内容操作步骤如下：

步骤

① 选择“修改”|“框架页”|“编辑无框架内容”命令，如图 6-40 所示，Dreamweaver CS3 将清除文档窗口中的内容，在顶部显示“无框架内容”字样，如图 6-41 所示。

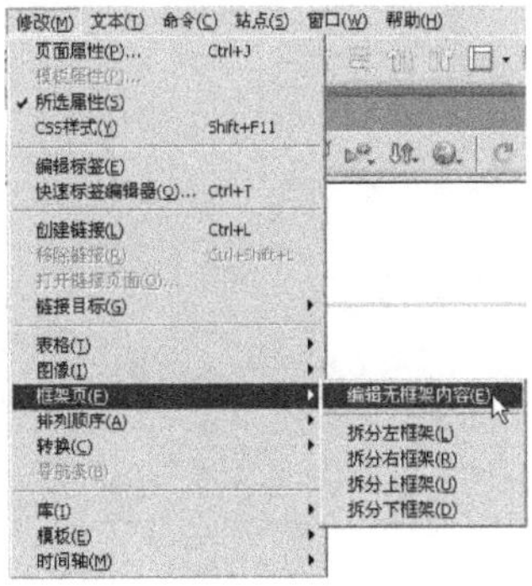

图 6-40 “编辑无框架内容”菜单

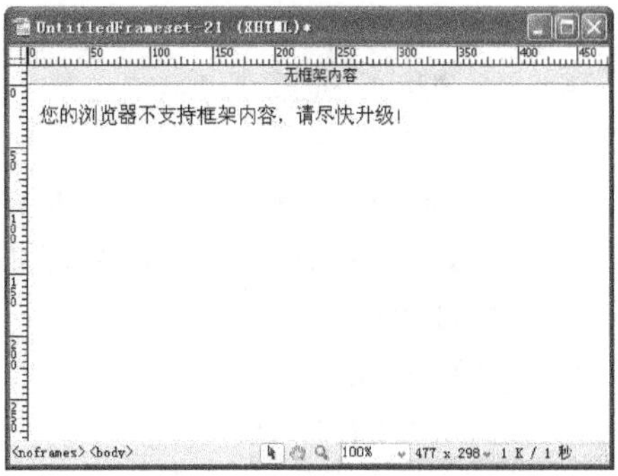

图 6-41 编辑“无框架内容”窗口

② 在新的文档窗口中输入无框架时的显示内容，完成后，选择“修改”|“框架页”|“编辑无框架内容”命令，返回框架页窗口。

提示 另外一种编辑无框架内容的方法是，选择“窗口”|“代码检查器”命令，打开标签编辑器，在<noframes>和</noframes>之间编写无框架内容，如图 6-42 所示。

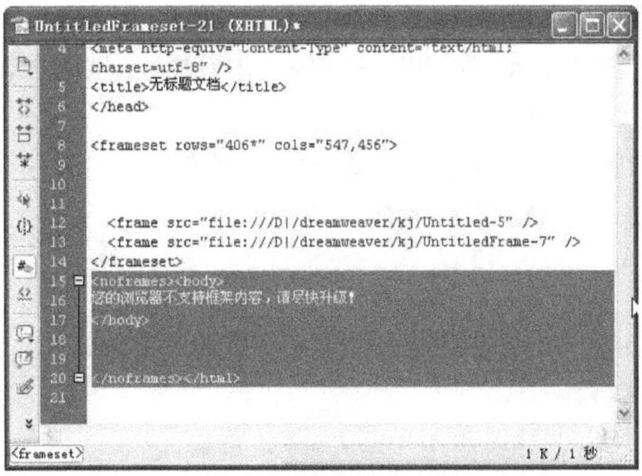

图 6-42 编辑无框架内容的 HTML 代码

本章小结与重点回顾

本章主要介绍框架的使用，包括创建框架、命名框架、设置框架属性及保存框架等操作。在使用框架的过程中一定要明白框架的基本结构。框架在网页设计中可用来制作电子图书。使用框架的一个难点是理解框架集和框架之间的关系，通常在一个框架中所有的框架都是通过一个框架集文档来调用的。另一个难点就是框架属性的设置。这些都需要在实际的操作过程中不断地去思考和摸索才能够熟练掌握。

本章的重点知识是创建框架网页、框架网页的选择、框架和框架集属性的设置、框架编辑。

习题 6

一、选择题

1．框架是由__________组成的。

A．框架集和单个框架　　B．框架集

C．单个框架　　D．都不是

2．在 Dreamweaver CS3 中，创建框架集的方法说法不正确的是__________。

A．可以直接插入 Dreamweaver 预定义的框架集

B．可以自行创建

C．不可自行创建

D．在常用栏中有框架集

3．下列关于框架的说法正确的是__________。

A．在 Dreamweaver CS3 中，通过框架可以将一个浏览器窗口划分为多个区域

B．框架就是框架集，框架集也就是框架

C．保存框架指系统一次就能将整个框架保存起来，而不是单个保存框架

D．框架实际上是一个文件，当前在框架中的文档是构成框架的一部分

4．在 Dreamweaver CS3 中，要创建预定义的框架集，应执行__________菜单中的命令。

A．查看　　B．插入　　C．修改　　D．命令

5．下列关于选择框架的说法正确的是__________。

A．在“文档”窗口的“设计”视图中，按 Ctrl 键的同时单击框架内部

B．在“框架”面板中单击框架

C．在“文档”窗口的“设计”视图中，直接单击一个框架

D．通过移动方向键，可选择不同的框架

二、填空题

1．预定义框架集中有蓝色和白色两个区域，这两个区域的含义是__________区域表示当前文档；__________区域显示其他的文档。

2．链接属性检查器的“目标”选项有 4 个默认选项，它们是__________，__________，__________，__________。

3．在 Dreamweaver CS3 中，要创建无框架的页面，应执行__________菜单中的命令。

4．在 Dreamweaver CS3 中，创建嵌套框架的快捷键是__________组合键。

三、简答题

1．简述编辑无框架内容的操作步骤。

2．什么是框架？什么是框架集？两者有何关系？

3．在属性检查器的“目标”下拉框中，各选项的意义是什么？

第 7 章　插入多媒体元素

随着技术的进步，Internet 一定是多媒体的天下，那么什么是多媒体呢？声音、动画、交互控件等。因此，可插入的多媒体元素应该包括 Flash 动画、Flash 按钮、Flash 文本、Java Applet 小程序或者其他一些音频或视频对象等。

7.1　网页的动感效果设计——多媒体示例

7.1.1　案例综述

本案例主要是通过在网页中插入 Flash 动画和 Applet 插件等多媒体元素来装饰网页，使读者从中学会如何在网页中使用多媒体元素以提高网页设计的水准，使网页看上去更加生动。案例最终效果如图 7-1 所示。

图 7-1　案例效果

如图 7-1 所示显示的效果是在悠扬的背景音乐声中，打开一个充满动感的页面，Banner 条上透明背景的 Flash 影片在图片背景的映衬下显得格外炫目，再往下是 Flash 按钮做的导航条，在正文区里又分别使用了 Flash 文字、图像查看器、Java Applet 小程序等，并通过添加第三方插件扩展了 Dreamweaver CS3 的功能，使整个页面熠熠生辉。

7.1.2 案例分析

页面的制作过程如下。

① 页面基本制作包括表格布局及使用 CSS 样式格式化页面。

② Banner 条的制作主要涉及 Flash 动画的插入及通过参数设置其透明背景。

③ 导航条制作主要是介绍如何使用 Flash 按钮工具创建导航。

④ 正文区中则包括了 Flash 文字、图像查看器、Java Applet 小程序、Active X 控件等多媒体元素。

⑤ 扩展功能。安装第三方插件以扩展 Dreamweaver CS3 的功能，在页面中分别插入命令、对象和行为三类插件。

7.1.3 实现步骤

1. 页面基本设置

步骤

① 在本地计算机的 D:\DRW\dmt\创建本地站点，名为“多媒体”，其默认的图像文件夹为 D:\DRW\dmt\img。

② 在 Dreamweaver CS3 的文件面板中创建网页文件 index.html，并双击打开。

③ 在编辑窗口上方的“标题”中输入页面标题“多媒体”。

④ 将光标置于“编辑”窗口中，在其下方的“属性”面板中单击“页面属性”按钮，弹出“页面属性”对话框。在“页面属性”对话框中将左边距、上边距均设置为 0，如图 7-2 所示。

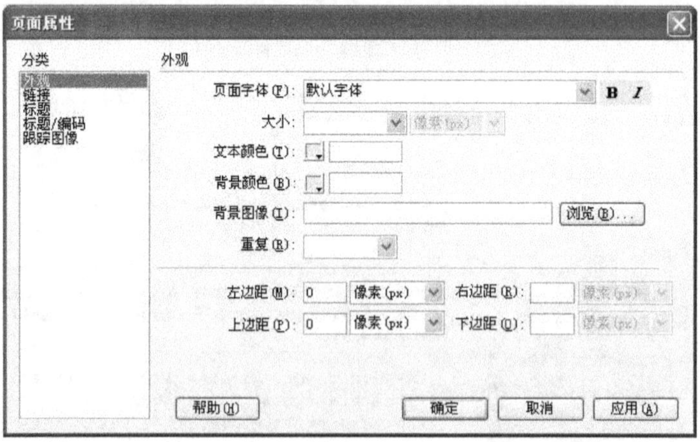

图 7-2 “页面属性”对话框

2. 制作 Banner 条

步骤

① 在“属性”面板中设置对齐方式为水平居中，插入 1×1 的表格 T1，宽为 770，边框等均为 0。

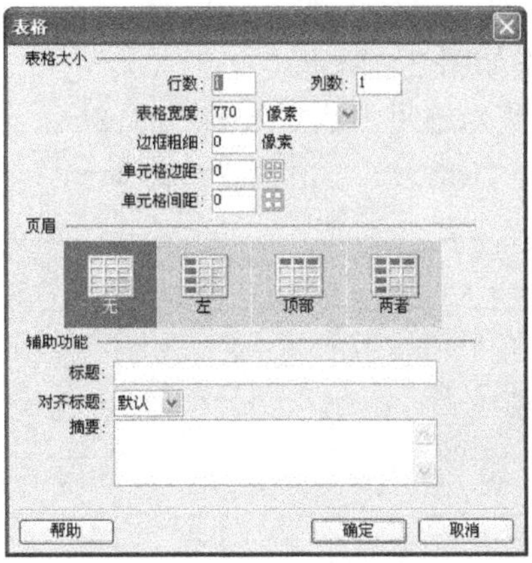

图 7-3　插入表格

② 将光标定位在表格中，在“属性”面板中设置单元格的背景图片为素材中 ch8 文件夹下的 img/banner.jpg，而将单元格高度设成与图片高度一致为 133，表格的“属性”面板如图 7-4 所示。设置完成后的效果如图 7-5 所示。

图 7-4　表格“属性”面板

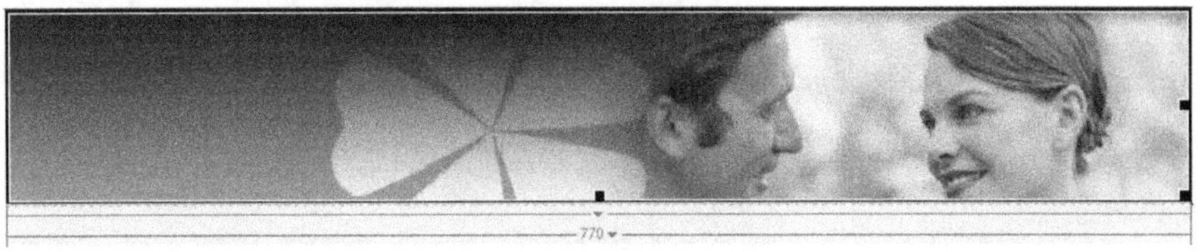

图 7-5　Bannar 条背景

③ 将光标置于表格中，单击“插入”栏的“常用”类别中“媒体”按钮右侧的下拉按钮，在弹出的选项中选择“Flash”，如图 7-6 所示。在弹出的对话框中选择素材 ch7 文件夹下的 flash 文件夹中的hengline1.swf，如图 7-7 所示。

图 7-6　媒体选项

图 7-7　选择 Flash 文件

④ 单击“确定”按钮，选中新插入的 Flash 标记，在其“属性”面板中设置其宽为 770，高为 133，插入后的效果如图 7-8 所示。

⑤ 下面将动画的背景设置为透明，选中新插入的 Flash 标记，在其“属性”面板中单击“参数”按钮，设置参数为“wmode”，值为“transparent”，如图 7-9 所示。

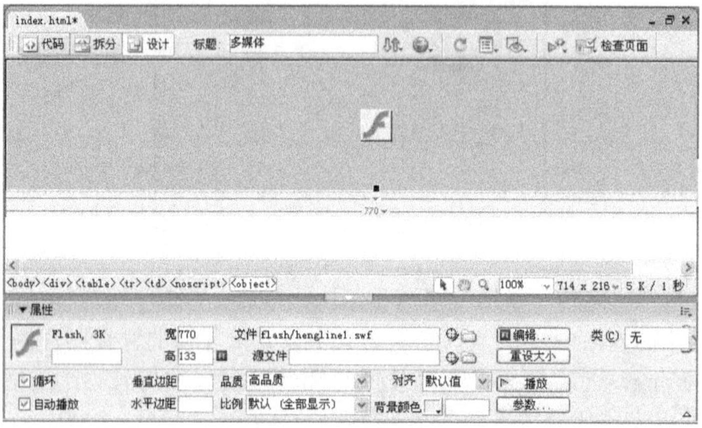

图 7-8　插入 Flash 动画后的效果

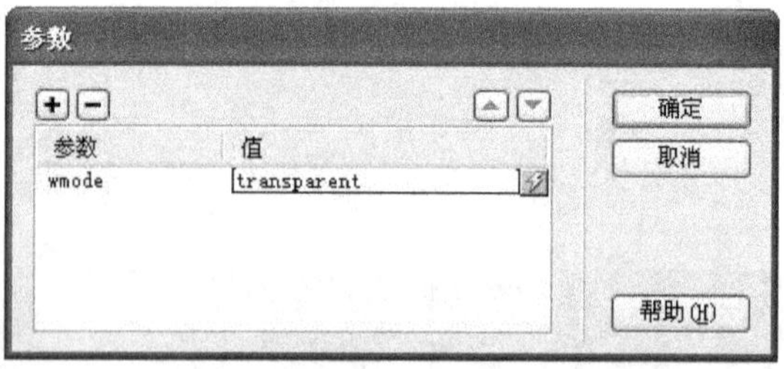

图 7-9　设置参数使背景透明

3．制作导航栏

步骤

① 在表格 T1 下方单击，再插入 1×1 的表格 T2，设置宽为 770，其他参数均为 0，如图 7-10 所示。

图 7-10　插入表格 T2

② 将光标置于单元格中，设为居中对齐，单击“插入”栏的“常用”类别中“媒体”按钮右侧的下拉按钮，在弹出的选项中选择“Flash 按钮”，弹出如图 7-11 所示“插入 Flash 按钮”对话框。

③ 在对话框中选中相应的样式“Soft-Raspberry”，在“按钮文本”处输入按钮上显示的文字“页面 1”，在“链接”中设置此按钮的链接页面（这里省略），在“另存为”处自动

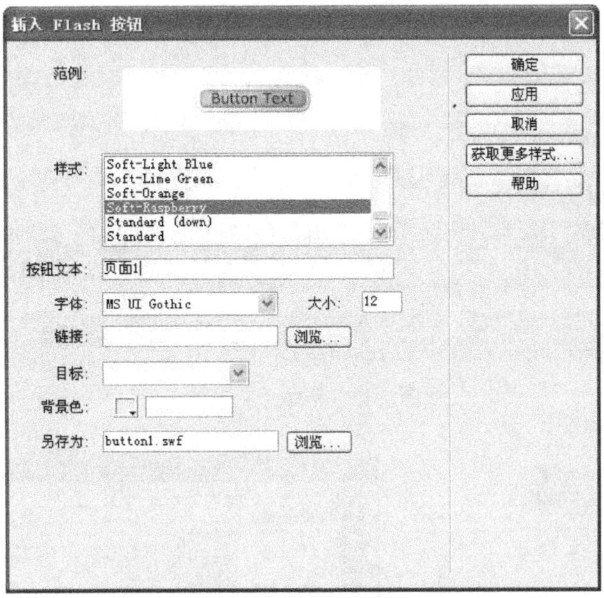

图 7-11　“插入 Flash 按钮”对话框

给出了此按钮所生成的 Flash 动画文件名称，此处采用默认设置即可。设置完成后单击“确定”按钮，在页面上可看到插入的 Flash 按钮。

④ 用同样的方法在页面中再插入 3 个 Flash 按钮，其按钮文本分别是“页面 2”、“页面 3”、“页面 4”。

4．制作正文区

（1）基本制作

步骤

① 在表格 T2 下方单击，插入 2×1 的表格 T3，设置宽为 770，其他参数均为 0，如图 7-12 所示。

图 7-12　插入表格 T3

② 打开素材 ch7 文件夹下的“正文文本.txt”文件，复制标题下的第一自然段到第 1 单元格，其余文本复制到第 2 单元格，如图 7-13 所示。

③ 打开 CSS 样式面板，用 CSS 样式格式化页面，其中已列出了设置页面属性时自动生成的 body 样式，如图 7-14 所示。双击此样式，做进一步编辑。

④ 在“body 的 CSS 规则定义”对话框中，设置正文文字大小为 12px，行高为 24px，如图 7-15 所示。

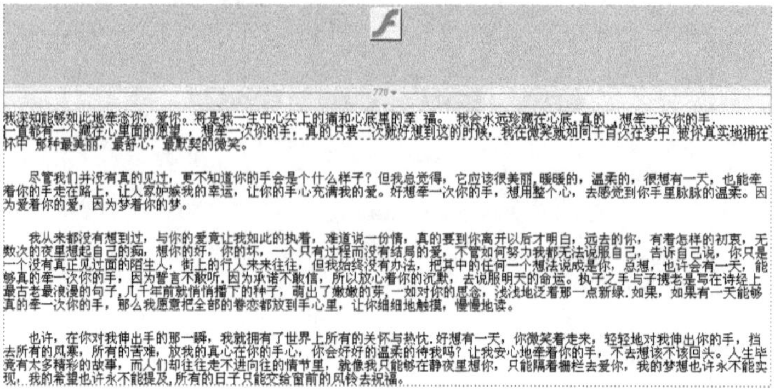

图 7-13　粘贴正文文本

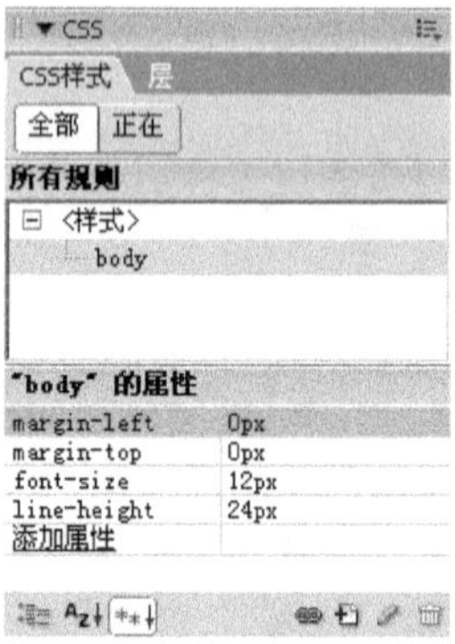

图 7-14　CSS 样式面板

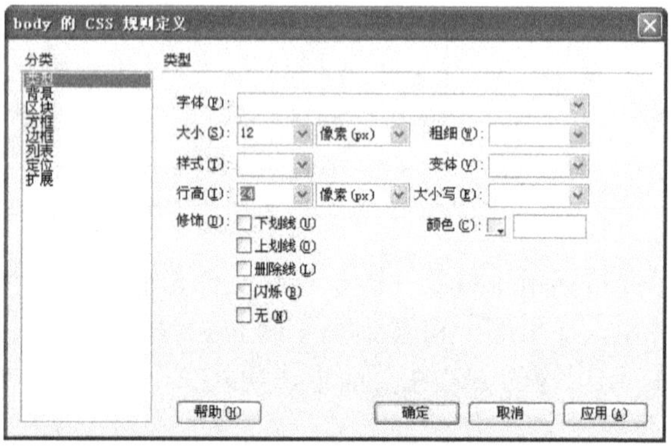

图 7-15　“body 的 CSS 规则定义”对话框

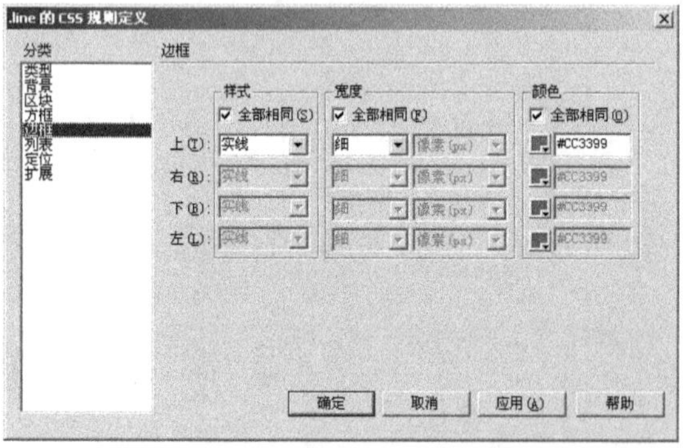

图 7-16　“.line 的 CSS 规则定义”对话框

⑤ 在 CSS 样式面板中单击按钮，添加自定义类样式.line，在打开的“.line 的 CSS 规则定义”对话框中，选择“边框”类别，设置各参数，如图 7-16 所示。

⑥ 选中表格 T3，在其“属性”面板的“类”下拉列表框中选择.line。应用.line 样式后的效果如图 7-17 所示。

（2）插入 Flash 文本

步骤

① 将光标置于表格 T3 的第 1 个单元格的最前面，单击“插入”栏的“常用”类别中“媒体”按钮右侧的下拉按钮，在弹出的选项中选择“Flash 文本”，弹出如图 7-18 所示“插入 Flash 文本”对话框。

② 在对话框中输入文本“真的，想牵一次你的手”，设置文本颜色和当鼠标指向时的转滚色，以及字体、字号等参数，在“链接”中设置此按钮的链接页面（这里省略），在“另存为”处自动给出了此按钮所生成的 Flash 动画文件名称，此处采用默认设置即可。设置完成后单击“确定”按钮，在页面上可看到插入的 Flash 文本，如图 7-19 所示。

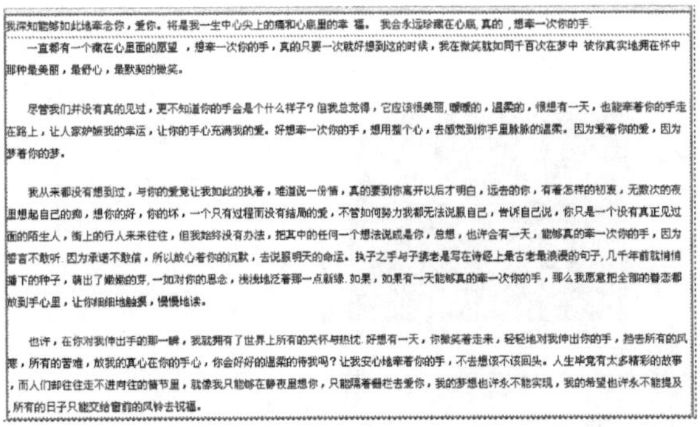

图 7-17　给表格 T3 应用.line 样式

图 7-18　“插入 Flash 文本”对话框

图 7-19　插入 Flash 文本

③ 在插入的 Flash 文本后换行，选中 Flash 文本，设为居中对齐，选中单元格中其他文本，设置字体为“华文行楷”，字号为 18，颜色为#FF33CC。设置完成后的效果如图 7-20 所示。

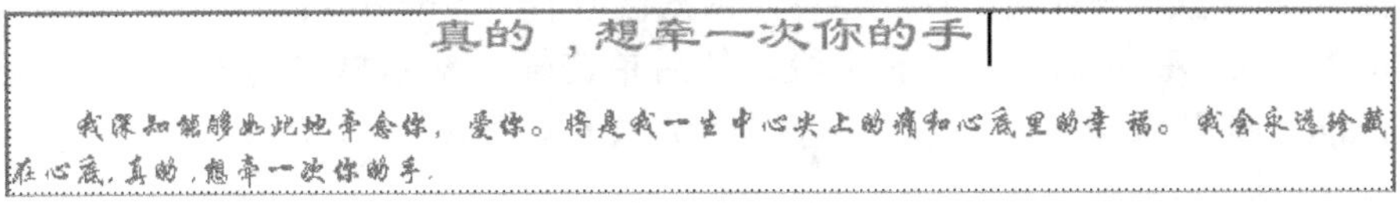

图 7-20　设置完成后文本的样式

（3）插入图像查看器

步骤

① 将光标定位在 Flash 文本后，选择菜单“插入记录”|“媒体”|“图像查看器”命令，在弹出的“保存 Flash 元素”对话框中指定所生成的 Flash 动画文件名称和存放位置，如图 7-21 所示。

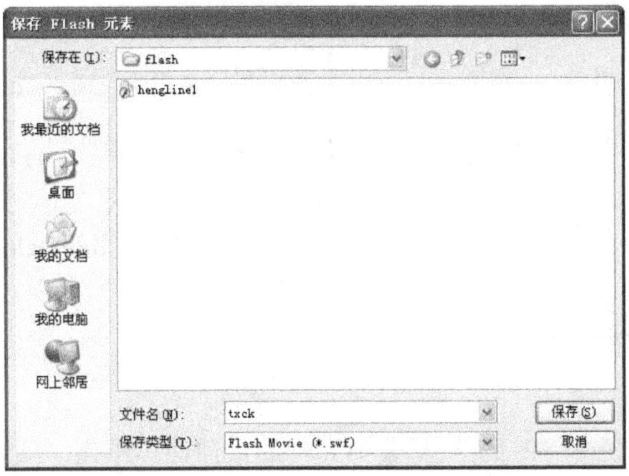

图 7-21　“保存 Flash 元素”对话框

② 单击“保存”按钮，在页面上可看到所插入的 Flash 元素标记，选中此标记，在其属性面板中将宽设置为 200，高设置为 150，设置对齐方式为右对齐，如图 7-22 所示。

图 7-22　插入图像查看器

③ 选中 Flash 元素标记，在“编辑”窗口右侧的“标签”面板变为“Flash 元素”面板，如图 7-23 所示。在这个面板中进行相关参数的设置，每一种 Flash 元素所需的参数都不一样，最需要设置的是 imageLinks（图片的链接）和 imageURLs（图片的位置）这两个参数，有些参数使用默认值即可，用户也可以依据自己的需求来调整。

④ 单击“imageURLs”旁边的字段，然后单击输入文本框右边的图标，在打开的“编辑‘imageURLs’数组”对话框中选择图片源文件，如图 7-24 所示。

图 7-23　“Flash 元素”面板

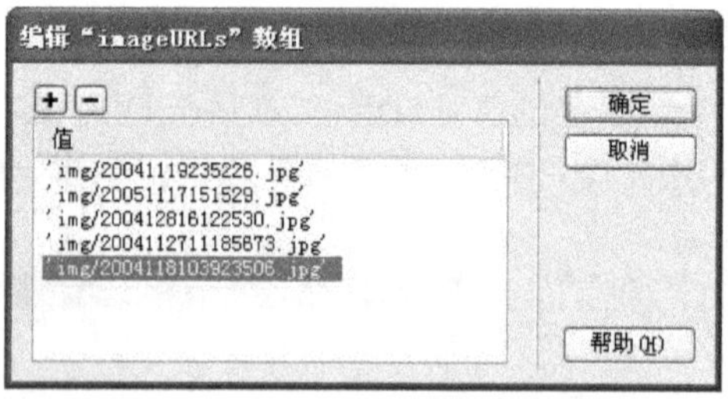

图 7-24　“编辑‘imageURLs’数组”对话框

⑤ 设置其他属性。分别设置 ShowControls 为“否”（不显示控制条）、slideAutoPlay 为“是”（自动播放）、slideLoop 为“是”（循环播放）、slideDelay 为 5（切换间隔时间）。设置完成后，可按 F12 键预览其动画效果。

（4）插入 Java Applet 小程序

步骤

① 将光标定位在表格 T3 的第 2 个单元格的最前面，单击“插入”栏的“常用”类别中“媒体”按钮右侧的下拉按钮，在弹出的选项中选择 Applet 按钮。

② 在弹出的“选择文件”对话框中选择扩展名为.class 的文件，这里为素材中“DRW 素材/ch7/Applet”文件夹下的名为 Lake.class 的文件，如图 7-25 所示。

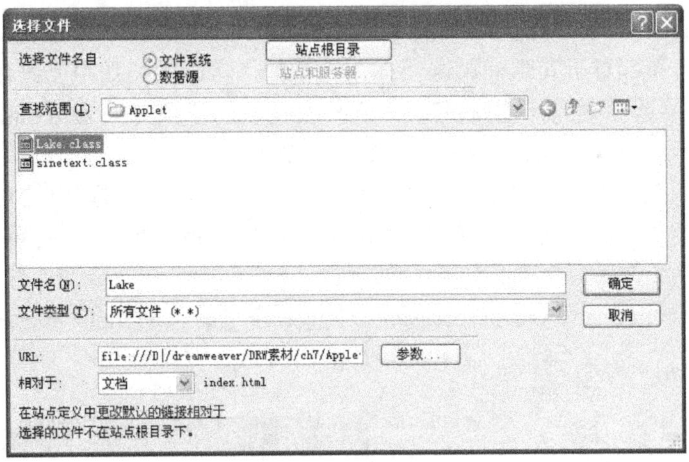

图 7-25　添加 Applet 程序

③ 将要添加 Applet 效果的图片“DRW 资源\ch7\img\111.jpg”，复制到站点的图像文件夹 img 中。

④ 选中插入到页面中的 Applet 图标，在如图 7-26 所示的“属性”面板中，将宽设置为欲加 Applet 效果的图片的宽度，高度设为图片高度的 2 倍，对齐方式设置为左对齐。

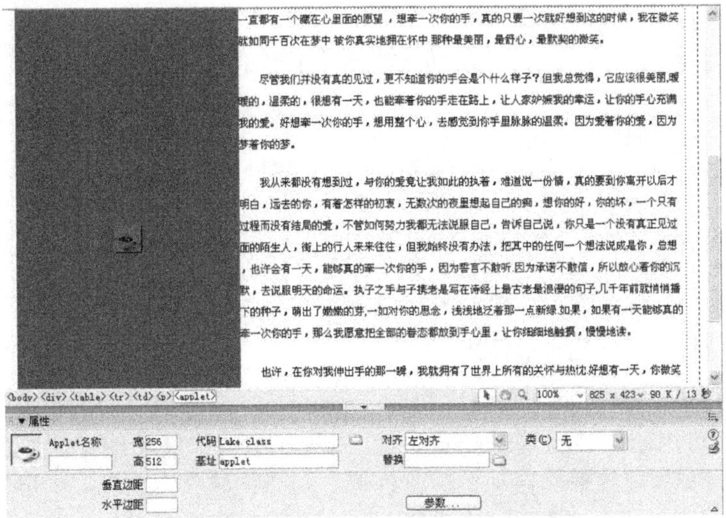

图 7-26　Applet 插件的参数设置对话框

⑤ 单击“参数”按钮，设置参数名称为 image，参数值为图像文件的实际路径，如图 7-27 所示。单击“确定”按钮。

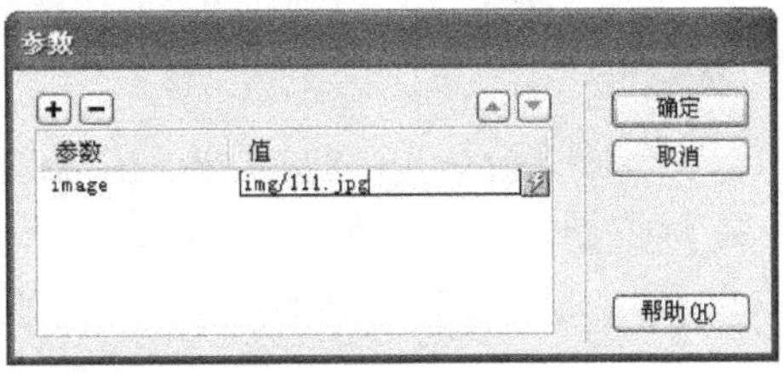

图 7-27　设置参数

按 F12 键预览时，可看到原图像下方出现的生动的波纹效果。

（5）插入背景音乐

插入背景音乐的方法较多，这里采用插入

插件的方法。

步骤

① 单击“插入”栏的“布局”类别中“绘制 AP Div”按钮，在页面任意位置绘制一个 AP 元素，再将光标置于其中，单击“插入”栏的“常用”类别中“媒体”按钮右侧的下拉按钮，在弹出的选项中选择插件，选择要播放的音频文件 xzm.mid。

② 在页面中可看到插入的插件标记，如图 7-28 所示。

③ 选中插件图标，在其“属性”面板中单击“参数”按钮，在弹出的对话框中添加参数“autostart”的值为“true”（自动播放），“loop”为“2”或“true”（循环），如图 7-29 所示。插入这个音频文件后，页面代码显示如下。

```
<embed src="xzm.mid" width="32" height="32" autostart="true" loop="true"></embed>
```

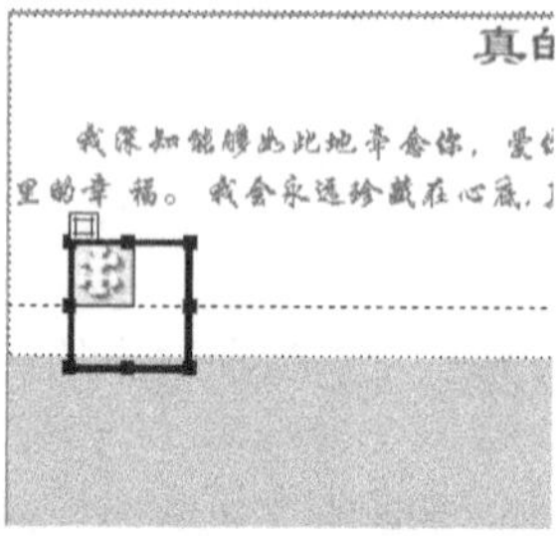

图 7-28　在 AP 元素中插入插件

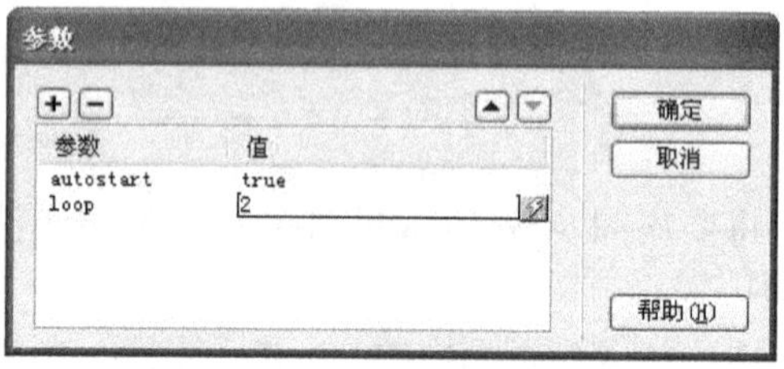

图 7-29　设置插件参数

④ 单击 AP Div 元素的选择柄就可打开其“属性”面板，如图 7-30 所示。设置 AP 元素的可见性为“hidden”（隐藏），使所插入的插件不可见。

图 7-30　设置 AP 元素的可见性

5．扩展功能（使用第三方插件）

扩展功能使一些新功能很容易地添加到 Dreamweaver 中的。功能扩展管理器是一个独立的应用程序，可用于安装和管理 Adobe 应用程序中的扩展功能。通过从 Dreamweaver 中选择“命令”|“扩展管理”启动扩展管理器。功能扩展分为三类：扩展命令、扩展对象和扩展行为。

（1）扩展命令

扩展后的命令可以出现在 Dreamweaver CS3 的“命令”菜单中。

步骤

① 选择“命令”|“扩展管理”命令，打开功能扩展管理器，如图 7-31 所示。单击“安装新扩展”按钮，在打开的“选取要安装的扩展”对话框中，选取素材库中 ch7\chajian 文件夹中的 floatimg.mxp 文件，如图 7-32 所示。

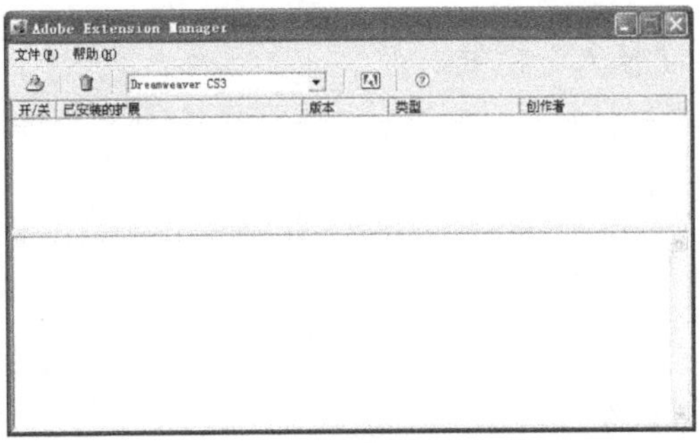

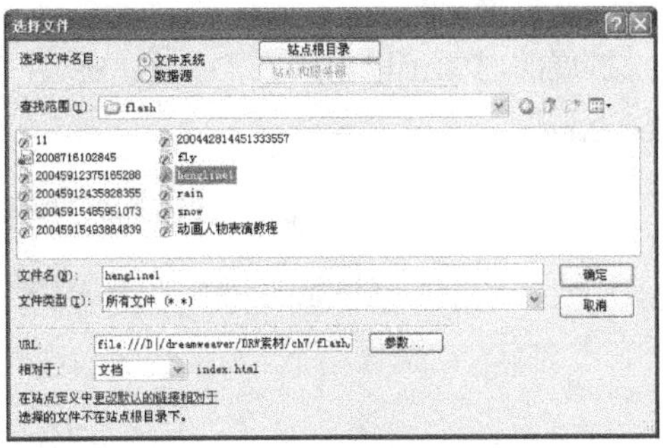

图 7-31　功能扩展管理器　　　　图 7-32　选择功能扩展插件

② 首先选择接受协议，完成安装后，从功能扩展管理器中可以看到扩展插件的类型是命令，这意味着对“命令”菜单的扩展，如图 7-33 所示。

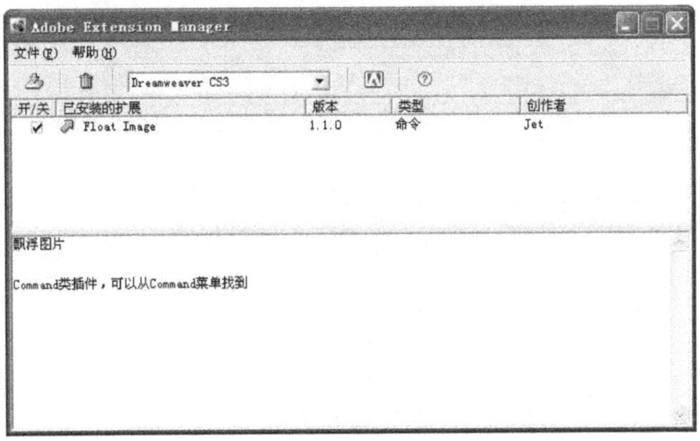

图 7-33　安装完成后的扩展命令

③ 回到 Dreamweaver CS3 中，单击“命令”菜单，可以看到，菜单中新多出了一项，名为“Float Image”，如图 7-34 所示，单击之后，打开如图 7-35 所示的窗口。这个插件能够实现飘浮图像的功能，在窗口中浏览到希望飘浮的图片文件，并可以设置链接、速度等参数。

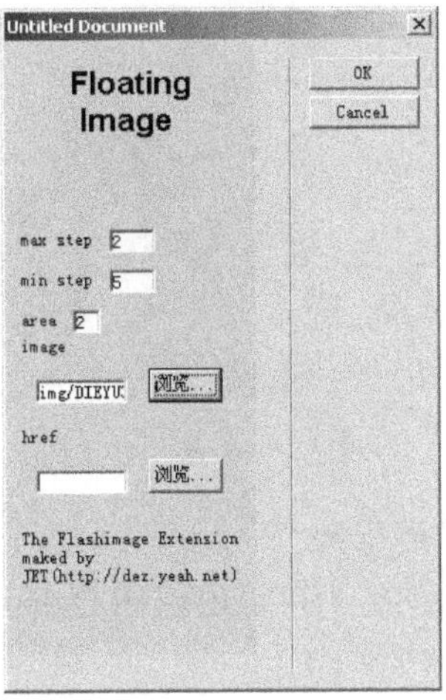

图 7-34　命令菜单　　　　图 7-35　Floating Image 设置

（2）扩展对象

扩展的对象可以出现在 Dreamweaver CS3 的“插入”栏中。

步骤

① 单击“插入”面板中，在面板中可看到新添加的类别，如图 7-36 所示。

▼插入
常用
布局
表单
数据
Spry
文本
收藏夹
AP Scrollable Area

图 7-36　扩展对象

② 单击其中的按钮，在弹出的如图 7-37 所示的对话框中，设置状态栏中要交替显示的文字。

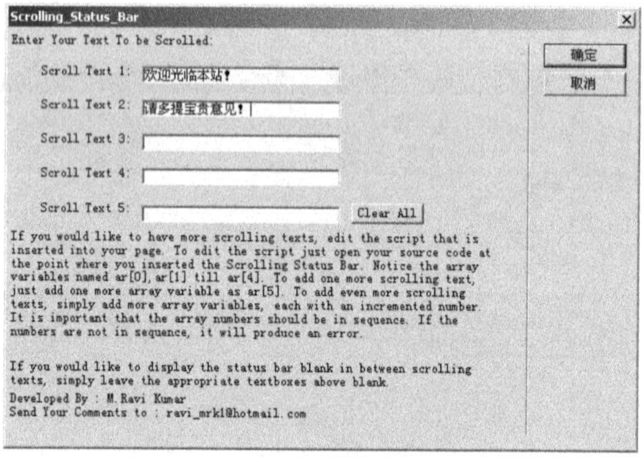
Scrolling_Status_Bar
Enter Your Text To be Scrolled:
Scroll Text 1: 欢迎光临本站!
Scroll Text 2: 请多提宝贵意见!
Scroll Text 3:
Scroll Text 4:
Scroll Text 5:
Clear All
确定
取消
If you would like to have more scrolling texts, edit the script that is inserted into your page. To edit the script just open your source code at the point where you inserted the Scrolling Status Bar. Notice the array variables named ar[0], ar[1] till ar[4]. To add one more scrolling text, just add one more array variable as ar[5]. To add even more scrolling texts, simply add more array variables, each with an incremented number. It is important that the array numbers should be in sequence. If the numbers are not in sequence, it will produce an error.
If you would like to display the status bar blank in between scrolling texts, simply leave the appropriate textboxes above blank.
Developed By : M.Ravi Kumar
Send Your Comments to : ravi_mrk1@hotmail.com

图 7-37　安装完成后的扩展命令

③ 单击“确定”按钮，页面的效果是在状态栏中交替显示“欢迎光临本站!”和“请多提宝贵意见!”，如图 7-38 所示。

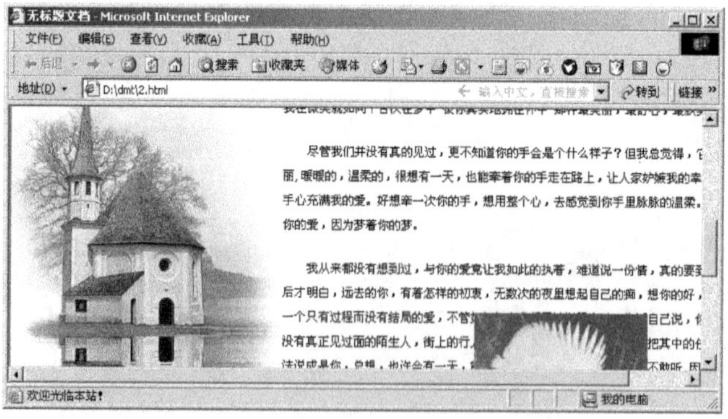
无标题文档 - Microsoft Internet Explorer
地址(D) D:\dmt\2.html
欢迎光临本站!
我的电脑

图 7-38　状态栏中交替显示文字

（3）扩展行为

扩展后的行为可以出现在 Dreamweaver CS3 的行为面板中。

步骤

① 双击 chromelessWinwind.mxp 文件，安装完成后，选中页面中的 body 标签，然后单击“行为”面板中的“添加行为”按钮，从弹出的菜单中选择 Open Chromeless Window 选

项，如图 7-39 所示。

② 在弹出的如图 7-40 所示对话框中，设置各项参数。

图 7-39　扩展行为

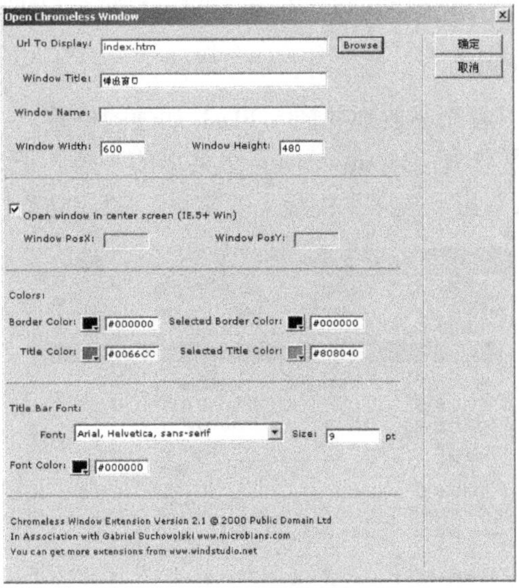

图 7-40　设置弹出窗口样式

③ 单击“确定”按钮，在打开主页面的同时，弹出自定义的窗口样式，如图 7-41 所示。

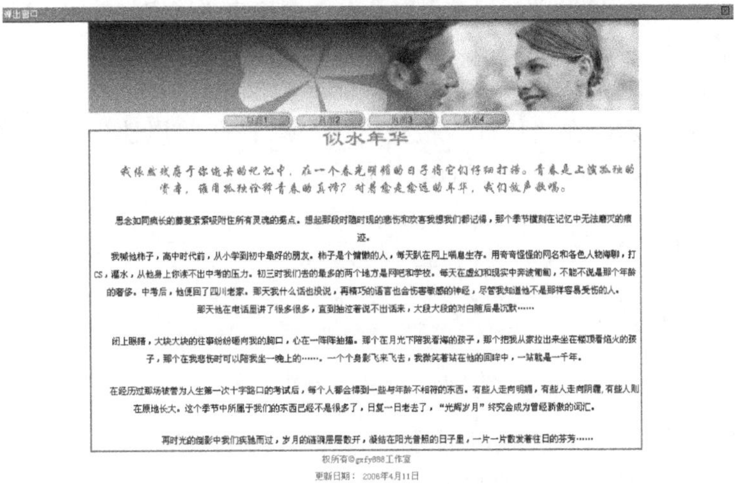

图 7-41　自定义的窗口样式

④ 在表格 T3 的下方，输入版权信息并设置其格式。到此已经完成了网页的制作，将网页另存为文件 index.html 即可。

7.2　插入 Flash 对象

在 Dreamweaver CS3 中可以插入多种 Flash 对象，包括 Flash 动画、Flash 按钮、Flash 文本、Flash 元素（图像查看器）、Flash 视频、Flash 文档等。

7.2.1 插入 Flash 动画

在 Web 页中可以直接插入 Flash 动画，即扩展名为.swf 的 Flash 文件。

步骤

① 将光标放到要插入 Flash 动画的位置。

② 选择 Dreamweaver 主菜单的“插入记录”|“媒体”|“Flash”命令，如图 7-42 所示。或单击“插入”面板上“常用”|“媒体”|“Flash”命令，如图 7-43 所示。

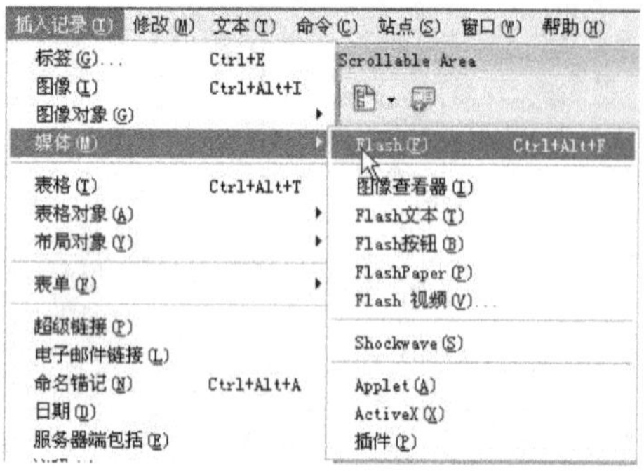

图 7-42 使用菜单插入“Flash”

图 7-43 使用插入栏插入“Flash”

③ 在弹出的“选择文件”对话框中，选择扩展名为.swf 的文件，然后单击“确定”按钮。如果出现“图像标签辅助功能属性”对话框，则单击“确定”按钮，Flash 内容占位符将显示在文档窗口中。

④ 单击 Flash 内容占位符将其选中。

⑤ 如图 7-44 所示，在“属性”检查器（“窗口”|“属性”）中单击“播放”，在 Dreamweaver CS3 的编辑窗口中预览 Flash 效果。

图 7-44 Flash 的属性面板

在 Flash 属性面板中可以进行如下设置。

- “Flash”——指定 Flash 动画的名称。
- “宽”、“高”——指定 Flash 动画被装进浏览器时的宽度或高度。
- “文件”——指定 Flash 动画文件的路径。
- “循环”——选中此复选框，自动循环播放 Flash 动画。
- “自动播放”——选中此复选框，自动播放 Flash 动画。
- “垂直边距”——设置 Flash 动画的垂直边距。
- “水平边距”——设置 Flash 动画的水平边距。
- “品质”——设置 Flash 动画播放的效果。
- “比例”——设置 Flash 动画文件的比例。
- “对齐”——确定 Flash 动画与页面的对齐方式。

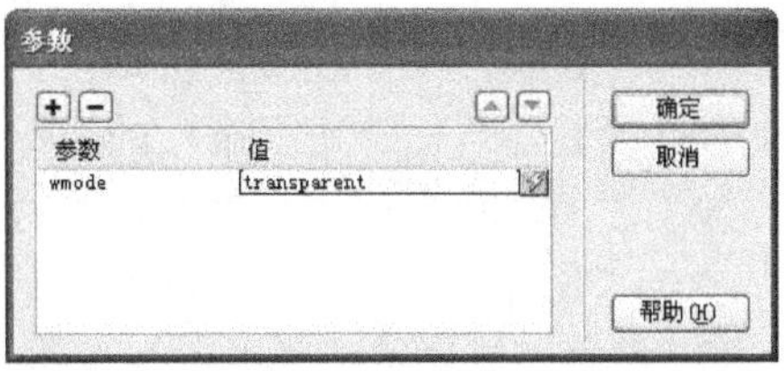

图 7-45　设置 Flash 动画背景为透明

✧ “背景颜色”——指定 Flash 动画区域的背景颜色。
✧ “类”——应用样式。
✧ 编辑... 按钮——编辑 Flash 动画的属性。
✧ 重设大小 按钮——重置到原始大小。
✧ 播放 按钮——可以观察到 Flash 动画播放时的效果。
✧ 参数... 按钮——单击此按钮可打开“参数”对话框，在其中输入传递给影片的附加参数。如图 7-45 所示，设置 Flash 动画背景为透明。

7.2.2　插入 Flash 按钮

Dreamweaver CS3 中专门内置了多种 Flash 按钮样式，即使不会使用 Flash 制作动画，也能够在网页中自定义选取 Flash 按钮。

步骤

① 将光标放到要插入 Flash 按钮对象的位置。

② 选择“插入”|“媒体”|“Flash 按钮”命令，或单击“插入”面板上“常用”|“媒体”|“Flash 按钮”命令，打开“插入 Flash 按钮”对话框，如图 7-46 所示。

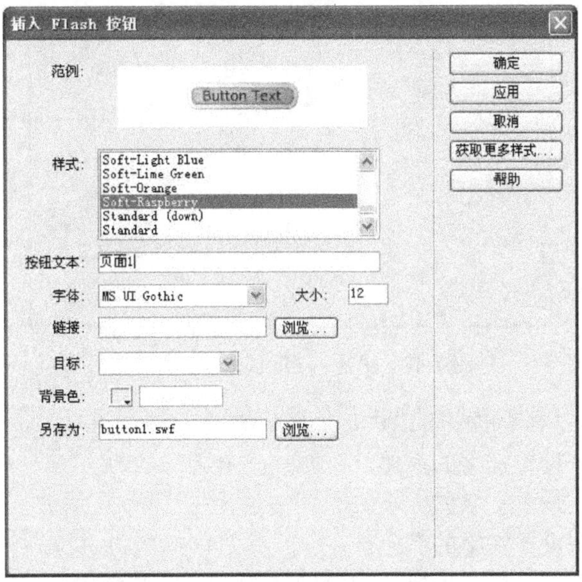

图 7-46　“插入 Flash 按钮”对话框

在如图 7-46 所示的对话框中可以进行如下设置。

✧ “范例”——用于预览所选按钮样式。
✧ “样式”——设置按钮样式。
✧ “按钮文本”——输入在按钮上显示的文本。
✧ “字体”——设置按钮上文字的字体。

✧ “大小”——设置按钮上文字的大小。

✧ “链接”——设置链接路径。

✧ “目标”——定义链接的目标窗口。

✧ “背景色”——设置按钮的背景颜色。

✧ “另存为”——输入选取的 Flash 按钮的文件名。

③ 设置完成后单击“确定”按钮。

提示 在页面中如果要使用 Flash 按钮，应确保站点目录及文件名不使用汉字。

7.2.3 插入 Flash 文本

在 Dreamweaver CS3 中除了可以插入 Flash 按钮外，还可以直接输入 Flash 的文本。

步骤

① 将光标放到要插入 Flash 文本对象的位置。

② 选择“插入”|“媒体”|“Flash 文本”命令，或单击“插入”栏上“常用”|“媒体”|“Flash 文本”命令，打开“插入 Flash 文本”对话框，如图 7-47 所示。

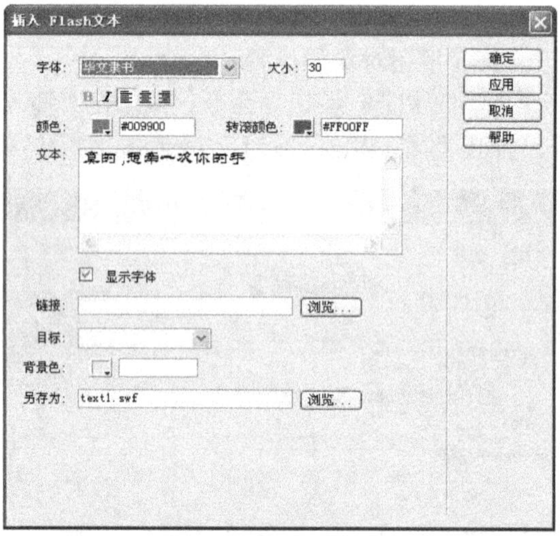

图 7-47 “插入 Flash 文本”对话框

在如图 7-48 所示的对话框中可以进行如下设置。

✧ “字体”——设置文字的字体。

✧ “大小”——设置文字的大小。

✧ “颜色”——设置文字的颜色。

✧ “转滚颜色”——设置当鼠标指针经过 Flash 文本对象时显示的颜色。

✧ “文本”——输入所需的文本。

✧ “链接”——设置链接路径。

✧ “目标”——定义链接的目标窗口。

✧ “背景色”——设置文本的背景颜色。

✧ “另存为”——输入将要使用的 Flash 文本的文件名。

提示　在页面中如果要使用 Flash 文本，应确保站点目录及文件名不使用汉字。

7.2.4　插入 Flash 元素——图像查看器

Dreamweaver CS3 内建了一个称为图像查看器的 Flash 元素，从菜单“插入”|“媒体”的 Flash 分类中可以找到“图像查看器”。它的功能是像播放幻灯片一样一张一张地播放图片，还可以有换页等效果。只要将它插入到网页内，然后设置相关参数，立即就可以实现这样的功能。

步骤

① 将光标放到要插入 Flash 元素的位置。

② 选择“插入记录”|“媒体”|“图像查看器”命令，打开“保存 Flash 元素”对话框，如图 7-48 所示。提示用户首先存盘，并指定.swf 文件的路径。建议最好存放在站点的根目录下。

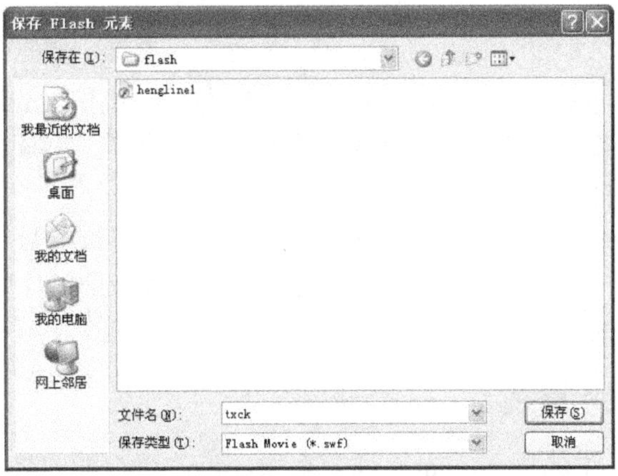

图 7-48　“保存 Flash 元素”对话框

③ 单击插入到网页内的 .swf 动画，此时标签面板会变为 Flash 元素的面板，如图 7-49 所示。

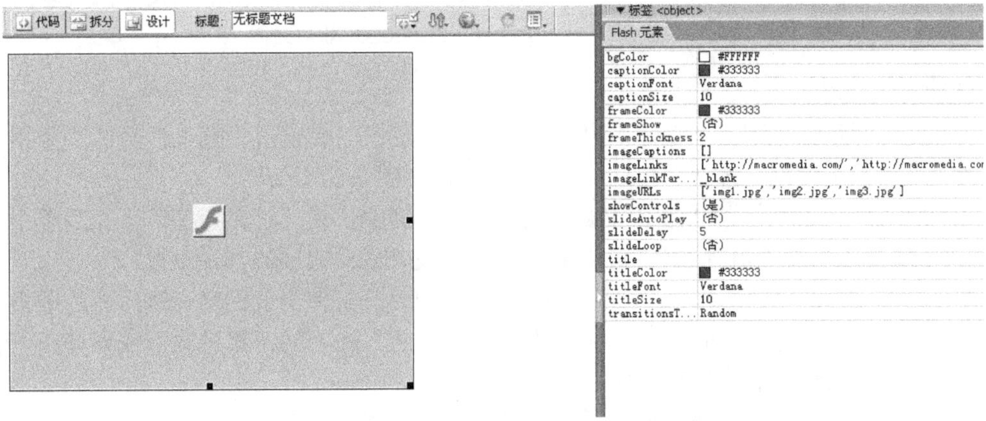

图 7-49　“Flash 元素”面板

④ 在这个面板中进行相关参数的设置，下面只介绍几个较为重要的参数。

✧ imageURLs——图像位置。选择图片源文件。单击“imageURLs”旁边的字段，然后单击输入文本框右边的图标，如图 7-50 所示。在打开的“编辑‘imageURLs’数组”对话框中选择图片源文件，如图 7-51 所示。

图 7-50　单击编辑属性按钮

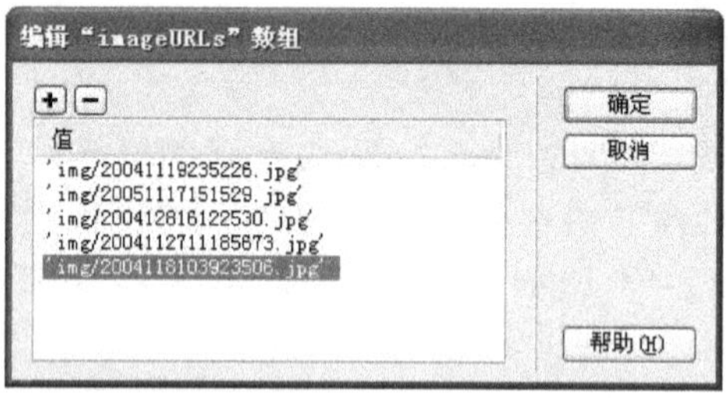

图 7-51　“编辑‘imageURLs’”数组

✧ imageLinks——图像链接。为每张图片设置链接，单击“imageLinks”旁边的字段，然后单击输入文本框右边的图标，在打开的“编辑‘imageLinks’数组”对话框中设置图片链接。

✧ imageLinkTarget——图像链接目标。为图片链接选择链接目标。

✧ transitionType——图片切换方式。在下拉框中选择相应的图片切换方式，例如 Random 以随机方式切换。

7.2.5　插入 Flash 视频

Dreamweaver CS3 中的插入 Flash 视频功能，可使用户能够轻松地在 Web 页中插入 Flash 视频内容，而无须使用 Flash 创作工具。在浏览器中查看 Flash 视频组件时，它将显示用户选择的 Flash 视频内容及一组播放控件。

可以使用 Dreamweaver 在页面中插入 Flash 视频内容。在开始之前，必须有一个经过编码的 Flash 视频（FLV）文件，才能在 Dreamweaver 中使用，可以插入使用两种编解码器（压缩/解压缩技术）创建的视频文件——Sorenson Squeeze 和 On2。

步骤

① 选择“插入记录”|“媒体”|“Flash 视频”命令，或单击“插入”栏的“常用”类别中的“媒体”下拉框，选择“Flash 视频”命令，如图 7-52 所示。

② 在如图 7-53 所示的“插入 Flash 视频”对话框中，从“视频类型”下拉菜单中选择“累进式下载视频”或“流视频”。可以根据情况完成对话框选项的其余设置。

✧ “累进式下载视频”——将 Flash 视频（FLV）文件下载到站点访问者的硬盘上播放。但是，与传统的“下载并播放”视频传送方法不同，累进式下载允许在下载完成之前就开始播放视频文件。

✧ “流视频”——对 Flash 视频内容进行流式处理，并在一段很短时间的缓冲（可确保流畅播放）后在 Web 页上播放该内容。若要在 Web 页上启用流视频，必须具有访问 Macromedia Flash Communication Server 的权限。

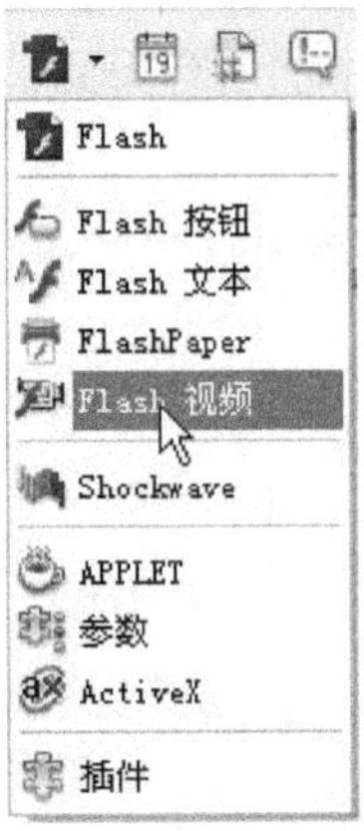

图 7-52　选择“Flash 视频”

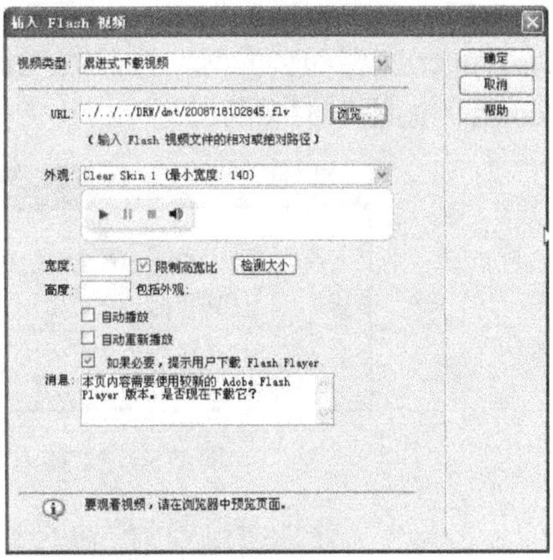

图 7-53　“插入 Flash 视频”对话框

③ 可以选择插入检测查看 Flash 视频所需 Flash Player 版本的代码选项，以及提示用户在没有正确版本时下载最新 Flash Player 版本的选项，单击“确定”按钮后，可在页面上看到插入的 Flash 视频，如图 7-54 所示，预览如图 7-55 所示。

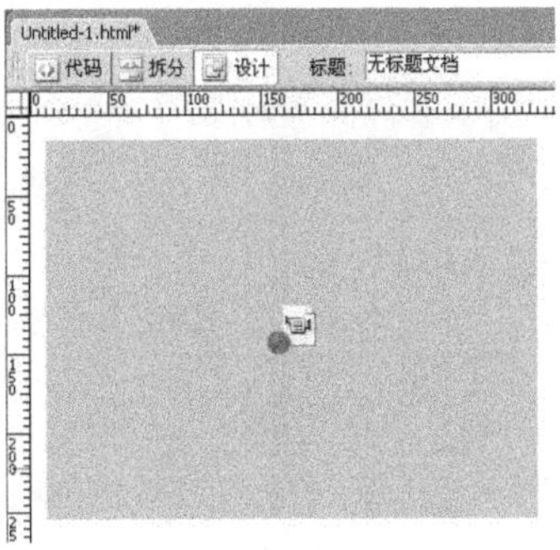

图 7-54　在页面中插入 Flash 视频

图 7-55　在浏览器中预览 Flash 视频

7.2.6　插入 FlashPaper 文档

可以在 Web 页中插入 Macromedia FlashPaper 文档。在浏览器中打开包含 FlashPaper 文档的页面时，用户将能够浏览 FlashPaper 文档中的所有页面，而无须加载新的 Web 页。用户也可以搜索、打印和缩放该文档。

步骤

① 将插入点放在页面上想要显示 FlashPaper 文档的位置，然后选择“插入”|“媒体”|“FlashPaper”命令，或单击“插入”栏“常用”类别中的“媒体”下拉框，选择“FlashPaper”命令。

② 在“插入 FlashPaper”对话框中，浏览到一个“FlashPaper”文档并将其选定，如图 7-56 所示。如果需要，通过输入宽度和高度（以像素为单位）指定“FlashPaper”对象在 Web 页上的尺寸，FlashPaper 将按指定尺寸缩放文档。

③ 单击“确定”按钮，在页面中插入文档。

由于 FlashPaper 文档是 Flash 对象，因此在页面上将出现一个 Flash 占位符，若要预览

FlashPaper 文档，请单击该占位符，然后单击属性检查器中的“播放”按钮。在浏览器中打开包含 FlashPaper 文档的页面时，用户将能够浏览 FlashPaper 文档中的所有页面，而无须加载新的 Web 页，如图 7-57 所示。

图 7-56 “插入 FlashPaper”对话框

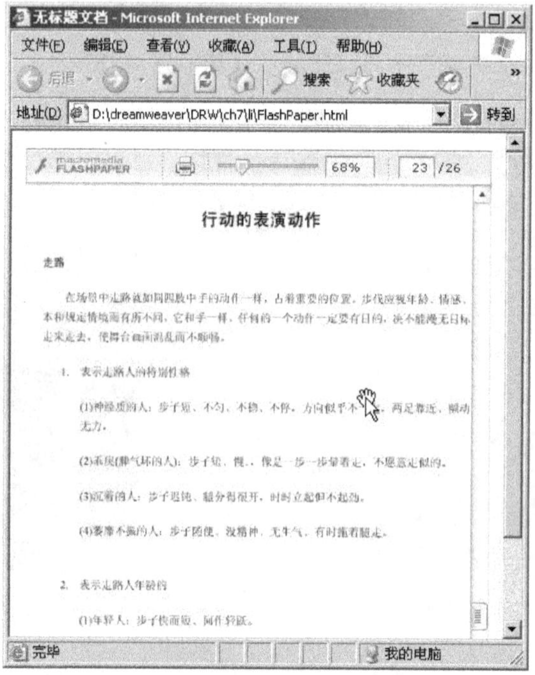

图 7-57 在浏览器中预览 FlashPaper 文档

提示 若要预览某一页面中的所有 Flash 内容，请按下 Ctrl+Alt+Shift+P 组合键（Windows）或 Shift+Option+Command+P 组合键（Macintosh）。所有 Flash 对象和 SWF 文件都将被设置为“播放”。

7.3 插入其他多媒体元素

7.3.1 插入 Java Applet 小程序

Java 是一种被允许嵌入 Web 页中的应用程序编程语言，Java Applet（Applet 小程序）是在 Java 的基础上演变而成的能够嵌入在网页中的可以执行一定任务的应用程序。当创建 Applet 小程序后，用户便可以用 Dreamweaver 将它插入到 HTML 文档中，Dreamweaver 使用 Applet 标签来标志对小程序文件的引用。

步骤

① 将光标放到要插入 Applet 小程序的位置。

② 选择“插入”|“媒体”|“Applet”命令，或单击“插入”面板上“常规”|“媒体”| Applets 按钮，打开“选择文件”对话框，从对话框中选择扩展名为.class 的文件。

③ 选中插入到页面中的 Applet 图标，打开“属性”面板，如图 7-58 所示。

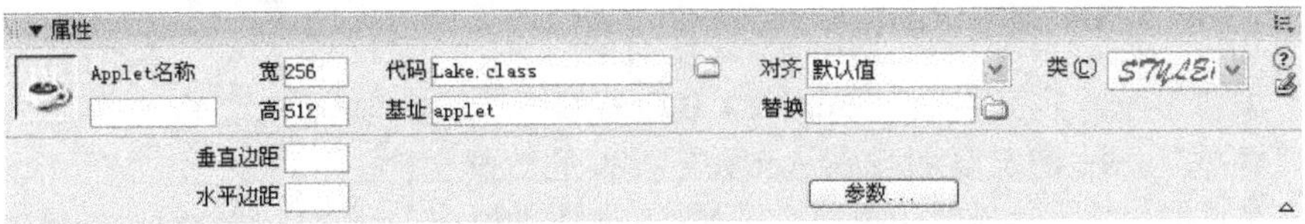

图 7-58　Applet“属性”面板

④ 在 Applet“属性”面板中可以进行如下设置。

✧ “宽”、“高”——设置 Applet 小程序的宽度和高度。

✧ “代码”——指定包含 Applet 小程序的代码文件。

✧ “基址”——指定包含选定 Applet 小程序的文件夹。

✧ “对齐”——设置 Applet 小程序在页面中的对齐方式。

✧ “替换”——设置当 Applet 小程序无法正确显示时的替代显示文本。

✧ “垂直边距”、“水平边距”——设置 Applet 小程序四周的空白量。

✧ “参数”——单击该按钮，打开“参数”对话框，设置 Applet 相关的参数。

Java Applet 的功能非常多，可在互联网上下载。

7.3.2　插入 ActiveX 控件

ActiveX 控件是可以充当浏览器插件的可重复使用的组件。ActiveX 对象的作用是向访问者浏览器中的 ActiveX 控件提供属性和参数。

步骤

① 将光标放到要插入 ActiveX 对象的位置。

② 选择“插入”|“媒体”|“ActiveX”命令，或单击“插入”面板上“常用”|“媒体”|“ActiveX”按钮，即可在文档中插入 ActiveX 对象。

③ 选中 ActiveX 对象图标，打开它的“属性”面板，如图 7-59 所示。

图 7-59　ActiveX 控件“属性”面板

④ 在如图 7-56 所示的对话框中可以进行如下设置。

✧ “ActiveX”——指定 ActiveX 控件的名称。

✧ “宽”、“高”——指定 ActiveX 控件的宽度和高度。

✧ “ClassID”——为浏览器标志 ActiveX 控件。在文本框中输入一个值或从下拉式菜单中选择一个值，在加载页面时，浏览器使用此 ID 来确定与该页面关联的

ActiveX 控件所需的 ActiveX 控件的位置。如果浏览器未找到指定的 ActiveX 控件，则它将尝试从“基址”指定的位置中下载它。

✧ “嵌入”——在 ActiveX 控件的 Object 标签中添加 Embed 标签。
✧ “源文件”——设定 ActiveX 控件文件所在的位置。
✧ “对齐”——设置 ActiveX 控件的对齐方式。
✧ “垂直边距”、“水平边距”——指定 ActiveX 控件四周的空白量。
✧ “基址”——指定包含 ActiveX 控件的 URL。
✧ “编号”——定义可选的 ActiveX ID 参数。
✧ “数据”——指定要加载到 ActiveX 控件的数据文件。
✧ “替换图像”——设置图像后，当浏览器不支持仅用于 Object 标签时，即显示该图像。
✧ 播放 按钮——单击该按钮，播放 ActiveX 控件。
✧ 参数... 按钮——单击该按钮，在打开的对话框中可设置 ActiveX 控件的参数。

7.3.3 插入 Shockwave 影片

Shockwave 用来在网页上播放 Macromedia 公司用 Director 创建的多媒体电影。Shockwave 电影集动画、位图、视频和声音于一体，并将它们合成一个交互式界面。下面介绍如何插入 Shockwave 影片。

步骤

① 在“文档”窗口中，将插入点放置在要插入 Shockwave 影片的地方。

② 选择“插入”|“媒体”|“Shockwave”命令，或在“插入”栏的“常用”类别中，单击“媒体”按钮，然后从菜单中选择 Shockwave 图标。

③ 在显示的对话框中，选中一个影片文件，即可在文档中插入 Shockwave 影片，如图 7-60 所示。

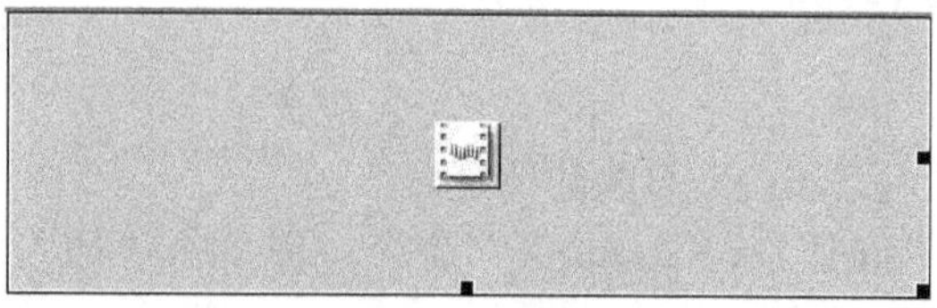

图 7-60　插入的 Shockwave 影片

④ 选中此影片标记，在如图 7-61 所示的“属性”面板中，设置其相关属性。

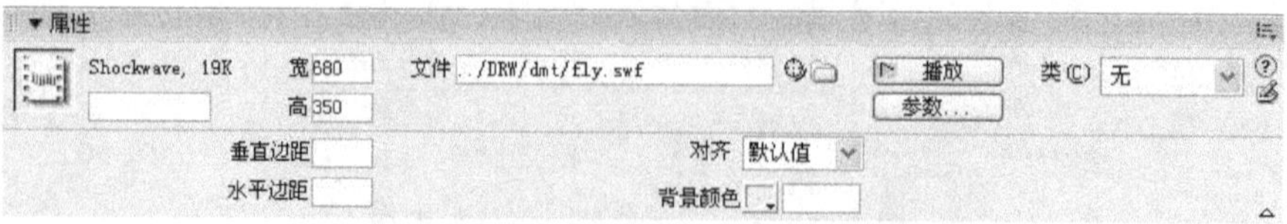

图 7-61　Shockwave 电影“属性”面板

✧ “Shockwave”——指定电影的名称，以便在脚本中可以识别。
✧ “宽”、“高”——文本框中分别输入影片的宽度和高度。
✧ “文件”——指定 Shockwave 电影文件的路径。
✧ “对齐”——确定电影和页面的对齐方式。

✧ “垂直边距”、“水平边距”——在电影的四周添加以像素为单位的空间。
✧ “播放”——单击该按钮，可以观察到 Shockwave 电影的播放效果。
✧ “参数”——单击该按钮，在打开的对话框中可输入其他参数以传递给电影。

7.4　插入第三方插件

Dreamweaver CS3 提供了方便的外部插件接口，利用它可以把从网上免费下载的各种各样的插件安装到 Dreamweaver CS3 中，用来丰富用户的网页制作。这些插件都是网页设计高手针对 Dreamweaver 开发的，专门用来扩充 Dreamweaver 的功能，通过集成的插件可以在网页上实现许多原本非常复杂的技术，从而避免了大量源代码的编写和调试工作，用户只需简单地进行一些设置，就可以设计出高水平的网页。

7.4.1　安装扩展插件

功能扩展管理器是一个独立的应用程序，可用于安装和管理 Adobe 应用程序中的功能扩展。从 Dreamweaver 中选择“命令”｜“扩展管理”可启动功能扩展管理器，如图 7-62 所示。

图 7-62　启动功能扩展管理器功能

Dreamweaver CS3 扩展插件文件的扩展名是.mxp，若要安装管理功能扩展，可以采用以下方法。

✧ 在 Adobe Exchange 站点上，单击某个功能扩展的下载链接。浏览器可能会让用户选择是直接从站点打开并安装它还是将它保存到磁盘。
✧ 如果直接从站点打开功能扩展，则功能扩展管理器将自动处理安装。
✧ 如果将功能扩展保存到磁盘，最好将功能扩展包文件（.mxp）保存到计算机上 Dreamweaver 应用程序文件夹内的 Downloaded Extensions 文件夹中。
✧ 双击功能扩展包文件，或打开功能扩展管理器并选择“文件”|“安装功能扩展”命令。

单击“Accept”按钮接受安装协议，功能扩展将被安装在 Dreamweaver 中。有些功能扩展在 Dreamweaver 重新启动前不可访问，可能会提示用户退出后重新启动该应用程序。

7.4.2　使用扩展插件

安装成功之后，就可以在 Dreamweaver 的菜单中通过相应的命令来调用插件。Dreamweaver 插件一般有三大类：对象、命令、行为。这几种插件的命令会出现在 Dreamweaver 菜单的不同部分，简要说明如下。

① 对象：将出现在“插入”菜单或“插入”栏中。

② 命令：将出现在“命令”菜单下。

③ 行为：在行为面板的动作列表中。

一般的插件使用起来很简单，摸索一下就行了，有些插件只有在一定的前提条件下才能使用。如针对层的插件，可能要求先在页面里插入层；针对表单的插件，可能要求先在页面里插入一些表单对象。遇到这种插件，最好先仔细阅读插件的使用说明。

本章小结与重点回顾

本章详细介绍了如何使用 Flash 动画、Flash 文本、Flash 按钮、Flash 元素这些多媒体元素来美化网页。Flash 动画的创建需要使用动画制作软件 Flash。另外介绍了 Applet 小程序、ActiveX 控件和插件的使用，用它们可以创建动画，并实现与用户的交互。此外还介绍了第三方插件的安装和使用，使读者了解如何扩展 Dreamweaver CS3 的功能。

本章的重点知识是如何使用 Flash 动画、Flash 按钮、Flash 元素和 Applet 小程序丰富网页。

习题 7

一、选择题

1．在 Dreamweaver 中，只需要 3 个参数__________来加入一个 Shockwave 影片。

A．位置、高度、宽度　　B．位置、长度、高度

C．长度、高度、宽度　　D．位置、长度、宽度

2．在 Dreamweaver 中，给按钮添加声音说法错误的是__________。

A．不能实现　　B．用 PLAY SOUND

C．用 Flash 插件　　D．通过外部插件来实现

二、填空题

1．使用__________对话框可为 Shockwave 和 Flash SWF 文件、ActiveX 控件、Netscape Navigator 插件和 Java Applets 定义的特定参数输入值。

2．“插入”一个 Flash 动画的操作步骤为__________ | __________ | __________。

三、简答题

1．插入一个 Shockwave 电影的操作步骤是什么？

2．“插入”栏主要有哪些类型的工具？

第8章 行　　为

行为可以说是 Dreamweaver CS3 中最有特色的功能。在 Dreamweaver CS3 中提供了很多行为动作，其实就是标准的 JavaScript 程序，每个动作可以完成特定的任务。这样，如果用户所需要的功能在这些动作中，那么就不需要自己编写 JavaScript 程序了。

8.1 "行为"使网站更智能化——软件下载之家

8.1.1 案例综述

本例将在原有页面的基础上，添加 Dreamweaver CS3 所提供的行为，并通过时间轴在页面中添加动画。当访问者浏览网页时，会同时弹出"欢迎"对话框和另一个通知窗口，并在状态栏中显示文字"欢迎进入本站！"。另外，利用行为可使页面中的图片被拖动，单击则可变换图片，使原本较为呆板的页面更加生动、丰富起来。本例主要使读者了解并掌握行为的使用方法。本例最终效果如图 8-1 所示。

Microsoft Internet Explorer
欢迎光临软件下载之家！希望您一直关注我们，谢谢！
确定
D:\DRW\ch8\index.html
欢迎进入本站！

图 8-1　实例效果

8.1.2 案例分析

Dreamweaver CS3 自带的行为动作是为在 Netscape Navigator 4.0 和更高版本及 Internet Explorer 4.0 和更高版本中使用而编写的。添加行为时要分 3 个步骤进行。

① 选择对象。

② 添加动作。

③ 调整事件。

8.1.3 实现步骤

1．准备页面

步骤

① 从素材中的 ch8 文件夹复制全部内容到本地计算机的 xw 文件夹中。

② 启动 Dreamweaver CS3，并将此文件夹创建为站点。打开 xw 文件夹中的网页文件 index.html。

2．设置“弹出信息”

步骤

① 在标签栏中选中<body>标签，如图 8-2 所示。

② 选择菜单“窗口”|“行为”命令，打开“行为”面板。

③ 单击“行为”面板上的“添加行为”按钮 +，弹出“行为”菜单，选择“弹出信息”选项，如图 8-3 所示。

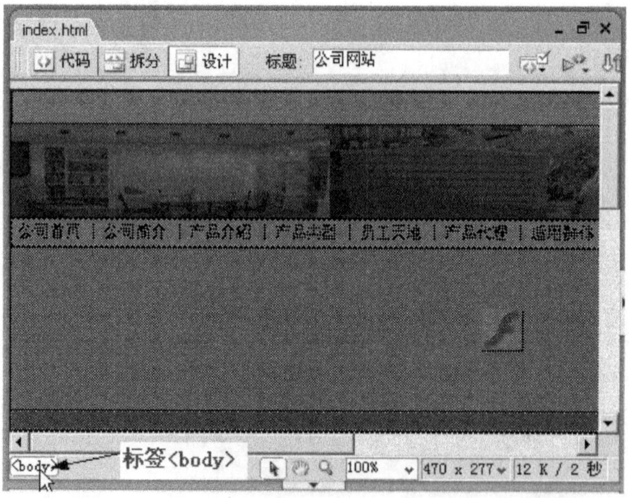

图 8-2 选中<body>标签

图 8-3 行为菜单中的“弹出信息”选项

④ 弹出“弹出信息”对话框，在“消息”文本框中输入文本“欢迎光临软件下载之家！希望你一直关注我们，谢谢！”，如图 8-4 所示。

图 8-4 输入“弹出信息”文本

⑤ 单击“确定”按钮，在“行为”面板中显示了“弹出信息”项，如图 8-5 所示。单击左侧列表箭头按钮，弹出选项列表，在其中选择 onLoad 选项，表示载入当前网页时弹出信息框，完成后“行为”面板如图 8-6 所示。

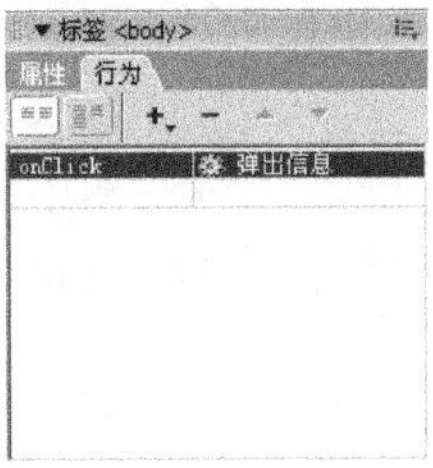

图 8-5　加上弹出信息后的行为面板

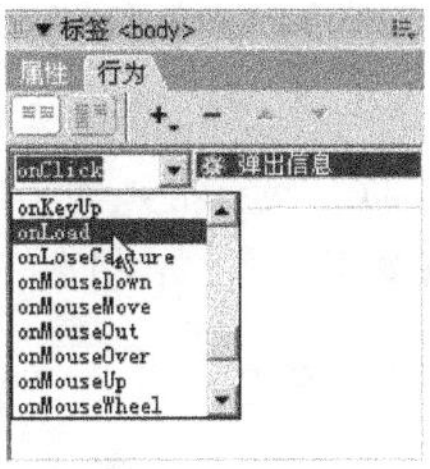

图 8-6　调整相应的事件 onLoad

3. 打开浏览器窗口

在打开网站首页的同时，弹出一个小型的浏览器窗口，在窗口中显示另外一个页面的内容，如通知或广告，这种效果常用于各大门户网站。

步骤

① 新建一个 HTML 网页，在 HTML 文档左上角插入一个 AP Div 元素，并输入通知文字，将文件保存为 Window.html，如图 8-7 所示。

② 进入主窗口页面 index.html 的编辑窗口。

③ 在标签栏选中<body>标签，作为对象。

④ 单击“行为”面板上的“添加行为”按钮+，弹出“行为”菜单，选择“打开浏览器窗口”选项，在弹出的如图 8-8 所示的对话框中进行参数设置。

⑤ 单击“浏览”按钮，选择刚才制作好的弹出的窗口页面 window.html，设置“窗口宽度”、“窗口高度”，选择是否在弹出窗口中显示“导航工具栏”、“地址工具栏”、“状态栏”、“菜单条”。另外，“需要时显示滚动条”指定如果内容超出可视区域应该显示滚动条。“调整大小手柄”使用户能够调整窗口的大小。“窗口名称”是新窗口的名称。

⑥ 最后，在“行为”面板中将事件调整为 onLoad，此时的“行为”面板如图 8-9 所示。

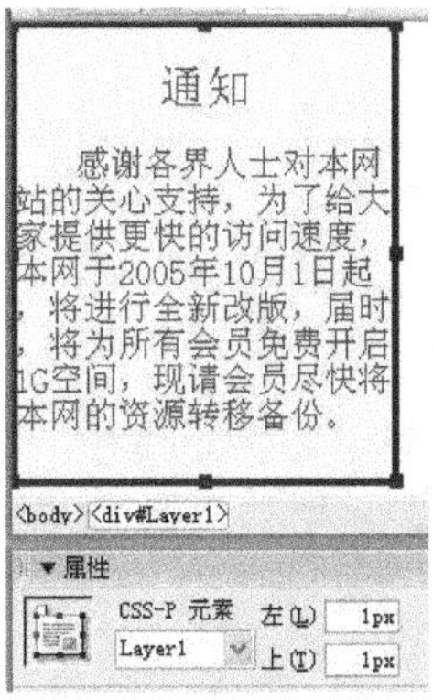

图 8-7　新建弹出页面

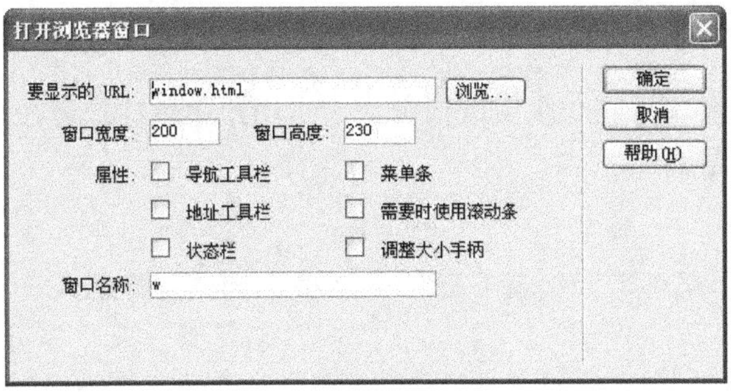

图 8-8　“打开浏览器窗口”对话框

图 8-9　添加动作后的“行为”面板

4．设置状态栏文本

步骤

① 在“行为”面板中单击“添加行为”按钮，在弹出的菜单中选择“设置文本”|“设置状态栏文本”选项，如图 8-10 所示。

② 单击“确定”按钮，弹出“设置状态栏文本”对话框，在对话框中的“消息”栏中写入“欢迎进入本站！”，如图 8-11 所示。在“行为”面板中设置事件为 onLoad。

5．设置文本域文字

步骤

① 选中网页的表单中“用户名”后面所对应的“文本域”，在“行为”面板中单击“添加行为”按钮，在弹出的菜单中选择“设置文本”|“设置文本域文字”选项。

② 随后弹出“设置文本域文字”对话框，在“文本域”下拉框中选择“input ‘textfield’”，在“新建文本”栏中输入文本“请输入用户名！”，如图 8-12 所示。

图 8-10　选择“设置状态栏文本”选项

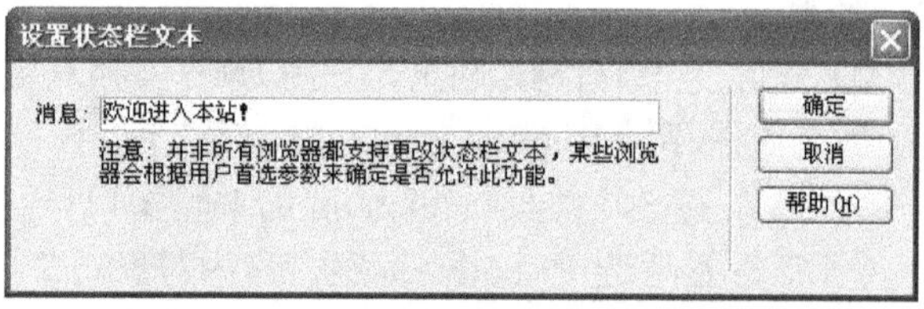

图 8-11　“设置状态栏文本”对话框

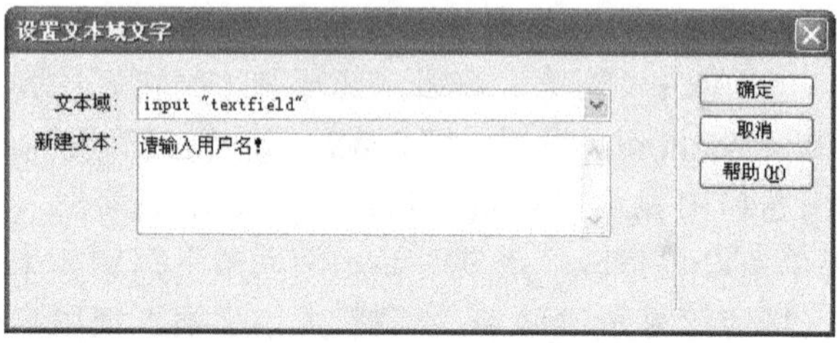

图 8-12　“设置文本域文字”对话框

③ 单击“确定”按钮，在“行为”面板中设置事件为 onMouseOver，即当光标移到该文本域上时，则显示提示文字“请输入用户名”，按 F12 键预览其效果。

6．创建图像交换功能

交换图像行为的功能是将一个图像和另一个图像进行交换，当用户把鼠标放置在页面图像上方的时候，该图像会换成另一幅图像。

步骤

① 选择广告空间中的图像，在“属性”面板最左侧的文本框中为该图像输入一个名称，如图 8-13 所示。

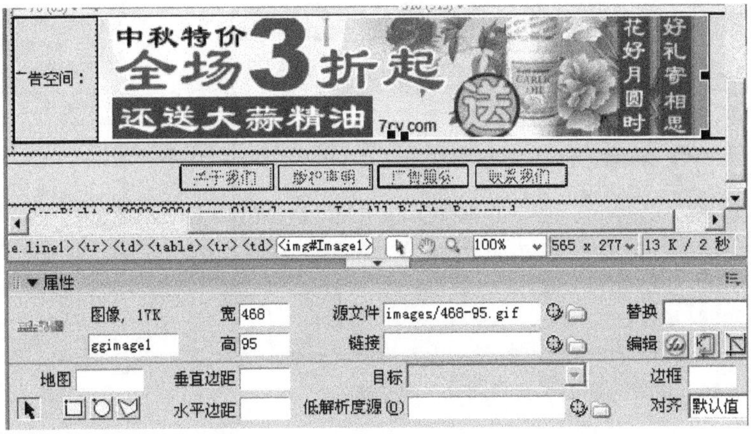

图 8-13　选中图像对象

② 单击“行为”面板中“添加行为”按钮，在弹出的菜单中选择“交换图像”选项。

③ 弹出“交换图像”对话框，在“图像”栏中选择当前图像，在“设定原始档”栏中单击“浏览”按钮，找到 images 文件夹中的图像 604x97.jpg，如图 8-14 所示。

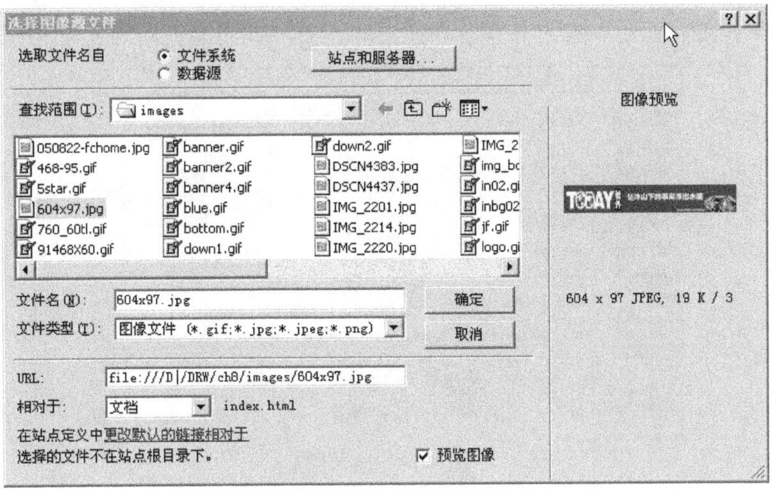

图 8-14　选择图像

④ 单击“确定”按钮，回到“交换图像”对话框，如图 8-15 所示。

⑤ 单击“确定”按钮，此时回到“行为”面板，将会看到同时添加了一个“恢复交换图像”动作项和一个“交换图像”动作项，可以看出，两者是成对出现的。

⑥ 设置相应的事件，这里设置“交换图像”的事件为 onMouseOver，“恢复交换图像”的事件为 onMouseOut，如图 8-16 所示。

7．将 AP 元素设置为可拖动

步骤

① 在“插入”栏中选择“布局”选项，在“布局”栏中单击“绘制 AP Div”按钮，如图 8-17 所示。

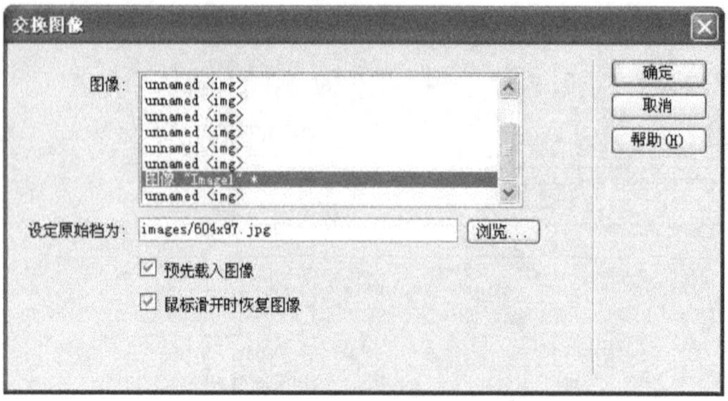

图 8-15　设置完后的“交换图像”对话框

图 8-16　“行为”面板

图 8-17　“布局”栏

② 在编辑窗口的任何位置处绘制一个 apDiv1，在“属性”栏中将其宽度设置为 120px，高度为 100px，并在 apDiv1 层中插入图片 CAMP6.JPG，如图 8-18 所示。

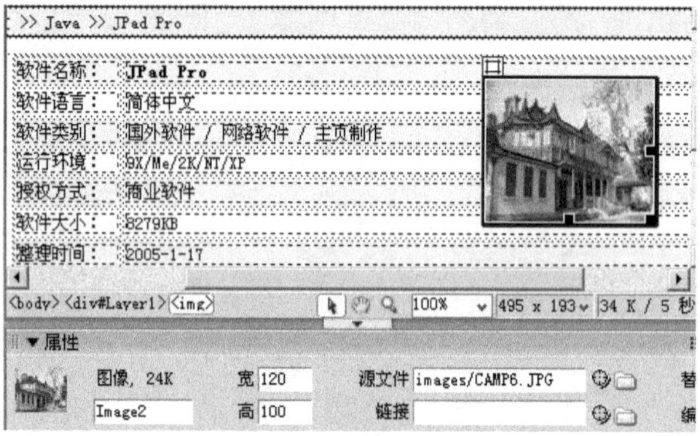

图 8-18　插入层

③ 选中<body>标签，单击“行为”面板上的“添加行为”按钮，在下拉菜单中选择“拖动 AP 元素”选项，如图 8-19 所示。

提示　在这里如果选中的是 AP 元素，则“拖动 AP 元素”在菜单中呈现为灰色，这是因为 AP 元素在两个 4.0 版本的浏览器中都不接受事件，所以必须选择一个不同的对象，如<body>标签或链接标签。

④ 在打开的“拖动 AP 元素”对话框中，有“基本”与“高级”两个选项卡，默认状态为“基本”选项卡中设置的状态。在“AP 元素”下拉框中选择要添加行为的 AP 元素，本例为 apDiv1，如图 8-20 所示。

⑤ 指定访问者可以向哪个方向拖动 AP 元素（水平、垂直或任意方向），访问者应该将 AP 元素拖动到的目标；指定如果 AP 元素距离目标在一定数目的像素范围内是否靠齐到目标，当 AP 元素接触到目标时应该执行的操作，等等。

图 8-19　在菜单中选择“拖动 AP 元素”

图 8-20　选择“拖动 AP 元素”名称

⑥ 单击“确定”按钮，并在“行为”面板中的左侧下拉列表中选择 onMouseDown，也就是当鼠标按下并未释放时可以拖动该元素。

8. 创建小鸟飞翔动画

步骤

① 插入 AP Div 元素 apDiv2，在其中插入图片 BIRD.gif，调整 AP 元素的大小以适应图片的大小。

② 在“时间轴”面板中单击鼠标右键，选择快捷菜单中的“增加时间轴”命令，在“时间轴”面板中添加新的时间轴 Timeline2。在“时间轴”  下拉列表中可进行不同时间轴的切换，如图 8-21 所示。

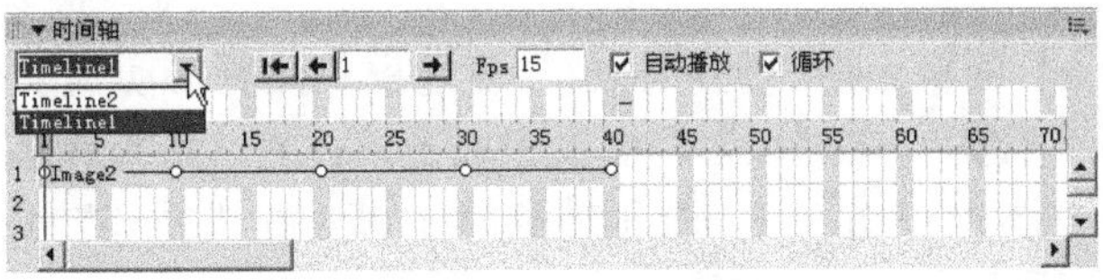

图 8-21　切换到 Timeline2 时间轴

③ 将 AP 元素 apDiv2 拖入“时间轴”面板，即可看到在“时间轴”面板上自动形成的 15 帧的动画条。

④ 在第 15 帧处单击鼠标右键，在快捷菜单中选择“记录 AP 元素的路径”命令。

⑤ 按住 AP 元素 apDiv2 的控制柄拖动该对象，在网页中录制轨迹，如图 8-22 所示。

⑥ 在“时间轴”面板中，可看到自动形成的动画条，如图 8-23 所示。

⑦ 单击前 15 帧动画条，按 Delete 键删除此段无效动画条。将后面动画条拖到第 1 帧处，如图 8-24 所示。

⑧ 选中第 25 帧，用鼠标右键单击，选择快捷菜单中的“添加行为”命令，打开“行为”面板，添加“显示—隐藏元素”行为。设置 AP 元素 apDiv2 隐藏，如图 8-25 所示。用同样的方法对第 35 帧设置显示元素行为。

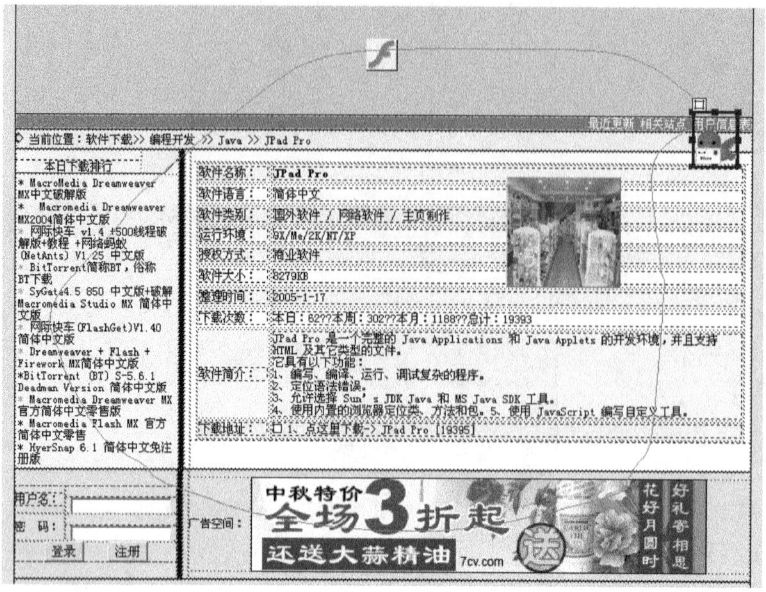

图 8-22 录制轨迹

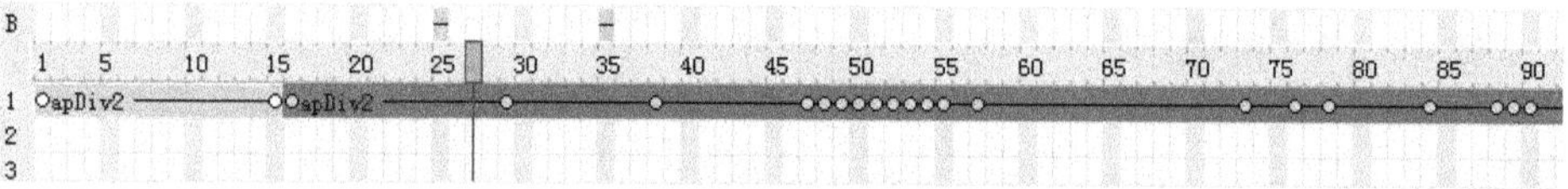

图 8-23 “时间轴”中自动形成的动画条

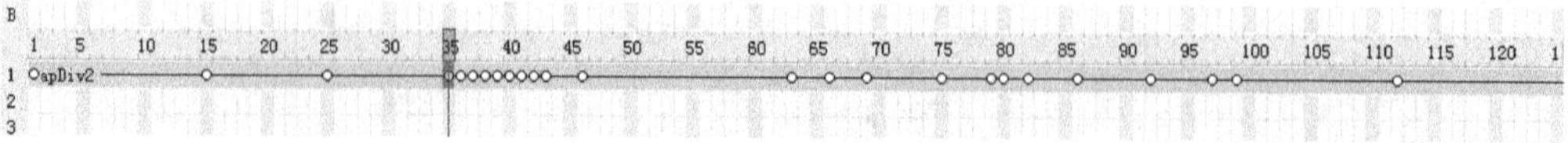

图 8-24 编辑动画条

⑨ 选中“时间轴”面板上的“循环播放”复选框，此时在动画条结束帧的后一帧上添加了“转到时间轴帧”行为。在“行为”面板中双击该行为，系统弹出“转到时间轴帧”对话框，在“前往帧”文本框中输入 1，表示转到第 1 帧；在“循环”文本框中输入 5，表示循环 5 次。如图 8-26 所示。

图 8-25 添加“显示—隐藏元素”行为

图 8-26 添加“转到时间轴帧”行为

⑩ 在“时间轴”面板上，选择“自动播放”，使网页在载入时便开始播放。

到此网页已经设置完成，按 F12 键预览其效果。

8.2 行为概述

8.2.1 事件与动作

一般来说，行为是动作和触发该动作的事件的结合体。在“行为”面板中，指定一个动作，再指定触发该动作的事件，从而将行为添加到页面元素中。

1. 事件

事件是触发动态效果的原因，它可以被附加在各种页面元素上，也可以被附加到 HTML 标记中。一个事件总是针对页面元素或标记而言的，是访问者在浏览器上执行的一种操作。例如，在某个对象上单击、鼠标指针放在某个对象上或把光标移到对象之外，这是与鼠标有关的 3 个最常见的事件（onClick、onMouseOver、onMouseOut)，不同的浏览器支持的事件种类和数量是不同的，通常高版本的浏览器支持更多的事件。

2. 动作

动作其实是一段网页上的 JavaScript 代码，这些代码在特定事件被激发时执行，从而实现访问者与 Web 页进行交互，以多种方式更改页面或执行某些任务，通过动作来完成动态效果。例如，打开浏览器窗口、显示或隐藏层、播放声音等都是动作。在 Dreamweaver CS3 中提供的一些动作都是由 Dreamweaver 事先编写好的，用户在 Dreamweaver 的“行为”中可以轻松地为某个对象添加而不必自己编写。

3. 事件与动作的关系

将“事件”和“动作”组合起来就构成了“行为”。将行为附加到页面元素之后，只要对该元素触发所指定的事件，浏览器就会调用与该事件关联的动作（JavaScript)。例如，将 onMouseOver 行为事件与一段 JavaScript 代码相关联，当鼠标指针指向页面元素上时就可以执行相应的 JavaScript 代码（动作)。一个事件可以触发多个动作，在实际运行中，根据设置的次序动作。

除了 Dreamweaver 内置的 20 多个行为，用户还可以链接 Macromedia 官方网站以获取更多的行为。

8.2.2 使用“行为”面板

在 Dreamweaver CS3 中，对行为的添加和控制主要通过“行为”面板来实现。选择“窗口”|“行为”命令，打开“行为”面板，如图 8-27 所示。

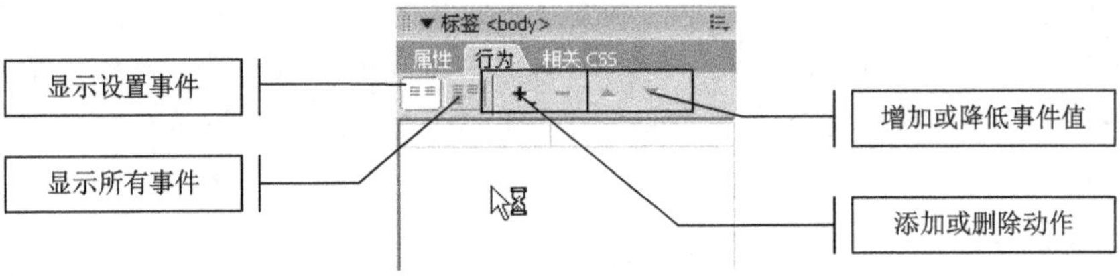

图 8-27 “行为”面板

在面板上分别有 6 个按钮，它们是显示设置事件按钮、显示所有事件按钮、添加行为按钮、删除动作按钮、增加事件值按钮和降低事件值按钮，其主要作用如下。

1．显示设置事件按钮

仅显示附加到当前文档的那些事件。“显示设置事件”是默认的视图，如图 8-28 所示，它是一个网页已添加行为时“行为”面板的显示效果。

2．显示所有事件按钮

按字母降序显示所有事件，也包括网页中已设置的事件，如图 8-29 所示。

3．添加行为按钮

单击“添加行为”按钮，会出现一个添加动作菜单，如图 8-30 所示，其中包含可以附加到当前所选元素的所有行为。当从该菜单中选择一个动作时，将出现一个对话框，在该对话框中可以指定附加动作的相关参数。如果动作显示灰色，说明该动作不能附加在所选页面元素上。

页面添加的行为会显示在“行为”列表框中，当单击行为列表框中所选事件名称旁边的箭头按钮时，会出现一个下拉菜单，其中包含可以触发该动作的所有事件，如图 8-31 所示。只有在选择了行为列表中的某个事件时才显示此菜单。根据所选对象的不同，显示的事件也有所不同。

图 8-28　显示已设置事件

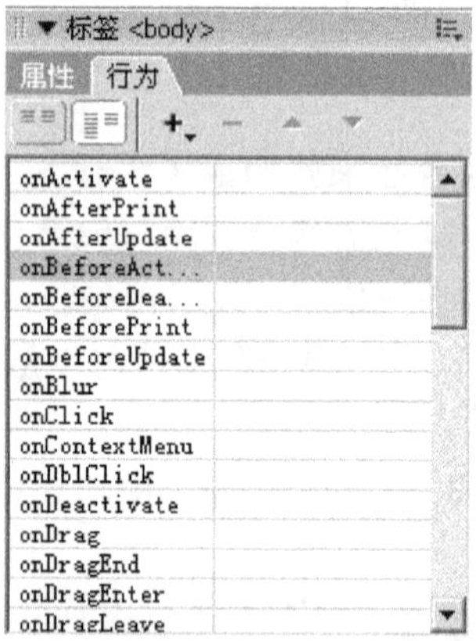

图 8-29　显示所有事件

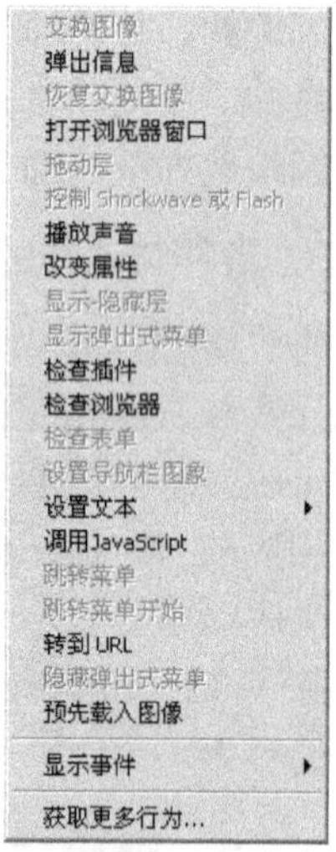

图 8-30　“添加行为”菜单

提示　在“添加行为”菜单中，除了上面所列的各种内置动作外，还有“显示事件”菜单项，单击此菜单项，可打开子菜单，如图 8-32 所示。在子菜单中选择确定哪些事件将显示在“事件”弹出式菜单中。通常，早期的浏览器比较新的浏览器支持的事件要少，大多数情况下选择的目标浏览器越普通，所显示的事件越少，因为它只显示在所有请求浏览器中都可用的事件。

4．删除事件按钮

可以从行为列表中删除所选的事件和动作。

图 8-31　事件菜单

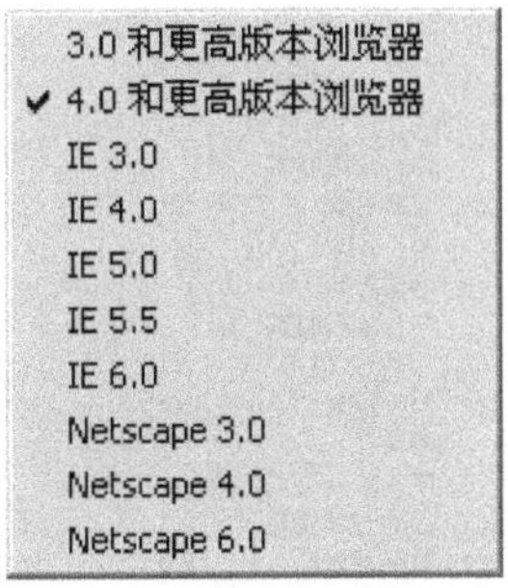

图 8-32　“显示事件”子菜单

5. 增加事件值按钮和降低事件值按钮

将特定事件的所选动作在行为列表中向上或向下移动。给定事件的动作是以选定的顺序执行的，可以为选定的事件更改动作的顺序，例如更改 onLoad 事件的多个动作的发生顺序，但是所有 onLoad 动作在行为列表中都靠在一起。对于不能在列表中上下移动的动作，箭头按钮将被禁用。

8.3　向页面中添加基本行为

通过“行为”面板上的添加行为按钮，可以将行为附加到整个文档，也可以附加到链接、图像、表单元素或多种其他 HTML 元素中的任何一种。

Dreamweaver CS3 自带的行为动作非常丰富，基本上可以满足页面设计的需要，下面就 Dreamweaver 中内置的几种常用行为的使用方法进行具体的介绍。

8.3.1　弹出信息

使用“弹出信息”动作将显示一个带有指定消息的警告窗口，该警告窗口包含 JavaScript 警告和一个“确定”按钮。使用此动作只能提供信息，而不能为用户提供选择。

步骤

① 选择对象并打开“行为”面板。单击“添加行为”按钮，打开下拉菜单，如图 8-33 所示。在其中可以根据需要选择行为。

② 从“添加行为”菜单中选择“弹出信息”命令。打开“弹出信息”对话框，如图 8-34 所示。

③ 在“消息”域中输入在“信息”框中将要显示的信息文字。

④ 设置完成后单击“确定”按钮。

⑤ 检查“行为”面板中默认事件是否是所需的事件，如果不是，从弹出式菜单中选择另一个事件。

8.3.2　打开浏览器窗口

使用“打开浏览器窗口”行为可在一个新的窗口中打开 URL。可以指定新窗口的属性（包括其大小）、特性（它是否可以调整大小、是否具有菜单栏等）和名称。

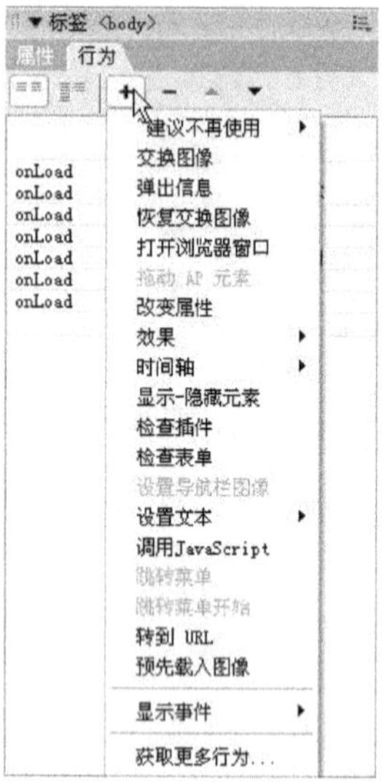

图 8-33 在“行为”面板中添加行为

图 8-34 “弹出信息”对话框

步骤

① 将光标定位到页面中，打开“行为”面板。

② 单击按钮 +，并从“添加行为”菜单中选择“打开浏览器窗口”命令，打开“打开浏览器窗口”对话框，如图 8-35 所示。

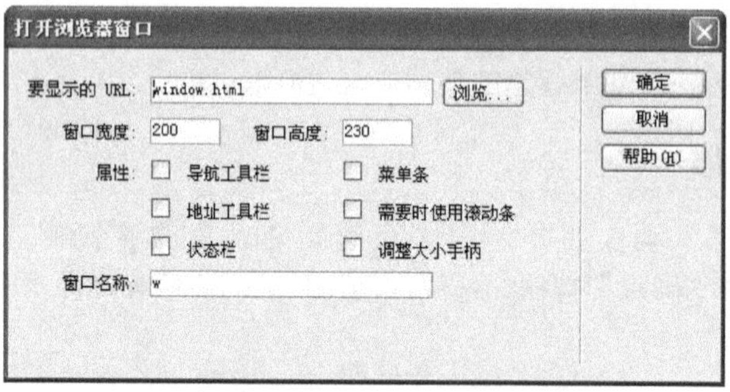

图 8-35 “打开浏览器窗口”对话框

③ 在图 8-35 所示对话框中可以进行如下设置。

✧ “要显示的 URL”——单击“浏览”按钮选择一个在新窗口中出现的网页文件，或直接输入一个要在新窗口中打开的网址。
✧ “窗口宽度”和“窗口高度”——指定窗口的宽度和高度（以像素为单位）。
✧ “导航工具栏”——指浏览器按钮（包括“后退”、“前进”、“主页”和“重新载入”）。
✧ “地址工具栏”——指包括地址文本框的浏览器选项。
✧ “状态栏”——位于浏览器窗口底部的区域，在该区域中显示消息。
✧ “菜单条”——浏览器窗口上显示菜单的区域。如果要让访问者能够从新窗口导航应该设置此选项。
✧ “需要时使用滚动条”——指定如果内容超出可视区域应该显示滚动条。如果不设置此选项，则不显示滚动条。如果“调整大小手柄”选项也关闭，则访问者将不能看到超出窗口原始大小以外的内容。

✧ “调整大小手柄”——指定用户可以调整窗口的大小，方法是手动窗口的右下角或单击右上角的最大化按钮。

✧ “窗口名称”——新窗口的名称。

④ 设置完成后单击“确定”按钮。

⑤ 检查“行为”面板中默认事件是否是所需的事件。如果不是，从弹出式菜单中选择另一个事件。

8.3.3　设置文本

使用 Dreamweaver 内置的“设置文本”行为可以动态地设置层、框架、文本域及状态栏中的文本。“设置文本”行为包括“设置层文本”、“设置框架文本”、“设置文本域文本”、“设置状态栏文本”4 个动作，使用方法十分相似，这里以“设置状态栏文本”为例，介绍如下。

步骤

① 选择一个对象并打开“行为”面板。

② 单击按钮 +，并从“添加行为”菜单中选择“设置文本”|“设置状态栏文本”命令。打开“设置状态栏文本”对话框，如图 8-36 所示。

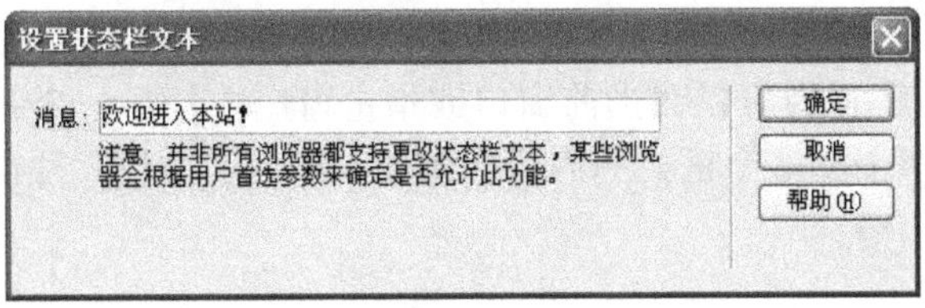
设置状态栏文本
消息：欢迎进入本站！
注意：并非所有浏览器都支持更改状态栏文本，某些浏览器会根据用户首选参数来确定是否允许此功能。
确定
取消
帮助(H)

图 8-36　“设置状态栏文本”对话框

③ 在“消息”文本框中输入相应的信息。

8.3.4　交换图像

“交换图像”行为通过更改 img 标签的 src 属性将一个图像和另一个图像进行交换。使用此行为可创建“鼠标经过图像”和其他图像效果（包括一次交换多个图像）。插入“鼠标经过图像”会自动将一个“交换图像”行为添加到页面中。

使用该行为必须用一幅与原始图像一样大的图像来交换，否则交换的图像将被压缩或扩展以适应原始图像的尺寸，这样会影响图像的显示效果。

步骤

① 在文档中插入图像。

② 在图像“属性”面板上为图像指定名称（在以后指定图像时易于辨认）。

③ 选取并打开“行为”面板，单击按钮 + 并从“动作”下拉列表中选择“交换图像”，打开如图 8-37 所示的对话框。

④ 在如图 8-37 所示的对话框中可以进行如下参数设置。

✧ “图像”——选取需要改变其源文件的图像。

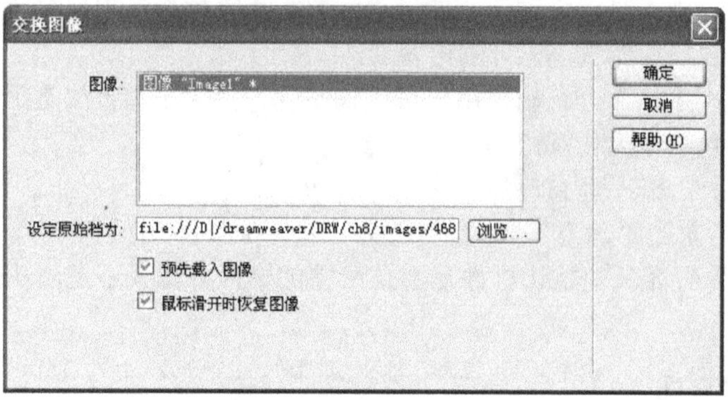

图 8-37　“交换图像”对话框

✧ “浏览”——选取新的图像文件，或在“设定原始档为”域中输入新图像的文件路径和名称。

✧ “预先载入图像”——提高图像显示效果。

⑤ 设置完成后单击“确定”按钮。

⑥ 在“行为”面板中选择适当的事件。

⑦ 在添加了“交换图像”行为后，可以看到同时也就有了“恢复交换图像”行为，“交换图像”和“恢复交换图像”经常是成对出现的。

8.3.5　转到 URL

使用“转到 URL”行为可以在当前窗口或指定窗口中打开一个新页。此操作尤其适用于通过一次单击更改两个或多个框架的内容。例如，可以为按钮添加链接，或当鼠标放到图像上时跳转到新的页面等。

步骤

① 选择要添加该行为的对象。

② 选取并打开“行为”面板，单击按钮 + 并从“动作”下拉列表中选择“转到 URL”，打开如图 8-38 所示的对话框。

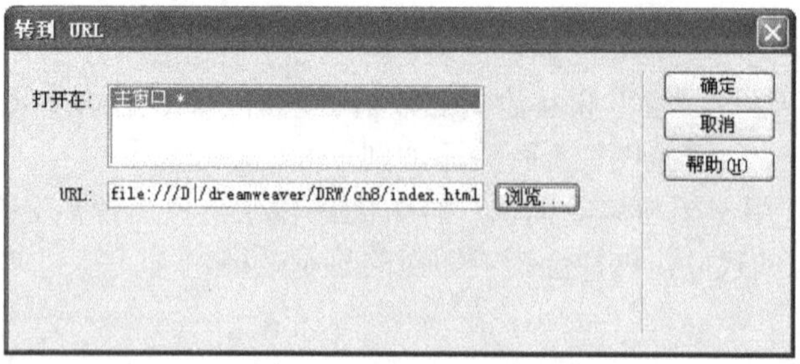

图 8-38　“转到 URL”对话框

③ 在“转到 URL”对话框中可以进行如下设置。

✧ “浏览”——选择要打开的文档，或在 URL 域中输入要打开的文档的路径和名称。

✧ “打开在”——显示新的 URL 的窗口，默认是“主窗口”。

④ 设置完成后单击“确定”按钮。

⑤ 在“行为”面板中选择适当的事件触发该动作。

8.3.6　显示—隐藏 AP Div

可以显示、隐藏或恢复一个或多个 AP 元素的默认可见性。例如，当用户将光标滑过栏目的文字时，可看到相关的图片等信息。

添加“显示—隐藏 AP Div”行为的具体操作步骤如下：

步骤

① 在文档窗口创建要附加该行为的 AP Div，然后在 AP 元素中放置要隐藏/显示的图像或文字。

② 打开“行为”面板，单击按钮 + 并从“动作”下拉列表中选择“显示—隐藏元素”，打开如图 8-39 所示的对话框。

图 8-39　“显示—隐藏元素”对话框

③ 在“显示—隐藏元素”对话框中可以进行如下设置。

✧ “元素”——在列表中选择要更改其可见性的 AP 元素。

✧ “显示”——单击“显示”按钮可以显示该 AP 元素。

✧ “隐藏”——单击“隐藏”按钮可以隐藏该 AP 元素。

✧ “默认”——单击“默认”按钮恢复 AP 元素的默认可见性。

④ 单击“确定”按钮，检查默认事件是否是所需的事件。如果不是，可以从弹出式菜单中选择适合的事件。

8.3.7　拖动 AP 元素

“拖动 AP 元素”行为允许访问者拖动 AP 元素。使用此行为可创建拼图游戏、滑块控件和其他可移动的界面元素，可以指定向哪个方向拖动 AP 元素（水平、垂直或任意方向），和应将该 AP 元素拖动到的目标，以及当 AP 元素距离目标在一定数目的像素范围内时是否将 AP 元素靠齐到目标，当 AP 元素接触到目标时应该执行的操作等。

添加“拖动 AP Div 元素”行为的具体操作步骤如下。

步骤

① 在“标签”选择器上选择<body>标签。这里不要选择 AP 元素，因为 AP 元素在版本较低的浏览器中都不能接受事件。

② 选取并打开“行为”面板，单击按钮 + 并从“动作”下拉列表中选择“拖动 AP 元素”，打开“拖动 AP 元素”对话框，该对话框包括“基本”与“高级”两个标签，默认状

态为“基本”，打开如图 8-40 所示的对话框。

图 8-40　“拖动 AP 元素”对话框的“基本”标签

③ 根据需要可以进行如下设置。

✧ “AP 元素”——选择要拖动的 AP 元素。

✧ “移动”——包含“限制”或“不限制”两个选项。不限制移动适用于拼图游戏和其他拖放游戏，对于滑块控件等适合选择限制移动。

✧ “放下目标”——在“左”和“上”域中为拖放目标输入以像素为单位的值。

✧ “取得目前位置”——用 AP 元素的当前位置自动设置“放下目标”、“靠齐距离”文本框。

✧ “靠齐距离”——输入一个以像素为单位的值，确定访问者必须在什么位置放下目标，才能将 AP 元素靠齐到目标。

④ 如果要进一步定义 AP 元素的拖动控制点，在拖动 AP 元素时跟踪 AP 元素的移动，以及当放下 AP 元素时触发一个动作，可单击“高级”标签，继续进行“高级”标签中各选项的设置，如图 8-41 所示。

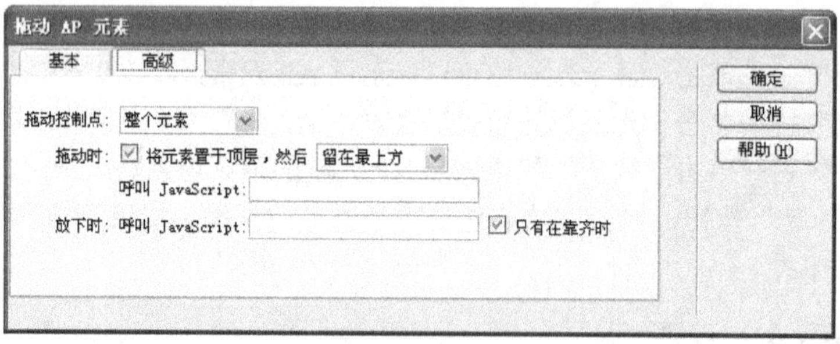

图 8-41　“拖动 AP 元素”对话框的“高级”标签

⑤ 根据需要可以进行如下设置。

✧ “拖动控制点”——在其下拉列表中包括“整个元素”与“元素内区域”两个选项，默认选项为“整个元素”。如果选择“元素内区域”，则指定访问者必须单击 AP 元素的特定区域才能拖动元素，要求输入左坐标和上坐标，以及拖动控制点的宽度和高度。

✧ “拖动时”——如果 AP 元素在被拖动时应该移动到堆叠顺序的顶部，则选择“留在最上方”。如果选择此选项，则在后面的下拉菜单中选择是否将保留在最前面或将其恢复到它在堆叠顺序中的原位置。在“呼叫 JavaScript”域中输入 JavaScript 代码或函数名称，以在拖动 AP 元素时反复执行该代码或函数。

✧ “放下时”——在第二个“呼叫 JavaScript”域中输入 JavaScript 代码或函数名称，

可以在放下 AP 元素时，执行该代码或函数。如果只有在 AP 元素移到大目标时才执行该 JavaScript，则选择“只有在靠齐时”。

⑥ 完成“拖动 AP 元素”对话框中的参数设置完成后，单击“确定”按钮。

⑦ 检查“行为”面板中默认事件是否是所需的事件。如果不是，从弹出式菜单中选择合适的事件。

8.3.8　在时间轴中加入行为

在 Dreamweaver CS3 中，可以给时间轴的某些帧附加行为，然后用时间轴便可控制动画对象的动作。在动画运行到附加行为的某帧位置时，自动执行行为对应的动作，从而可制作出很多有趣的效果。如让动画运动到某帧时播放音乐，到某帧时隐藏或显示 AP 元素等。

在时间轴上添加行为的具体操作步骤如下。

步骤

① 选中要附加行为的帧（一定要是关键帧）。

② 单击鼠标右键，在弹出的快捷菜单中选择“添加行为”命令，打开“行为”面板。

③ 在“行为”面板中，单击添加行为按钮 +，在弹出的动作菜单中，选择要附加的行为。选择“显示—隐藏元素”命令，在“显示—隐藏元素”对话框中设置其为“隐藏”，如图 8-42 所示。

图 8-42　添加“显示—隐藏层”行为

④ 切换到“时间轴”面板，可以看到在附加行为后，行为通道上的浅蓝色行为标记，如图 8-43 所示。

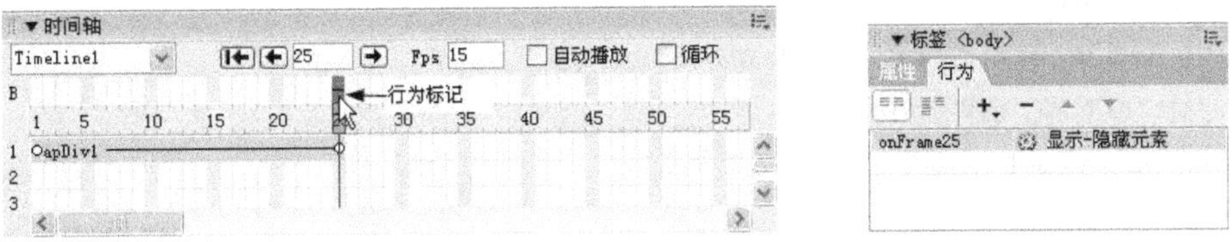

图 8-43　在帧上添加行为

本章小结与重点回顾

本章详细介绍了行为的常用功能，如在新的浏览器窗口显示放大图像，创建可拖动 AP 元素，检查浏览器和表单，设置文本和在时间轴中加入行为等。

本章的重点知识是行为由事件和动作两部分组成，如何在网页中添加行为，如何为事件选择合适的动作。

习题 8

一、选择题

1．下列哪个不是访问者对网页的基本操作？__________。

A．onMouseOver　B．onMouseOut　C．onClick　D．onLoad

2．下列关于“行为”面板的说法中错误的是__________。

A．动作（+）是一个菜单列表，其中包含可以附加到当前所选元素的多个动作

B．删除（–）是从行为列表中删除所选的事件和动作

C．上下箭头按钮是将特定事件的所选动作在行为列表中向上或向下移动，以便按定义的顺序执行

D．“行为”通道不是在时间轴中特定帧处执行的行为通道

3．下列关于行为的说法不正确的是__________。

A．行为即是事件，事件就是行为

B．行为是事件和动作的组合

C．行为是 Dreamweaver CS3 预置的 JavaScript 程序库

D．通过行为可以改变对象属性，打开浏览器和播放音乐

4．下列关于 Dreamweaver 事件中的说法不正确的是__________。

A．事件是由浏览器为每个页面元素定义的

B．事件只能由系统引发，不能自己引发

C．onAbort 事件是当终止正在打开的页面时引发

D．事件可以被自己引发

二、填空题

1．打开“行为”面板可通过__________|__________菜单命令来实现。

2．事件是触发动态效果的原因，它可以被附加到各种页面的__________上，也可以被附加到 HTML 标记中。

三、简答题

1．什么是行为？

2．什么是事件？什么是动作？事件与动作有何关系？

3．如何实现网页上警告窗口的出现？

第 9 章　使用 CSS 样式

层叠样式表（CSS）是一系列格式设置规则，它们控制 Web 页内容的外观。使用 CSS 样式表可以同时控制多个文档的内容格式，只需短短几行代码，即可将页面设置得生动活泼，令人有一种赏心悦目的感觉，并且当 CSS 样式表更新或修改时，所有应用此 CSS 样式的页面将自动更新。

9.1　使用 CSS 样式格式化页面

9.1.1　案例综述

为了使网页具有统一的风格，通常在网页中使用 CSS 样式，并且一般都将 CSS 样式的设置放在网页制作的第一步，当然也可以边制作网页边进行设置，然后将 CSS 样式应用到网页中即可。下面的案例将在已完成页面布局的网页上添加 CSS 样式，进一步美化、格式化页面，从而达到统一风格，达到快速格式化网页的目的。通过本例，可使大家掌握使用 CSS 样式格式化页面的方法。案例的效果如图 9-1 所示。

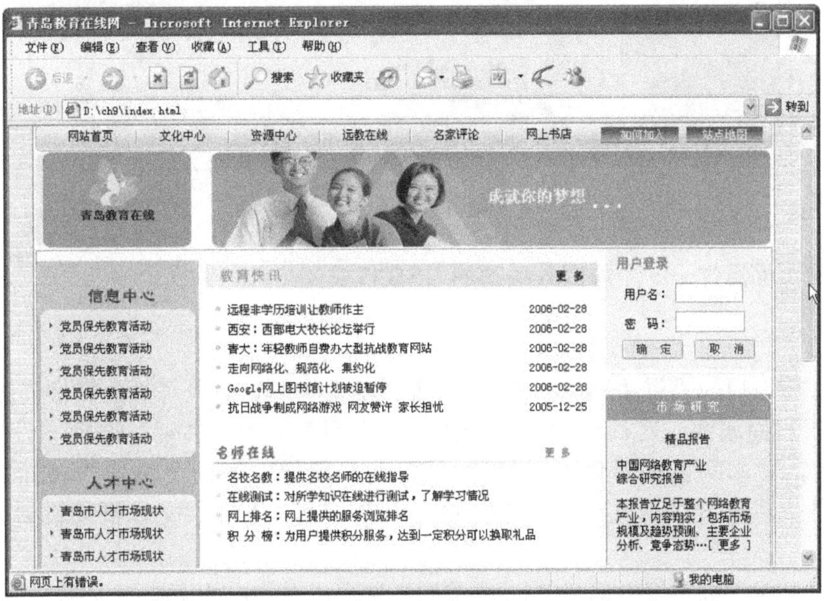

图 9-1　案例效果

9.1.2　案例分析

CSS 样式的创建有 3 种方式，一是使用“属性”检查器或菜单命令创建应用于文本样式的 CSS 规则，二是在“页面属性”对话框中设置，三是使用“CSS 样式”面板创建和编辑 CSS 规则和属性。前两种方式所创建的 CSS 样式都是嵌入当前文档之中的，而后一种方式可将这些规则独立形成一个样式文件，使其他页面可以重复使用这些规则。在本例中，将分别用这三种方式去优化页面，以帮助大家理解 CSS 样式在页面格式化当中的作用，掌握 CSS 样式创建、使用的方法和步骤。

9.1.3 实现步骤

1. 打开 HTML 网页

步骤

① 将素材文件夹下的 ch9 文件夹复制到 D:\目录下，启动 Dreamweaver CS3，在其“文件”面板中将 D:\ch9 设置为本地站点根目录，D:\ch9\images\为默认图像文件夹。

② 在“文件”面板中双击 index.html 文件，将其打开，如图 9-2 所示。

图 9-2 尚未添加 CSS 样式的页面

2. 设置页面属性——添加嵌入头部的 CSS 样式

步骤

① 在编辑窗口的“属性”栏中单击“页面属性”按钮，打开“页面属性”对话框。

② 在“页面属性”对话框中，选择“分类”列表框中“外观”选项，设置字体大小为 12 像素，文本颜色为黑色#000000，单击背景图像右侧的“浏览”按钮，在打开的 images 文件夹中选择图像文件 bg.gif。将左、右、上、下边距文本框均设置为“0”，如图 9-3 所示。

③ 在“分类”列表框中选择“标题/编码”选项，在相应的面板“标题”文本框中输入“青岛教育在线”，编码为“简体中文（GB2312）”。

④ 设置完成后，单击“确定”按钮。

⑤ 切换到“代码”视图，查看头部信息中的样式代码，如图 9-4 所示。

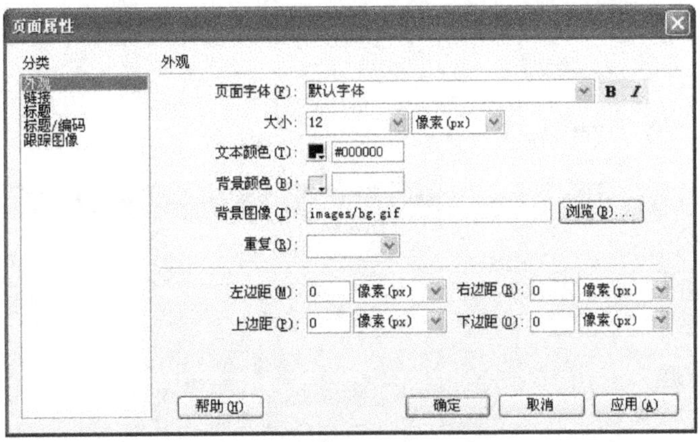

图 9-3　“页面属性”对话框

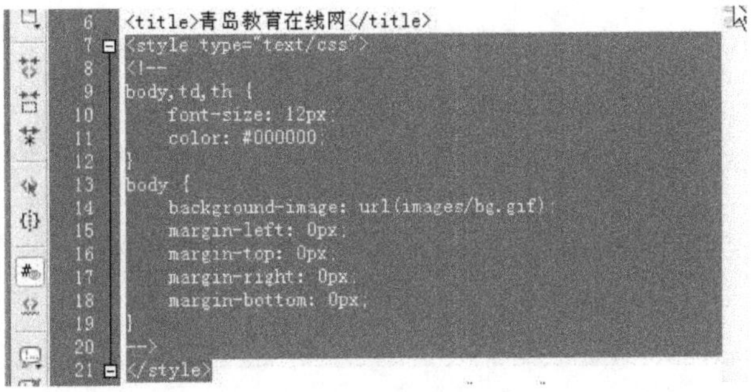

图 9-4　在头部信息中的样式代码

3. 用“CSS 样式”面板创建 CSS 样式

步骤

（1）创建表格文字样式 td

对于页面中的正文文字，因为页面使用的是表格布局，所有文字都在单元格内 td 标签中，因此，使用 HTML 样式可以统一对这些文字进行样式美化。

① 选择菜单“窗口”|“CSS 样式”命令，打开“CSS 样式”面板，如图 9-5 所示。

② 单击“CSS 样式”面板下方的新建 CSS 规则按钮，打开“新建 CSS 规则”对话框，如图 9-6 所示。

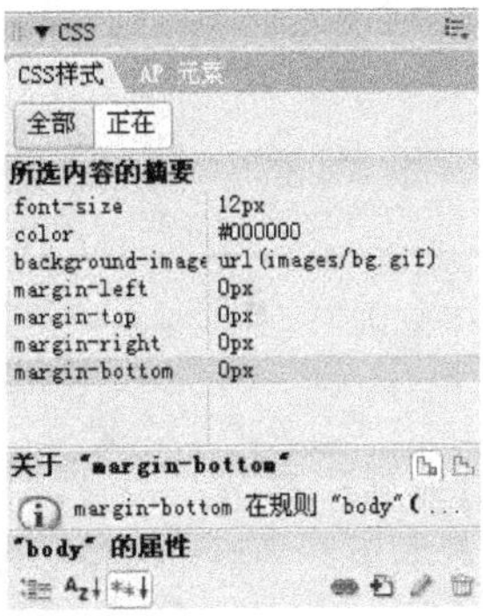

图 9-5　“CSS 样式”面板

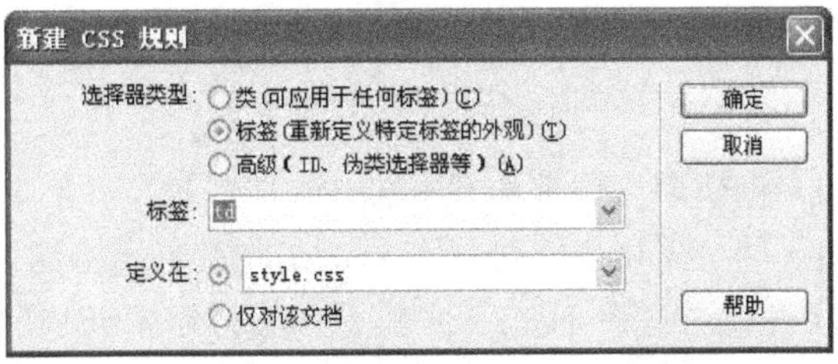

图 9-6　“新建 CSS 规则”对话框

③ 选择“选择器类型”中的“标签”单选按钮，在下方的“标签”下拉列表中选择“td”选项，在“定义在”中选择“新建样式表文件”选项。

④ 单击“确定”按钮，打开“保存样式表文件为”对话框，选择 CSS 样式的保存路径，并在“文件名”文本框中输入“style”，如图 9-7 所示。

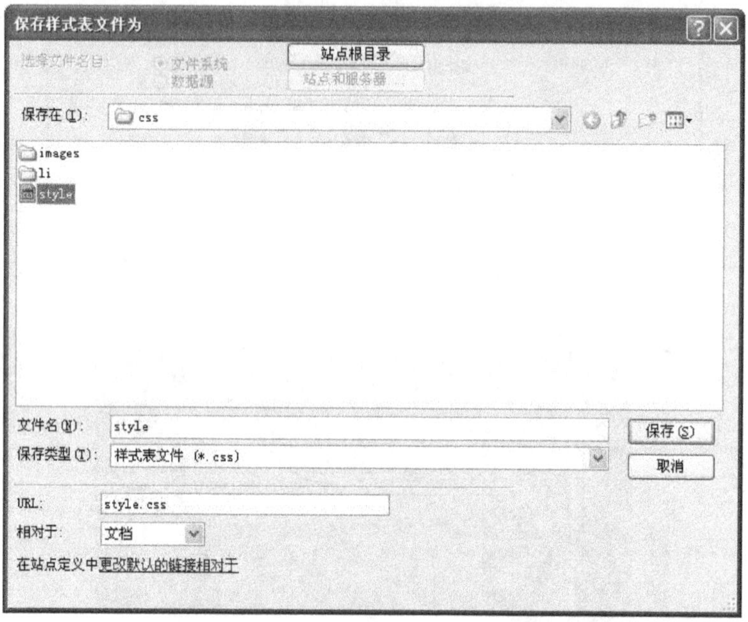

图 9-7 “保存样式表文件为”对话框

⑤ 单击“保存”按钮，在“CSS 样式”面板中可以看到新添加了 style.css 文件，如图 9-8 所示。

⑥ 在出现的“CSS 规则定义”对话框中，设置字体大小为 12，颜色为黑色（#000000），如图 9-9 所示。

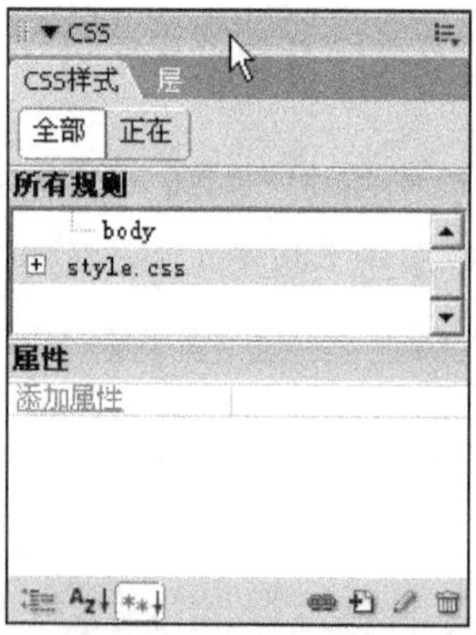

图 9-8 “CSS 样式”面板中样式表文件

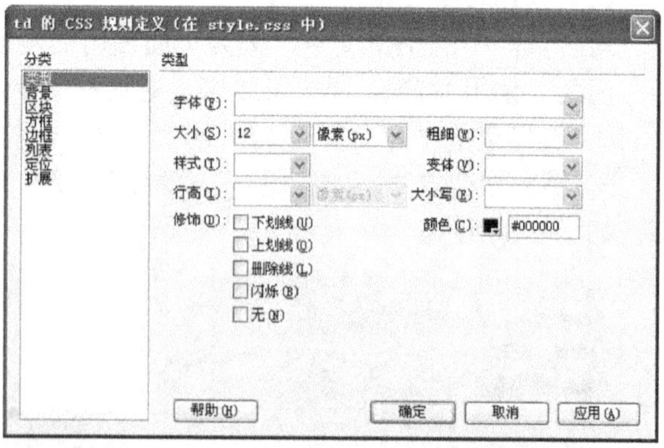

图 9-9 “CSS 规则定义”对话框

（2）创建表格边框样式.redline

由于网页采用表格进行布局，在此设置表格的边框样式，用于美化页面。

① 单击“CSS 样式”面板下方的新建 CSS 规则按钮，在弹出的“新建 CSS 规则”对话框中，设置“选择器类型”为“类”，“名称”为“.redline”（注意：类名称前的“.”不

能省略），但要注意的是，在“定义在”选项中要选择“style.css”文件，将所定义的 CSS 样式都写入一个样式表文件中，如图 9-10 所示。

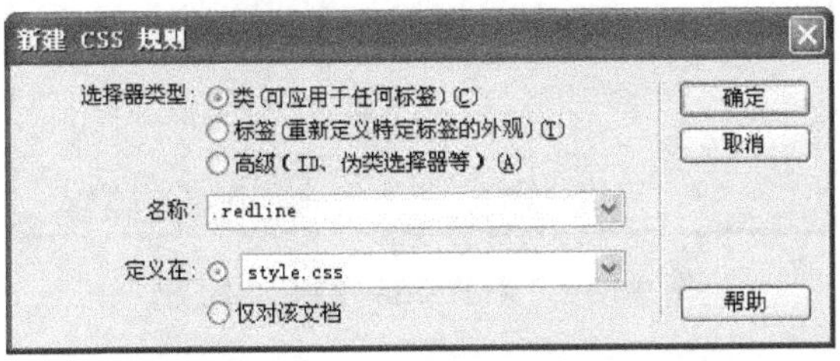

图 9-10　定义.redline 样式规则面板

② 在“CSS 规则定义”对话框中，选择“分类”中的“边框”，设置“样式”、“宽度”和“颜色”的选项，如图 9-11 所示。

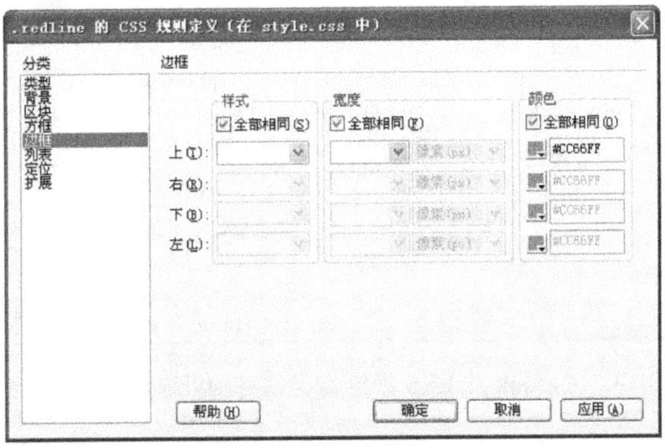

图 9-11　“.redline 的 CSS 规则定义（在 style.css 中）”对话框窗口

（3）创建用于版权信息文字的样式.white

制作中想使版权信息部分的文字有别于正文，在此定义一个类样式，类样式是唯一可以应用于文档中任何文本的 CSS 样式类型。

① 单击“CSS 样式”面板下方的新建 CSS 规则按钮，“选择器类型”为“类”，“名称”为“.white”，在“定义在”中选择“仅对该文档”文件，在当前文档中嵌入样式。

② 在“CSS 规则定义”对话框中，“分类”选择“类型”，设置颜色为白色（#FFFFFF）。

（4）创建用于超链接的高级样式 a:Link，a:visited，a:hover

将页面中的超链接设置为：默认的链接是黑色、宋体、12px，没有下划线，光标经过时链接变为蓝色、宋体、12px，出现下划线，而访问过后的链接又恢复为黑色、宋体、12px，没有下划线。

① 单击“CSS 样式”面板下方的“新建 CSS 规则”按钮，打开“新建 CSS 规则”对话框，在“定义在”中选择“style.css”文件，“选择器类型”为“高级”，在“选择器”下拉列表中选择“a:link”（超链接的正常显示状态，没有任何动作），如图 9-12 所示，单击“确定”按钮。

② 在“CSS 规则定义”对话框中，“分类”选择“类型”，设置“修饰”为“无”，颜色为黑色（#000000），如图 9-13 所示。

③ 单击“CSS 样式”面板下方的新建 CSS 规则按钮，打开“新建 CSS 规则”对话框，在“定义在”中选择“style.css”文件，“选择器类型”为“高级”，在“选择器”下拉列表中选择“a:visited”（超链接已访问的状态），单击“确定”按钮。

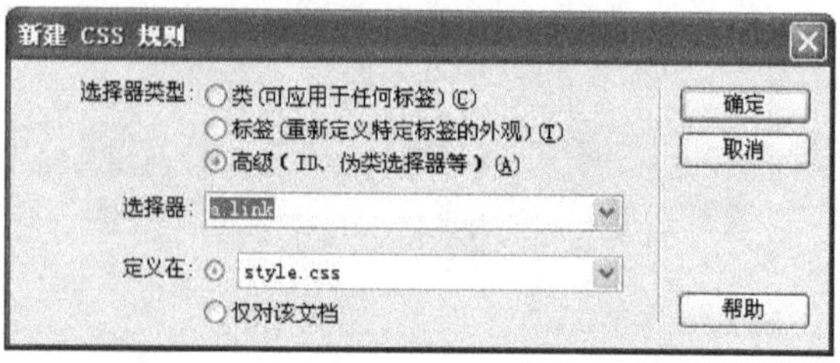

图 9-12 “新建 CSS 规则”对话框

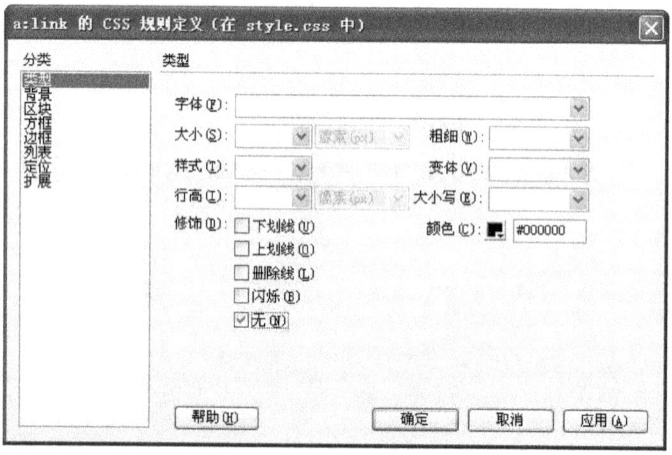

图 9-13 “a:link 的 CSS 规则定义（在 style.css 中）”对话框

④ 在“CSS 规则定义”窗口中“分类”选择“类型”，设置“修饰”为“无”，颜色为黑色（#000000）。

⑤ 单击“CSS 样式”面板下方的新建 CSS 规则按钮，打开“新建 CSS 规则”对话框，在“定义在”中选择“style.css”文件，“选择器类型”为“高级”，在“选择器”下拉列表中选择“a:hover”（鼠标停留在超链接上时的状态），单击“确定”按钮。

⑥ 在“CSS 规则定义”窗口中“分类”选择“类型”，设置“修饰”为“下划线”，颜色为蓝色（#0033CC），如图 9-14 所示。

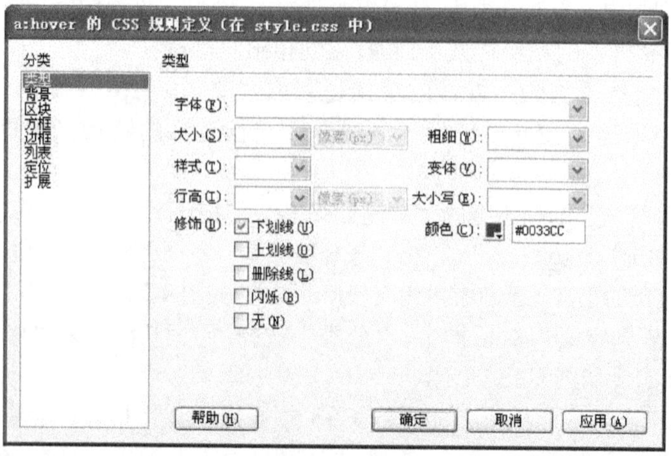

图 9-14 “a:hover 的 CSS 规则定义（在 style.css 中）”对话框

⑦ 设置完成后，页面中超链接文字自动应用此样式，可看到链接由原来默认的蓝色并带有下划线，变为所设定的黑色、宋体、12px。

（5）创建用于表单元素美化的样式 .input

接下来对页面的表单元素进行美化，这里采用自定义样式来美化表单的文本框。

① 单击新建 CSS 规则按钮，打开“新建 CSS 规则”对话框，“选择器类型”为“类”，定义“名称”为“.input”，在“定义在”中选择“仅对该文档”，单击“确定”按钮。

② 在弹出的“CSS 规则定义”对话框中，设置字体为宋体、12px，颜色为#003366。

③ 在“背景”中设置此样式的背景色与其周围表格背景色相同（#F1F1F1），如图 9-15 所示。

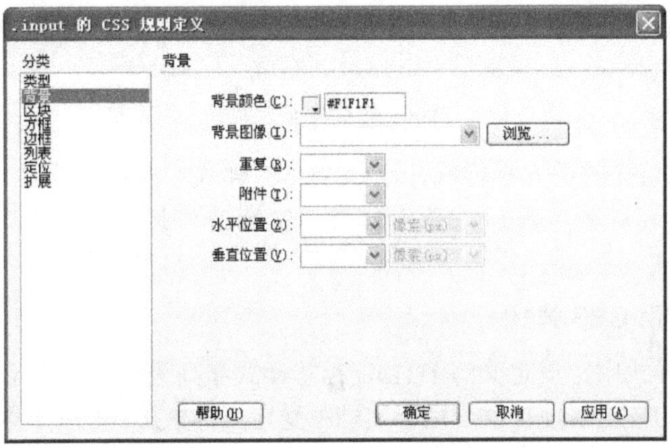

图 9-15　设置表单文本框背景色

④ 在“分类”中选择“边框”，设置边框的样式、宽度和颜色，如图 9-16 所示。

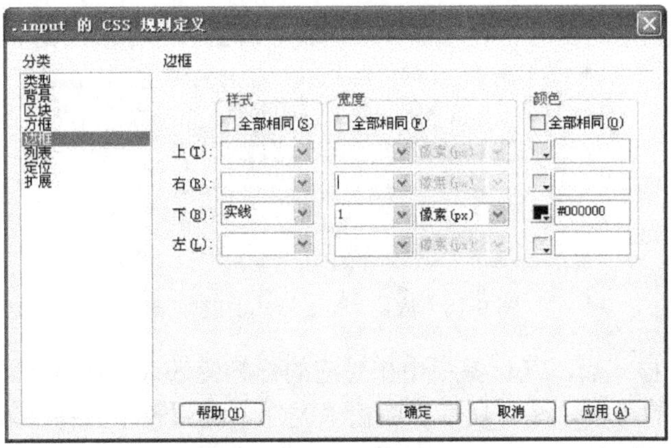

图 9-16　设置边框的参数

⑤ 设置完成后单击“确定”按钮。

（6）创建扩展样式

现在为页面中的光标变换样式，效果为：在默认的情况下，鼠标光标为十字星形，在指向链接上方的时候，光标变为“help”的光标。

① 进入 CSS 样式面板，选择“body”样式，单击下方的编辑按钮，在弹出的“CSS 规则定义”对话框左侧“分类”中选择“扩展”，然后更改光标的样式为“crosshair”，如图 9-17 所示。

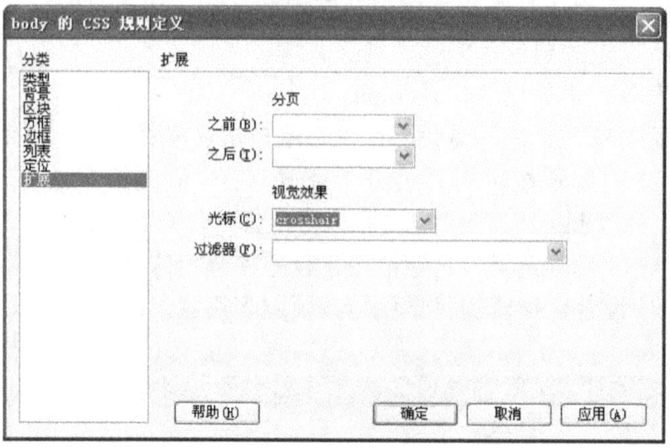

图 9-17　“body 的 CSS 规则定义”对话框

② 修改鼠标在链接时的光标样式，选择“CSS 样式”面板中的“a:hover”样式，单击下方的编辑按钮，进入编辑窗口，在“分类”中选择“扩展”，在“光标”选项中选择“help”。

4．在页面中应用 CSS 样式

在前面创建的样式中，重定义的 HTML 标签样式和高级样式，由于它们与 HTML 标签相关联，因此它们的样式属性自动应用于文档中受定义样式影响的任何标签。所以，页面属性和用于超链接的 CSS 样式设置完成后，即可看到所设置的效果，而只有类样式需在“属性”面板的“样式”或“类”选项中选择应用。

步骤

① 选中版权信息中的文字，在“属性”面板“样式”中选择 .white，如图 9-18 所示。

图 9-18　应用.white 样式后的效果

② 应用了 CSS 样式后，其标签栏中相对应的标签变为<div.white>。

③ 选中最外层的表格，在“属性”面板“类”下拉列表中选择 .redline，给表格添加外框线。再选中页面下半部的表格，再次应用此样式，如图 9-19 所示。

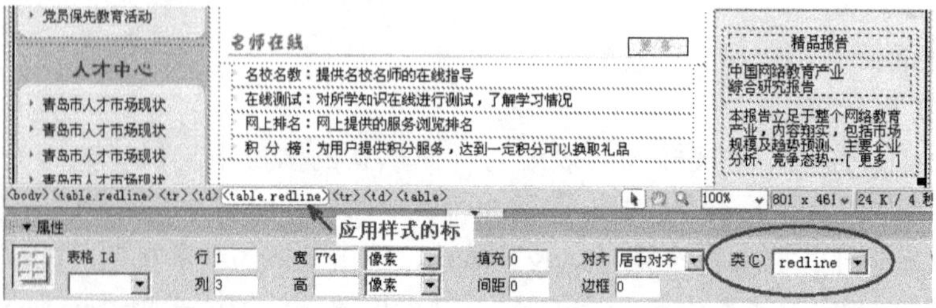

图 9-19　应用边框样式

④ 选中页面中的表单元素“用户名”和“密码”后面的文本框，在其“属性”面板的“类”下拉列表框中选择为其定义的.input 样式，将此样式应用到页面中，应用后的表单元素如图 9-20 所示。

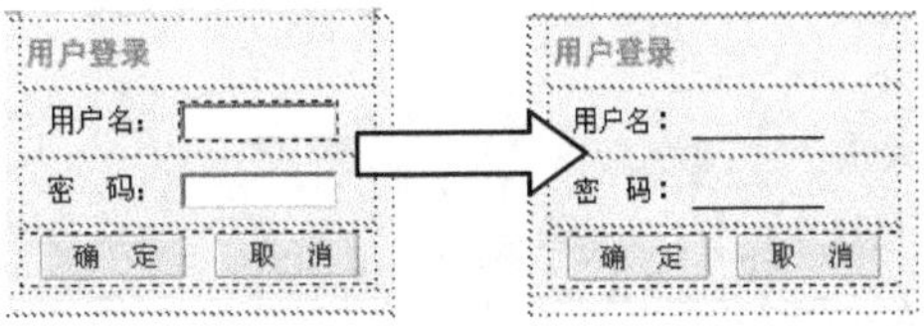

图 9-20　应用表单样式后的效果

5. 链接样式表，统一网站风格

步骤

① 打开 ch10 下的另一网页文件 unstyle.htm，在“CSS 样式”面板中，单击附加样式表按钮，打开“链接外部样式表”对话框，在“文件/URL”中输入前面创建的样式表文件，或单击“浏览”按钮，选择 style.css 文件，如图 9-21 所示。

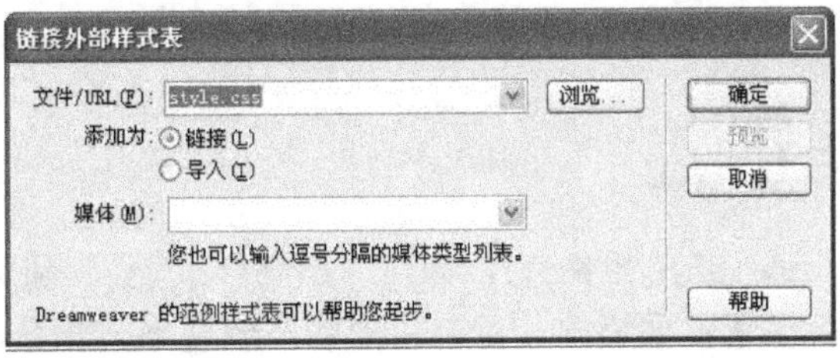

图 9-21　“链接外部样式表”对话框

② 单击“确定”按钮，在“CSS 样式”面板中即可看到链接的样式表文件以及其中的 CSS 样式。

③ 再按前面的方法，分别应用相关的“类”样式即可。

④ 添加新的.bt 样式到 style.css 样式表文件，在出现的“CSS 规则定义”对话框中，设置字体大小为 24，颜色为#0066FF。选中页面中的标题，应用该样式。

⑤ 添加新的.bk 样式到 style.css 样式表文件，设置方框类别的填充值均为 8，如图 9-22 所示。

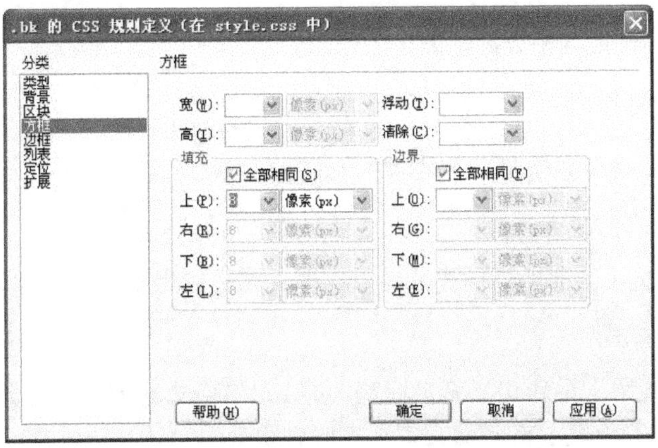

图 9-22　设置.bk 样式

⑥ 选中页面中的插图，在其“属性”面板中的“类”下拉列表框中选择.bk，使该样式应用于此图片。再将文件保存，按F12键进行预览，如图9-23所示。

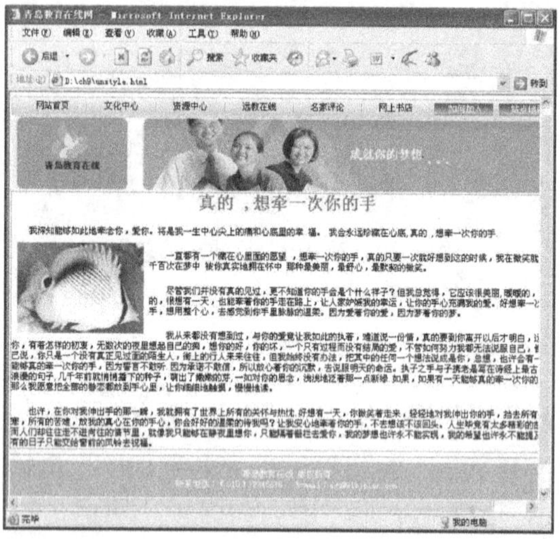

图9-23 链接样式表及应用后的效果

9.2 CSS样式概述

CSS是Cascading Style Sheet的缩写，译作“层叠样式表”，利用CSS样式可自动格式化网页文档。使用CSS设置页面格式，可以将内容与表现形式相分离。使页面格式化更为简捷，易于修改。

Dreamweaver CS3提供了强大的CSS编辑和管理功能，可以使用“CSS样式”面板创建和编辑CSS规则和属性。

9.2.1 CSS的特点

CSS样式表的主要优点是提供便利的更新功能。更新CSS样式时，使用该样式的所有文档的格式都自动更新为新样式。其特点可以归结为以下3点。

✧ 控制页面中的每一个元素（精确定位）。

✧ 是对HTML语言处理样式的最好补充。

✧ 把内容和格式处理相分离，减少工作量。

9.2.2 CSS的类型

在Dreamweaver中可以定义下列类型的CSS样式表。

1. 自定义CSS样式

自定义CSS样式（也称为类样式）可以将样式属性应用于任意文本范围或文本块。

2. HTML标签样式

HTML标签样式用于重新定义特定标签，如H1的格式。创建或更改H1标签的CSS样式时，所有用H1标签设置了格式的文本都立即更新。

3．CSS 选择器样式

CSS 选择器样式重定义特定标签组合的格式（如每当 H2 标题出现在表格单元格内时都应用 td h2），或重定义包含特定 id 属性的所有标签的格式。

9.2.3　CSS 的存在方式

CSS 样式在网页文档中有 3 种存在方式。

1．外部文件方式

外部 CSS 样式文件是将一系列的 CSS 样式存储在一个单独的外部 .css 文件中（并非 HTML 文件）。利用文档 head 部分中的链接，该文件被链接到 Web 站点中的一个或多个网页上。

这种方法最适合大型网站的 CSS 样式定义。应用 CSS 文件的一个最大优点就是，可以在每个 HTML 文件中引用这个文件，从而可使整个站点的 HTML 文件在风格上保持一致，避免重复的 CSS 属性设置。另外，当遇上改版或某些重大调整要对风格进行修改时，可直接修改这个 CSS 文件，所有 HTML 文件一直引用最近更新的样式，不必对每个 HTML 文件都进行修改。

2．内部文档头方式

内部（或嵌入式）CSS 样式表，是一系列包含在 HTML 文档 head 部分的 style 标签内的 CSS 样式。这种方式与外部文件方式的区别在于，这种方式是将风格直接定义在文档头<head></head>之间，而不是形成文件，这种风格定义产生作用也只局限于本文件。例如，

```
<head>
<style type="text/css">
<!—
样式表的具体内容
-->
</style>
</head>
```

这种方式的主要作用是，在统一风格的前提下，可针对具体页面进行具体调整。这两种方式并不相互排斥，而是相互结合。例如，在 CSS 文件中定义了<P>标签的字体大小（font-size）为 10px，在内部文档中可定义<P>标签字体颜色（font-color）为红色，而在另一个 HTML 文件中定义颜色为绿色。

3．直接插入式

直接插入式很简单，只需在每个 HTML 标签后书写 CSS 属性即可。这种方式很直接，例如，规定一个 Table 标志中的字为红色，字体大小为 10px，则可书写如下代码。

```
<Table style="color:red;font-size:10pt">
```

这种方式主要用于对具体的标签进行具体的调整，其作用的范围只限于本标签。

9.2.4　CSS 在 Dreamweaver 中的创建方法

在 Dreamweaver CS3 中，创建 CSS 样式的途径有以下 3 种。

1．在“页面属性”中设置

通过前面的学习，对“页面属性”已不再陌生。利用“页面属性”设置的网页属性，实际上是一种 CSS 内部文档头方式的应用，Dreamweaver CS3 自动将“页面属性”设置生成一段 CSS 样式代码，置于<head>与</head>之间。如图 9-24 所示为对一新建 HTML 文档页面属性进行的设置。

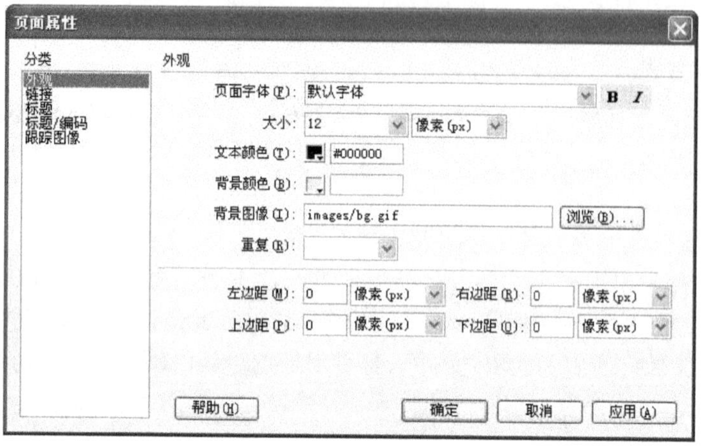

图 9-24　设置页面属性

切换到“代码”视图，可以看到刚才对“页面属性”进行的设置，变成了一段 CSS 样式代码，嵌在文档头<head>与</head>之间。

```
<style type="text/css">
<!--
body,td,th {
  color: #000000;
  font-size: 12px;
}
body {
  background-image: url(images/bg.gif);
  margin-left: 0px;
  margin-top: 0px;
  margin-right: 0px;
  margin-bottom: 0px;
}
-->
</style>
```

2．文本编辑

Dreamweaver CS3 在属性检查器中增加了“样式”选项，这一选项的功能是在设计页面时添加字体、设置颜色、大小等操作时，“样式”会将这些设计自动记忆生成“style1”、“style2”样式。下次重复使用时可以在“style”中套用样式，如图 9-25 所示。如果套用的 CSS 样式不是文字，而是表格，同样可以在属性面板中设置 CSS 样式。在属性面板中都有一个类（Class），在这里就可以设计表格的 CSS 样式。

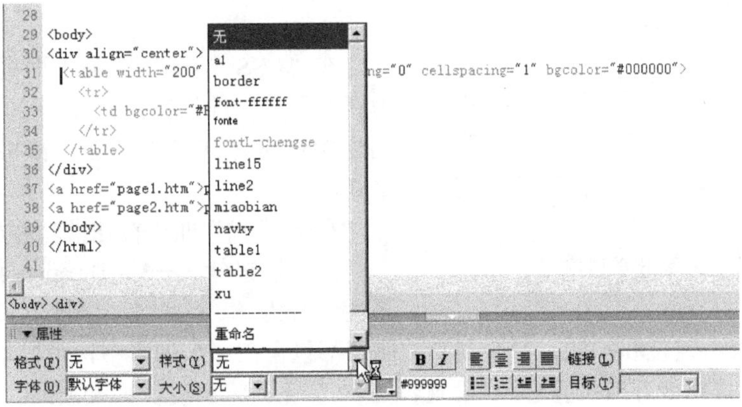

图 9-25　在属性检查器中增加的“样式”选项

3. CSS 样式面板

“CSS 样式”面板集成在“CSS”面板组中，在此面板中可以方便地进行 CSS 样式的添加、编辑、查看属性和删除等管理。

9.3　CSS 样式面板的使用

9.3.1　认识 CSS 样式面板

Dreamweaver CS3 将全部 CSS 功能合并到一个面板集合中，并已增强了功能，如图 9-26 所示。“CSS 样式”面板是一个比属性检查器功能更强大的编辑器，它可显示为当前文档定义的所有 CSS 规则，而不管这些规则是嵌入在文档的头部还是嵌入在外部样式表中。使用户可以更加轻松、有效地使用 CSS 样式。

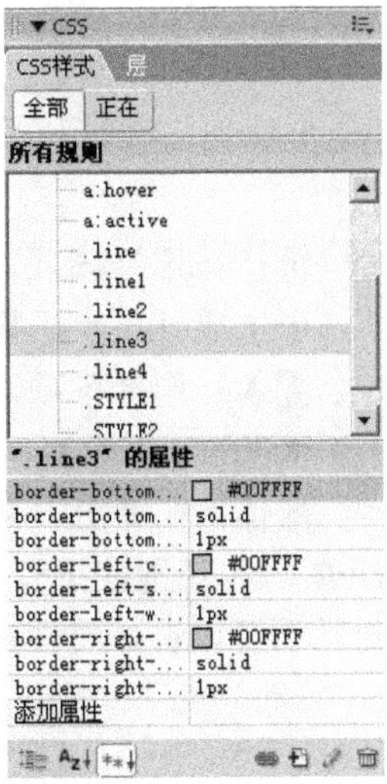

图 9-26　“CSS 样式”面板

1. 打开“CSS 样式”面板

打开“CSS 样式”面板，可以用以下方法。

✧ 选择主菜单“窗口”|“CSS 样式”命令。
✧ 按 Shift+F11 组合键。
✧ 单击“属性”面板中的 CSS 按钮。

2. “CSS 样式”面板的结构

Dreamweaver CS3 的“CSS 样式”面板分为上、下两部分，上半部显示规则列表，下半部显示所选定规则的属性。规则又有“全部”和“正在”两种查看方式，单击 CSS 面板中的“正在”按钮，可以显示当前所选中内容的 CSS 摘要，而与所选内容无关的属性会以删除线的形式出现，这个功能对快速确认应用于当前选定元素的 CSS 属性十分有帮助，在列表中可以方便地查看哪种样式中的哪种属性被应用到当前选中的元素。CSS 控制面板可以使用户从复杂的多种 CSS 样式中解脱出来，从而轻松地完成一个网页的内容格式化。

3. 管理样式

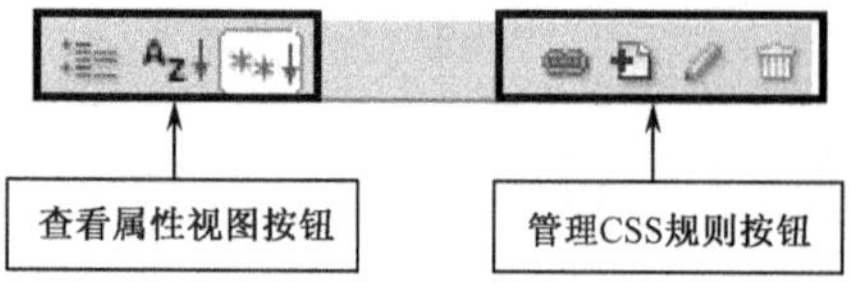

图 9-27　查看和管理按钮

在“CSS 样式”的最下面是用于查看和管理属性及规则的按钮，如图 9-27 所示。查看属性视图按钮允许在“属性”窗格中改变视图的格式。

“CSS 样式”面板按钮的功能如下。

类别按钮——将 Dreamweaver 支持的 CSS 属性划分为 8 个类别，字体、背景、区块、边框、方框、列表、定位和扩展。每个类别的属性都包含在一个列表中，可以单击类别名称旁边的加号（+）按钮展开或折叠它，“设置属性”（蓝色）将出现在列表顶部。

列表按钮——按字母顺序显示 Dreamweaver 所支持的所有 CSS 属性。“设置属性”（蓝色）将出现在列表顶部。

设置属性按钮——仅显示那些已设置的属性。“设置属性”视图为默认视图。在“所有”和“当前”模式下，“CSS 样式”面板还包含下列按钮。

附加样式表按钮——打开“链接外部样式表”对话框，选择要链接到或导入到当前文档中的外部样式表，如图 9-28 所示。

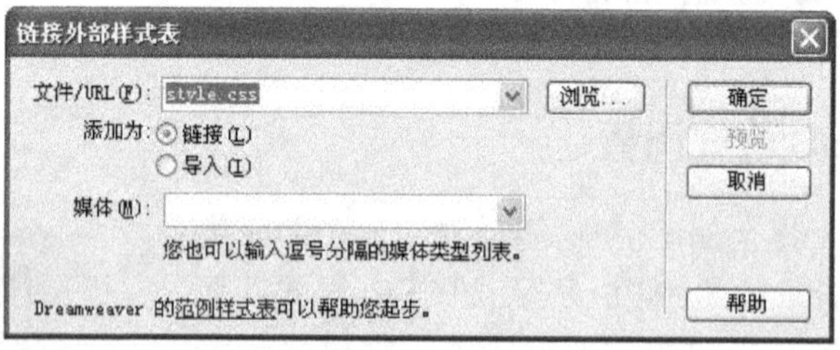

图 9-28　“链接外部样式表”对话框

- ✧ 链接：选择该项，则传递外部 CSS 样式的信息而不将其导入文档中，在页面代码中生成<Link>标签。
- ✧ 导入：选择该项，则将外部 CSS 样式的信息导入当前文档中，在页面代码中生成<@Import>标签。
- ✧ 媒体：在弹出式菜单中，指定样式表的目标媒介。

新建 CSS 规则按钮——单击后可弹出“新建 CSS 规则”对话框，使用“新建 CSS 规则”对话框可以选择要创建的样式类型、名称及确定样式的存在形式，如图 9-29 所示。

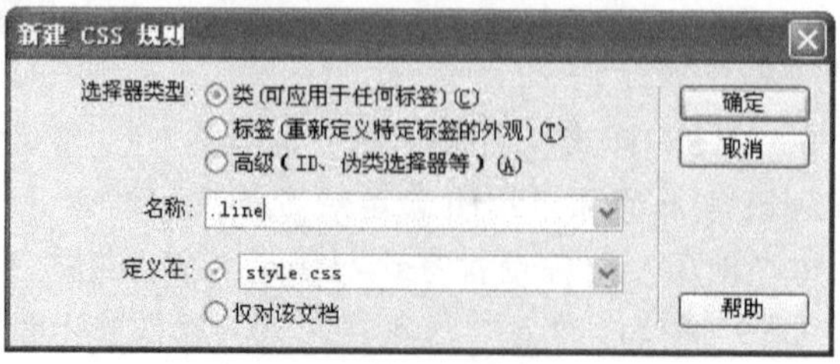

图 9-29　“新建 CSS 规则”对话框

编辑样式按钮——会打开“CSS 规则定义”对话框，在该对话框中编辑当前文档或外部样式表中的样式。

删除 CSS 规则按钮——删除“CSS 样式”面板中的所选规则或属性，并从应用该规则的所有元素中删除格式（不过，它不删除对该样式的引用）。

9.3.2 创建新的 CSS 样式

创建新的 CSS 样式的操作方法如下。

1. 打开“新建 CSS 规则”对话框

将插入点放在文档中，执行以下操作之一，打开“新建 CSS 规则”对话框。

- ✧ 选择“窗口”|“CSS 样式”，打开“CSS 样式”面板，单击面板右下侧的新建 CSS 规则按钮。
- ✧ 选择“文本”|“CSS 样式”|“新建...”命令。

2. 定义要创建的 CSS 样式的类型

CSS 样式分为 3 类，它们分别是自定义样式、重定义标签样式、CSS 选择器样式。

在打开的“新建 CSS 规则”对话框中，定义选择器的类型就分别对应着以上 3 种类型。

- ✧ 类：自定义样式，选择“类”选项，然后在“名称”文本框中输入样式名称，以“.”开头。
- ✧ 标签：重定义 HTML 标签，选择“标签”选项，然后在“标签”文本框中输入一个 HTML 标签，或从弹出式菜单中选择一个标签。
- ✧ 高级：CSS 选择器样式，选择“高级”选项，然后在“选择器”文本框中输入一个或多个 HTML 标签，或从下拉式菜单中选择一个标签。下拉式菜单中的 a:active, a:hover, a:link 和 a:visited，都是用于链接的样式，如图 9-30 所示。其含义解释如下。

  a:active：定义页面中的文本链接被激活，即在目标地址文件还没有打开时文本呈现的状态。默认颜色是红色。

  a:link：当光标不在链接文本上时链接的状态。默认是蓝色文本，带下划线。

  a:hover：光标移动到链接文本上时链接的状态。默认是光标呈现小手的形状。

  a:visited：链接目标文件打开后，再一次回到原来的页面时，刚刚单击的链接呈现的状态。默认颜色是深红色。

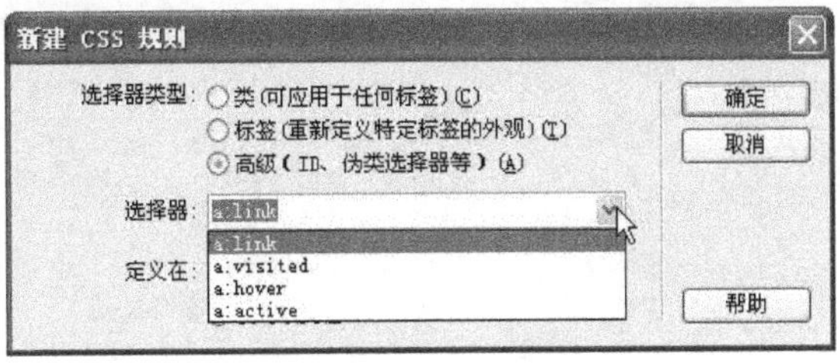

图 9-30　使用 CSS 选择器

3. 选择定义样式的位置

若要创建外部样式表文件，则选择“新建样式表文件”选项。单击“确定”按钮后，会弹出“保存样式表文件为”对话框，如图 9-31 所示，在其中设定样式表文件的保存位置及其名称，单击“保存”按钮。

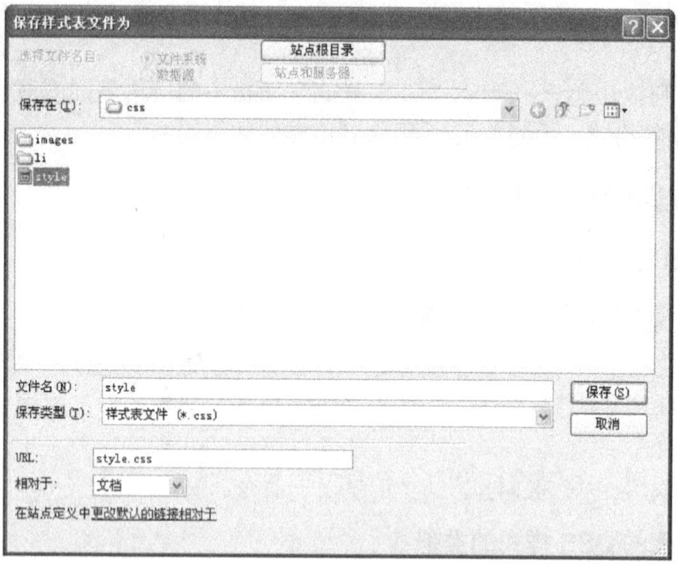

图 9-31　“保存样式表文件为”对话框

若要在当前文档中嵌入样式，则选择“仅对该文档”选项。

4．编辑样式

单击“确定”按钮后，出现“CSS 规则定义”对话框，选择要为新的 CSS 规则设置的样式选项，设置完成后，单击“确定”按钮即可。

9.3.3　编辑 CSS 样式

编辑 CSS 样式是对创建的 CSS 样式进行再次加工，不管是初次创建 CSS 样式，还是对其再次进行编辑，都离不开对“CSS 规则定义”对话框的操作，熟悉该对话框的操作是创建和编辑 CSS 样式的关键。

1．定义 CSS“类型”属性

使用“CSS 规则定义”对话框“分类”中的“类型”参数，可以进行“类型”属性设置，如图 9-32 所示。

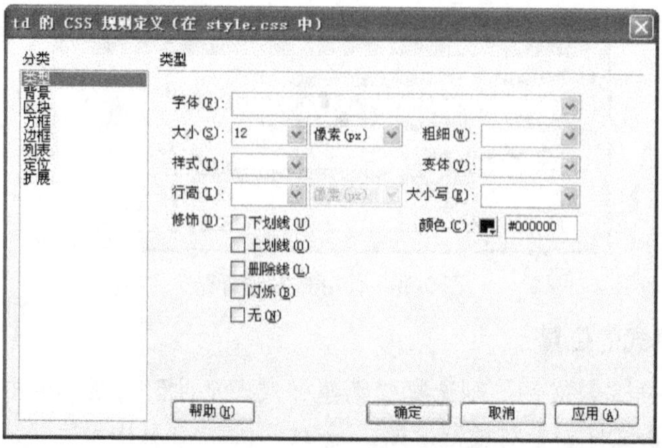

图 9-32　“类型”属性定义窗口

在如图 9-32 所示的对话框中可进行如下设置。

"字体"——为样式设置字体（或字体系列）。浏览器使用系统安装的字体系列中的第一种字体显示文本。

"大小"——定义文本大小。可以通过选择数字和度量单位选择特定的大小，也可以选择相对大小。以像素为单位可以有效地防止浏览器破坏文本。

"样式"——将"正常"、"斜体"或"偏斜体"指定为字体样式。默认设置是"正常"。

"行高"——设置文本所在行的高度，该设置传统上称为前导。选择"正常"自动计算字体大小的行高，或输入一个确切的值并选择一种度量单位。

"修饰"——向文本中添加下划线、上划线、删除线或使文本闪烁。正常文本的默认设置是"无"。链接的默认设置是"下划线"。将链接设置设为"无"时，可以通过定义一个特殊的类删除链接中的下划线。

"粗细"——对字体应用特定或相对的粗体量。"正常"等于 400，"粗体"等于 700。

"变体"——设置文本的小型大写字母变量。Dreamweaver 不在"文档"窗口中显示该属性。Internet Explorer 支持变量属性，但 Netscape Navigator 不支持。

"大小写"——将选定内容中的每个单词的首字母大写或将文本设置为全部大写或小写。

"颜色"——设置文本的颜色。

2. 定义 CSS 样式"背景"属性

使用"CSS 样式定义"对话框"分类"中的"背景"参数，可以定义 CSS 样式的背景属性。网页中的任何元素都可应用背景属性，如图 9-33 所示。

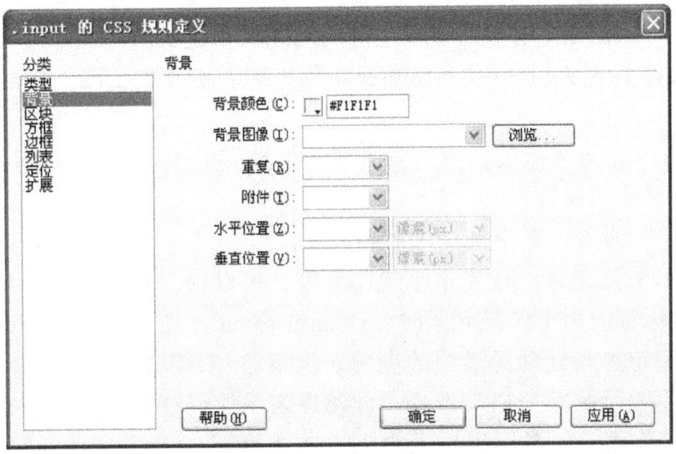

图 9-33　"背景"属性定义窗口

在如图 9-33 所示的对话框中可进行如下设置。

"背景颜色"——设置元素的背景颜色。

"背景图像"——设置元素的背景图像。

"重复"——确定是否及如何重复背景图像。两种浏览器都支持重复属性。"不重复"则指在元素开始处显示一次图像。

"附件"——确定背景图像是固定在它的原始位置还是随内容一起滚动。某些浏览器可能将"固定"选项视为"滚动"。Internet Explorer 支持该选项，但 Netscape Navigator 不支持。

"水平位置"和"垂直位置"——指定背景图像相对于元素的初始位置。可将背景图像与页面中心垂直和水平对齐。如果附件属性为“固定”，那么位置则是相对于“文档”窗口而不是元素。Internet Explorer 支持该属性，但 Netscape Navigator 不支持。

3. 定义 CSS 样式“区块”属性

使用“CSS 样式定义”对话框“分类”中的“区块”参数，可以定义标签和属性的间距和对齐方式，如图 9-34 所示。

在如图 9-34 所示的对话框中可进行如下设置。

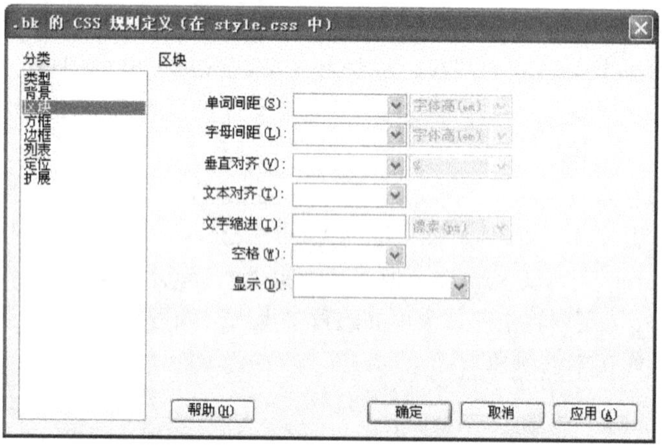

图 9-34 “区块”属性定义窗口

“单词间距”——设置单词的间距。

“字母间距”——增加或减小字母或字符的间距，指定负值可减少字符间距。字母间距设置覆盖对齐的文本设置。Internet Explorer 4 和更高版本及 Netscape Navigator 6.0 支持该属性。

“垂直对齐”——指定元素的垂直对齐方式。仅当应用于<img>标签时，Dreamweaver 才在“文档”窗口中显示该属性。

“文本对齐”——设置元素中的文本对齐方式。

“文本缩进”——指定第一行文本缩进的程度。可以使用负值创建凸出，但显示效果取决于浏览器。仅当标签应用于块级元素时，Dreamweaver 才在“文档”窗口中显示该属性。

“空格”——确定如何处理元素中的空白。包括 3 个选项，“正常”、“保留”和“不换行”。选择“正常”表示收缩空白，选择“保留”表示保留空白，包括空格、制表符和“回车”，选择“不换行”表示仅当遇到 br 标签时文本才换行。

“显示”——指定是否及如何显示元素。选择“无”时关闭被指定元素的显示。

4. 定义 CSS 样式“方框”属性

使用“CSS 样式定义”对话框“分类”中的“方框”参数，可以定义控制元素在页面上的放置方式标签和属性，如图 9-35 所示。

在如图 9-35 所示的对话框中可进行如下设置。

“宽”和“高”——设置元素的宽度和高度。

“浮动”——设置其他元素（如文本、AP 元素、表格等）在哪边围绕元素浮动。其他元素按通常的方式环绕在浮动元素的周围。

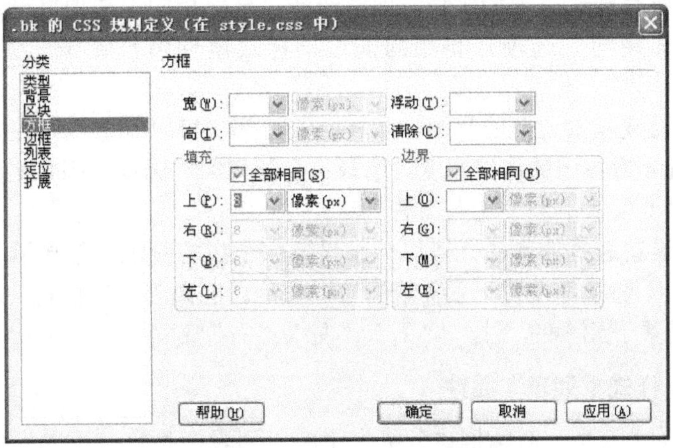

图 9-35　“方框”属性定义窗口

“清除”——定义不允许出现 AP 元素的边。如果清除边上出现的 AP 元素，则带清除设置的元素移到该 AP 元素的下方。

“填充”——指定元素内容与元素边框（如果没有边框，则为边距）之间的间距。取消选择“全部相同”选项可设置元素各边的填充。选择“全部相同”选项，将相同的填充值设置于元素的“上”、“下”、“左”、“右”侧。

“边界”——指定一个元素的边框（如果没有边框，则为填充）与另一个元素之间的间距。当应用于块级元素（如段落、标题、列表等）时，Dreamweaver 才在“文档”窗口中显示该属性。取消选择“全部相同”选项可设置元素各边的边距。选择“全部相同”选项，将相同的边距值设置于元素的“上”、“下”、“左”、“右”侧。

5. 定义 CSS 样式“边框”属性

使用“CSS 样式定义”对话框“分类”中的“边框”参数，可以定义元素周围的边框，如宽度、颜色和样式等，如图 9-36 所示。

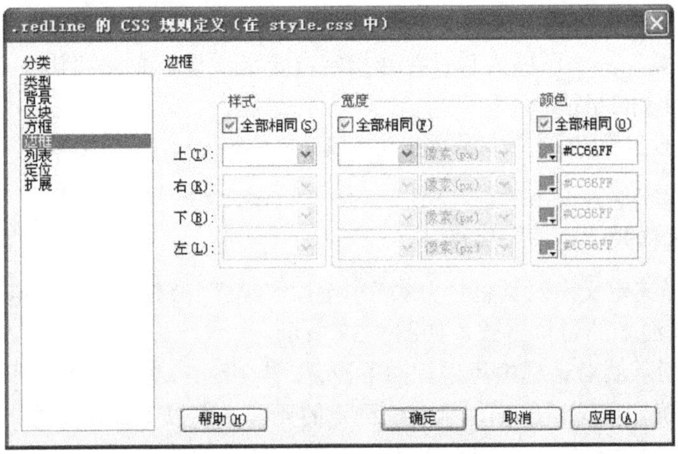

图 9-36　“边框”属性定义窗口

在如图 9-36 所示的对话框中可进行如下设置。

“样式”——设置边框的样式外观。样式的显示方式取决于浏览器，Dreamweaver 在

“文档”窗口中将所有样式呈现为实线。取消选择“全部相同”选项可设置元素各边的边框样式。选择“全部相同”选项，将相同的边框样式属性值设置于元素的“上”、“下”、“左”、“右”侧。

“宽度”——设置元素边框的粗细，两种浏览器都支持“宽度”属性。取消选择“全部相同”选项可设置元素各边的边框宽度。选择“全部相同”选项，则将相同的边框宽度属性值设置于元素的“上”、“下”、“左”、“右”侧。

“颜色”——设置边框的颜色。可以分别设置每个边的颜色，但显示取决于浏览器。取消选择“全部相同”选项可设置元素各边的边框颜色。选择“全部相同”选项，则将相同的边框颜色属性值设置于元素的“上”、“下”、“左”、“右”侧。

6. 定义 CSS 样式“列表”属性

使用“CSS 样式定义”对话框“分类”中的“列表”参数，可以为列表标签定义列表设置，如项目符号大小和类型，如图 9-37 所示。

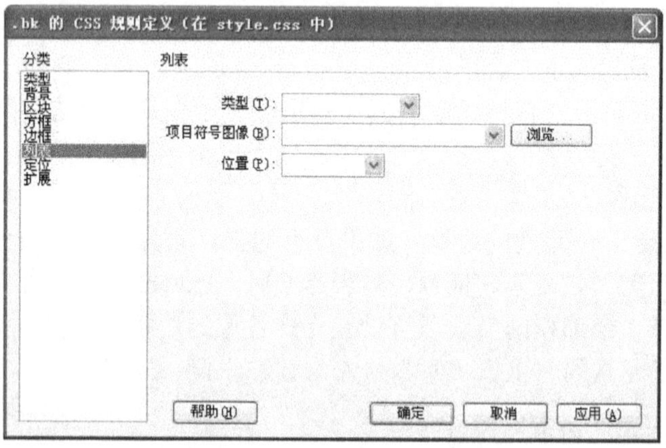

图 9-37 “列表”属性定义窗口

在如图 9-37 所示的对话框中可进行如下设置。

“类型”——设置项目符号或编号的外观。

“项目符号图像”——可以为项目符号指定自定义图像。单击“浏览”按钮，通过浏览选择图像或输入图像的路径。

“位置”——设置列表项文本是否换行和缩进（外部），以及文本是否换行到左边距上（内部）。

7. 定义 CSS 样式“定位”属性

使用“CSS 样式定义”对话框“分类”中的“定位”参数，可以确定与选定的 CSS 样式相关的内容在页面上的定位方式，如图 9-38 所示。

在如图 9-38 所示的对话框中可进行如下设置。

“类型”——确定浏览器应如何来定位选定的元素，有以下几种方式。

✧ 绝对：使用“定位”框中输入的、相对于最近的绝对或相对定位上级元素的坐标（如果不存在绝对或相对定位的上级元素，则为相对于页面左上角的坐标）来放置内容。

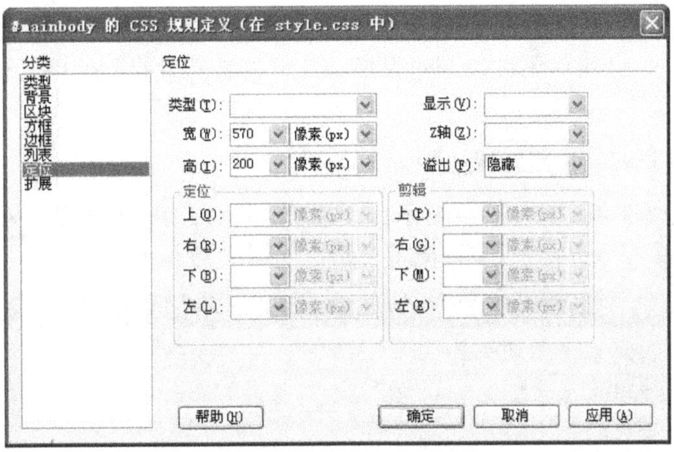

图 9-38　“定位”属性定义窗口

✧ 相对：使用“定位”框中输入的、相对于区块在文档文本流中的位置的坐标来放置内容区块。例如，若为元素指定一个相对位置，并且其上坐标和左坐标均为 20px，则将元素从其在文本流中的正常位置向右和向下移动 20px。也可以在使用（或不使用）上坐标、左坐标、右坐标或下坐标的情况下对元素进行相对定位，以便为绝对定位的子元素创建一个上下文。

✧ 固定：使用“定位”框中输入的坐标（相对于浏览器的左上角）来放置内容。当用户滚动页面时，内容将在此位置保持固定。

✧ 静态：将内容放在其在文本流中的位置。这是所有可定位的 HTML 元素的默认位置。

“显示”——确定内容的初始显示条件。如果不指定显示属性，默认情况下内容将继承父级标签的值。body 标签的默认可见性是可见的。选择以下可见性选项之一。

✧ 继承：继承内容的父级可见性属性。

✧ 可见：将显示内容，而与父级的值无关。

✧ 隐藏：将隐藏内容，而与父级的值无关。

“Z 轴”——确定内容的堆叠顺序。Z 轴值较高的元素显示在 Z 轴值较低的元素（或根本没有 Z 轴值的元素）的上方。值可以为正，也可以为负。（如果已经对内容进行了绝对定位，则可以轻松使用“AP 元素”面板来更改堆叠顺序。

“溢出”——确定当容器（如 DIV 或 AP 元素）的内容超出容器的显示范围时的处理方式。这些属性按以下方式控制扩展：

✧ 可见：将增加容器的大小，以使其所有内容都可见。容器将向右下方扩展。

✧ 隐藏：保持容器的大小并剪辑任何超出的内容。不提供任何滚动条。

✧ 滚动：将在容器中添加滚动条，而不论内容是否超出容器的大小。明确提供滚动条可避免滚动条在动态环境中出现和消失所引起的混乱。该选项不显示在“文档”窗口中。

✧ 自动：将使滚动条仅在容器的内容超出容器的边界时才出现。该选项不显示在“文档”窗口中。

“定位”——指定内容块的位置和大小。浏览器如何解释位置取决于“类型”设置。如果内容块的内容超出指定的大小，则将改写大小值。

“剪辑”——定义内容的可见部分。如果指定了剪辑区域，可以通过脚本语言（如JavaScript）访问它，并操作属性以创建像擦除这样的特殊效果。使用“改变属性”行为可以设置擦除效果。

8. 定义 CSS 样式“扩展”属性

“扩展”样式属性包括分页、光标和过滤器选项，它们中的大部分不被任何浏览器支持，或仅被 Internet Eplorer 4.0 或更高版本支持，如图 9-39 所示。

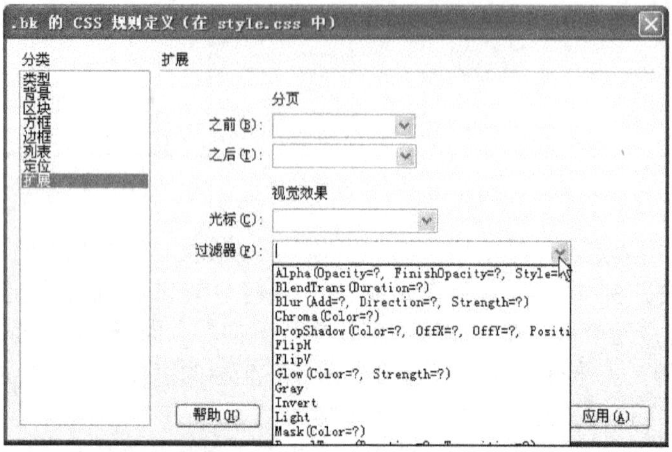

图 9-39 “扩展”属性定义窗口

在图 9-39 所示对话框中可进行如下设置。

“分页”——打印期间在样式所控制的对象之前或之后强行分页。选择要在下拉列表中设置的选项，此选项目前不受任何浏览器的支持，但可能受未来的浏览器的支持。

“光标”——当指针位于样式所控制的对象上时改变指针图像。选择在下拉列表中设置的选项。

“滤镜”——在该下拉列表中选择要使用的滤镜效果（包括模糊和反转）。较为常用的滤镜名称和效果如表 9-1 所示。

表 9-1 常用滤镜列表

名称	作用
Alpha 滤镜	设置透明度
Blur 滤镜	设置 3D 效果
DropShadow 滤镜	设置文本或图像的阴影效果，应用在文本上时，其效果更加明显
Glow 滤镜	设置发光效果
Shadow 滤镜	设置阴影效果
Wave 滤镜	设置波纹效果
Gray 滤镜	将图像设置为黑白效果
FlipH/FlipV 滤镜	将元素水平反转/将元素垂直反转
Xray 滤镜	设置 X 光效果

下面重点介绍几种常用的滤镜。

（1）Alpha 滤镜

设置透明度。格式如下。

Alpha (Opacity=?, FinishOpacity=?, Style=?, StartX=? ,StartY=?, FinishX=?, FinishY=?)

以上参数的含义如下。

Opacity：透明程度，范围从 0 到 100, 0 表示完全透明，100 表示完全不透明。

FinishOpacity：渐变透明效果结束时的透明程度。设置方法与 Opacity 相同。

Style：渐变透明的样式。

StartX 和 StartY：设置渐变透明效果的开始位置。

FinishX 和 FinishY：设置渐变透明效果的结束位置。

例如，设置“扩展”中参数“过滤器”：

Alpha (Opacity=100, FinishOpacity=0, Style=2, StartX=0 ,StartY=0, FinishX=550, FinishY= 450)

则图片应用了此样式的效果，如图 9-40 所示。

图 9-40　应用 Alpha 滤镜后的效果

（2）Blur 滤镜

设置 3D 效果。格式如下。

Blur (Add=?, Direction=?, Strength=?)

以上参数的含义如下。

Add：输入布尔值，设置是否显示 3D 效果。

Direction：设置阴影的方向，每 45 度一个方向。

Strength：设置阴影的宽度，值越大，阴影宽度越大。

例如，设置“扩展”中参数“过滤器”：

Blur (Add=True, Direction=135, Strength=20)

包含文字的 AP 元素和包含图片的单元格应用了 Blur 滤镜后的效果，如图 9-41 和图 9-42 所示。

图 9-41 应用 Blur 滤镜后的效果

那年秋天，他们在海边……

图 9-42 应用 Blur 滤镜后的效果

（3）DropShadow 滤镜

设置文本或图像的阴影效果，应用在文本上时，其效果更加明显。格式如下。

DropShadow (Color=?, OffX=?, OffY=?, Positive=?)

以上参数的含义如下。

Color：设置阴影的颜色，在这里输入颜色的十六进制代码。

OffX 和 OffY：在这里输入整数，设置 X 方向和 Y 方向上的阴影偏移量。

Positive：这是一个布尔值，只有 true（或非 0）和 false（或 0）两个值。

例如，设置“扩展”中参数“过滤器”：

DropShadow (Color=blue, OffX=2, OffY=2, Positive=1)

包含文字的 AP 元素应用了 DropShadow 滤镜后的效果，如图 9-43 所示。

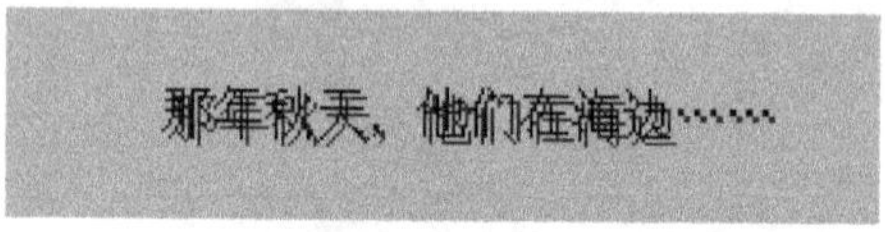
那年秋天，他们在海边……

图 9-43 应用 DropShadow 滤镜后的效果

（4）Glow 滤镜

设置发光效果。格式如下。

Glow (Color=?, Strength=?)

以上参数的含义如下。

Color：选择光的颜色。

Strength：输入 1～255 之间的整数，设置光的强度。值越大光的强度即发光范围就越大。

例如，设置“扩展”中参数“滤镜”：

Glow (Color=black, Strength=10)

包含图片的单元格应用了 Glow 滤镜后的效果，如图 9-44 所示。

图 9-44 应用 Glow 滤镜后的效果

（5）Shadow 滤镜

设置阴影效果。格式如下。

Shadow (Color=?, Direction=?)

以上参数的含义如下。

Color：选择阴影的颜色。

Direction：投影方向。每 45 度为一个方向，0 表示垂直向上。

例如，设置“扩展”中参数“滤镜”：

Shadow (Color=red, Direction=135)

包含文字的单元格应用了 Shadow 滤镜后的效果，如图 9-45 所示。

图 9-45　应用 Shadow 滤镜后的效果

（6）Wave 滤镜

设置波纹效果。格式如下。

Wave (Add=?, Freq=?, LightStrength=?, Phase=?, Strength=?)

以上参数的含义如下。

Add：输入布尔值，设置是否显示原对象。0 表示不显示，非 0 表示显示。

Freq：设置波纹个数。

LightStrength：输入从 0～100 的数值，设置波纹效果的光照强度。0 最弱，100 则最强。

Phase：输入从 0～100 的百分数值，设置波浪的相角。例如，25（%）相当于 1000, 50（%）相当于 1800。

Strength：设置波纹起伏的幅度。

例如，设置“扩展”中参数“滤镜”：

Wave (Add=0, Freq=8, LightStrength=10, Phase=0, Strength=6)

包含图片的单元格应用了 Wave 滤镜后的效果，如图 9-46 所示。

图 9-46　应用 Wave 滤镜后的效果

9.3.4　CSS 样式的应用

创建的 CSS 样式可以外部文件的方式独立存在，也可嵌入当前网页文档中。因此在应用样式时，若是以外部文件的形式存在，则需要将它链接到当前文档，而若是存在于当前文档中，则可直接应用。

1．外部 CSS 的附加

在任何一个准备使用附加样式表文件的页面上，单击“CSS 样式”面板的附加样式表按钮，打开“链接外部样式表”对话框，选择要链接到或导入到当前文档中的外部样式表，如图 9-47 所示。

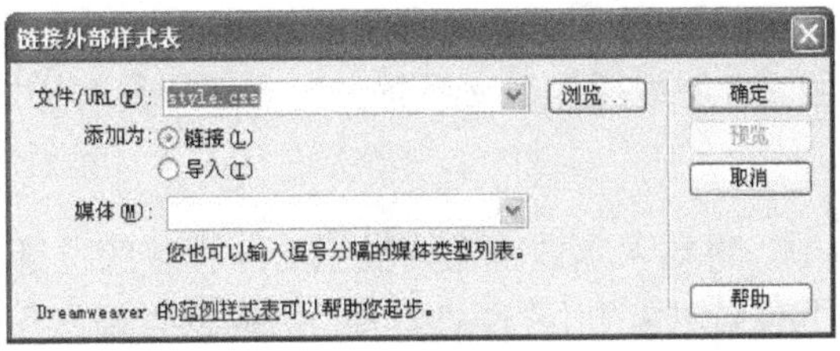

图 9-47　“链接外部样式表”对话框

2. CSS 样式的应用

在创建的 3 种 CSS 样式类型中，由于重定义的 HTML 标签样式和高级样式与 HTML 标签相关联，因此它们的样式属性自动应用于文档中受定义样式影响的任何标签。所以，页面属性和用于超链接的 CSS 样式设置完成后，即可看到所设置的效果。只有类样式需在“属性”面板的“样式”或“类”选项中选择应用，如图 9-48 所示。

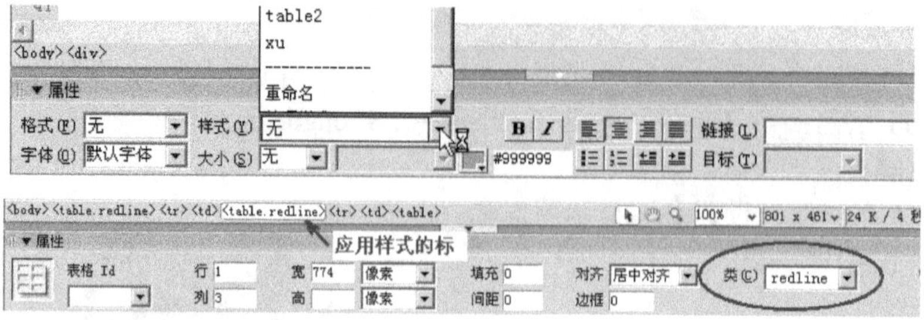

图 9-48　在“属性”面板的“样式”或“类”中应用样式

步骤

① 选中欲采用类样式的对象，例如文本、图像或表格等。
② 在其“属性”面板中的“样式”或“类”下拉框中，选择已创建好的样式。

9.4　CSS 布局

CSS 强大功能的另一方面——CSS 布局网页。常规布局网页是使用表格进行布局的。而目前流行的网页布局已经倾向于符合“Web 标准”的网页布局，而“CSS 布局”正是实现“Web 标准”的基础，使用“CSS 布局”也符合“Web 标准”所提倡的“内容”和“表现”分离的思想。

9.4.1　Div+CSS 布局

表格布局是利用表格的无边框特性，一个图文并茂的页面效果可能要费尽心思去考虑是几行几列的表格，是否还需要进行单元格合并等。而在 CSS 布局时只需要针对不同的元素使用不同的“块”元素进行包含，通过 CSS 定义这些“块”元素的位置就能快速组合成页面画面。而这个“块”最为常用的就是“Div”标签了，设计人员在设计之初只需要考虑“块”元素的内容，对于“块”元素的位置布局则通过 CSS 定义获得。Div 承载的是内容，而 CSS 承载的是样式，从而实现了真正意义上的“内容”与“样式”相分离。

1. 插入 Div 标签

在 Dreamweaver 中可以方便地插入 Div 标签并对它应用现有样式。具体步骤如下。

步骤

① 在“文档”窗口中，将插入点放置在要显示 Div 标签的位置。
② 选择“插入”|“布局对象”|“Div 标签”；或在“插入”工具栏的“布局”类别中，单击“插入 Div 标签”按钮 。
③ 弹出“插入 Div 标签”对话框，如图 9-49 所示。设置以下选项：

插入：选择 Div 标签的位置（位于插入点、标签的前后或标签起点的前后）和标签名称（如果此标签不是一个新标签）。

类：显示了当前应用于标签的类样式。如果附加了样式表，则该样式表中定义的类将出现在列表中。

ID：可更改用于标识 Div 标签的名称。它是控制某一内容块的手段，通过给这个内容块套上 Div 并加上唯一的 ID，就可以用 CSS 选择器来精确定义每一个页面元素的外观表现，包括标题、列表、图片、链接或者段落，等等。如果在文档中输入与其他标签相同的 ID，Dreamweaver 会提醒你。

新建 CSS 样式：打开“CSS 样式”面板，新建一个 CSS 样式。

④ 单击“确定”按钮后，页面上 Div 标签以一个框的形式出现文档中，并带有占位符文本。当鼠标指针移到该框的边缘上时，Dreamweaver 会高亮显示该框，如图 9-50 所示。

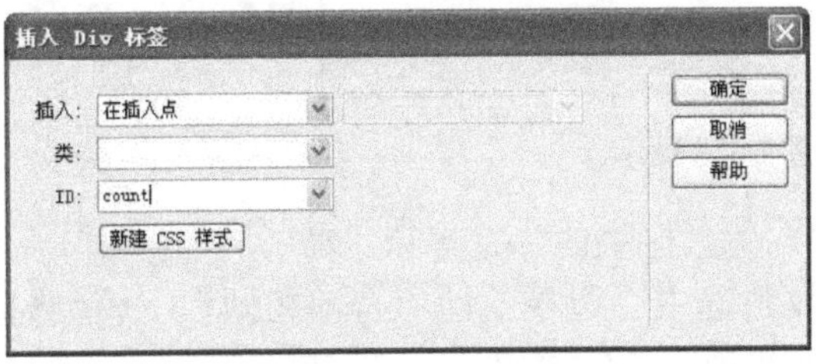

图 9-49　插入 Div 标签对话框

图 9-50　插入的 Div 标签

2. CSS 定义布局

Div 是一个块级元素，默认情况下将占满父级容器的整行，同级的其他对象将在下一行显示。但是利用 CSS 样式将某个 Div 设置为浮动后，这个 Div 本身会根据其中内容的需要而调整为内容需要的大小，其后的块级对象将浮动在它旁边显示，利用这一特性，从而实现 Div“块”元素的布局。

定义 CSS 样式的具体方法是：

步骤

① 选中 Div 标签后，打开“CSS 样式”面板，单击“新建 CSS 规则”按钮。

② 在弹出的“新建 CSS 规则”对话框中，选择“选择器类型”为“高级（ID、伪类选择器等）”，在“选择器”文本框中已自动选择了该 Div 的 ID“#count”（前面插入 Div 标签时输入的 ID 标识），选择“定义在”为“仅对该文档”，如图 9-51 所示。

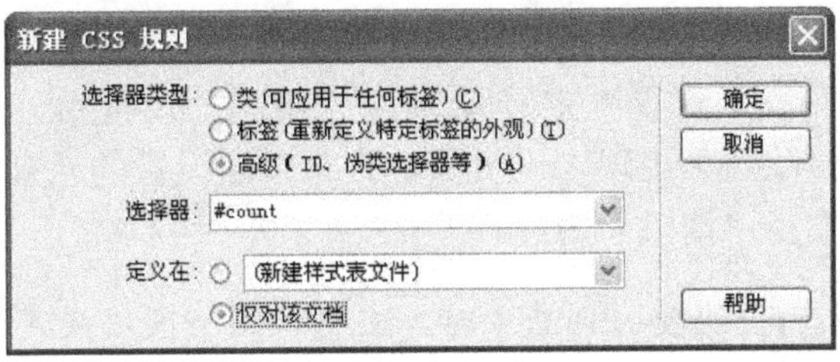

图 9-51　新建 CSS 规则

③ 单击“确定”按钮。

④ 在弹出的“CSS 规则定义“对话框中，可进行如下设置：

✧ 区块背景：在分类列表中选择“背景”，在“背景颜色”选项中选择背景颜色，如图 9-52 所示。

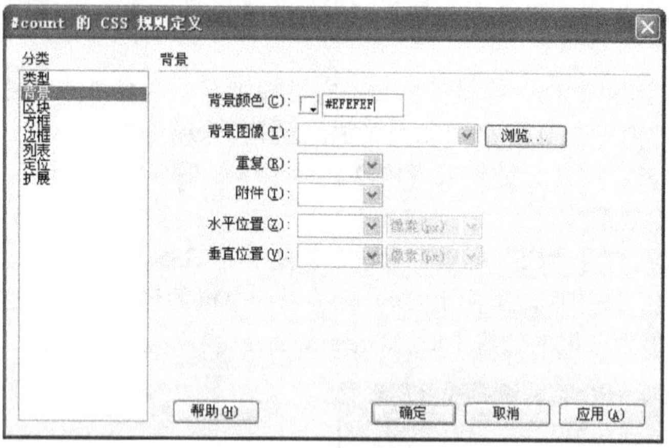

图 9-52　设置背景颜色

✧ 区块大小：在分类列表中选择“方框”，输入区块的“宽”和“高”。

✧ 位置：在分类列表中选择“方框”，取消选中“边界”的“全部相同”，分别选择“左”和“右”的边界为“自动”，从而实现区块的居中。

✧ 浮动：在分类列表中选择“方框”，可将“浮动”设置为“左对齐”或“右对齐”，或为“无”，如图 9-53 所示。

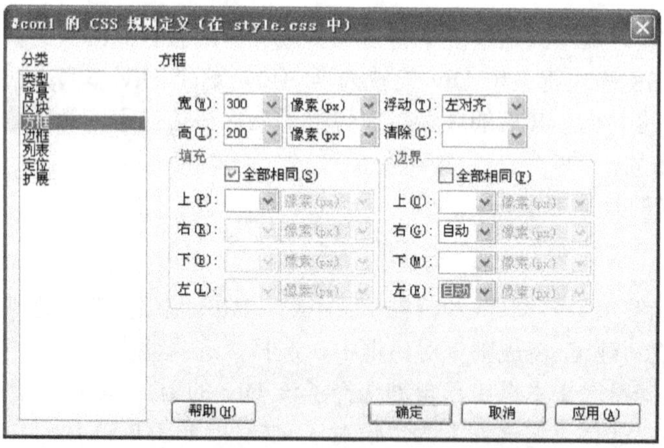

图 9-53　设置大小、位置、浮动和清除

✧ 清除：在分类列表中选择“方框”，可将“清除”设置为“左对齐”、“右对齐”或“两者”，如果清除边上出现 Div 元素，则带清除设置的元素将移到该元素的下方。两种浏览器都支持“清除”属性。

提示　当两个以上的区块要并列居中时，应将这两个区块嵌入到一个更大的区块中，然后再设置这个 Div 居中即可。

⑤ 单击“确定”按钮完成 CSS 样式的定义。

9.4.2　使用 CSS 布局创建页面

如果对使用 Div 标签和层叠样式表（CSS）创建 Web 页面不熟悉，则可以基于 Dreamweaver 附带的预设计布局之一来创建 CSS 布局。Dreamweaver 附带了 30 多个可供选择的不同 CSS 布局。另外，用户可以创建自己的 CSS 布局，并将它们添加到配置文件夹中，以便它们在“新建文档”对话框中显示为布局选项。

使用 CSS 布局创建页面的方法是：

步骤

① 选择 Dreamweaver 主菜单的“文件”|“新建”。

② 在“新建文档”对话框中，选择“空白页”类别。（它是默认选择。）

③ 在“页面类型”栏目中选择 HTML，在“布局”栏目中选择要使用的 CSS 布局。可以从 30 多个不同布局中选择。“预览”窗口显示该布局，并给出所选布局的简短说明。如图 9-54 所示。

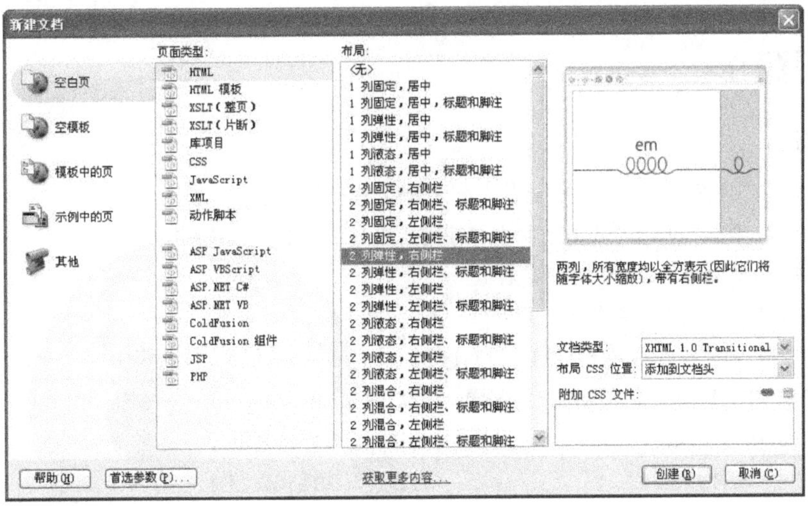

图 9-54　“新建文档”对话框

预设计的 CSS 布局提供了下列类型的列：

固定：列宽是以像素指定的。列的大小不会根据浏览器的大小或站点访问者的文本设置来调整。

弹性：列宽是以相对于文本大小的度量单位指定的。如果站点访问者更改了文本设置，该设计将会进行调整，但不会基于浏览器窗口的大小来更改列宽度。

液态：列宽是以站点访问者的浏览器宽度的百分比形式指定的。如果站点访问者将浏览器变宽或变窄，该设计将会进行调整，但不会基于站点访问者的文本设置来更改列宽度。

混合：用上述三个选项的任意组合来指定列类型。例如，可能存在两列混合的形式：左侧栏布局有一个根据浏览器大小缩放的主列，右侧有一个根据站点访问者的文本设置大小缩放的弹性列。

④ 从“文档类型”下拉菜单中选择文档类型。一般选择“XHTML 1.0 Transitional”或“XHTML 1.0 Strict”选项，使 HTML 文档符合 XHTML 规范。

⑤ 从“布局 CSS 位置”弹出菜单中选择布局 CSS 的位置。

- ✧ 添加到文档头：将布局的 CSS 添加到要创建的页面头中。
- ✧ 新建文件：将布局的 CSS 添加到新的外部 CSS 样式表，并将这一新样式表添加到要创建的页面。
- ✧ 链接到现有文件：可以通过此选项指定已包含布局所需的 CSS 规则的现有 CSS 文件。当希望在多个文档上使用相同的 CSS 布局时，此选项特别有用。

本章小结与重点回顾

CSS 样式不但能使设计者控制许多 HTML 样式不能控制的属性，还能迅速准确地将样式作用于整个网站的多个网页上，利用它可以对页面当中的文本、段落、图像、页面背景、表单元素外观等实现更加精确的控制。更为重要的是，CSS 真正实现了网页内容和格式定义的分离，通过修改 CSS 样式表文件就可以修改整个站点文件的风格，大大减小了更新站点的工作量。另外，它带有的特效滤镜，也可使网页设计效果丰富多彩。

本章的重点知识是创建、编辑 CSS 样式，创建、编辑、选用 CSS 外部样式表，CSS 布局。

习题 9

一、选择题

1．下列关于 CSS 样式和 HTML 样式的不同之处说法正确的是__________。

A．HTML 样式只影响应用它的文本和使用所选 HTML 样式创建的文本

B．CSS 样式只可以设置文字字体样式

C．HTML 样式可以设置背景样式

D．HTML 样式和 CSS 样式相同，没有区别

2．在“CSS 样式”面板中，要链接外部样式表文件，应单击__________图标。

A．新建 CSS 样式图标　　B．编辑样式表图标

C．删除 CSS 样式图标　　D．附加样式表图标

3．下列关于 CSS 样式的应用说法不正确的是__________。

A．所有 CSS 样式都要在选定应用对象后，在其属性检查器的“类”下拉框中选择相应样式

B．所有 CSS 样式都要在选定应用对象后，在其属性检查器的“样式”下拉框中选择相应样式

C．所有 CSS 样式都要在选定应用对象后，在其属性检查器的“样式”或“类”下拉框中选择相应样式

D．对于自定义类样式要在选定应用对象后，在其属性检查器的“样式”或“类”下拉框中选择相应样式

二、填空题

1．打开“CSS 样式”面板的快捷键是__________。

2．在“CSS 样式定义”对话框中，__________选项可设定网页背景在元素开始处显示一次图像。

三、简答题

1．CSS 样式表有何特点？

2．CSS 样式表有哪几种类型？

3．CSS 样式表在网页上有哪几种存在方式？

4．在 Dreamweaver CS3 中，打开“新建 CSS 样式”对话框的方法有几种？它们分别是什么？

四、操作题

1．在 Dreamweaver 中打开自己创建的站点 MyCSS 内的任何一个网页文件，然后在其中创建一个 CSS 样式表文件 CSS.css，将其保存在站点根目录下。

2．在该文件中创建文档中可能用到的各种样式，包括自定义样式、重定义标签样式以及 CSS 选择器样式。

3．在需要应用该 CSS 文件的网页上附加样式表文件。

第 10 章　模板和库的应用

通常在一个网站中会有几十甚至几百个风格基本相似的页面，对于这种类型的网页，每个页面都逐个制作，不但效率低而且十分乏味。应用 Dreamweaver CS3 的模板和库，很好地解决了这一问题。模板是一种预先设计好的网页样式，在制作风格相似的页面时，只要套用这种模板便可以设计出风格一致的网页。而库则是将具有相同内容的部分存为库元素，在需要用到这些部分时，将它们作为一个整体进行调用即可，这也避免大量的重复劳动，提高了效率。

10.1　应用模板制作相似网页——美文随笔

10.1.1　案例综述

本例通过模板设计出网页的整体风格、布局，当制作各个分页时，通过模板来创建，而当修改模板时，应用该模板的网页都将随之改变，这使网页的制作形成一种批量生产的形式，大大提高了工作效率。实例效果如图 10-1 所示。

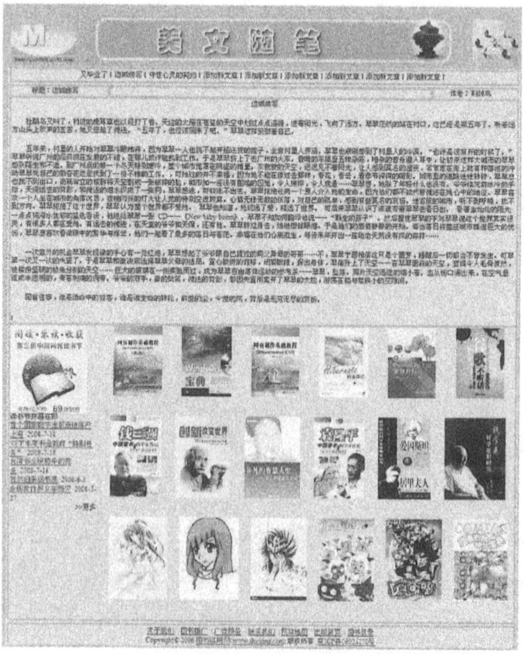

图 10-1　实例效果

通过本例的学习将使读者掌握创建模板的方法、学会创建基于模板的网页文档、修改模板并更新网页。

10.1.2　案例分析

在网站中，常常有很多布局风格相似的 Web 页面，在制作中，可利用模板来设计其相同部分，不同之处留为可编辑区域，在具体制作网页时，再将具体内容填入可编辑区域。

观察如图 10-2 所示的页面，共有 3 部分内容是可变的，分别是标题、作者名和文章内容，将它们定义为可编辑区域。如图 10-3 所示是模板中的重复区域。

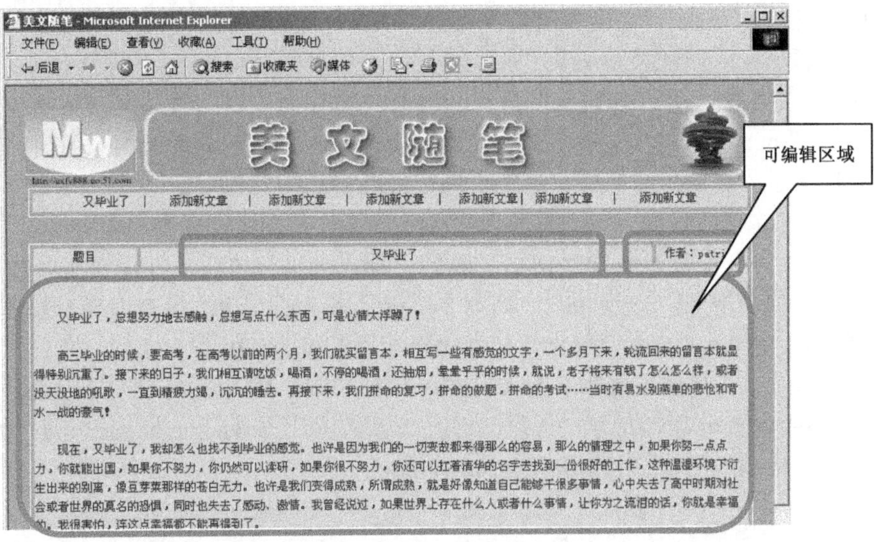

图 10-2　模板中的可编辑区域

图 10-3　模板中的重复区域

10.1.3　实现步骤

1．制作模板

制作模板和制作一个普通的页面完全相同，只是不需要把页面的所有部分都制作完成，仅仅需要制作出导航条、标题栏等各个页面的公有部分，而把中间可变化的区域作为可编辑区域留下来，在具体制作各个网页时再来制作。为了避免编辑时候误操作而导致模板中的元素变化，模板中的内容默认为不可编辑，只有把某个区域或者某段文本设置为可编辑状态之后，在由该模板创建的文档中才可以改变这个区域。

模板的制作过程可分为两步进行，即基本页面的制作和插入模板区域。

（1）基本页面的制作

步骤

① 创建站点 mb，站点根目录为 D:\mb，站点默认图像文件夹为 D:\mb\images。在站点中新建页面，选择“修改”|“页面属性”命令，打开“页面属性设置”对话框，设置页面标题为“美文随笔”，背景色为#AF99F2（淡紫色），文本色为#000080（深紫色）。

② 选择“文件”|“另存为模板”命令，打开“另存为模板”对话框，将模板保存到站点根目录下的 Templates 文件夹中，文件名为 page.dwt，文件名的后缀由系统自动加上，这时窗口标题栏多了“模板”的字样。这个页面已经是模板的窗口了。

③ 将光标定位在页面中，在“属性”面板中，将对齐方式设置为居中对齐。

④ 打开“插入”面板，单击“常用”类的“插入表格”按钮，打开表格参数的设置对话框，插入 1×3 的表格 T1，宽为 902，高为 84，单元格间距为 4，填充为 0，边框为 0。

⑤ 设置第 1 个单元格的宽为 115，第 2 个单元格的宽为 639。

⑥ 在第 1 个单元格中设置垂直对齐方式为顶部对齐，插入图片 ch11\img\logo.png；在第 2 个单元格中设置垂直对齐方式为顶部对齐，插入图片 ch11\img\banner.png，如图 10-4 所示。第 3 单元格插入图片 ch11\img_11240K28.jpg。

图 10-4　设置顶部表格

⑦ 另起一行，制作导航栏。插入 1×1 的表格 T2，设置宽为 902，高为 18，边框为 1，间距为 4，边框色为#FFFFFF（白色）。

⑧ 将光标定位在表的单元格中，设置边框色、背景色为#DECEFF（淡粉紫），输入文章标题，中间用竖线间隔。因为模板中的文章内容尚未确定，暂用“添加新文章”替代，以后再作修改，如图 10-5 所示。选中文字，设为居中对齐。

图 10-5　添加文章标题

⑨ 另起一行，插入 1×1 的表格 T3，设宽为 902，高为 23，用于拉开标题与正文的间隔。

⑩ 再另起一行，制作正文部分。插入 3×1 的表格 T4，设宽为 902，高为 11，单元格间距为 4，填充为 0，边框为 1。设置边框色为#FFFFFF（白色），设置单元格背景色为#DECEFF（淡粉紫），单元格边框色为#DECEFF（淡粉紫）。

⑪ 拆分第一行为 3 列，从左到右宽度分别为 153, 597, 128，选中各单元格，设置对齐方式为水平居中。在第 1 个单元格中输入“题目”，第 3 个单元格中输入“作者：”将字体大

小设置为 9pt，如图 10-6 所示。

图 10-6　制作主体内容的框架

⑫ 设置第二行垂直对齐方式为“顶端”对齐。

⑬ 在正文部分的下方，插入 1×1 的表格 T5，设宽为 902，高为 17，单元格间距为 4，填充为 0，边框为 1。设置边框色为#FFFFFF（白色）。设置单元格背景色为#DECEFF（淡粉紫），单元格边框色为#DECEFF（淡粉紫）。该单元格用于放置版权信息，因为其内容是固定不变的，因此可在制作模板时直接输入，将字体大小设置为 9pt，如图 10-7 所示。

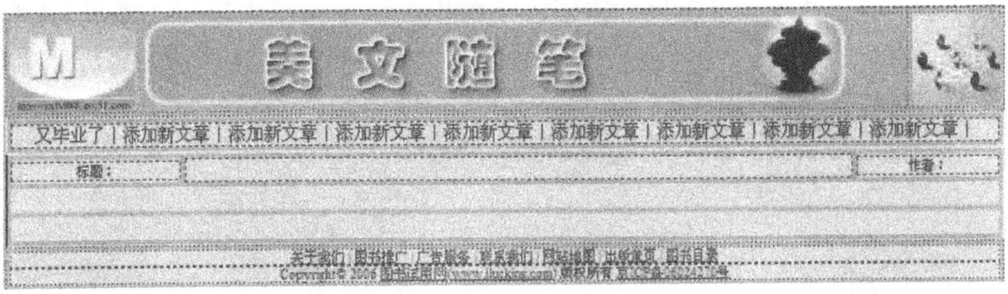

图 10-7　放置版权信息

（2）插入模板区域

在该例中，T4 表格的第一、二行中的标题、作者及文章内容部分可通过插入可编辑区域，使这些单元格可以插入内容，而第三行中先只制作一行的表格，后面的内容通过创建重复区域来实现。

创建可编辑区域

步骤

① 将光标定位在表格 T4 正文表格的第一行第二个单元格中，单击鼠标右键，从弹出的快捷菜单中选择“模板”|“新建可编辑区域”命令，此时会打开一个“新建可编辑区域”对话框，如图 10-8 所示，将可编辑区域命名为“title”。

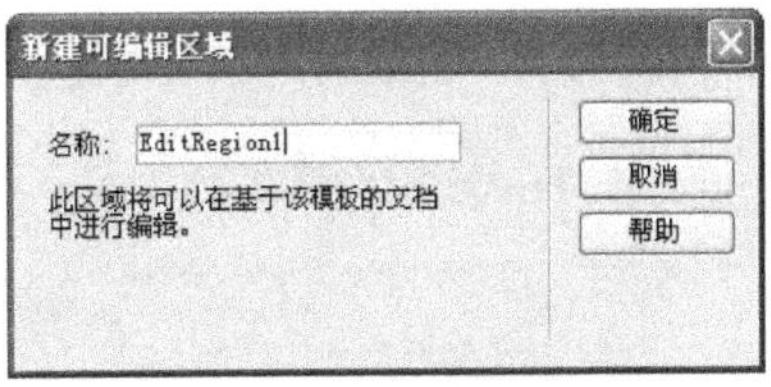

图 10-8　命名可编辑区域

② 将光标定位在第 3 个单元格中的“作者：”后面，用同样的方法定义一个可编辑区域，命名为“author”，再将光标定位在第二行的单元格中，定义一个名为“content”的可编辑区域。定义完成后，效果如图 10-9 所示。

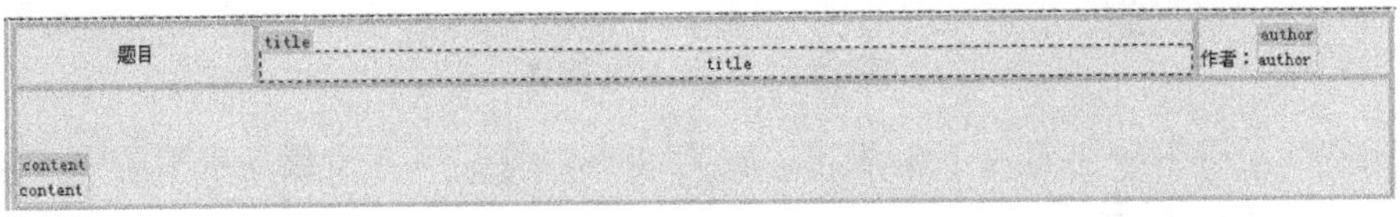

图 10-9　制作好的可编辑区域

创建重复区域

步骤

① 将光标定位在表格 T4 的正文表格的第三行中，插入 1×3 的表格 T6，宽为 100%，第 1 列宽为 154，第 2 列宽为 13（用于间隔），第 3 列宽为 732，如图 10-10 所示。

图 10-10　插入 T6 表格

② 在 T6 表格的第 1 单元格中插入 4×1 的表格 T7，制作如图 10-11 所示页面内容。

③ 在第一单元格内插入图片点位符，大小为 135×90；选中图片右击，在快捷菜单中选择“模板\新建可编辑区域”，名为 tupian，将其设为可编辑；在第二单元格输入图片注释文字，选中该文字也将其设为可编辑区域，名为 rem；在第四单元格输入“》》更多”，将文字大小设置为 9pt。

④ 再次选中以上表格，单击鼠标右键，从弹出的快捷菜单中选择“模板”|“新建可编辑区域”命令，此时会打开一个“新建可编辑区域”对话框，将其创建为可编辑区域，名为“wen1”，如图 10-12 所示。

图 10-11　制作 T7 中的页面内容

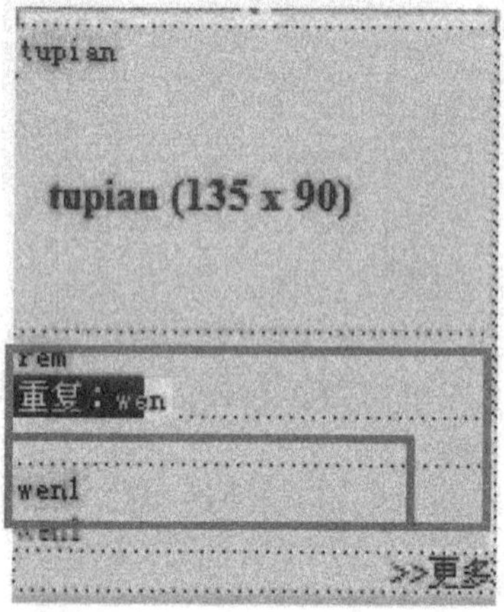

图 10-12　创建重复区域和可编辑区域

⑤ 在 T6 表格的第 3 列中插入 1×6 的表格 T8，宽为 723，如图 10-13 所示。

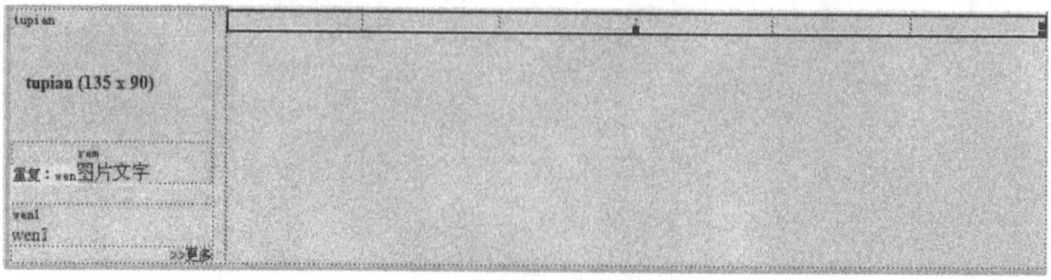

图 10-13　插入 T8 表格

⑥ 在各单元格中分别插入 1×1 表格，宽为 98%，将其对齐设置为水平居中，插入图片和文字，如图 10-14 所示。

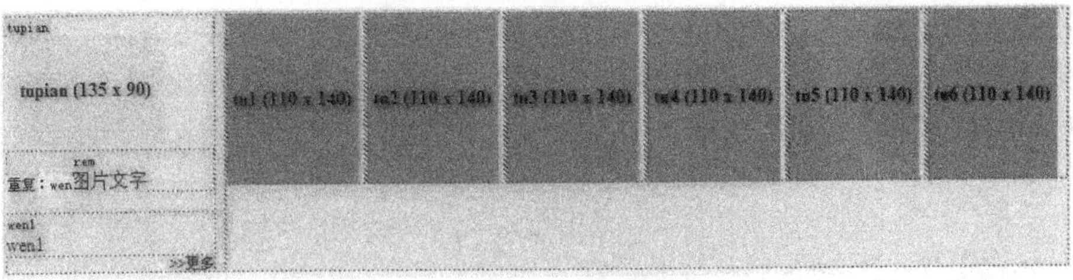

图 10-14 插入 T8 表格中的内容

⑦ 选中 T8 表格，选择“插入”|“模板对象”|“重复区域”命令，将该表格创建成可重复区域，命名为“tu”；再分别选中各单元格中的表格，将它们设置为可编辑区域，命名为“tu1”、“tu2”、“tu3”、“tu4”、“tu5”和“tu6”，如图 10-15 所示。

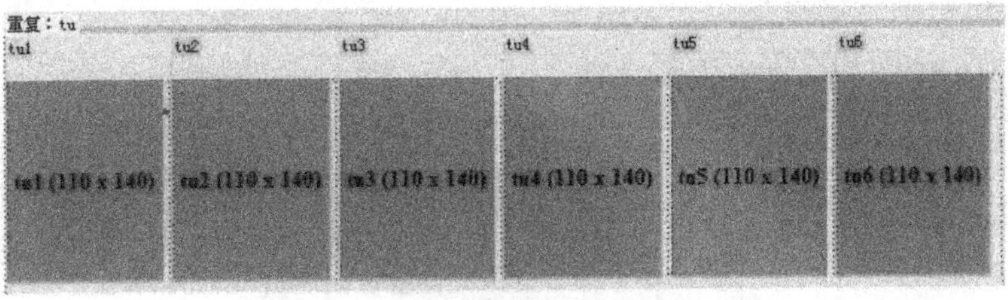

图 10-15 创建重复区域和可编辑区域

⑧ 设置完成后，单击“文件”|“保存”命令，保存模板文件，如图 10-16 所示为制作好的模板页面。

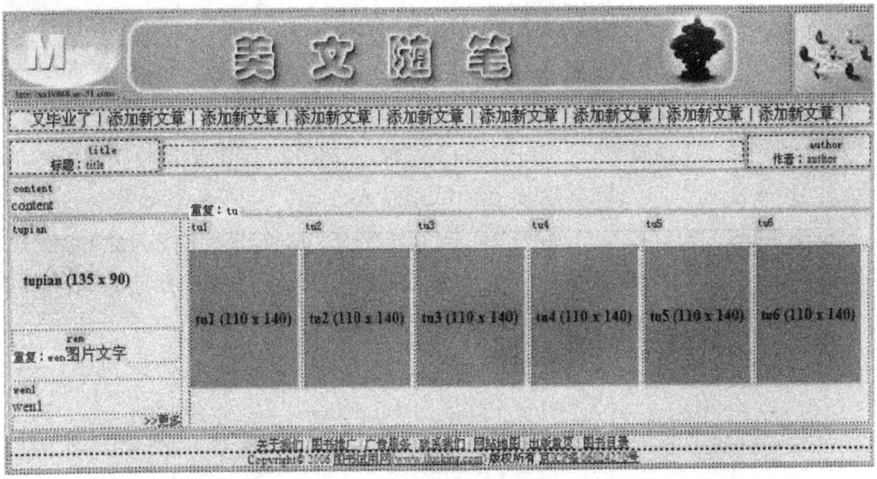

图 10-16 定义了重复区域和可编辑区域的模板

2. 创建基于模板的网页文档

步骤

① 新建页面。在“文件”面板中单击“资源”选项卡，打开“资源”面板，单击面板左侧的“模板”按钮，选中刚才完成的 page.dwt 模板，将其拖入页面编辑窗口，此时页面的周围围绕着黄色的边框。这时，光标为不可单击状，这是因为在页面中引用模板时，模板的非可编辑部分是不能进行任何编辑的。

② 在可编辑区域中，可以添加制作任何元素。将光标定位在名为 title 的可编辑区域

中，输入“《边城》续写”；将光标定位在名为 author 的可编辑区域中，输入“荆棘鸟”；将光标定位在名为 content 的可编辑区域中，输入“《边城》续写”的全文。将网页保存为 Page1.html，如图 10-17 所示。

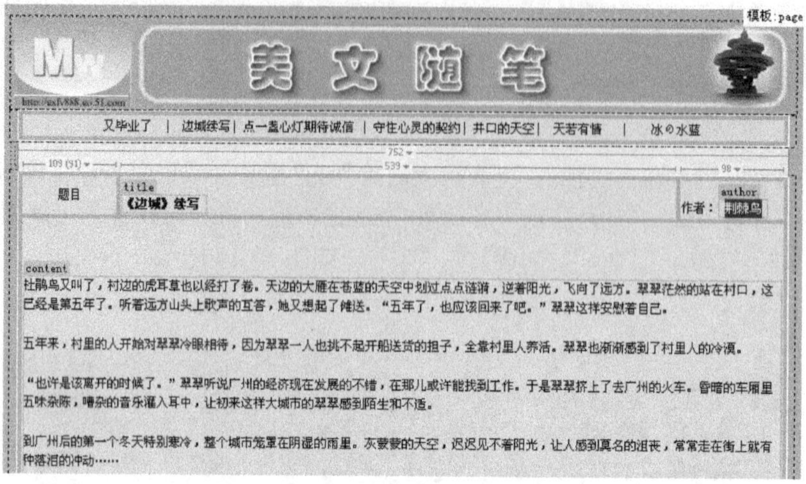

图 10-17　在可编辑区域中添加内容

图 10-18　制作重复区域内容

③ 双击左侧可编辑区域 tupian 中的图片占位符，在选择图片对话框中选择图片 img\pc1.jpg；在可编辑区域 rem 中输入图片的注释文字；在重复区域中，单击“重复：wen”处的加号按钮，增加一个表格，由于该表格同时定义了可编辑性，所以可以修改其中的内容，增加及修改后的结果如图 10-18 所示。

④ 用同样的方法可制作“重复区域：tu”部分，增加表格并更换其中的图片和文字，完成后其效果如图 10-19 所示。

⑤ 用同样方法制作 Page2.html, Page3.html 页面，标题分别是“点一盏心灯期待诚信”和“守住心灵的契约”，作者分别是“刘舸”和“孙悦刚”。

图 10-19　重复区域内容的制作

3. 修改模板并更新

在模板中导航栏并没有起到它的作用，下面进行修改，使其链接到相应的页面。

步骤

① 在“资源”面板中，选中 Page 模板，双击进入模板编辑状态。

② 将导航栏中的“添加新文章”替换为各文章名称“边城续写”、“点一盏心灯期待诚信”和“守住心灵的契约”，并分别创建超链接到 Page1.html, Page2.html 和 Page3.html，如图 10-20 所示。

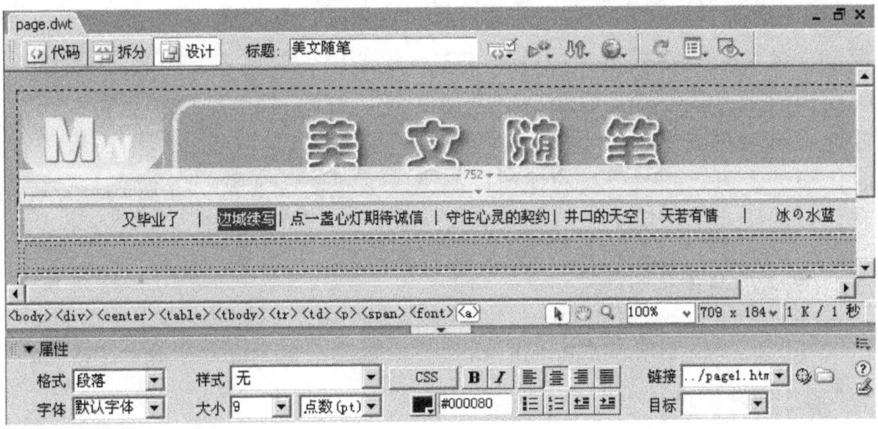

图 10-20　修改模板

③ 保存所修改的模板文件，保存完成后，会弹出一个对话框，询问是否要将改变应用到所有引用这个模板的页面中去，如图 10-21 所示，单击“更新”按钮，则 Dreamweaver 自动更新所有用到这个模板的文件。

④ 更新完成后，弹出一个对话框，显示这个模板有三个页面引用，报告页面更新情况，如图 10-22 所示。

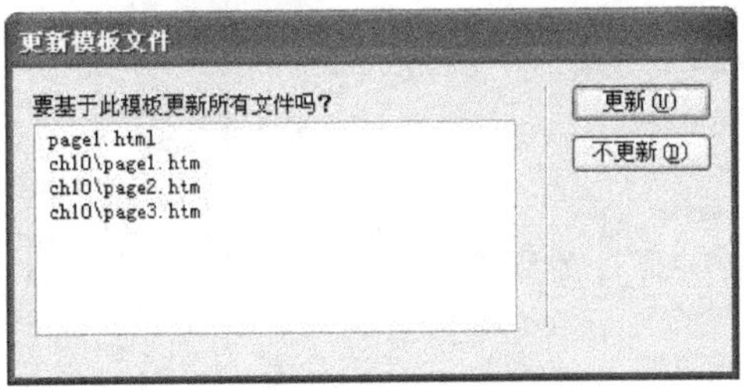

图 10-21　更新提示

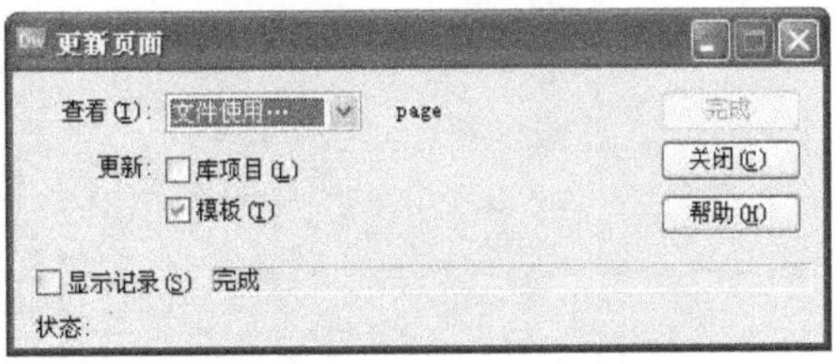

图 10-22　“更新页面”对话框

⑤ 为了验证文件是否被改变，可重新打开 Page1.html 或 Page2.html，Page3.html，按 F12 键预览验证其超链接。

提示　在模板中，可用 CSS 样式来设置格式，如超链接等，从而使基于该模板的所有网页都具此特性。

10.2 模板的基本操作

10.2.1 模板的基本特点

1．可以生成大批风格相近的网页

模板可以帮助设计者把网页的布局和内容分离，快速制作大量风格布局相似的 Web 页面，使网页设计更规范，制作效率更高。

2．一旦模板修改将自动更新使用该模板的一批网页

从模板创建的文档与该模板保持链接状态（除非以后分离该文档），当模板改变时，所有使用这种模板的网页都将随之改变。

在创建一个模板时，必须设置模板的可编辑区域和锁定区域，这个模板才有意义。在编辑模板时，设计者可以修改模板的任何可编辑区域和锁定区域。而当设计者在制作基于模板的网页时，只能修改那些标记为可编辑的区域，此时网页上的锁定区域是不可改变的。

10.2.2 模板的创建与保存

可以从新建空白模板创建模板，也可以利用现成的网页来创建模板。

1．通过菜单创建模板

步骤

① 在“文件”面板中选择要创建模板的站点。

② 选择“文件”|“新建”命令，打开“新建文档”对话框，在 “空白页”或“空模板”中，选择需创建的模板类型，如图 10-23 所示。

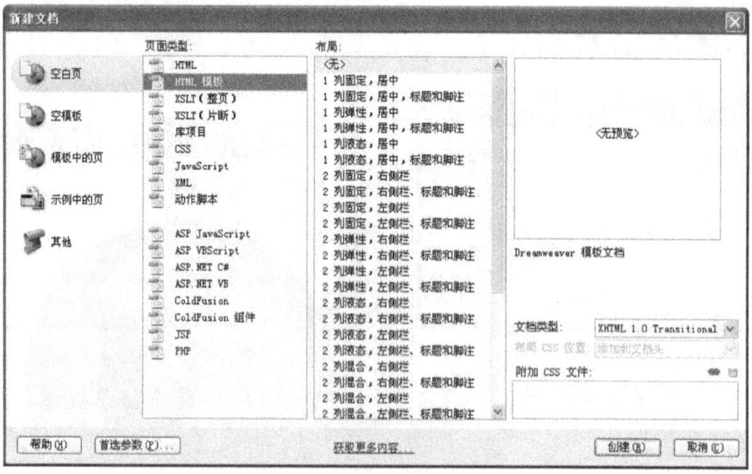

图 10-23 通过菜单创建模板

③ 单击“创建”按钮后，即创建一个空白模板。这时，在标题栏中标明当前页是一个模板。

2．通过“资源”面板创建模板

步骤

① 在“文件”面板中选择要创建模板的站点。

② 选择“窗口”|“资源”命令，打开“资源”面板，选定面板左侧的“模板”按钮，单击“添加”按钮，如图 10-24 所示。创建模板。

3. 利用现成网页创建模板

步骤

① 选择“文件”|“打开”命令，打开欲作为模板的网页。

② 选择“文件”|“另存为模板”命令，系统弹出“另存模板”对话框，如图 10-25 所示。

③ 在“站点”下拉列表框中选定该模板所在站点，在“现存的模板”列表框中显示的是当前网站中已经存在的模板，在“另存为”文本框中输入新建模板的名称，单击“保存”按钮。此时新建的模板文件会保存在本地站点的 Templates 文件夹中。

图 10-24　通过“资源”面板创建模板

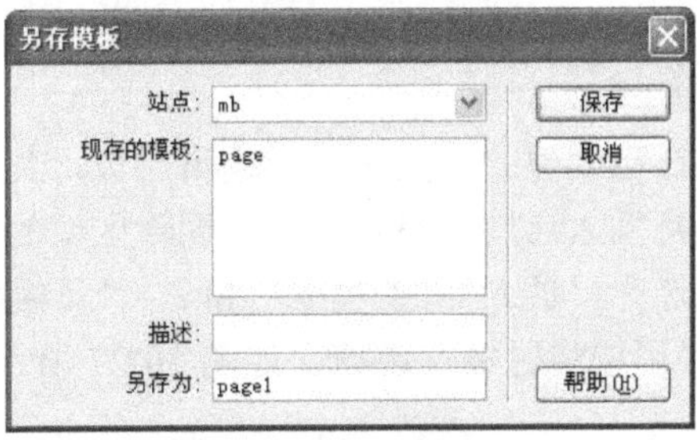

图 10-25　“另存模板”对话框

新建模板时，必须明确模板是建在哪个站点中，模板文件都保存在本地站点的 Templates 文件夹中，如果该 Templates 文件夹在站点中尚不存在，Dreamweaver CS3 将在保存新建模板时自动创建该文件夹。模板文件的扩展名为.dwt。

10.2.3 创建模板区域

创建模板时可指定基于模板的文档中的哪些区域可编辑（或可重复等），方法是在模板中插入模板区域。创建模板时，可编辑区域和锁定区域都可以更改。但是，在基于模板的文档中，模板用户只能在可编辑区域中进行更改；无法修改锁定区域。

模板区域共有以下 4 种类型：

- ✧ **可编辑区域**是基于模板的文档中的未锁定区域；它是模板用户可以编辑的部分。模板在制作时可以将模板的任何区域指定为可编辑的。要让模板生效，它应该至少包含一个可编辑区域；否则，将无法编辑基于该模板的页面。
- ✧ **重复区域**是文档中设置为重复的布局部分。例如，可以设置重复一个表格行。通常重复部分是可编辑的，这样模板用户可以编辑重复元素中的内容，同时使设计本身处于模板创作者的控制之下。在基于模板的文档中，模板用户可以根据需要使用重复区域控制选项添加或删除重复区域的副本。
- ✧ **可选区域**是在模板中指定为可选显示的部分，用于保存有可能在基于模板的文档中出现的内容（如可选文本或图像）。在基于模板的页面上，模板用户通常控制是否显示内容。
- ✧ **可编辑标签属性**使可以在模板中解锁标签属性，以便该属性可以在基于模板的页面中编辑。例如，可以“锁定”在文档中出现的图像，但让模板用户将对齐设为左对齐、右对齐或居中对齐。

✧ 创建模板区域可选择“插入”|“模板对象”下的相应命令。如图 10-26 所示。

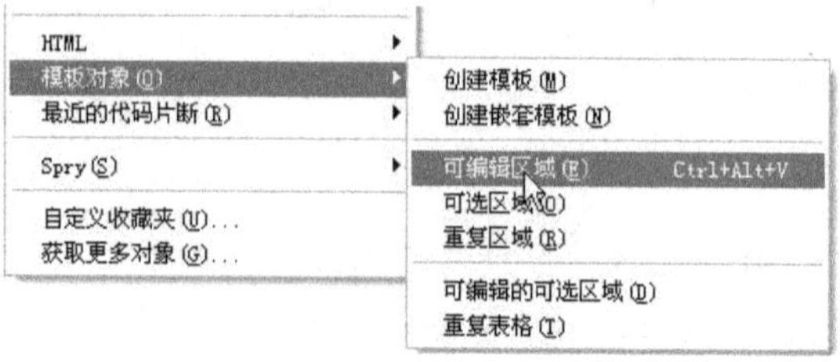

图 10-26　使用“插入”菜单创建模板区域

1．创建可编辑区域

可编辑区域控制在基于模板的页面中用户可以编辑哪些区域。

步骤

① 在已创建的模板文件中编辑网页，其布局、制作方法与普通网页完全一致。

② 将插入点放在想要插入可编辑区域的地方。

③ 选择“插入”|“模板对象”|“可编辑区域”命令，或在插入栏中选择“模板”，然后单击“可编辑区域”选项，如图 10-27 所示。

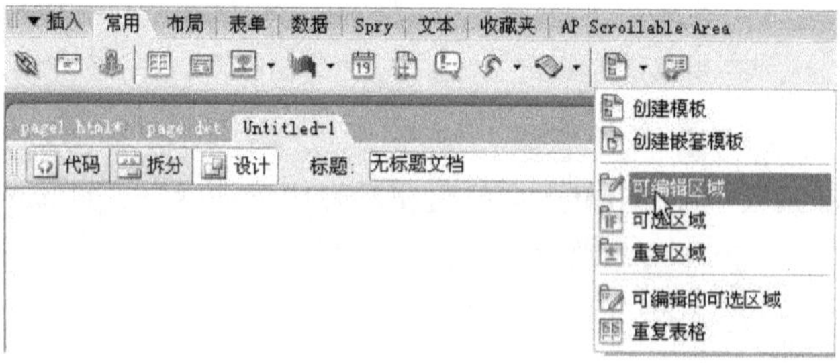

图 10-27　创建可编辑区域

④ 在“新建可编辑区域”对话框中，输入该区域的名称，单击“确定”按钮。

可编辑区域在模板中由高亮度显示的矩形边框围绕，该边框使用在参数选择中设置的高亮颜色，该区域左上角的选项卡显示该区域的名称。

提示

采用表格布局的模板定义可编辑区域时，可将整个表格或表格的某个单元格定义为可编辑区域，但是不能同时将多个单元格定义为一个单独的可编辑区域。

AP 元素和 AP 元素中的内容是不同的元素，当 AP 元素设为可编辑区域时，在应用该模板编辑文档时，可改变 AP 元素的位置和 AP 元素中的内容。而将 AP 元素的内容设为可编辑区域时，则只能改变 AP 元素中的内容而不能改变 AP 元素的位置。

2. 创建可重复区域

重复区域是可以根据需要在基于模板的页面中复制任意次数的模板部分。使用重复区域，可以通过重复特定项目来控制页面布局，例如目录项、说明布局或者重复数据行（如项目列表）。如图 10-28 所示。

创建重复区域的操作，一定要在可编辑区域内，否则将不能进行“重复区域”的定义。

若要在模板中插入重复区域，请执行以下操作：

图 10-28　创建重复区域

步骤

① 在“文档”窗口中执行下列操作之一：

✧ 选择想要设置为重复区域的文本或内容。

✧ 将插入点放入文档中想要插入重复区域的地方。

② 执行下列操作之一创建重复区域：

✧ 选择“插入记录”|“模板对象”|“重复区域”。

✧ 单击鼠标右键，在弹出的快捷菜单中，选择“模板”|“新建重复区域”。

✧ 在“插入”栏的“常用”类别中，单击“模板”按钮上的箭头，然后选择“重复区域”。

③ 在“名称”文本框中为模板区域输入唯一的名称。

（不能对一个模板中的多个重复区域使用相同的名称。）

④ 单击“确定”按钮。重复区域被插入到模板中。

3 修改模板区域

对于页面中已设置的模板区域，可进行修改或删除操作。

步骤

① 在“文档”窗口中，选择区域选项卡。

② 选择“修改”|“模板”|“删除模板标记”。

③ 对于“可选区域”，在选中其标识后，在“属性”面板中单击“编辑”按钮进行修改。

10.2.4 创建基于模板的网页

在完成了模板设计后，即可让空文档或已包含内容的文档应用模板。

1. 使用菜单方式

步骤

① 选择“文件”|“新建”命令，在弹出的“新建文档”对话框中，单击“模板”标签，打开“从模板新建”对话框，在左侧的“模板用于”列表框中，选择新建的网页页面存放的站点，当选中某个站点后，在“站点×××”列表中将显示出该站点中已存在的模板，此时在右边的预览窗口中会显示选中的模板，从中选择欲采用的模板。如图 10-29 所示。

② 选中“当模板改变时更新页面”复选框，当模板被修改后，用此模板创建的网页也会被修改。

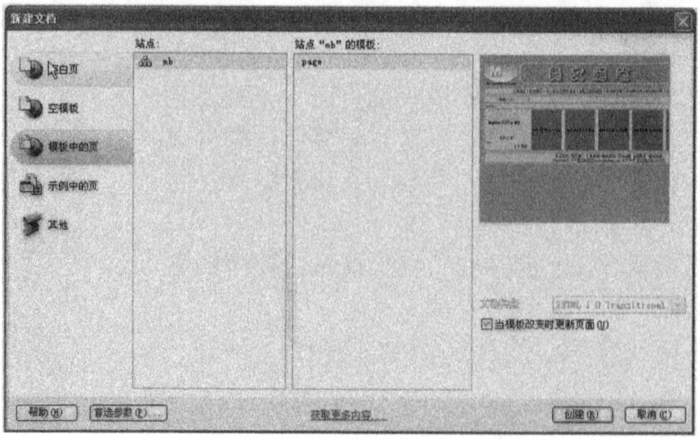

图 10-29　“从模板新建”对话框

③ 单击“创建”按钮，此时在网页编辑窗口建立了一个由模板生成的网页，设计者可根据需要在可编辑区域输入相关内容。

2. 使用“资源”面板方式

步骤

① 首先新建页面，然后通过“窗口”菜单打开“资源”面板。

② 选择面板中的模板资源，如图 10-30 所示。

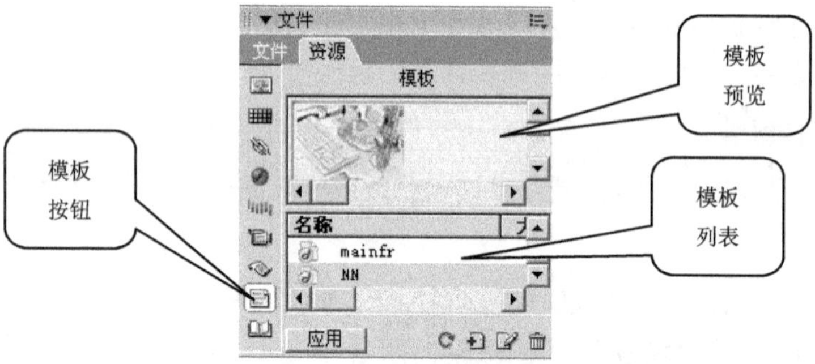

图 10-30　模板“资源”面板

③ 选中欲采用的模板，单击“应用”按钮，或将选中的模板拖到编辑窗口中，如图 10-31 所示，应用了模板的文档在右上角会标明模板的名称。

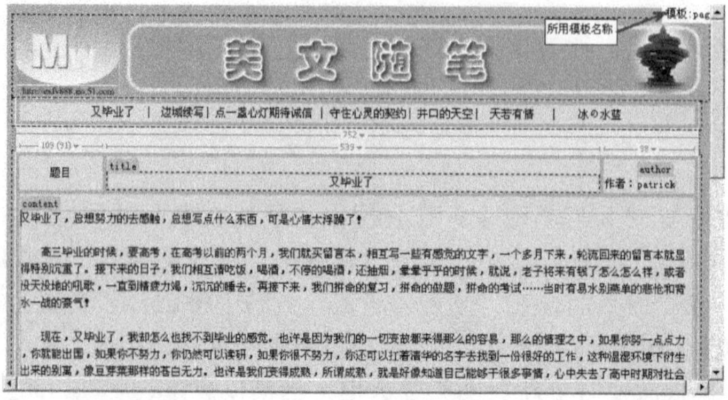

图 10-31　应用了模板的页面

④ 在应用了模板的文档的可编辑区域内编辑相关内容。

10.2.5　修改模板及更新页面

1. 修改模板

步骤

① 选择“窗口”|“资源”命令，打开“资源”面板，单击模板按钮切换到“模板”资源。

② 选中要修改的模板后单击鼠标右键，在快捷菜单中选择“编辑”命令，或双击该模板，便可打开要修改的模板。

③ 单击鼠标右键，在快捷菜单中选择“模板”|“新建可编辑区域”或“删除模板标记”以添加或删除可编辑区域。

④ 模板修改完成后，选择“文件”|“保存”命令，保存模板。

2. 更新页面

保存模板时，Dreamweaver CS3 会询问是否更新所有基于此模板的网页，如图 10-32 所示。单击“更新”按钮，进行与模板相关联的页面的更新，如图 10-33 所示。

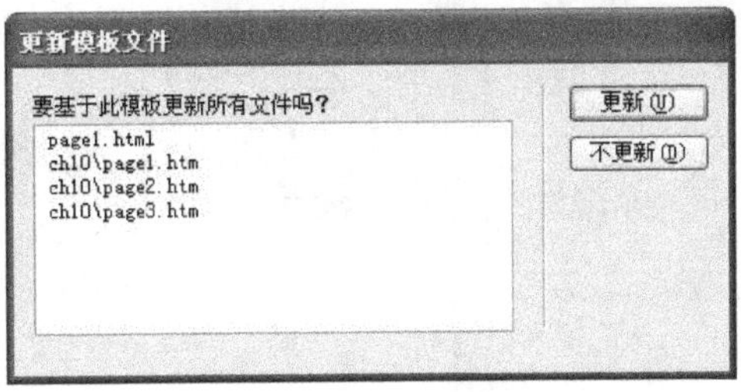

图 10-32　是否更新附着到该模板的网页

图 10-33　“更新页面”对话框

提示　也可以使用“修改”|“模板”|“更新页面”命令。或“模板”资源窗口右上角的按钮，选择“更新站点”命令，Dreamweaver 在该模板所在的站点中更新基于模板的所有网页文档。

经过更新过程后，整个网站中使用了该模板文件的页面都会自动更新，大大提高了网站批量创建页面和更新的效率。

10.3　库的应用

库是一种用来存储想要在整个网站上经常重复使用或更新页面元素（如图像、文本和其他对象）的方法，这些元素称为库项目。在网页制作时可将库项目的一个副本直接插入网页中，同时还插入了对该库项目的引用，保证了对该库项目修改后，引用该库项目的网页能自动更新，从而可以方便地实现整个网站各页面上与库项目相关的内容一次性更新。

Dreamweaver CS3 中的库项目与模板一样，可以规范网页格式，避免多次重复操作。二者的区别是模板对网页的整个页面起作用，库项目则只对网页的部分区域起作用，使用库比使用模板有更大的灵活性。

10.3.1 创建库项目

网页文档 body 部分中的文本、表格、表单、Java Apple、插件、ActiveX 元素、导航条和图像等元素都可添加为库项目，创建库项目的方式有两种。

1. 将选定内容创建为库项目

① 选择“窗口”|“资源”命令，打开“资源”面板，单击面板左侧的库按钮，打开“库”资源。

② 在“文档”窗口中，选择文档要另存为库项目的内容。

③ 将选定内容拖到“资源”面板的“库”类别中，或者单击“资源”面板的“库”类别底部的新建库项目按钮，一个库项目被创建，此时网页文档下方的属性检查器也变为“库项目”检查器，如图 10-34 所示。

图 10-34 选定内容后创建库项目

④ 为新的库项目输入一个名称。

2. 创建一个空白库项目

步骤

① 选择“窗口”|“资源”命令，出现“资源”面板，选择面板左侧的“库”类别。

② 在“资源”面板中，单击“库”类别底部的新建库项目按钮。

③ 一个新的库项目被添加到面板上的列表中，如图 10-35 所示。

④ 为新的库项目输入一个名称。

⑤ 双击该库项目，在文档窗口进行编辑。

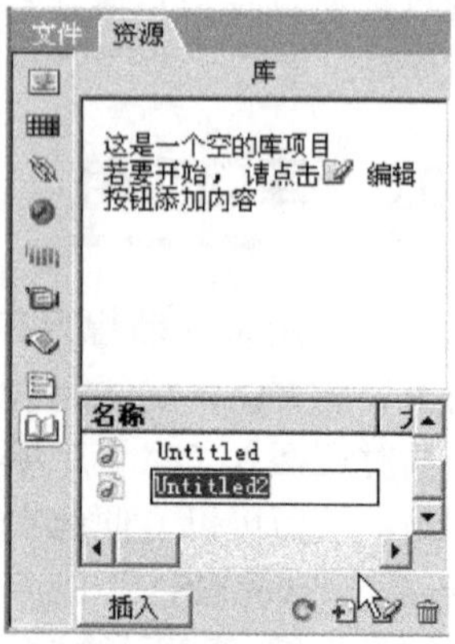

图 10-35 创建空白库项目

10.3.2　插入库项目

当向页面添加库项目时，将把实际内容以及对该库项目的引用一起插入文档中。

步骤

① 将文本光标定位于“文档”窗口中。

② 在“资源”面板上选择面板左侧的“库”类别。

③ 将一个库项目从“资源”面板拖动到“文档”窗口中，或选择一个库项目，然后单击面板底部的“插入”按钮。

插入库项目后，会在“文档”窗口的下方出现“库项目”属性检查器，如图 10-36 所示。

图 10-36　“库项目”属性检查器

使用属性检查器可以断开文档中的项目与库之间的链接，从而使文档中的库项目可编辑。单击“从源文件中分离”按钮，可以断开文档中的项目和库之间的链接，从而使库项目可编辑。

10.3.3　修改库项目和更新站点

当修改库项目时，可以更新使用该项目的所有文档。

1. 修改库项目

步骤

① 选中页面中的库项目，如图 10-37 所示。

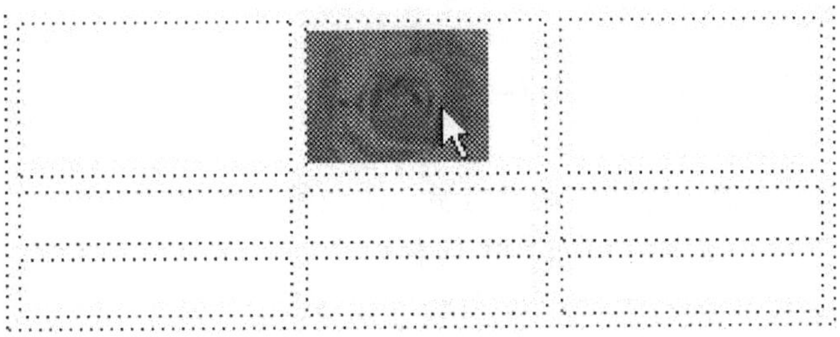

图 10-37　选中页面的库项目

② 在“属性”面板中单击“打开”按钮，如图 10-38 所示。

图 10-38　库项目“属性”面板

③ 修改库项目，修改完成后保存。

④ 在随后弹出的“更新库项目”对话框中，单击“更新”按钮，如图 10-39 所示。

⑤ 选择更新的范围，更新完成后关闭，如图 10-40 所示。

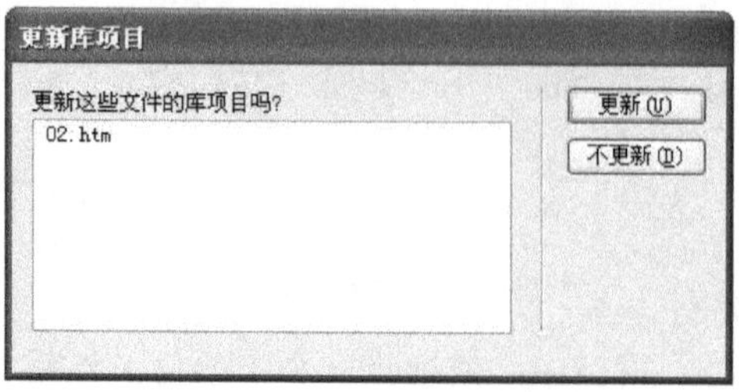

图 10-39 是否更新使用该库项目的页面提示

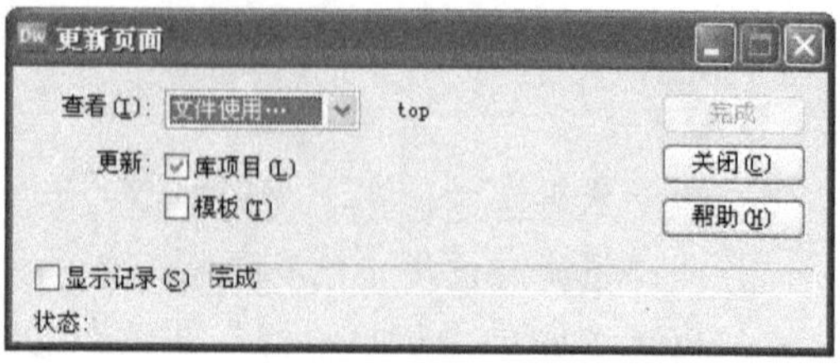

图 10-40 “更新页面”对话框

2. 更新整个站点或所有使用特定库项目的文档

选择“修改”|“库”|“更新页面”命令，如图 10-41 所示。

图 10-41 “更新页面”菜单

3. 更改当前文档以使用所有库项目的当前版本

选择“修改”|“库”|“更新当前页”命令，更新当前文档。

10.4 资源管理

在本章前面小节中已经介绍了 Dreamweaver CS3 的“资源”面板的一些用法，在网页设计中充分利用“资源”面板的功能可以统一管理整个站点的资源，避免反复查找某些网页元素，能大大提高网页设计的效率，获得事半功倍的效果。

选择“窗口”|“资源”命令，或直接按 F11 键，可打开“资源”面板，如图 10-42 所示。

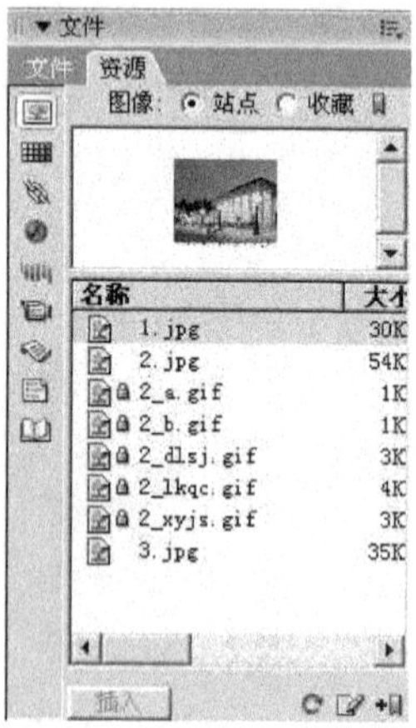

图 10-42 “资源”面板

在该面板的左侧显示的一排按钮是“资源”面板所要管理的对象，在“资源”面板右侧窗口的具体列表中将显示选中的管理对象。设计者在对象列表框中每选取一种对象，“资源”面板预览窗口中就会自动显示该对象。

“资源”面板提供了两种查看资源的方式：

✧ 站点列表

显示站点的所有资源，包括在该站点的所有文档中使用的颜色和 URL。

✧ 收藏列表

仅显示明确选择的资源。

若要在这两个视图之间切换，请选择预览区域上方的“站点”或“收藏”单选按钮（这两个视图不用于“模板”和“库”类别。）

大部分“资源”面板操作在这两个列表中的工作方式相同。不过，有几个任务只能在

"收藏"列表中执行。

在这两个列表中，资源属于下列类别之一：

图像：GIF、JPEG 或 PNG 格式的图像文件。

颜色：文档和样式表中使用的颜色，包括文本颜色、背景颜色和链接颜色。

URL：当前站点文档中使用的外部链接，包括 FTP、gopher、HTTP、HTTPS、JavaScript、电子邮件(mailto)以及本地文件(file://)链接。

Flash：任何 Adobe Flash 版本的文件。"资源"面板仅显示 SWF 文件（压缩的 Flash 文件），而不显示 FLA（Flash 源）文件。

Shockwave：任何 Adobe Shockwave 版本的文件。

影片：QuickTime 或 MPEG 文件。

脚本：JavaScript 或 VBScript 文件。HTML 文件中的脚本（而不是独立的 JavaScript 或 VBScript 文件）不出现在"资源"面板中。

模板：多个页面上使用的主页面布局。修改模板时会自动修改附加到该模板的所有页面。

库：在多个页面中使用的设计元素；当修改一个库项目时，所有包含该项目的页面都将得到更新。

本章小结与重点回顾

本章主要学习了模板和库项目的使用。模板和库项目在网页设计和制作过程中，是为设计出风格一致的网页所使用的一种辅助工具。其为网站的更新和维护提供了极大的便捷，仅修改网站的模板即可完成对整个网站中页面的统一修改。使用库项目可以完成对网站中多个相同模块的修改。

本章的重点知识是模板和库的创建、编辑、应用、修改，站点的更新。难点是怎样合理设置和定义模板的可编辑区域和重复区域。

习题 10

一、选择题

1. 下列说法错误的是__________。
   A. Dreamweaver CS3 允许把网站中需要经常更新的页面元素（如图像、文本）存入库中，存入库中的元素称为库项目
   B. 库文件可以包含行为，但是在库项目中编辑行为有一些特殊的要求
   C. 库项目也可以包含时间轴或样式表
   D. 模板本质上就是作为创建其他文档的基础文档
2. 下面关于模板的说法不正确的一项是__________。
   A. 模板可以统一网站页面的风格
   B. 模板是一段 HTML 源代码
   C. 模板可以由用户自己创建
   D. Dreamweaver 模板是一种特殊类型的文档，它可以一次更新多个页面

3．下面关于库的说法不正确的一项是__________。

A．库可以是 E-mail 地址、一个表格或版权信息等

B．在 Dreamweaver 中，只有文字、数字可以作为库项目，而图片脚本不可以作为库项目

C．库实际上是一段 HTML 源代码

D．库是一种用来存储想要在整个网站上经常被重复使用或更新的页面元素

4．层和层中的内容是分离的元素，它们都可以被标记为__________。

A．可选定区域　　B．可编辑区域　　C．锁定区域　　D．插入区域

二、填空题

1．模板文件的扩展名为__________。

2．库文件的扩展名为__________。

三、简答题

1．简述库项目的概念及其特点。

2．简述模板和库项目的区别。

3．如何把一个现成的网页创建为模板？

4．如何创建一个基于模板的文档？

5．如何把库项目应用于网页设计中？

第 11 章 嵌入表单元素

表单的作用是获取 Web 站点访问者的信息。访问者可以使用诸如文本域、列表框、复选框以及单选按钮之类的表单对象输入信息，然后单击某个按钮提交这些信息，这些信息会被特定程序及时处理。

11.1 表单页面制作——注册

表单是一个专业网站必不可少的内容，也是一个网站是否具有交互功能的重要体现。通过表单可以得到访问者的反馈信息，例如，进行各种网上调查、注册登记、收发订单等。

11.1.1 案例综述

本例介绍的是一个注册页面的制作过程。如图 11-1 所示是一个表单综合应用的典型实例，通过客户端的信息输入并单击“注册”按钮，可以把用户输入的信息发送到服务器端或网页设计者指定的邮箱中。

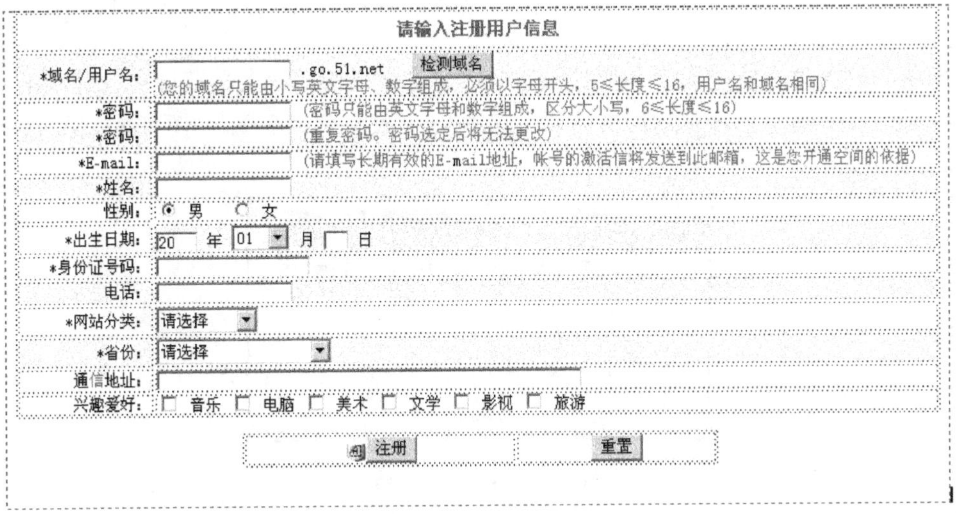

图 11-1　注册新用户表单网页

通过本例的制作，将使读者学会创建一个表单网页的方法，理解表单和表单域的概念，掌握插入并设置各种表单对象的方法。

11.1.2 案例分析

表单从用户收集信息，并将这些信息提交给服务器进行处理。举个最简单的例子，用户每天可能都要在线收发 E-mail，收发 E-mail 时需填写用户名和密码，然后进行提交，并由服务器反馈信息，这个过程就是一个表单提交和反馈的过程。当访问者将信息输入 Web 站点表单并单击“提交”按钮时，这些信息将被发送到服务器，服务器端脚本或应用程序在该处对这些信息进行处理，回复用户，或基于该表单内容执行一些操作来进行响应。因此表单的制作由两部分组成，即表单页面的制作及后台处理程序。这里只介绍前者，后者留待第 14 章动态网页制作中再详细介绍。

通常在表单页面中有多个表单对象，在制作时先插入一个表单，作为这些对象的容器，然后再逐个创建这些表单对象，如文本域、密码域、单选按钮、复选框、下拉列表、按钮、图像域等，而这些对象在表单内的定位往往采用表格工具进行布局。

11.1.3　实现步骤

1. 创建表单

步骤

① 新建 HTML 页面，将光标定位在需要创建表单的位置。

② 选择“插入”|“表单”|“表单”命令，或单击“插入”栏“表单”类别中的“表单”按钮，也可以直接将“插入”面板上的“表单”按钮拖动到文档的相应位置上。页面中显示的红色虚线框就是插入的表单，如图 11-2 所示。

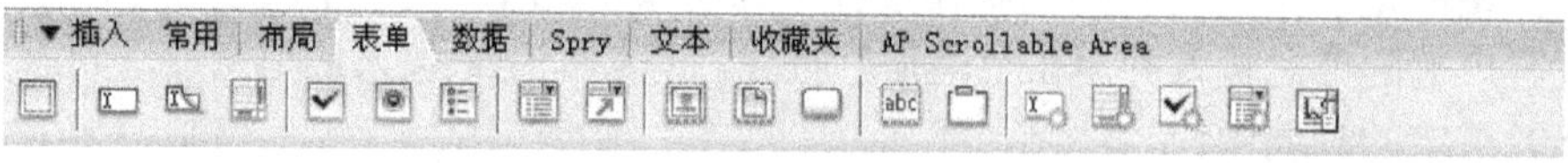

图 11-2　插入表单

提示　所有的表单对象都必须插入到红色的虚线框内，即表单范围内。如在插入表单时弹出如图 11-3 所示对话框，则需选择“查看”|“可视化助理”|“不可见元素”，将不可见元素显示出来。

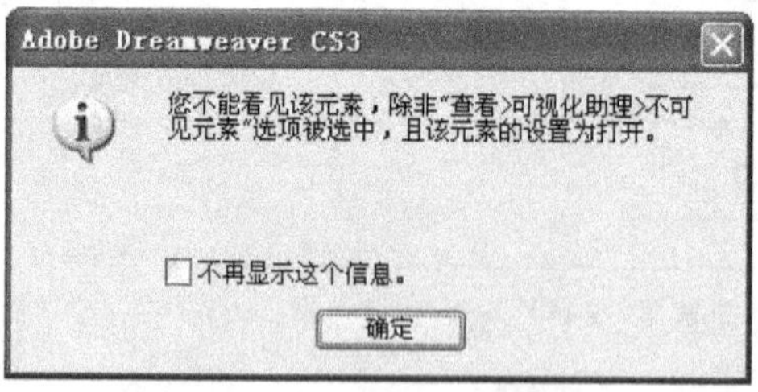

图 11-3　提示选中不可见元素

2. 利用表格进行布局

步骤

① 根据页面布局的需要，在表单中插入一个 14 行 2 列，宽度为 700 的表格。将插入的表格居中对齐。

② 合并表格的第一行，并设置单元格高度为 30，输入“请输入注册用户信息”，文字字号为 14，颜色为红色，对齐方式为水平居中。

③ 第一行以下各行的高度设置为 20，第一列宽度设置为 120，如图 11-4 所示分别在表

格中输入相应的提示文字，并且设置文字的字体、颜色及单元格的背景色等属性，这里采用粉白（#F8F8F8F8）相间的形式把各行区分开。

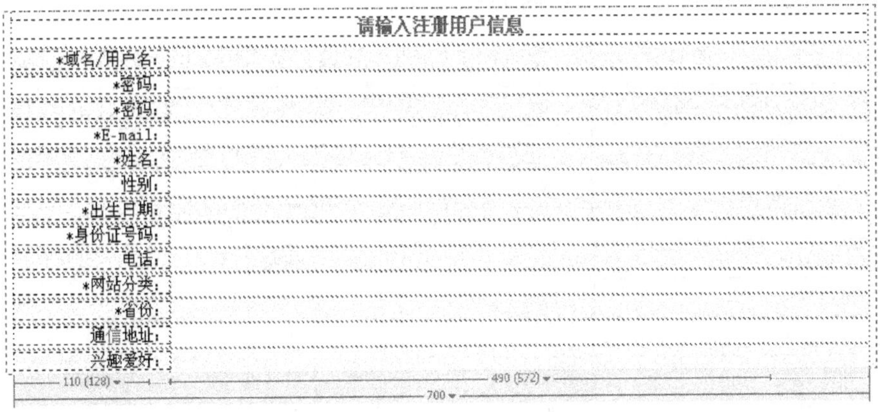

图 11-4　在表单中用表格进行布局

3．插入表单对象

步骤

① 单击插入栏"表单"类型中的按钮，分别在表格的第 1 列"域名/用户名"、"密码"、"E-mail"、"姓名"、"身份证号码"、"电话"和"通信地址"对应的第 2 列单元格内插入文本字段，在属性面板中根据需要按表 11-1 分别设置文本框的"字符宽度"和"最大字符数"。

② 在"性别"的右侧插入两个单选按钮组，在属性面板中设置单选按钮的名称均为 sex，并分别设置两个单选按钮的"选定值"为 0 和 1。

③ 在"出生日期"右侧的单元格中插入单行文本框和下拉列表组成的域，如图 11-5 所示。其中"年"是单行文本框，设置其"字符宽度"为 5，"最大字符数"为 4，初始值为 20；"日"也是单行文本框，设置其"字符宽度"为 3，"最大字符数"为 2。"月"采用下拉菜单，插入"列表 / 菜单"后，在属性面板中单击"列表值"按钮，打开"列表值"对话框，在"项目标签"栏中输入月份（01～12），在"值"栏中输入相应的值，如图 11-6 所示。

表 11-1　各文本框属性设置表

文本框	字符宽度	最大字符数
域名/用户名	16	16
密码	16	8
E-mail	16	
姓名	16	
身份证号码	18	18
电话	16	
通信地址	50	

图 11-5　出生日期的表单形式

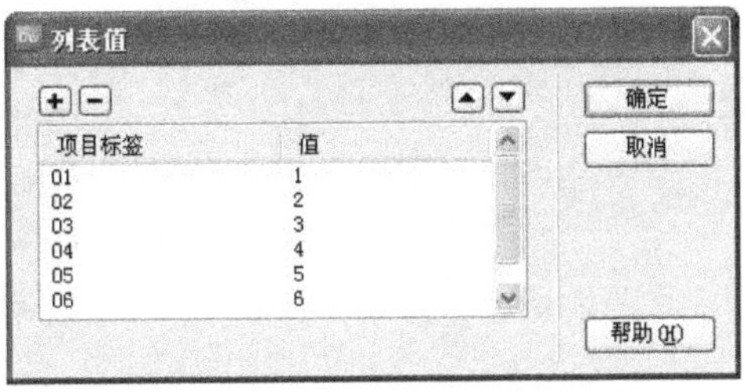

图 11-6　"月"下拉列表列表值的添加

④ 在“网站分类”和“省份”右侧的单元格中分别插入“列表 / 菜单”，在其属性面板中设置“列表值”，具体设置如表 11-2 所示。在“初始化时选定”列表中选择“请选择”作为表单下载时的初始选项，以起到提示的作用。

表 11-2 “网站分类”和“省份”下拉列表“列表值”

网站分类		省份			
项目标签	值	项目标签	值	项目标签	值
请选择	0	请选择	0	广东省	19
电脑网络	1	北京市	1	广西壮族自治区	20
休闲娱乐	2	天津市	2	海南省	21
情感天地	3	上海市	3	四川省	22
游戏世界	4	重庆市	4	贵州省	23
汽车房产	5	河北省	5	陕西省	24
体育健康	6	山西省	6	甘肃省	25
法律法规	7	辽宁省	7	青海省	26
文化艺术	8	吉林省	8	西藏自治区	27
医药卫生	9	江苏省	9	内蒙古自治区	28
教育科研	10	浙江省	10	宁夏回族自治区	29
旅游交通	12	安徽省	12	新疆维吾尔自治区	30
新闻时事	12	福建省	12	香港特别行政区	31
投资理财	12	江西省	12	澳门特别行政区	32
公司企业	14	山东省	14	台湾地区	33
政治军事	15	河南省	15	其他	34
校园生活	16	黑龙江省	16		
个人主页	17	湖北省	17		
其他类型	18	湖南省	18		

⑤ 在“兴趣爱好”右侧的单元格中分别设置 6 个复选框，并且在每个复选框后面输入其标签文字。选择插入的“复选框”，在属性面板中设置“音乐”、“电脑”、“美术”、“文学”、“影视”和“旅游”复选框的“选定值”分别为“yinyue”、“diannao”、“meishu”、“wenxue”、“yingshi”、“lvyou”，不同的复选框要有不同的名称和选定值。

⑥ 创建“下一步”和“重置”两个图像域按钮。在以上各表单对象所在表格的下方，换行插入一个 1 行 2 列的表格，将光标定位在第一个单元格中，选择“插入”|“表单”|“图像域”，或单击“插入”栏“表单”类别中的“图像域”按钮，在“选择图像源文件”对话框中，选择按钮图像（next.gif）。用同样的方法，在第二个单元格中添加“重置”按钮，如图 11-7 所示。如果使用图像来执行任务而不是提交数据，则需要将某种行为附加到表单对象。

图 11-7 插入图片域

⑦ 单击表单线选中表单，在行为面板为表单添加“检查表单”动作，在打开的“检查表单”对话框中设置页面中所有带*号的表单对象的值为“必需的”；设置“E-mail”的“可接

受”为“电子邮件地址”；设置“身份证”的“可接受”为“数字”，如图 11-8 所示。设置完成后，单击“确定”按钮。在“行为”面板中可看到新添加的“检查表单”行为，如图 11-9 所示。

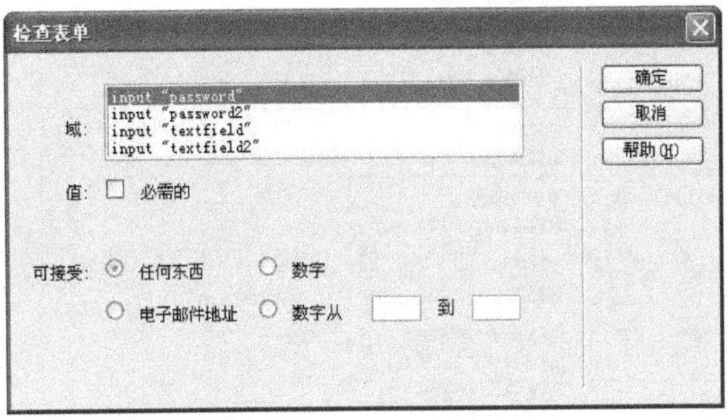

图 11-8　添加“检查表单”行为

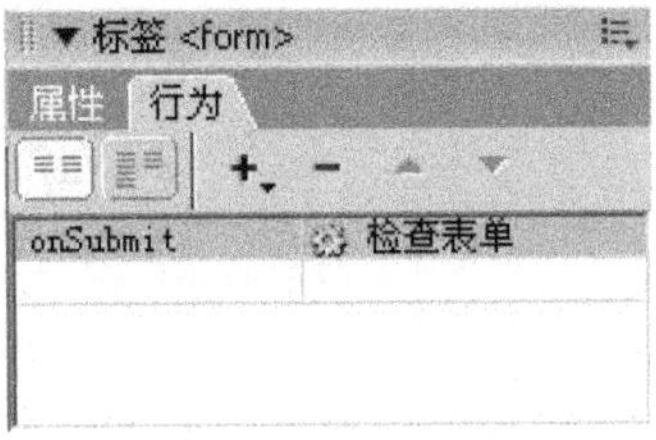

图 11-9　在行为面板中显示新添加的行为

⑧ 进行表单属性设置，选定表单，在其属性面板的“动作”中指定后台处理程序 form.asp（假设该文件已创建），在“方法”中选择“POST”方式。

⑨ 保存文档，按 F12 键预览页面。

11.2　表单概述

11.2.1　什么是表单

在生活中表单无处不在，如银行里的存款单、商店里的购物单等，在 Internet 上也同样存在大量的表单，其主要用途是为了实现浏览网页的用户与 Internet 服务器之间的交互。表单可以提供空白区域或选项，可以输入文字或进行选择。

一般来说，表单中包含多种对象。例如，文本框用于输入文字，按钮用于在留言簿上发表意见或用于提交信息到服务器处理程序，复选框用于在多个选项中进行多项选择，单选按钮用于在多个选项中选择一个，列表框显示选项列表等，所有这些都与常见的 Windows 应用程序非常相似。

11.2.2　如何创建表单

在 Dreamweaver 中可使用相关面板和命令插入表单及各种表单对象。在“插入”栏选择“表单”选项，将其切换到“表单”分类，可以看到，各种表单对象都罗列在这个面板中，只需单击对应的图标按钮或将此按钮拖入编辑窗口内的相应位置，就可以在页面中插入表单对象，如图 11-10 所示。

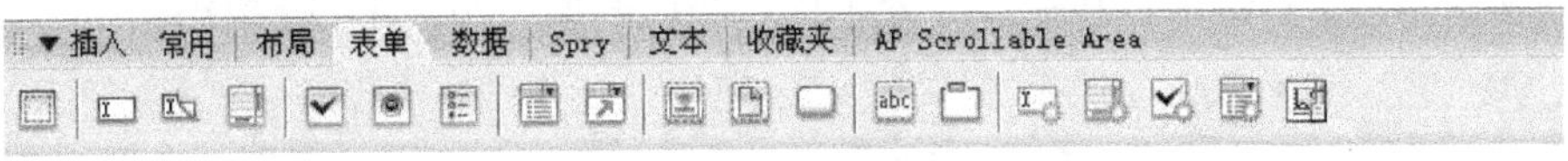

图 11-10　“插入”栏的表单对象面板

另外，选择“插入”|“表单”命令也可以达到相同的目的，如图 11-11 所示。

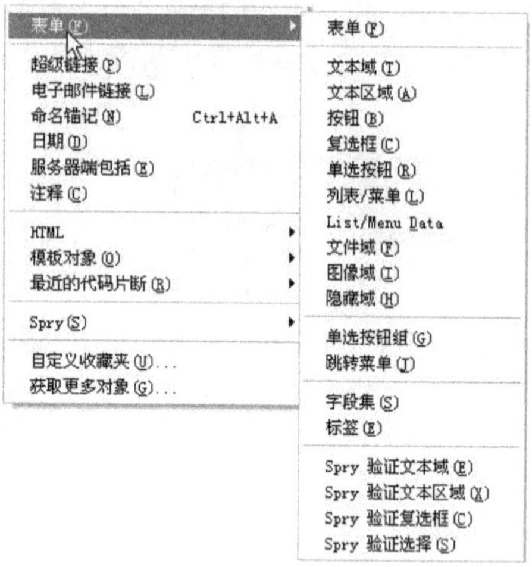

图 11-11 插入表单命令

11.2.3 插入表单

表单是表单对象的容器，将其他表单对象添加到表单中，便于正确处理数据。

选择主菜单“插入”|“表单”|“表单”命令，或选择“插入”栏中“表单”类别，单击表单按钮，即可在页面中插入表单。插入表单后，将在文档窗口中出现红色虚框线，如图 11-12 所示。

图 11-12 插入一个空白表单

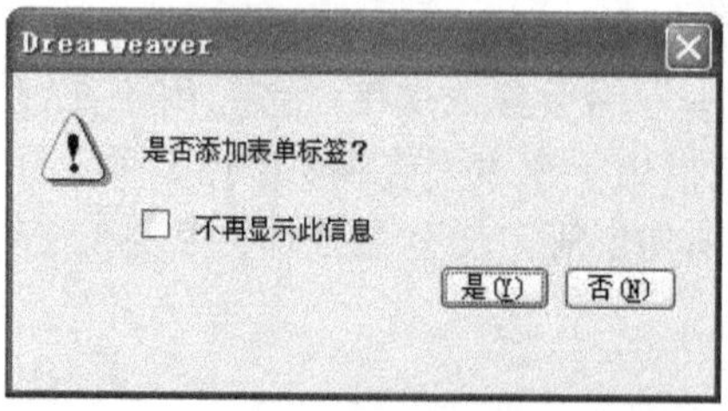

图 11-13 “是否添加表单标签”提示框

插入表单后，Dreamweaver 会自动生成<form>、</form>标签。如果没有插入空白表单，就直接在文档中插入表单对象，Dreamweaver 会出现一个提示框，如图 11-13 所示，提示是否需要为插入表单对象添加表单标签，单击“是”按钮，Dreamweaver 即会自动为插入的表单对象添加表单标签。

11.2.4 设置表单属性

在设置表单属性之前应先选择表单。单击表单轮廓或文档窗口下方的标签栏中的<form>标签选定表单，在文档窗口下方会出现其属性面板，如图 11-14 所示。

图 11-14 表单属性面板

在属性面板中可以设置表单的下列属性。

"表单名称"——在该域中输入表单的名称。

"动作"——在该域中指定处理表单信息的脚本或应用程序。单击浏览按钮，查找并选择脚本或应用程序，直接输入脚本或应用程序的 URL。

"方法"——在该下拉列表中选择处理表单数据的方式。

✧ POST：此方式将表单值封装在消息主体中发送。

✧ GET：此方式将提交的表单值追加在 URL 后面发送给服务器。

✧ "默认"：选择浏览器的默认方式，通常是 GET 方式。

提示　虽然使用 GET 方式传送数据效率高，但是传送的信息大小限制在 8 192 个字符，所以，大块数据不宜采用 GET 方式传送。另外用此方式传送信息是不安全的，因此当处理一些秘密信息时不能使用 GET 方式。

11.3　添加表单对象

插入表单后，就可以添加表单对象了。添加表单对象时首先要将光标放置在希望表单对象在表单中出现的位置，在"插入"栏的"表单"类别中选择对象，插入表单对象。

在表单中根据需要将其他表单对象添加到表单中，可以使用换行符、段落标记、表格等设置表单的格式。不能在表单中插入另一个表单，但是可以在一个页面中包含多个表单。

11.3.1　添加文本域

文本域是表单元素里应用较多的一个对象，可以在文本域中输入任何类型的文本、字母或数字。文本域有 3 种类型，单行文本域、多行文本域、密码域，如图 11-15 所示。输入的文本可以显示为单行、多行、星号和黑点（•），其中，在密码域中输入的文本将显示为星号。

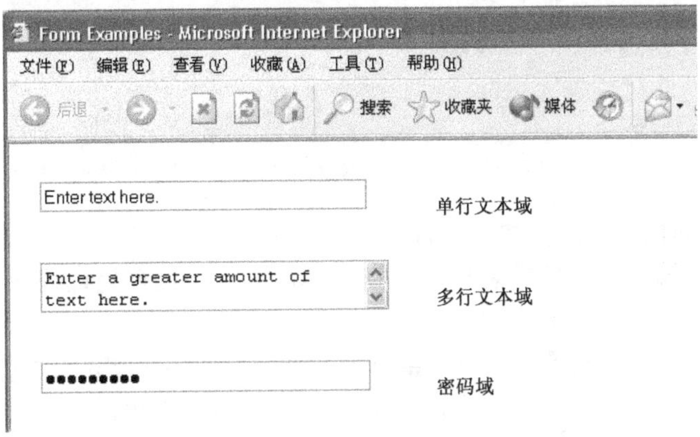

图 11-15　三种文本域

1. 插入文本域

步骤

① 将文本光标定位于表单轮廓内。

② 输入标签文字"账号"。

③ 选择“插入”|“表单”|“文本域”命令，或单击“插入栏”中“表单”类别的文本域按钮。弹出“输入标签辅助功能属性”对话框，如图 11-16 所示。

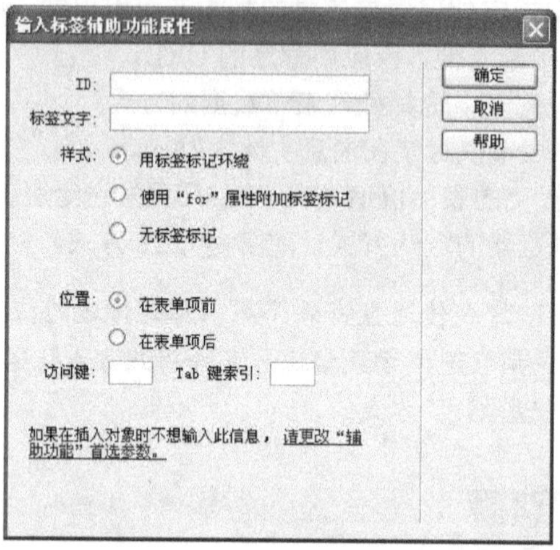

图 11-16 “输入标签辅助功能属性”对话框

④ 在如图 11-12 所示对话框中可输入文本框的提示文字，以及样式、位置、快捷键和 Tab 键的访问顺序等，也可忽略，直接单击“确定”按钮。在光标位置插入文本域，如图 11-17 所示。

图 11-17 插入文本域

2. 设置文本域属性

文本域插入后，在“文档”窗口下方会自动出现其属性面板，如图 11-18 所示。

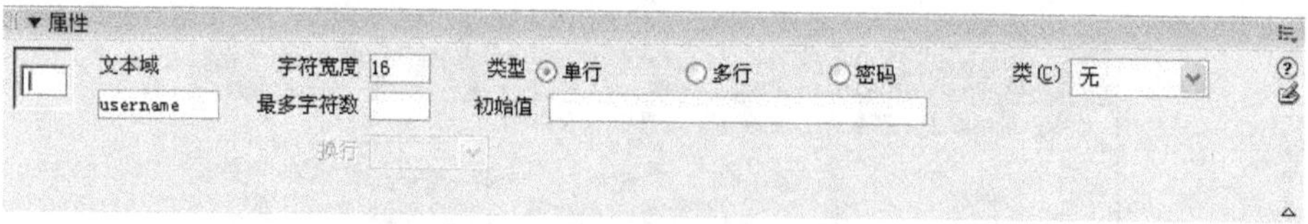

图 11-18 “单行文本域”属性面板

在文本域属性面板中可进行如下设置。

“文本域”——输入文本域的名称，即变量名，以便在后台处理程序中提取或传送其中的信息。

“字符宽度”——设置最多可显示的字符数。此数字决定了文本域的宽度。

“最多字符数”——设置单行文本域中最多可输入的字符数。例如，将邮政编码限制为 6 位数，将密码限制为 8 位数等。如果输入超过最大字符数时，则表单产生警告。

“类型”——指定域的类型为单行文本域、多行文本域还是密码域。

✧ “单行”：将产生一个 type 属性设置为 text 的 input 标签。“字符宽度”设置映射为 size 属性，“最多字符数”设置映射为 maxlength 属性。例如，<input name="textfield2" type="text" size="8" maxlength="6" />。

✧ “密码”：当在“密码”文本域中输入时，输入内容显示为项目符号或星号，以使其不被他人看到。此时将产生一个 type 属性设置为 password 的 input 标签。“字符宽度”设置映射为 size 属性，“最多字符数”设置映射为 maxlength 属性。例如，<input name="textfield2" type="password" size="8" maxlength="6" />。

✧ “多行”：将产生一个 textarea 标签。“字符宽度”设置映射为 cols 属性，“行数”设置映射为 rows 属性。当选择“多行”时，文本域属性如图 11-19 所示。

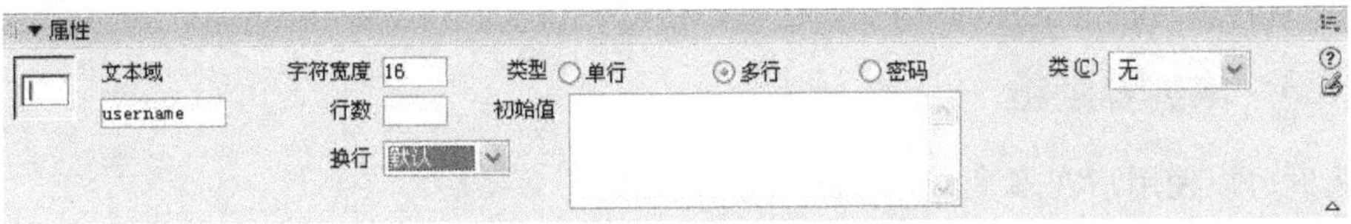

图 11-19 “多行文本域”属性面板

“行数”——设置多行文本域的高度（在选择“多行”选项时才可用）。

“换行”——当输入的信息较多而无法在定义的文本区域内显示时，指定如何显示输入的内容（在选择“多行”选项时才可用），包含以下选项。

✧ “关”或“默认”：防止文本换行到下一行。当输入的内容超过文本区域的右边界时，文本将向左侧滚动。必须按 Enter 键才能将文本光标移动到文本区域的下一行。
✧ “虚拟”：在文本区域中设置自动换行。当输入的内容超过文本区域的右边界时，文本换行到下一行。当提交数据进行处理时，自动换行并不应用于数据。数据将作为一个数据字符串进行提交。
✧ “物理”：在文本区域设置自动换行。当提交数据进行处理时，也对这些数据设置自动换行。
✧ “初始值”——指定在首次载入表单时域中显示的值。
✧ “类”——主要作用是将 CSS 规则应用于对象。

11.3.2 添加隐藏域

隐藏域对于站点访问者来说是不可见的，是放置在文档中收集或发送信息的不可见元素，隐藏域信息在表单提交时被传送给服务器。

1. 插入隐藏域

步骤

① 在“设计”视图中，将文本光标定位于表单轮廓内。

② 选择“插入”|“表单”|“隐藏域”命令，或单击“插入”栏的“表单”类别中的隐藏按钮，即可插入隐藏域，如图 11-20 所示。

图 11-20 插入隐藏域

2. 设置隐藏域属性

隐藏域插入后，单击隐藏域标识，出现隐藏域属性面板，如图 11-21 所示。

“隐藏区域”——为该域指定一个唯一的名称。

“值”——在该文本框中输入为该域指定的值。

图 11-21 “隐藏域”属性面板

11.3.3 添加复选框

复选框可以使用户在多个选项中进行多重选择。

1. 插入复选框

步骤

① 将光标置于表单中。

② 选择“插入”|“表单”|“复选框”命令，或单击“插入”栏“表单”类别中的“复选框”按钮，或将该按钮拖放到文档编辑窗口中。在弹出的“输入标签辅助功能属性”对话框中输入复选框的标识文字，并设置相应选项，单击“确定”按钮后，在文档编辑窗口中出现复选框，如图 11-22 所示。

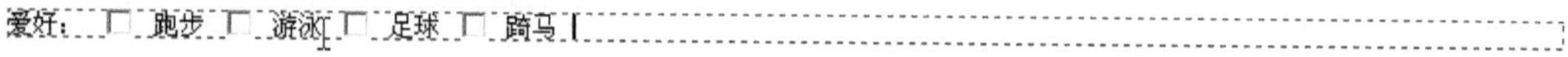

图 11-22 插入复选框

2. 设置复选框属性

选择已插入的复选框，在文档窗口的“属性”面板中，可以设置该复选框的属性，如图 11-23 所示。

图 11-23 复选框“属性”面板

“复选框名称”——在该域中指定复选框对象的名称。
“选定值”——在该域中输入当选择该复选框时要传送给服务器的值。
“初始状态”——在该域中确定在浏览器中载入表单时，该复选框是否被选中。

11.3.4 添加单选按钮

使用单选按钮，用户只能从一组选项中选择一个选项。

1. 插入单选按钮

步骤

① 将光标置于表单中。

② 选择“插入”|“表单”|“单选按钮”命令，或单击“插入”栏“表单”类别中的单选按钮，或将该按钮拖放到文档编辑窗口中。在弹出的“输入标签辅助功能属性”对话

框中输入单选按钮的标识文字，并设置相应选项，单击“确定”按钮后，在文档编辑窗口中出现单选按钮，如图 11-24 所示。

图 11-24　插入单选按钮

2. 设置单选按钮的属性

当单选按钮被插入后，在文档窗口的“属性”面板中，可以设置该单选按钮的属性，如图 11-25 所示。

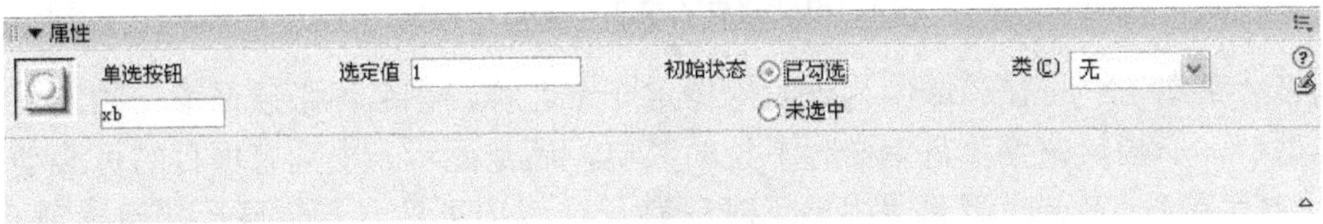

图 11-25　单选按钮“属性”面板

“单选按钮”——在该域中为该对象指定一个名称。对于单选按钮组，如果希望这些选项为互斥选项，必须共用同一个名称，此名称不能包含空格或特殊字符。

“选定值”——在该域中输入当选择该单选按钮时要传送给服务器的值。

“初始状态”——在该域中指定在浏览器中载入表单时，该单选按钮是否被选中。

11.3.5 添加列表 / 菜单

用户可以在滚动列表或下拉菜单中进行选择，在滚动列表中用户可以选择多个选项，在下拉菜单中只能选择一个选项。滚动列表和下拉菜单如图 11-26 和图 11-27 所示。

图 11-26　滚动列表

图 11-27　下拉菜单

1. 插入列表 / 菜单

步骤

① 将光标置于表单中。

② 选择“插入”|“表单”|“列表 / 菜单”命令，或单击“插入”栏“表单”类别中的列表 / 菜单按钮，或将该按钮拖放到文档编辑窗口内。在弹出的“输入标签辅助功能属性”对话框中设置相应选项，单击“确定”按钮后，在文档编辑窗口中出现下拉菜单，如图 11-28 所示。

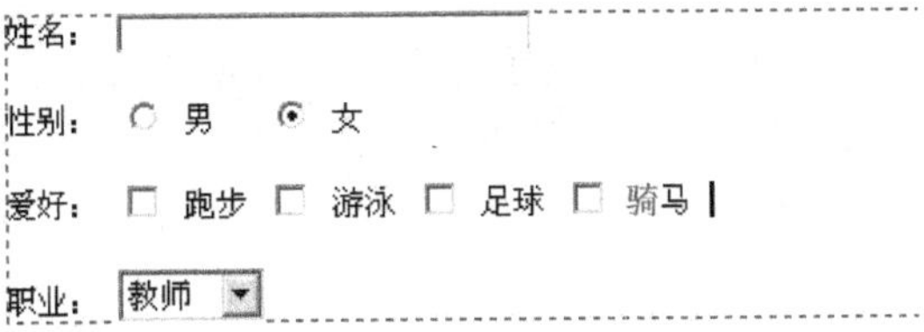

图 11-28　插入列表 / 菜单

2. 设置列表 / 菜单属性

当列表 / 菜单被插入后，在文档窗口的“属性”面板中，可以设置该列表 / 菜单的属性，如图 11-29 所示。

图 11-29　列表 / 菜单“属性”面板

“列表 / 菜单”——在该域中为该对象指定一个名称，该名称必须是唯一的。

“类型”——指定该菜单是单击时下拉的菜单，还是显示一个列有项目的可滚动列表。

- ✧ “菜单”：表单在浏览器中显示时仅有一个选项可见。若要显示其他选项，必须单击向下箭头。
- ✧ “列表”：表单在浏览器中显示时列出部分或全部选项，或允许选择多个菜单项。

“高度”——当选择了“列表”类型时该项才可使用，用于设置列表中可显示的选项数，当“列表”框中的选项超过其高度时，会显示一个列有项目的可滚动列表。在该域中输入当选择该单选按钮时要传送给服务器的值。如图 11-30 所示。

“初始化时选定”——确定在浏览器中载入表单时，该选项是否出现在列表框中的行首。例如，当选取“教师”为初始化选定值后，“教师”就出现在列表框的行首。

“选定范围”——用于指定是否允许从列表中多选（在选择了“列表”类型时可用）。

“列表值”——单击“列表值”按钮，打开“列表值”对话框，如图 11-31 所示。

图 11-30　可滚动列表

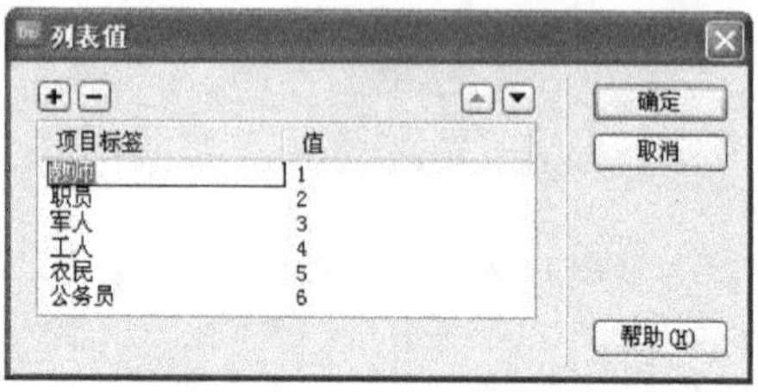

图 11-31　“列表值”对话框

在如图 11-31 所示对话框中可以设置列表选项。

“项目标签”——输入在列表中显示的文本。

“值”——输入当用户选取该项目时要发送给服务器的文本或数据。

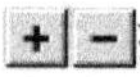按钮——在列表中增加或删除项目。

11.3.6　添加按钮

插入按钮可控制表单的操作。使用按钮可将表单数据提交到服务器，或重置该表单。标准表单按钮通常有“提交”、“重置”、“普通”3 种类型。

1. 插入按钮

步骤

① 将光标置于表单区域中。

② 选择主菜单中的“插入”|“表单”|“按钮”命令，或单击“插入”栏“表单”类别中的按钮，或将该按钮拖放到文档编辑窗口中。在弹出的“输入标签辅助功能属性”对话框中设置相应选项，单击“确定”按钮后，在文档编辑窗口中出现“提交”等按钮，如图 11-32 所示。

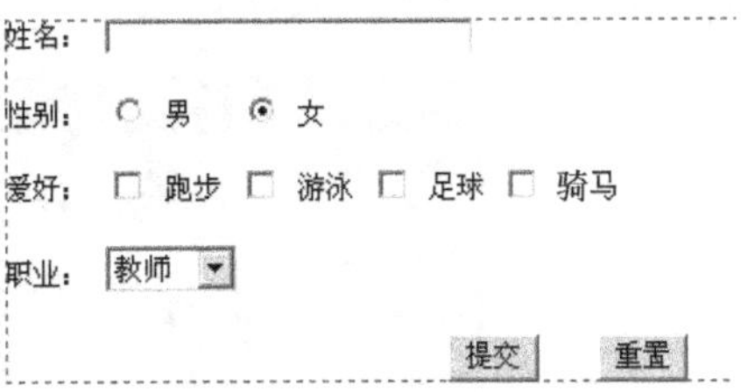

图 11-32　插入按钮

2. 设置按钮的属性

当按钮被插入后，会出现按钮的“属性”面板，如图 11-33 所示。

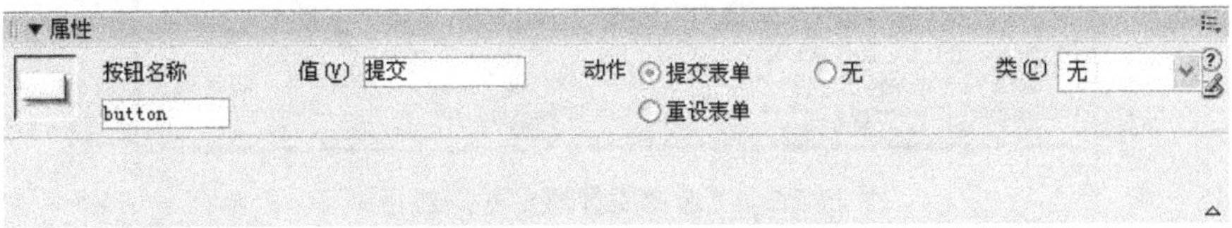

图 11-33　按钮的“属性”面板

通过该属性面板可以方便地对按钮属性进行设置。

“按钮名称”——在该域中指定按钮名称。

“值”——在该域中输入在按钮上出现的标签文本。

“动作”——在该域中选择下列选项之一，设置不同类型的按钮。

- ✧ “提交表单”：选择该项时，按钮的标签文本变为“提交”，当单击该按钮时将提交表单数据进行处理，该数据将被提交到表单的“操作”属性中指定的页面或脚本中。
- ✧ “重设表单”：选择该项时，按钮的标签文本变为“重设”，重设表单的作用是当单击该按钮时将清除该表单的内容。
- ✧ “无”：选择该项时，该按钮的标签文本变为“按钮”，如图 11-34 所示。这种普通按钮的作用在于可以自己指定单击该按钮时要执行的操作，这些操作可以通过添加行为等方式进行设置。

图 11-34　“动作”属性选择“无”时按钮的状态

11.3.7　添加图像域

通过使用“插入图像域”可以创建漂亮的图像按钮来替代普通的按钮。

1. 插入图像域

插入的图像域同“提交”按钮一样，具有提交表单的功能。插入图像域的操作方法如下。

步骤

① 将光标置于表单中。

② 选择“插入”|“表单”|“图像域”命令，或单击“插入”栏“表单”类别中的图像域按钮，或将该按钮拖放到文档编辑窗口内。此时，在文档编辑窗口中出现“选择图像

源文件”对话框，如图 11-35 所示。

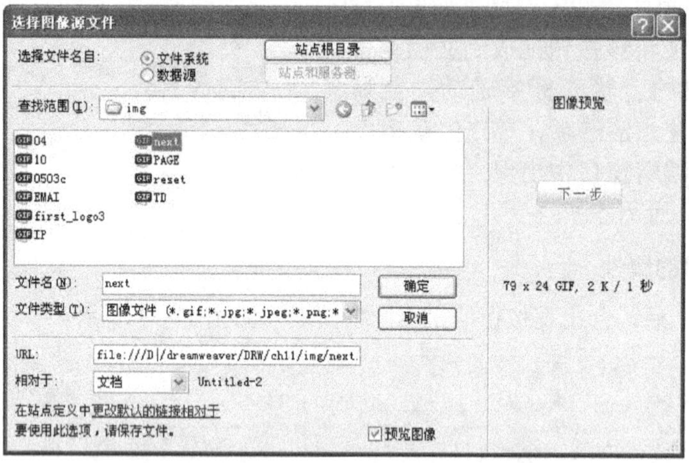

图 11-35　“选择图像源文件”对话框

③ 在“选择图像源文件”对话框中为该按钮选择图像，单击“确定”按钮，出现“输入标签辅助功能属性”对话框。

④ 在弹出的“输入标签辅助功能属性”对话框中设置相应选项，单击“确定”按钮，一个图像域便出现在表单中，如图 11-36 所示。

图 11-36　插入图像域

2. 设置图像域的属性

当图像域被插入后，会出现图像域的属性面板，可以通过该属性面板方便地对图像域属性进行修改，在图像域属性面板中，可以根据需要设置其属性，如图 11-37 所示。

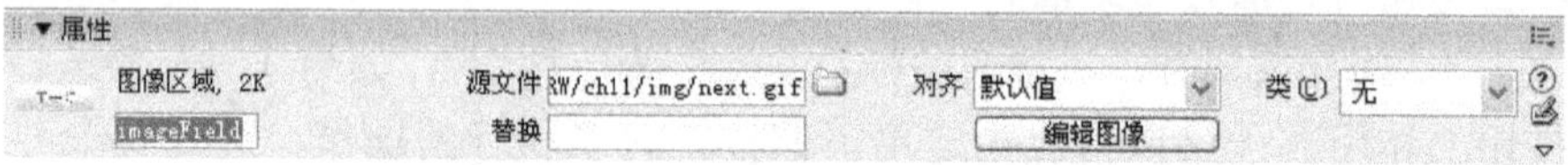

图 11-37　图像域“属性”面板

“图像区域”——在该域中指定图像域名称。

“源文件”——在该域中指定该按钮使用的图像。

“替换”——用于输入描述性文本，一旦图像在浏览器中载入失败，将显示这些文本。

“对齐”——设置图像在文档中的对齐方式。

“编辑图像”——单击该按钮可以启动外部编辑器编辑图像。

11.3.8　添加文件域

文件域使用户可以选择其计算机上的文件，并将该文件上传到服务器。用户可以手动输入要上传的文件路径，也可以使用“浏览”按钮定位并选择文件。文件域由一个文本框和一个按钮组成，单击按钮浏览磁盘文件，在文本框中显示打开文件的路径。

1. 插入文件域

步骤

① 将光标置于表单中。

② 选择“插入”|“表单”|“文件域”命令，或单击“插入”栏“表单”类别中的文件域按钮，或将该按钮拖放到文档编辑窗口。在弹出的“输入标签辅助功能属性”对话框中设置相应选项，单击“确定”按钮，在文档编辑窗口中出现“文件域”，如图 11-38 所示。

图 11-38　插入文件域

2. 设置文件域的属性

当文件域被插入或选中后，文件域的属性面板即会出现，如图 11-39 所示。可以通过该属性面板方便地对文件域属性进行设置。

图 11-39　文件域“属性”面板

在文件域“属性”面板中，可以根据需要设置其属性。

“文件域名称”——在该域中指定文件域的名称。

“字符宽度”——在该域中指定希望最多可显示的字符数。

“最多字符数”——指定域中最多可容纳的字符数。如果通过“浏览”按钮来定位文件，则显示出文件名和路径的字符可超过指定的“最多字符数”的值，但是，如果尝试输入文件名和路径，则文件域中只允许输入“最多字符数”值所指定的字符数。

提示　如果要使用文件域，表单的“方式”必须设置为 POST，访问者可以将文件上传到在表单“动作”域中所设置的地址。

11.3.9　创建跳转菜单

跳转菜单可建立 URL 与弹出式菜单列表中的选项之间的关联。通过从列表中选择一项，可以链接到任何指定的 URL。

1. 插入跳转菜单

步骤

① 将光标置于表单中。选择“插入”|“表单”|“跳转菜单”命令，或单击“插入”栏“表单”类别中的跳转菜单按钮，或将该按钮拖放到文档编辑窗口中。此时，出现“插入跳转菜单”对话框，如图 11-40 所示。

② 关于对话框的设置，在前面的超链接讲解中已介绍过，完成对话框设置后，单击“确定”按钮，跳转菜单便插入到文档中，如图 11-41 所示。

2. 设置跳转菜单的属性

当跳转菜单被插入后，跳转菜单的“属性”面板即会出现，可以通过该“属性”面板方便地对跳转菜单属性进行设置，如图 11-42 所示，其设置方式与列表 / 菜单域的设置相似。

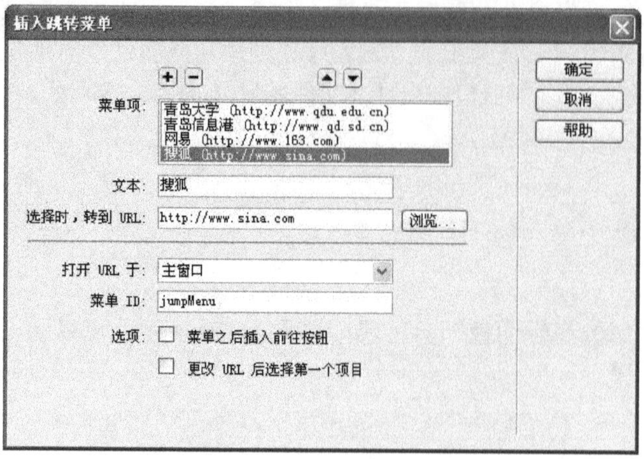

图 11-40 “插入跳转菜单”对话框

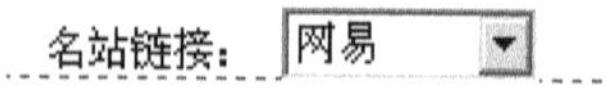

图 11-41 插入一个跳转菜单

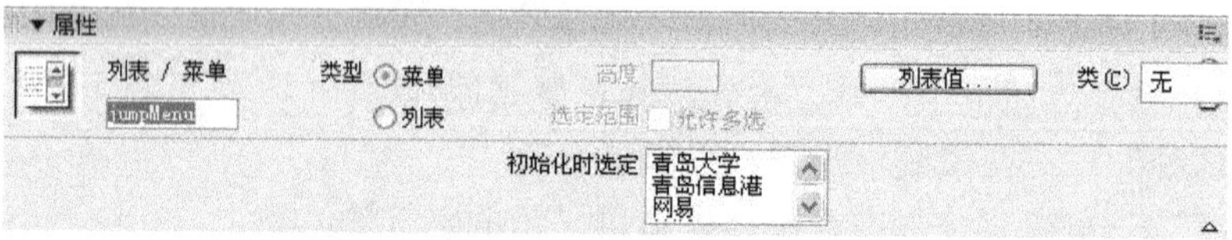

图 11-42 跳转菜单“属性”面板

11.4 Spry 验证表单

网页表单多在浏览者与页面之间的交互时使用。而新增的 Spry 验证表单在创建表单元素的同时又丰富了表单验证功能，例如验证文本字段内容是否为“电子邮件地址”格式或“网址 URL”格式等，这些均能在页面中即时验证并给出提示信息。这在使用前面所讲的普通表单时，实现这样的功能则要通过在表单上添加“检查表单”行为实现，而使用 Spry 验证表单，可在添加表单元素的同时，完成对其相关的约束设置。

11.4.1 Spry 验证文本域

Spry 验证文本域是一个文本域，该域用于在网站中输入文本时显示文本的状态，如有效或无效。例如，可以向输入电子邮件地址的表单中添加验证文本域构件。如果没有在电子邮件地址中输入“@”符号和句点“.”，验证文本域构件会返回一条消息，提示用户输入的信息无效。

如图 11-43 所示是验证文本域的几种不同状态。

“用户名”验证文本域提示注册用户该项为必填项；“密码”验证文本域为正常的激活状态；“重复密码”验证文本域提示用户必须输入一个值；“电子邮箱”验证文本域提示用户输入的邮箱地址格式无效。出生日期要符合日期格式，而“年龄”则不能走出定义的范围，否则这些错误提示将一一显示在该文本域之后，直至填写正确为止。

1. 插入 Spry 验证文本域构件

插入 Spry 验证文本域构件的具体操作步骤如下。

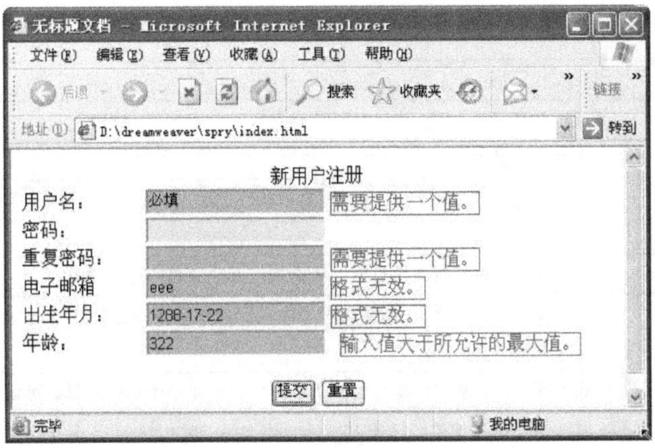

图 11-43　验证文本域的不同状态

步骤

① 将光标定位在需要插入验证文本域的位置。

② 选择菜单栏“插入”|“Spry”|“Spry 验证文本域”，或在“插入”面板的“Spry”类别中单击“Spry 验证文本域”按钮。

③ 完成“输入标签辅助功能属性”对话框，单击“确定”按钮。

④ 若插入验证文本域的位置不在表单中，则会弹出信息提示框提示“是否添加表单标签”，如图 11-44 所示，单击“是”按钮。

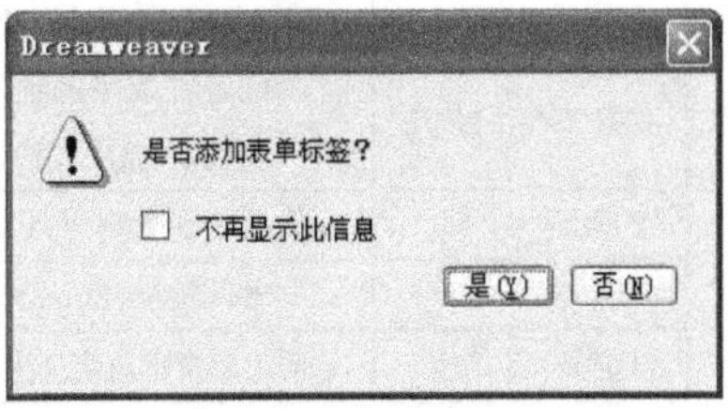

图 11-44　“是否添加表单标签”提示框

2. 设置验证文本域的属性

单击所插入的 Spry 验证文本域左上角的蓝色标签，即可选定该文本域，这时“属性”面板中显示该验证文本域的相关属性，验证文本域构件具有许多状态。如有效、无效和必需值等。可以根据所需的验证结果，使用“属性”面板来修改这些状态的属性。Spry 验证文本域的“属性”面板如图 11-45 所示。

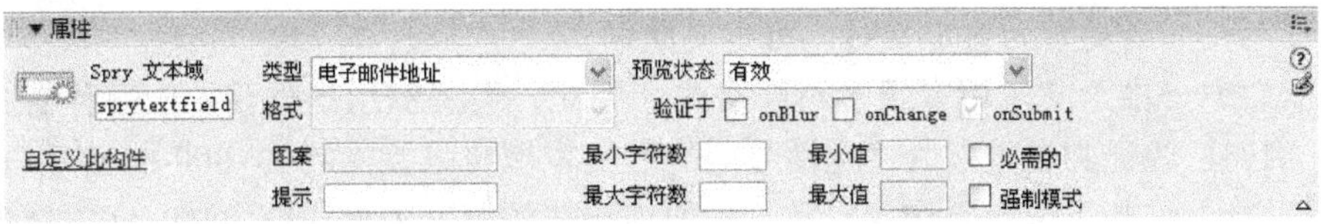

图 11-45　Spry 验证文本域的“属性”面板

Spry 验证文本域“属性”面板各项的具体含义如下：

“类型”——可以为验证文本域构件指定不同的验证类型。例如，如果文本域将接收信用卡号，则可以指定信用卡验证类型。

“格式”——在“类型”菜单中选择一个验证类型，如果适用的话，可从“格式”选项弹出的菜单中选择一种格式。

大多数验证类型都会使文本域要求采用标准格式。但是，某些验证类型允许选择文本域将接受的格式种类。表 11-3 列出了“属性”面板使用的验证类型和格式。

表 11-3 验证类型及格式列表

验证类型	格式
无	无须特殊格式
整数	文本域仅接受数字
电子邮件	文本域接受包含 @ 和句点 (.) 的电子邮件地址，而且 @ 和句点 (.) 的前面和后面都必须至少有一个字母
日期	格式可变。可以从属性检查器的“格式”弹出菜单中进行选择
时间	格式可变。可以从属性检查器的“格式”弹出菜单中进行选择（“tt”表示 am/pm 格式，“t”表示 a/p 格式。）
信用卡	格式可变。可以从属性检查器的“格式”弹出菜单中进行选择。可以选择接受所有信用卡，或者指定特定种类的信用卡（MasterCard、Visa 等）。文本域不接受包含空格的信用卡号，例如，4321 3456 4567 4567
邮政编码	格式可变。可以从属性检查器的“格式”弹出菜单中进行选择
电话号码	文本域接受美国和加拿大格式，即(000) 000-0000 或自定义格式的电话号码。如果您选择自定义格式，请在“模式”文本框中输入格式，例如，000.00(00)
社会安全号码	文本域接受 000-00-0000 格式的社会安全号码
货币	文本域接受 1,000,000.00 或 1.000.000,00 格式的货币
实数/科学记数法	验证各种数字：数字（例如，1）、浮点值（例如，12.123）、以科学记数法表示的浮点值（例如，1.212e+12、1.221e-12，其中 e 用作 10 的幂）
IP 地址	格式可变。可以从属性检查器的“格式”弹出菜单中进行选择
URL	文本域接受 http://xxx.xxx.xxx 或 ftp://xxx.xxx.xxx 格式的 URL
自定义	可用于指定自定义验证类型和格式。在属性检查器中输入格式模式（并根据需要输入提示）

“预览状态”——选择要查看的状态。例如，如果要查看处于“有效”状态的构件，请选择“有效”。

“验证于”——可以设置验证发生的时间，包括站点访问者在构件外部单击时、键入内容时或尝试提交表单时。

“onBlur（模糊）”——当用户在文本域的外部单击时验证。

“onChange（更改）”——当用户更改文本域中的文本时验证。

“onSubmit（提交）”——当用户尝试提交表单时验证。

“图案”——当类型为自定义时，可定义此项。

“提示”——由于文本域有很多不同格式，因此，会提示用户需要输入哪种格式会比较有帮助。例如，验证类型设置为“电话号码”的文本域将只接受 (000) 000-0000 形式的电话号码。可以输入这些示例号码作为提示，以便用户在浏览器中加载页面时，文本域中将显示正确的格式。

“最小字符数（或最大字符数）”——在“最小字符数”或“最大字符数”文本框中输入一个数字。例如，在“最小字符数”框中输入 3，那么，只有当用户输入三个或更多个字符时，该构件才通过验证。此选项仅适用于“无”、“整数”、“电子邮件地址”和“URL”验证类型。

“最小值（或最大值）”——在“属性”面板中的“最小值”或“最大值”文本框中输入一个数字。例如，如果在“最小值”框中输入 3，那么，只有当用户在文本域中输入 3 或者更大的值（4、5、6 等）时，该构件才通过验证。此选项仅适用于“整数”、“时间”、“货币”和“实数 / 科学记数法”验证类型。

“必需的”——在默认情况下，用 Dreamweaver 插入的所有验证文本域构件都要求用户在将构件发布到 Web 页之前输入内容。但是，也可以将填写文本域设置为对用户是可选的。在“属性”面板中，根据自己的喜好选择或取消选择“必需的”选项。

“强制模式”——可以禁止用户在验证文本域构件中输入无效字符。例如，如果对具有“整数”验证类型的构件集选择此选项，那么，当用户尝试输入字母时，文本域中将不显示任何内容。

11.4.2　Spry 验证文本区域

Spry 验证文本区域也是一个文本区域，该域在用户输入几个文本句子时显示文本的状态，如有效或无效。如果文本区域是必填域，而用户没有输入任何文本，该构件将返回一条消息，提示用户必须输入相应的信息。

1．插入 Spry 验证文本区域构件

插入 Spry 验证文本区域构件的具体操作步骤如下。

步骤

① 将光标定位在需要插入验证文本区域的位置。

② 选择菜单栏“插入记录”|“Spry”|“Spry 验证文本区域”，或在“插入”面板的“Spry”类别中单击“Spry 验证文本区域”按钮插入，如图 11-46 所示。

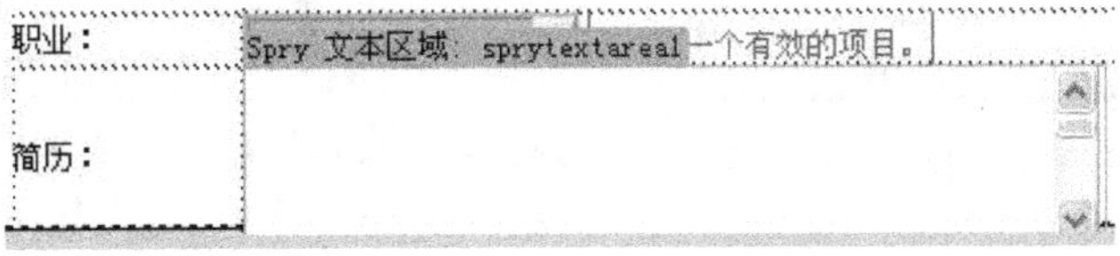

图 11-46　插入“Spry 验证文本区域”

③ 设置“输入标签辅助功能属性”对话框，单击“确定”按钮。

2．设置验证文本区域构件的属性

单击所插入的 Spry 验证文本区域左上角的蓝色标签，即可选定该文本区域，这时“属性”面板中显示该验证文本域的相关属性，Spry 验证文本区域的“属性”面板如图 11-47 所示。

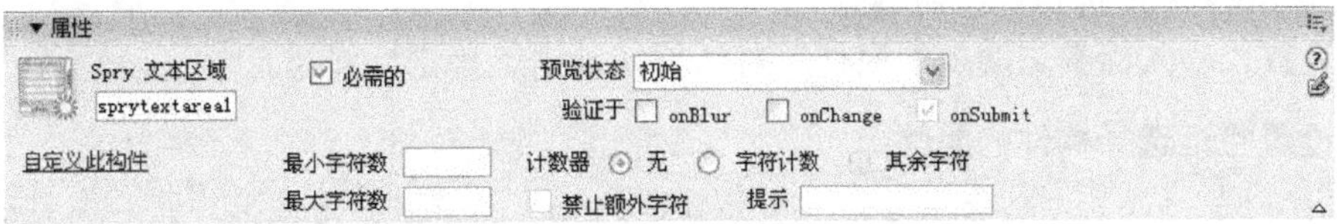

图 11-47　Spry 验证文本域的“属性”面板

Spry 验证文本域“属性”面板各项的具体含义如下。

“预览状态”——选择要查看的状态。

“验证于”——可以设置验证发生的时间，包括站点访问者在构件外部单击时、输入内容时或尝试提交表单时。

“计数器”——可以添加字符计数器，以便当用户在文本区域中输入文本时知道自己已经输入了多少字符或者还剩多少字符。在默认情况下，当添加字符计数器时，计数器会出现

在构件右下角的外部。

“必需的”——用户可以将填写文本域设置为对于用户是可选的。在“属性”面板中，根据自己的喜好选择或取消选择“必需的”选项。

“提示”——可以向文本区域中添加提示（例如，“请在此处输入描述”），以便让用户知道他们应当在文本区域中输入哪种信息。当用户在浏览器中加载页面时，文本区域中将显示您添加的提示文本。

“最小字符数（或最大字符数）”——在“属性”面板中的“最小字符数”或“最大字符数”框中输入一个数字。例如，如果您在“最小字符数”框中输入 20，那么，只有当用户在文本区域中输入 20 个或更多字符时，该构件才通过验证。

11.4.3 Spry 验证选择

Spry 验证选择是一个下拉列表，该列表在用户进行选择时会显示构件的状态，如有效或无效。例如，可以插入一个包含状态列表的验证选择构件，这些状态按不同的部分组合，并用水平线分隔。如果意外选择某条分界线而不是某个状态，则验证选择构件会返回一条消息，提示该选择无效。

不同状态的验证选择构件如图 11-48 所示。

其中，“选择城市”下的验证选择构件为“有效”状态，“选择行业类别”下的验证选择构件为“无效”状态，“选择信息发布时间”下的验证选择构件为“必需的”状态。

图 11-48 不同状态的 Spry 验证选择构件

1．插入 Spry 验证选择

插入 Spry 验证选择的具体操作步骤如下。

步骤

① 将光标定位在需要插入验证选择的位置。

② 选择菜单栏“插入”|“Spry”|“Spry 验证选择”，或在“插入”面板的“Spry”类别中单击“Spry 验证选择”按钮。

③ 设置“输入标签辅助功能属性”对话框，单击“确定”按钮。

2．设置验证选择构件的属性

单击所插入的 Spry 验证选择左上角的蓝色标签，即可选定该选项，这时“属性”面板中将显示该验证文本域的相关属性，Spry 验证选择的“属性”面板如图 11-49 所示。

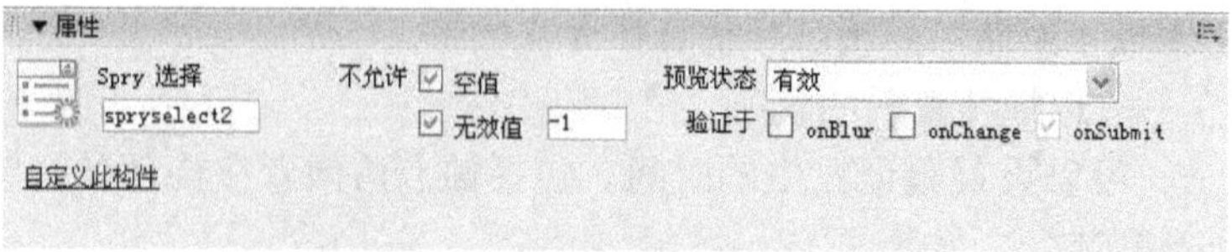

图 11-49 Spry 验证选择的“属性”面板

Spry 验证选择“属性”面板各项的具体含义如下。

“不允许”——存两个选项。

- ✧ “空值”：在默认情况下，用 Dreamweaver 插入的所有验证选择构件都要求用户在将构件发布到 Web 页之前选择具有相关值的菜单项。但是也可以禁用此选项。
- ✧ 无效值：可以指定一个值，当用户选择与该值相关的菜单项时，该值将注册为无效。例如，如果指定 -1 是无效值，并将该值赋予某个选项标签，则当用户选择该菜单项时，该构件将返回一条错误消息。

“预览状态”——选择要查看的状态。

“验证于”——可以设置验证发生的时间，包括站点访问者在构件外部单击时、输入内容时或尝试提交表单时。

11.4.4　Spry 验证复选框

Spry 验证复选框是 HTML 表单中的一个或一组复选框，该复选框在用户选择（或没有选择）复选框时会显示构件的状态（有效或无效）。例如，可以向表单中添加验证复选框构件，该表单可能会要求用户进行三项选择。如果用户没有进行所有这三项选择，该构件会返回一条消息，声明不符合最小选择数要求，如图 11-50 所示。

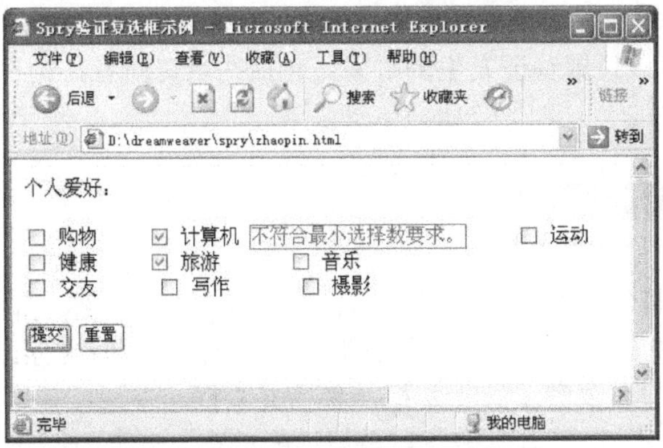

图 11-50　Spry 验证复选框

1．插入 Spry 验证复选框

插入 Spry 验证复选框的具体操作步骤如下。

步骤

① 将光标定位在需要插入验证复选框的位置。

② 选择菜单栏“插入”|“Spry”|“Spry 验证复选框”，或在“插入”面板的“Spry”类别中单击“Spry 验证复选框”按钮。

③ 设置“输入标签辅助功能属性”对话框，单击“确定”按钮。

④ 当页面中需插入一组复选框时，在插入第一个 Spry 复选框构件后，将光标置于构件的蓝色框内最末端，再继续添加复选框（普通），直至完成，如图 11-51 所示。

图 11-51　插入多个复选框到 Spry 验证复选框

2. 设置验证复选框构件的属性

单击所插入的 Spry 验证复选框左上角的蓝色标签，即可选定该验证复选框，这时“属性”面板中将显示该验证复选框的相关属性，Spry 验证复选框的“属性”面板如图 11-52 所示。

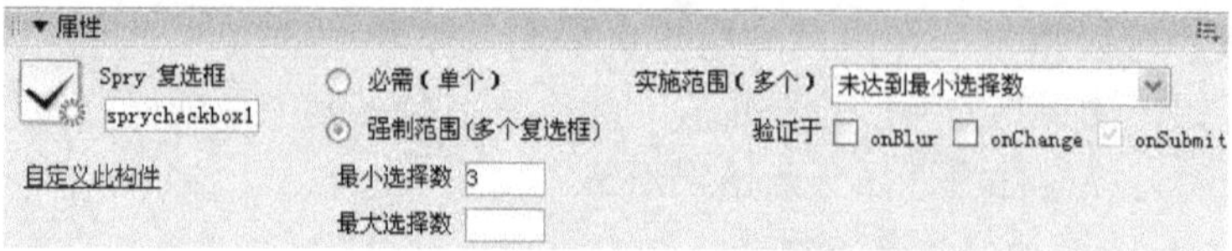

图 11-52　Spry 验证复选框的“属性”面板

Spry 验证复选框“属性”面板各项的具体含义如下：

“必需”——指定该验证复选框为必选项。

“强制范围”——在默认情况下，验证复选框构件设置为“必需”。但是，如果在页面上插入了许多复选框，则可以指定选择范围。

“最小选择数（最大选择数）”——在选择“强制范围”后，则可输入浏览网页时可以选择的复选框个数。例如，如果单个验证复选框构件的 <span> 标签内有 6 个复选框，而且希望确保用户至少选择 3 个复选框，则可以为整个构件设置最小选择数为 3。

“实施范围”——选择验证复选框构件的状态。

“验证于”——可以设置验证发生的时间，包括站点访问者在构件外部单击时、输入内容时或尝试提交表单时。

本章小结与重点回顾

本章主要介绍了网络信息交互工具——表单。表单技术是建立动态网站的重要工具之一，利用表单技术能充分发挥网络的有利条件，使信息能够及时交互。

本章的重点是创建表单和单行文本框、多行文本框、单选按钮、复选框、下拉式列表等多种表单元素的方法，以及各种表单对象属性的设置、表单的提交方法、Spry 验证表单的插入及使用方法。

习题 11

一、选择题

1. 在使用表单时，文本域主要有__________种形式。

A. 1　　B. 2　　C. 3　　D. 4

2. 表单包括两个部分，下列选项中属于表单组成部分的是__________。

A. 表单　　B. 表单对象　　C. 表单域　　D. 以上都对

3. 下面关于表单的说法不正确的一项是__________。

A. 表单由两部分组成，即页面中的各种表单对象及后台处理程序

B. 表单架设了网站管理员和用户之间进行沟通的桥梁

C. 表单也可用于布局页面

D. 表单是表单对象的容器，将其他表单对象添加到表单中，便于正确处理数据

4．下列选项中，哪个不属于 Spry 验证表单域__________。

A．Spry 验证文本域　　B．Spry 验证文本区域

C．Spry 验证复选框　　D．Spry 验证单选框

二、填空题

1．在 HTML 代码中，表单对象都添加在<__________>和<__________>之间。

2．文本域有三种类型：__________、__________、__________。

3．表单的作用是收集用户信息，并将其提交到__________，从而实现与客户的交互。

4．在网页中插入文本框、单选按钮、复选框或跳转菜单时，要先插入空白的__________。

三、简答题

1．简述处理表单的流程。

2．简述插入表单及表单对象的方法。

3．如何创建复选框和单选按钮？

第 12 章　使用 Spry 构件

Dreamweaver CS3 新增集成了 Spry 的功能，其属于一种 Ajax 框架，该框架是由各组织机构开发的用于更好地进行 Web 体验的 JavaScript 库，目前在互联网很流行，有了 Spry，就可以使用 HTML、CSS 和极少量的 JavaScript 将 XML 数据合并在 HTML 文档中，还可以创建构件（如折叠构件和菜单栏）实现一些炫酷的网页效果。

12.1　使用“Spry”构件——新功能展示

12.1.1　案例综述

新增的 Spry 功能不仅增加了页面的布局形式，简化并增强了表单的验证功能，还与 XML 数据相结合，方便构造动态数据显示。本例就将这些新功能集合到一个网页中，使读者从中体会 Spry 的无穷魅力。本例最终效果如图 12-1 所示。

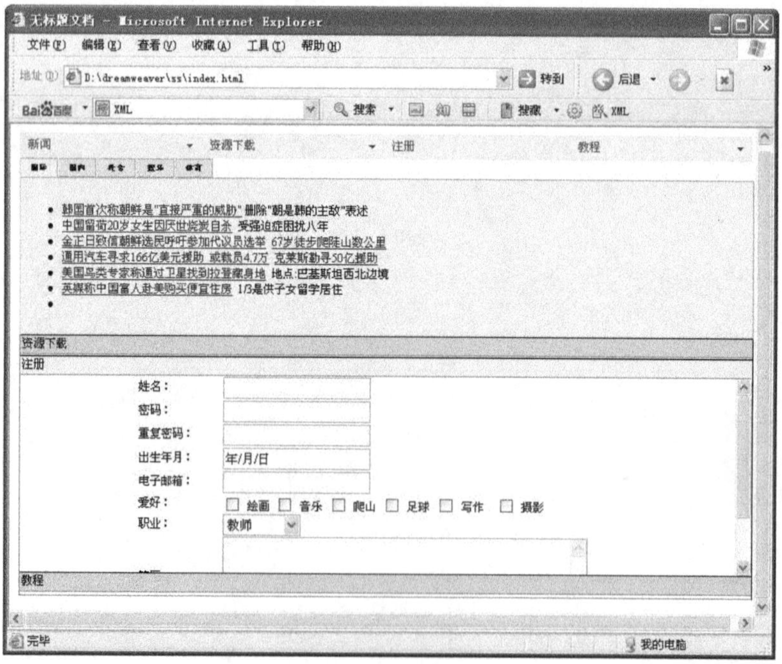

图 12-1　实例效果

12.1.2　案例分析

Dreamweaver CS3 中的 Spry 功能由 4 个部分组成。

① Spry 构件。

② Spry 验证表单。

③ Spry XML 数据显示。

④ Spry 特效。

本例将在页面中将这些部分应用于其中，从而介绍 Spry 的添加及使用方法。

12.1.3　实现步骤

1. 用 Spry 构件创建页面

步骤

（1）插入“Spry 菜单栏”

① 创建新站点 spry，设置其站点根目录为 D:\dreamweaver\spry，默认图像文件夹为 D:\dreamweaver\spry\img。

② 在站点中创建网页文件 index.html。

③ 将对齐方式设置为“居中”，插入 1×1 表格 T1，宽为 770。

④ 将光标置于单元格中，选择“插入”工具栏的“Spry”类型中的“Spry 菜单栏”按钮，插入水平方向菜单栏，如图 12-2 所示。

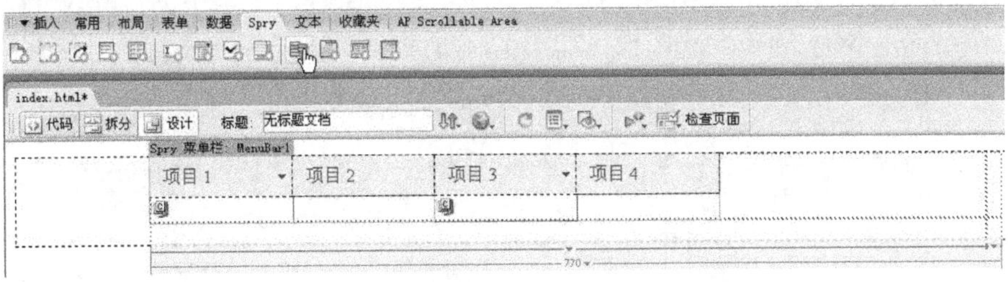

图 12-2　插入“Spry 菜单栏”

⑤ 单击插入的“Spry 菜单栏”左上角的蓝色标签，在“属性”面板中设置菜单栏各项目的名称及下级子菜单的名称，如图 12-3 所示。其中，顶级菜单和下级子菜单中的项目都可通过单击“+”和“–”按钮进行添加和删除，并可通过“向上”或“向下”按钮调整顺序。

这里“新闻”的子菜单为：“国际”、“国内”；“资源下载”的子菜单为：“图片下载”、“视频下载”和“其他下载”；“注册”没有下级菜单；“教程”的子菜单为：“Dreamweaver”、“Flash”、“Fireworks”和“PhotoShop”。

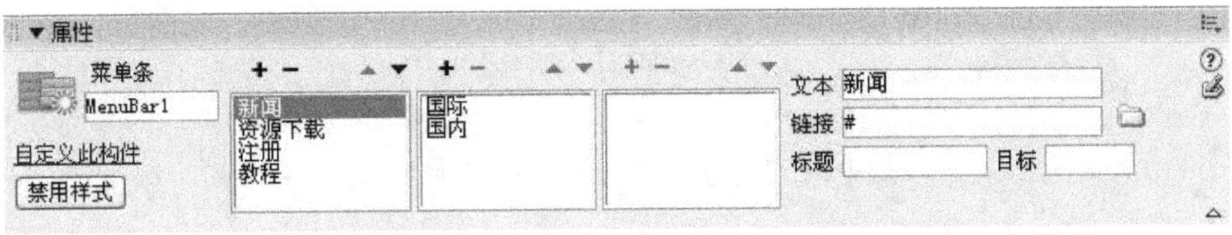

图 12-3　设置“Spry 菜单栏”属性

⑥ 打开 CSS 面板，选择 ul.MenuBarHorizontal.li 规则，将其 width 属性值改为 192。修改后的菜单栏的宽度与表格同宽，如图 12-4 所示。

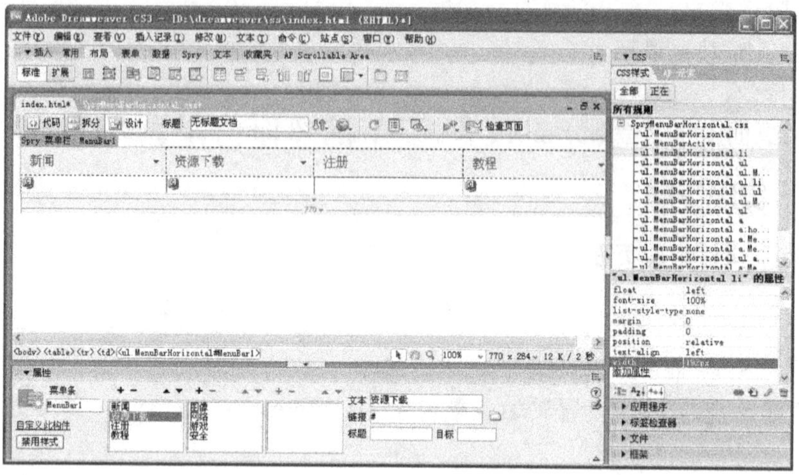

图 12-4　自定义 Spry 菜单栏的宽度

（2）插入“Spry 选项卡式面板”

① 将光标放在 T1 表格的后面，插入 1×1 表格 T2，宽为 770。

② 将光标放在单元格中，单击“插入”工具栏的“Spry”类型中的“Spry 选项卡式面板”按钮，插入 Spry 选项卡式面板，如图 12-5 所示。

图 12-5　插入“Spry 选项卡式面板”

③ 单击该 Spry 构件的蓝色标签，选择该构件，在其“属性”面板中可添加或删除选项卡的数目，并设置默认打开的选项卡，如图 12-6 所示。

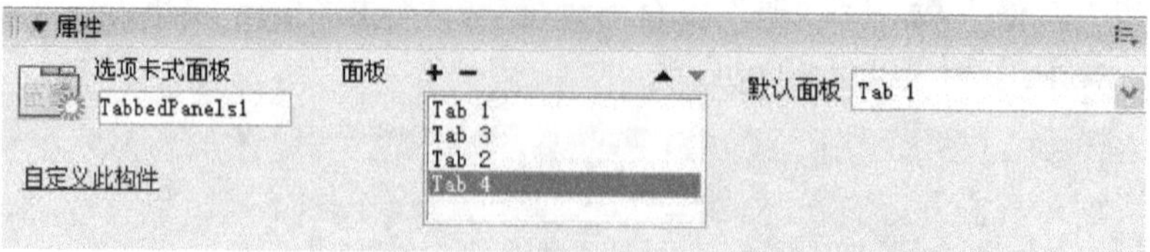

图 12-6　“Spry 选项卡式面板”的属性设置

④ 在设计视图中对页面上选项卡的标签文字进行修改，将光标放在选项卡上时单击随后出现的“眼睛”图标，可对该选项卡的内容进行编辑。这里只是把素材文件夹的 sucai.html 文件的相关内容粘贴到选项卡面板中即可，如图 12-7 所示。将对齐设为“左对齐”。

（3）插入“Spry 折叠式”

① 将光标放到 T2 表格的后面，再插入 1×1 表格 T3，宽为 770。

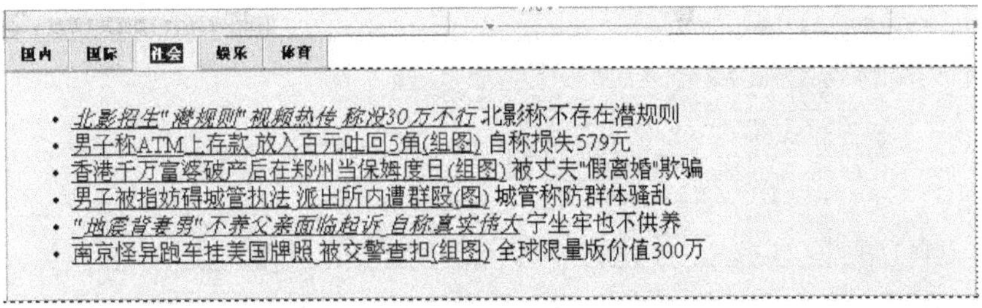
国内
国际
社会
娱乐
体育
北影招生"潜规则"视频热传 称没30万不行 北影称不存在潜规则
男子称ATM上存款 放入百元吐回5角(组图) 自称损失579元
香港千万富婆破产后在郑州当保姆度日(组图) 被丈夫"假离婚"欺骗
男子被指妨碍城管执法 派出所内遭群殴(图) 城管称防群体骚乱
"地震背妻男"不养父亲面临起诉 自称真实伟大 宁坐牢也不供养
南京怪异跑车挂美国牌照 被交警查扣(组图) 全球限量版价值300万

图 12-7　编辑选项卡标签及内容

② 将光标置于单元格中，单击“插入”工具栏的“Spry”类型中的“Spry 折叠式”按钮，插入“Spry 折叠式”，如图 12-8 所示。

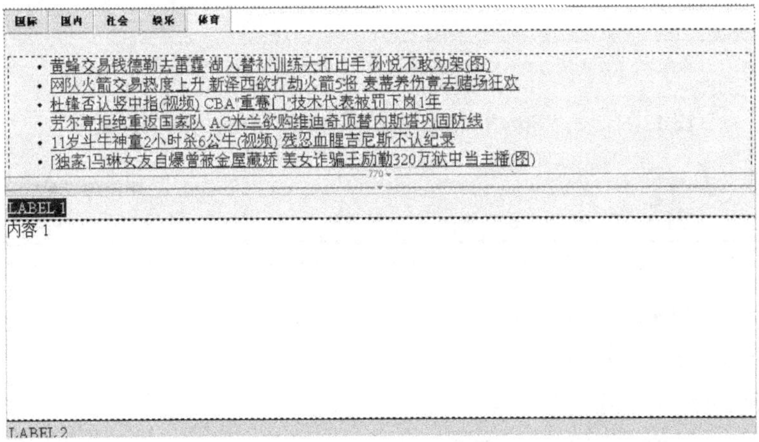
国际
国内
社会
娱乐
体育
LABEL 1
内容 1
LABEL 2

图 12-8　插入“Spry 折叠式”

③ 单击该 Spry 构件的蓝色标签，选择该构件，在其“属性”面板中可添加或删除折叠式的数目，如图 12-9 所示。

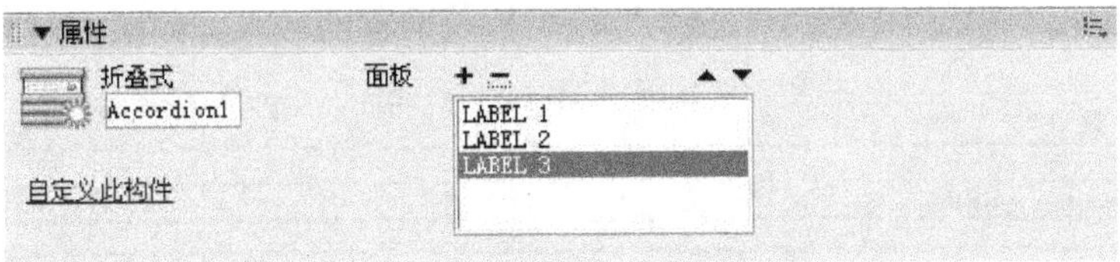
属性
折叠式
Accordion1
面板
LABEL 1
LABEL 2
LABEL 3
自定义此构件

图 12-9　“Spry 折叠式”的属性设置

④ 在设计视图中修改标签文字分别为“资源下载”、“注册”和“教程”，将鼠标指针移到要在“设计”视图中打开的面板的选项卡上，然后单击出现在该选项卡右侧的“眼睛”图标，进行内容的编辑，如图 12-10 所示。

（4）插入“Spry 折叠面板”

① 单击“资源下载”标签后的“眼睛”图标，进行其内容部分的编辑。选中“内容 1”，单击“插入”工具栏的“Spry”类型中的“Spry 可折叠面板”按钮，插入“Spry 可折叠面板”，如图 12-11 所示。

② 将选项卡的标签“Tab”改为“图像”，将素材文件夹 sucai.html 文件中的相关内容粘贴到其内容栏中，如图 12-12 所示。

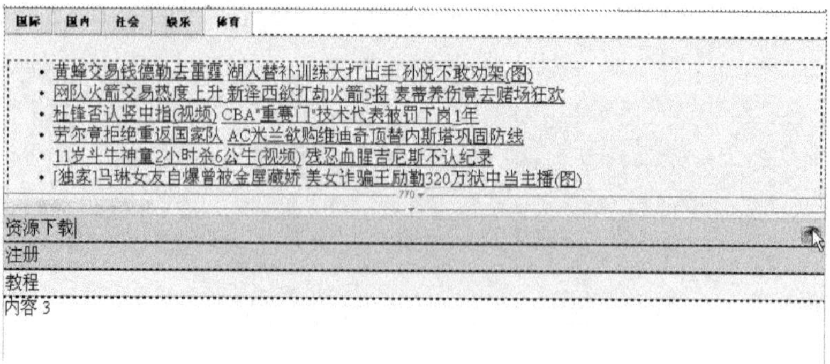

图 12-10　修改折叠式选项卡标签

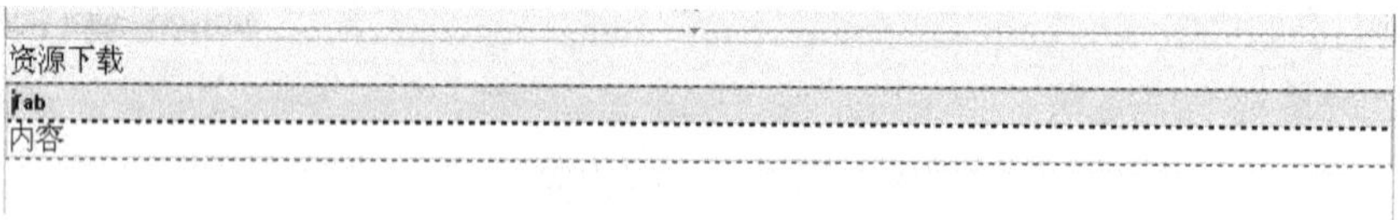

图 12-11　在“Spry 折叠式”内容中嵌套“Spry 可折叠面板”

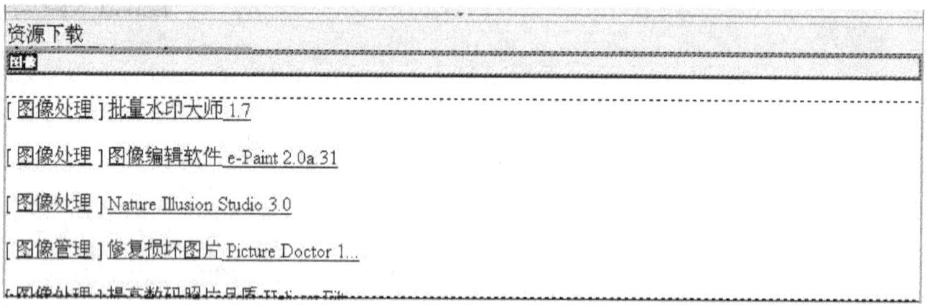

图 12-12　插入“Spry 可折叠面板”

③ 粘贴完成后，单击“图像”选项卡右侧的“眼睛”图标，使其不显示。再次插入“Spry 可折叠面板”，将其标签改为“网络”，将 sucai.html 文件中的相关内容粘贴到其内容栏中，重复此操作，完成“游戏”、“安全”等可折叠面板的插入，如图 12-13 所示。

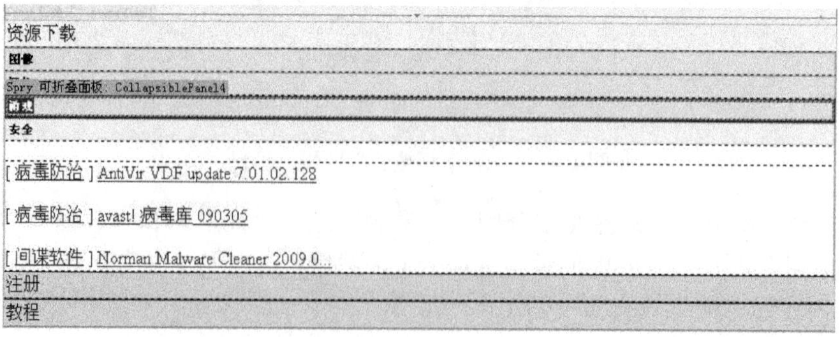

图 12-13　嵌入多个“Spry 可折叠面板”

2. 使用 Spry 验证表单域

步骤

（1）插入 Spry 验证文本域

① 单击“注册”选项卡右侧的“眼睛”图标，编辑其内容部分。将“内容 2”文字删

除，插入表单，将对齐方式设置为“居中对齐”，插入 8×2 表格 T4，宽为 500。调整其列宽如图 12-14 所示。

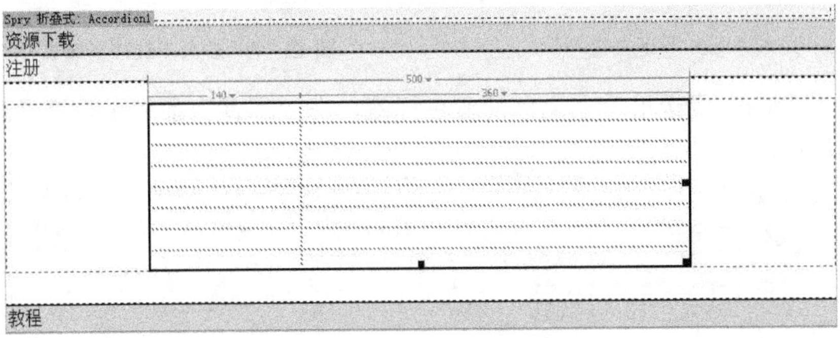

图 12-14　选中<body>标签

② 在第一列中分别输入表单的提示文字：“姓名”、“密码”、“重复密码”、“出生年月”、“电子邮箱”、“爱好”、“职业”、“简历”。

③ 在“姓名”、“密码”、“重复密码”、“出生年月”、“电子邮箱”后面的单元格中，单击“插入”工具栏的“Spry”类型中的“Spry 验证文本域”按钮，分别插入“Spry 验证文本域”。

④ 选中“姓名”的“Spry 验证文本域”，在“属性”面板中设置其为“必需的”；选中“密码”和“重复密码”的“Spry 验证文本域”，在“属性”面板中设置其为“必需的”、且“最小字符数”为 6，“最大字符数”为 10；选中“出生年月”的“Spry 验证文本域”，在“属性”面板中设置其类型为“日期”；选中“电子邮箱”的“Spry 验证文本域”，在“属性”面板中设置其类型为“电子邮件地址”，如图 12-15 所示。

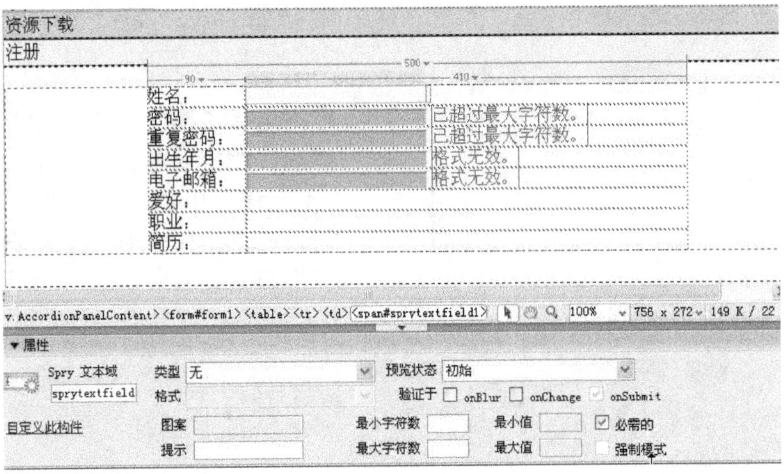

图 12-15　设置各验证文本域的验证需求

（2）插入“Spry 验证复选框”

① 将光标定位在“爱好”后的单元格中，单击“插入”工具栏的“Spry”类型中的“Spry 验证复选框”按钮，插入“Spry 验证复选框”，如图 12-16 所示。

② 再将光标放到“Spry 复选框”的蓝色框内，单击“插入”工具栏的“表单”类型“复选框”按钮，重复插入“绘画”、“音乐”、“爬山”、“足球”、“写作”、“摄影”复选框，如

图 12-17 所示。

图 12-16　插入“Spry 验证复选框”

图 12-17　插入“Spry 验证复选框”

③ 单击“Spry 复选框”左上角的蓝色标签，在“属性”面板中设置其验证需求，如图 12-18 所示。

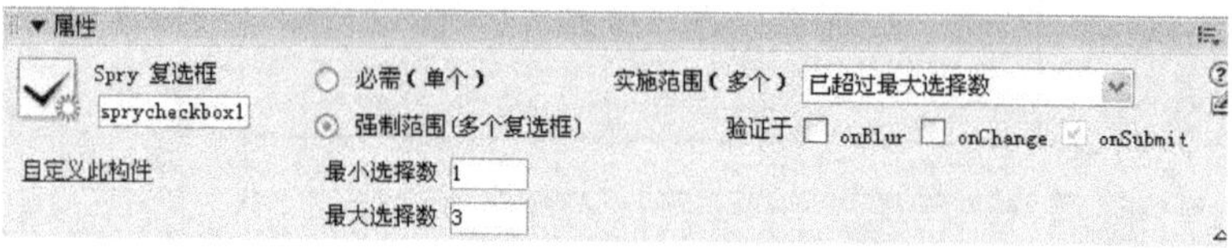

图 12-18　设置“Spry 验证复选框”属性

（3）插入“Spry 验证选择”

① 将光标定位在“职业”后的单元格中，单击“插入”工具栏的“Spry”类型“Spry 验证选择”按钮，插入“Spry 验证选择”，如图 12-19 所示。

② 单击新插入的列表框，在“属性”面板显示“列表 / 菜单”属性，如图 12-20 所示。单击“列表值”按钮，添加职业选项，如图 12-21 所示。其中，用一横线意在分隔，将其值定义为–1。

图 12-19　插入“Spry 验证选择”

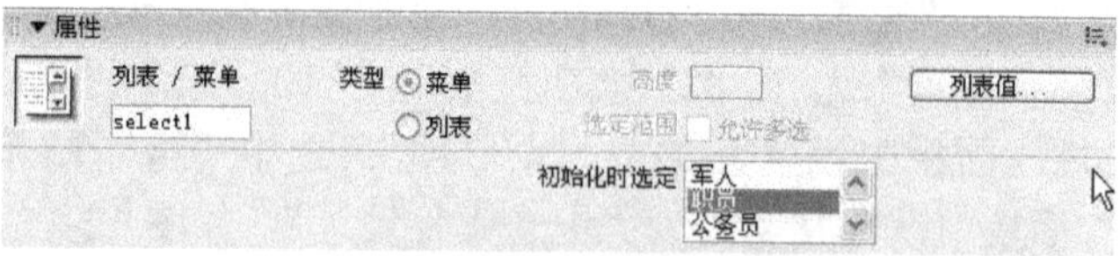

图 12-20　列表“属性”面板

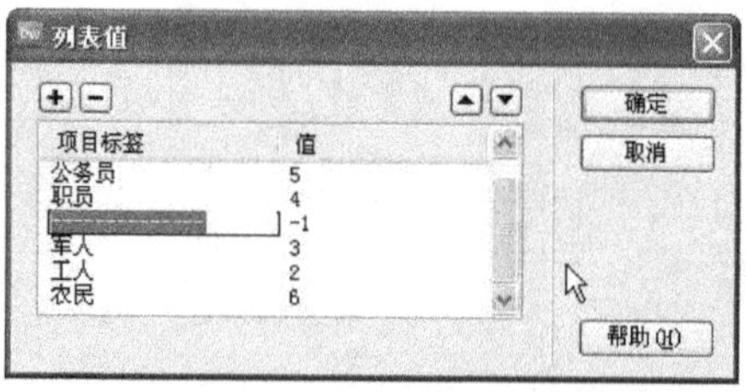

图 12-21　添加列表值

③ 单击“Spry 选择”左上角的蓝色标签选择该构件，在“属性”面板中设置该列表的验证需求，如图 12-22 所示。将“不允许”中的“无效值”设为–1，则当用户在下拉列表中一旦选择分隔横线时，会提示无效。

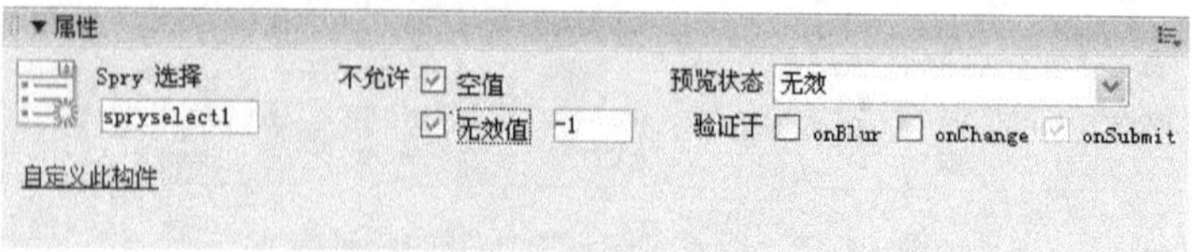

图 12-22　添加列表值

（4）插入“Spry 验证文本区域”

① 将光标定位在“简历”后的单元格中，单击“插入”工具栏的“Spry”类型“Spry 验证文本区域”按钮，插入“Spry 验证文本区域”，如图 12-23 所示。

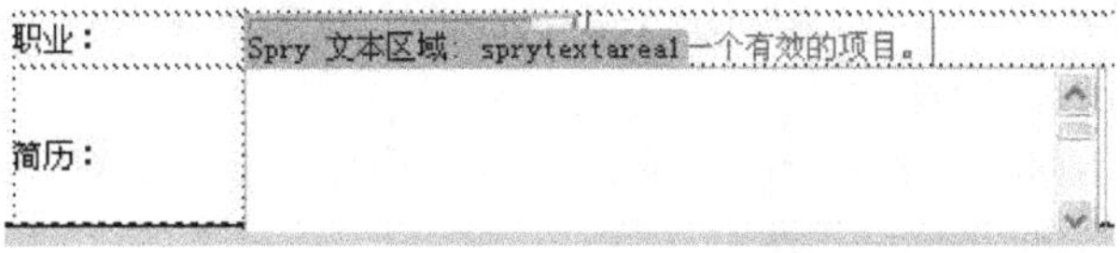

图 12-23　插入“Spry 验证文本区域”

② 选中“Spry 文本区域”，在“属性”面板中设置其验证需求，如图 12-24 所示。

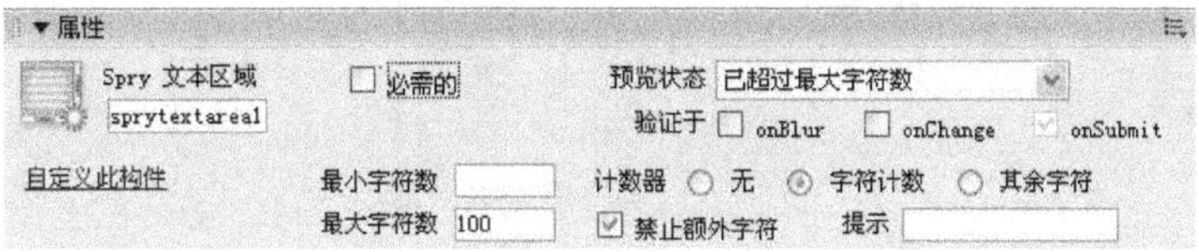

图 12-24　添加列表值

③ 将光标定位在表格的后面，插入“提交”按钮和“重置”按钮。至此，该注册页面就完成了。

3. 使用 Spry XML 显示数据

步骤

（1）绑定 Spry XML 数据集

① 将光标定位在“教程”选项卡的内容栏中，删除其“内容 3”文字，打开“插入”面板，单击“Spry”标签下的“Spry XML 数据集”按钮，如图 12-25 所示。

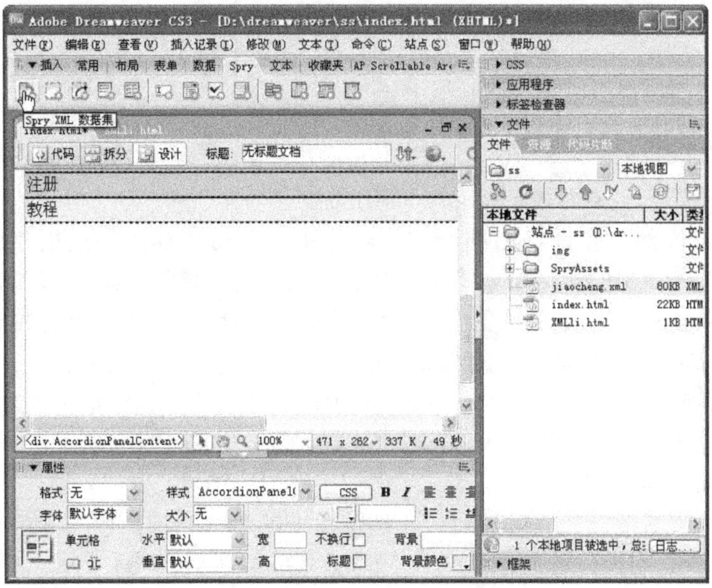

图 12-25　绑定“Spry XML 数据集”

② 在弹出的“Spry XML 数据集”对话框中，其中“XML 源”可以是本地目录下的 XML 数据，也可以是跨域的远程 XML 数据。这里，可从素材文件夹中找到 jiaocheng.xml 文件，如图 12-26 所示。

③ 单击“获取架构”按钮，系统提示是否将该 XML 文件存入站点，单击“是”按

钮。在“行元素”列表框中选择 XML 数据中有价值的重复元素，这里选择“item”元素（<>标志右上角有+号表示循环的多个）。

如果制作纯粹的 XML 数据聚合的页面，还可以选择“禁用 XML 数据缓存”，并选择自动刷新数据的时间以自动获得远程数据同步。

④ 单击“确定”按钮，在“应用程序”面板可看到新绑定的数据集，如图 12-27 所示。

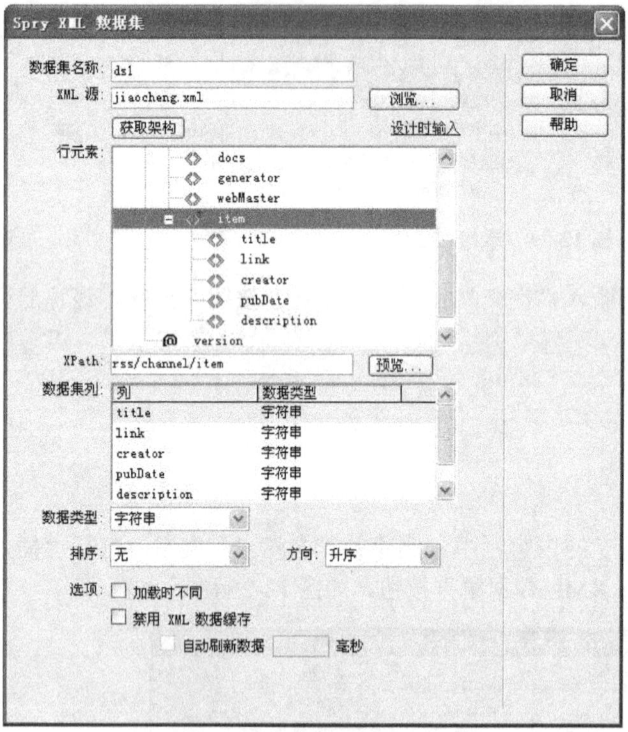

图 12-26 绑定“Spry XML 数据集”

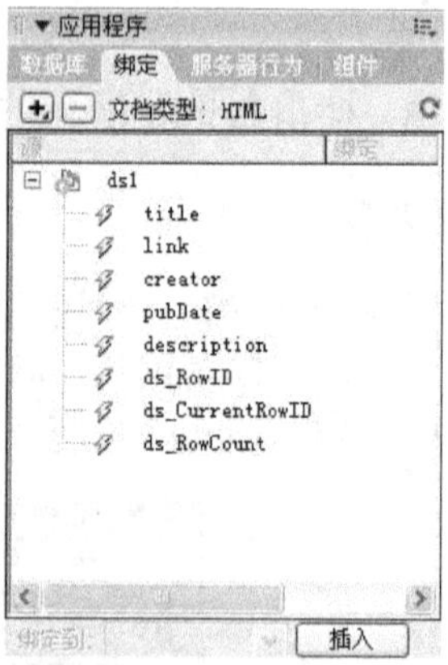

图 12-27 已绑定的数据集

（2）插入 Spry 表，在页面显示 Spry XML 数据

① 将光标定位到“教程”选项卡的内容栏中，单击“插入”面板“Spry”标签下的“Spry 表”按钮，在弹出的对话框中将不需要显示的“列”删除，如图 12-28 所示。

② 选择“单击行时将使用‘更新’详细区域”。因后面拟实现单击每一行标题时，在详细区域可看到具体内容的功能，故选择此选项。

③ 单击“确定”按钮，插入 Spry 表，提示需要插入 Spry 区域，单击“是”按钮，因为所有的 Spry XML 数据必须在 Spry 区域中才能显示，如图 12-29 所示。

（3）插入 Spry 详细区域

① 首先，选中新插入的“Spry 表”，按键盘上的“→”键，使光标停留在已经插入页面中的“Spry 表”之后，继续单击“插入”面板“Spry”标签下的“Spry 区域”按钮。

② 在弹出的对话框中，将“类型”选择为“详细区域”，这表示当前是 Spry 详细区域，如图 12-30 所示。

③ 单击“确定”按钮，页面中便插入了有“此处为 Spry 详细区域的内容”的虚线框，如图 12-31 所示。

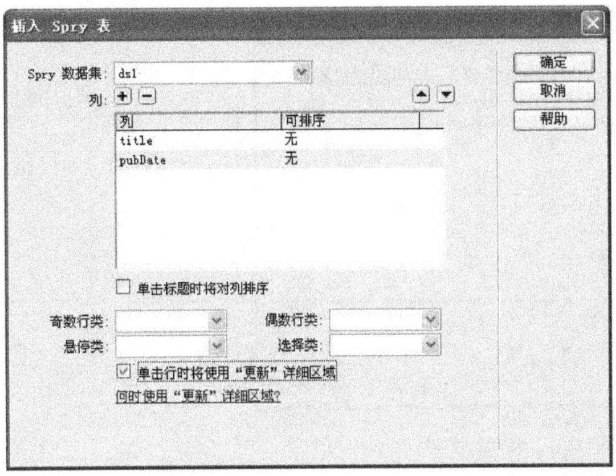

图 12-28　插入“Spry 表”

图 12-29　自动添加 Spry 区域

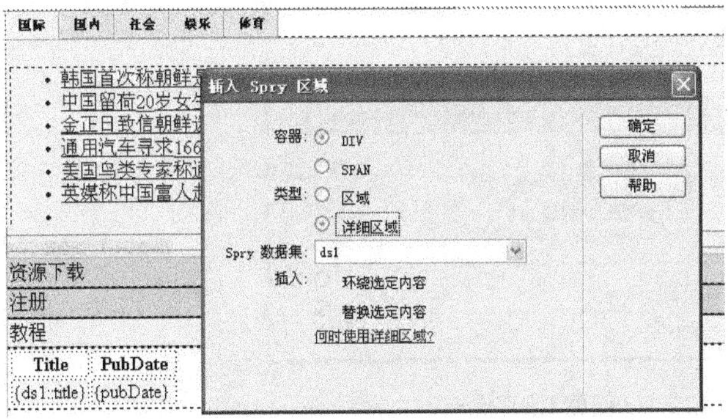

图 12-30　插入 Spry 区域对话框

图 12-31　添加的 Spry 详细区域

④ 将鼠标光标停留在 Spry 详细区域内，打开“绑定”面板，选择“description”元素“插入”到 Spry 详细区域中，如图 12-32 所示。

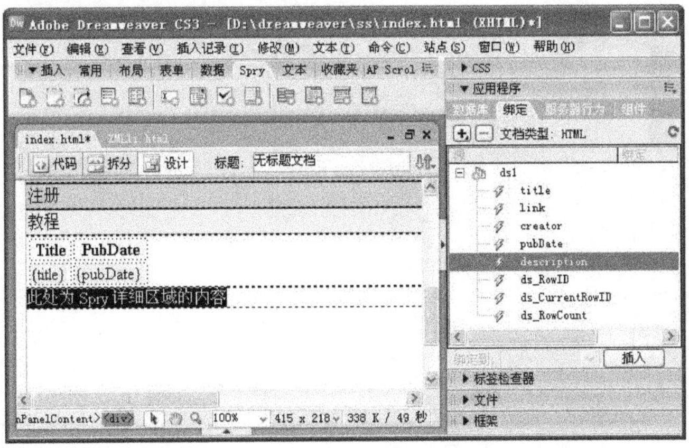

图 12-32　将“详细内容”插入到 Spry 详细区域

⑤ 保存网页这时会提示需保存 Spry 效果文件，如图 12-33 所示。记得上传的时候要连同这些文件一起上传。

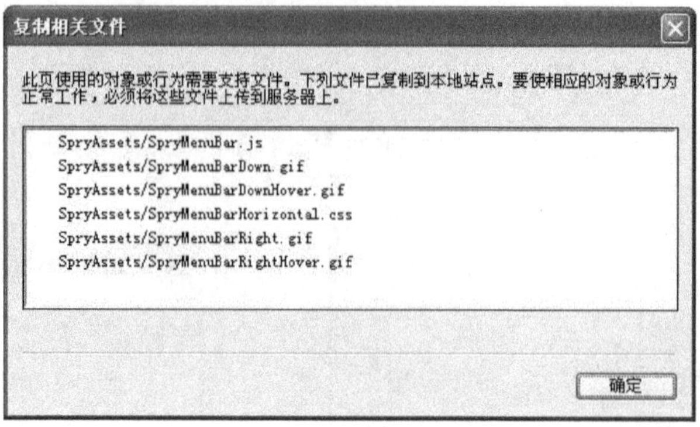

图 12-33　保存 Spry 相关文件

⑥ 最后设置该页面的 CSS 样式，打开 CSS 样式面板，单击“+”按钮，在弹出的“新建 CSS 规则”对话框中，选择“选择器类型”为“标签”，在“标签”下拉列表中选择“td”，设置“定义在”为“仅对该文档”，如图 12-34 所示。

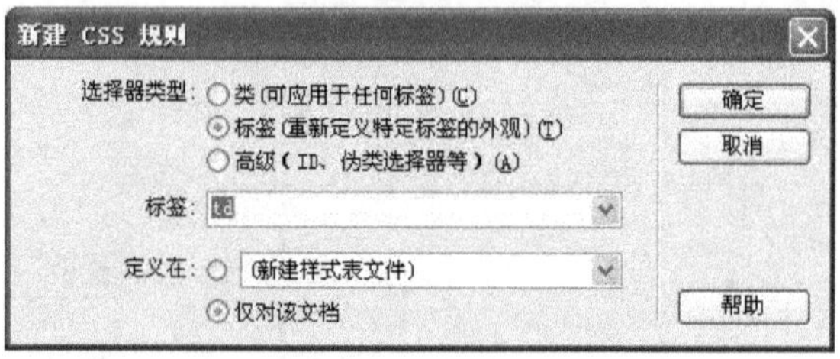

图 12-34　创建 CSS 样式

⑦ 在弹出的“td 的 CSS 规则定义”对话框中，设置字体大小为 12px，修饰为“无”，如图 12-35 所示。单击“确定”按钮。这时可看到页面自动应用了此样式。

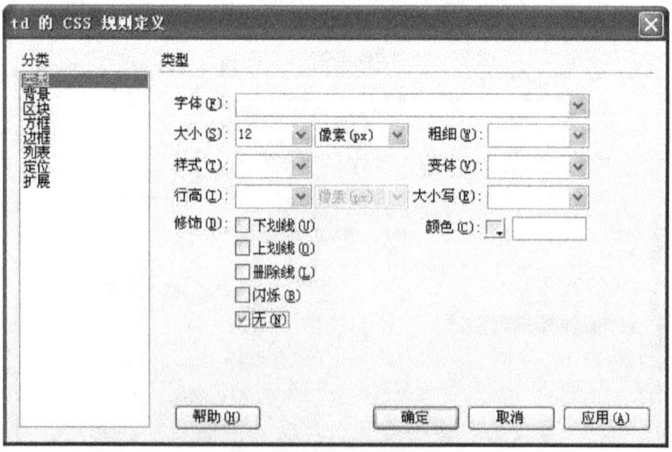

图 12-35　定义 td 的 CSS 样式

至此，该页面的制作已全部完成了，按 F12 键预览。若上网助手等软件拦截则应取消，即可看到精彩的 Spry 效果。

12.2　Spry 构件

使用 Spry 可以制作出自定义的多级菜单栏、选项卡面板、折叠菜单和可折叠面板等页面功能。

12.2.1　Spry 菜单栏

Spry 菜单栏可以用在网页的导航中，一般导航可分为横向和纵向两种方法，Spry 菜单栏也同样提供了这两种布局显示方式。

1. 插入 Spry 菜单栏

插入 Spry 菜单栏的操作步骤如下。

步骤

① 在“插入”栏的“Spry”类型中单击“Spry 菜单栏”按钮，或选择菜单栏中的“插入记录”|“布局对象”|“Spry 菜单栏”或“插入记录”|“Spry”|“Spry 菜单栏”命令。

② 在弹出的“Spry 菜单栏”对话框中选择“水平”或“垂直”，然后单击“确定”按钮，如图 12-36 所示。

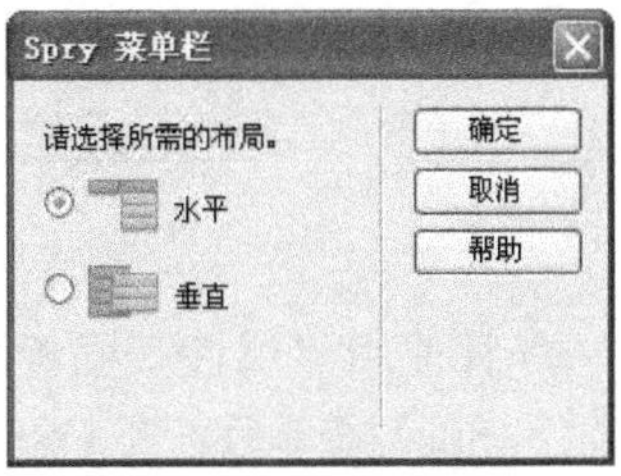

图 12-36　选择菜单栏样式

2. 编辑 Spry 菜单栏属性

使用菜单栏的“属性”面板，可以向菜单栏中添加菜单项或从中删除多余的菜单项，改变菜单项的顺序、给菜单项设置超链接等。

步骤

① 单击插入在页面“Spry 菜单栏”左上角的蓝色标签选择该“Spry 菜单栏”。

② 打开“属性”面板如图 12-37 所示。在面板中可以进行如下设置。

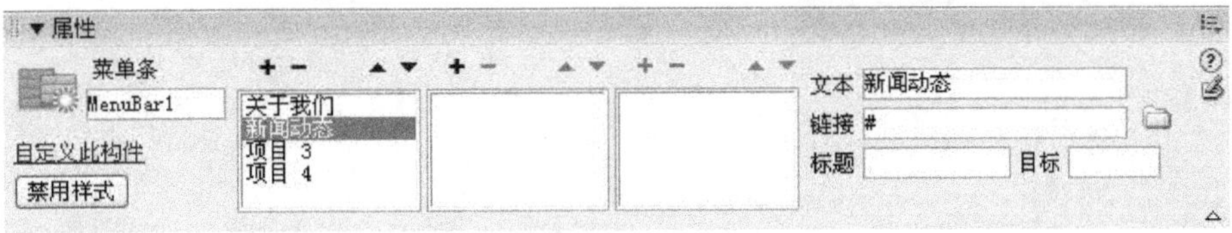

图 12-37　编辑菜单栏属性

- ✧ “菜单条”：单击列表框中的具体菜单项，在“文本”文本框中编辑输入文本即重新定义该列表项的内容，“Spry 菜单栏”支持“三级”菜单项。
- ✧ “添加菜单项”按钮：表示为该菜单项添加了“子菜单”。
- ✧ “删除菜单项”按钮：将该菜单项与“子菜单”同时删除。
- ✧ “上移项”或“下移项”按钮：进行菜单项的显示排序。
- ✧ “链接”：输入链接的目标页面地址，或者单击“浏览”按钮以浏览到相应的文件。
- ✧ “目标”：指定要在何处打开所链接的页面。当单击某菜单项时，在新浏览器窗口中打开所链接的目标页面。若 Spry 菜单栏应用在框架网页，则可在目标属性中选择相应的框架作为目标。

3. 设置 Spry 菜单栏样式

Spry 提供了多种样式可以选择，可以根据自己的实际需要进行选择。设置方法如图 12-38 所示，先选中要设置的菜单（单击选中），然后在“属性”面板中选择“样式”就可以进行设置了。

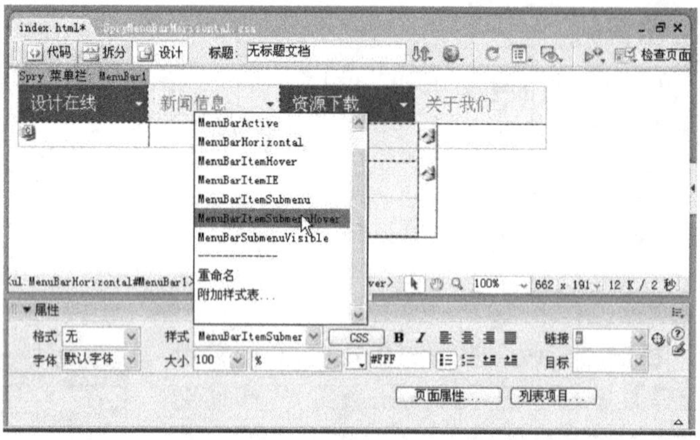

图 12-38　设置菜单项的样式

尽管使用“属性”面板可以简化对菜单栏的编辑，但它并不支持自定义的样式设置。在插入 Spry 菜单后，在 CSS 面板中可看到已自动形成了多个 CSS 样式，如图 12-39 所示。在其中选定相应样式修改其相关属性，自定义菜单项的样式。

4. 保存含有“Spry 菜单栏”的页面

在保存含有“Spry 菜单栏”的页面文件时，会弹出“复制相关文件”对话框，如图 12-40 所示。表示软件将自动复制 Spry 菜单栏所需要到的 CSS 文件、JavaScript 文件和相关图像文件到站点目录的 SpryAssets 文件夹内。单击“确定”按钮进行复制，否则将不能保证“Spry 菜单栏”的正确运行。

图 12-39　修改 CSS 规则的相关属性

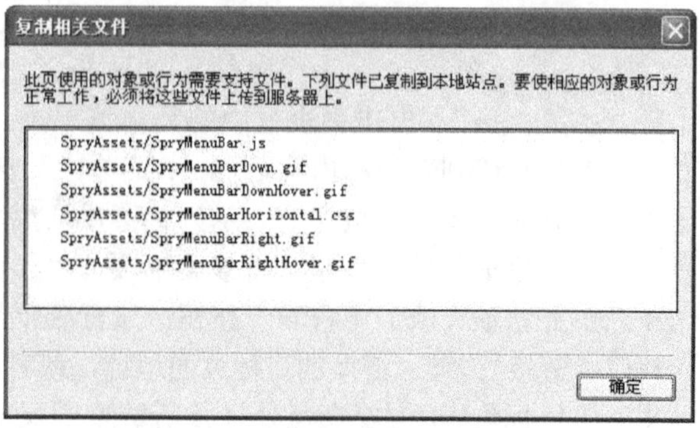

图 12-40　复制与 Spry 菜单栏相关的文件到站点的特定文件夹

在首次保存网页文档时，在弹出的“复制相关文件”对话框中提及的“SpryAssets”文件夹由软件自动生成，该目录名称和位置可在站点定义时进行指定。在“站点定义为”对话框中的“分类”列表中选择“Spry”选项。选择“Spry 资源文件夹”的保存位置，如图 12-41 所示。

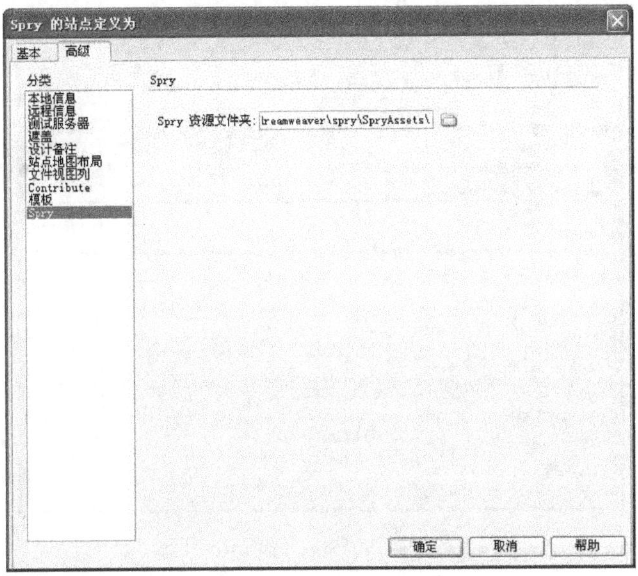

图 12-41　指定 Spry 资源的存放位置

12.2.2　Spry 选项卡式面板

Spry 选项卡式面板是一组面板，用来将内容存储到紧凑的空间中。单击面板上的标签可隐藏或显示存储在选项卡式面板中的内容。同一时间内选项卡式面板中只有一个内容面板可处于打开状态。如图 12-42 所示的选项卡面板中，选项卡“体育”处于打开状态，而其他的选项卡面板均处于关闭状态。

图 12-42　“Spry 选项卡”效果

1．插入选项卡式面板

步骤

① 选择菜单栏的“插入记录”|“Spry”|“Spry 选项卡面板”，或“插入记录”|“布

局对象”|“Spry 选项卡式面板”命令，或在“插入”面板的“Spry”类别中单击“Spry 选项卡式面板”按钮。

② 对于插入到网页中的“Spry 选项卡式面板”，单击左上角的蓝色区域选择“Spry 选项卡式面板”，在其中进行编辑操作，如图 12-43 所示。

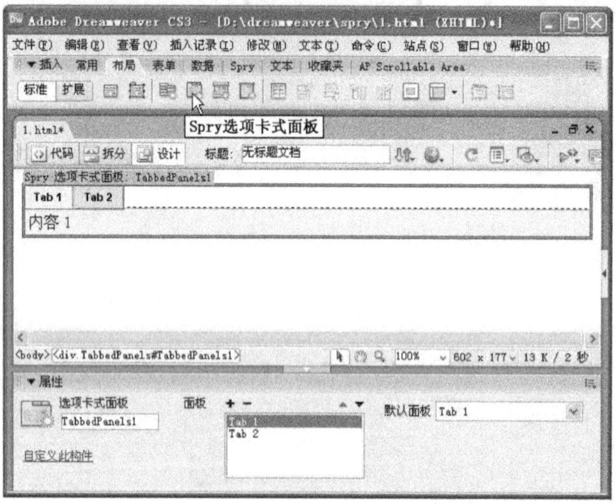

图 12-43　插入“Spry 选项卡式面板”

2. 添加与删除选择卡面板

步骤

① 在“文档”窗口中单击选项卡左上角的蓝色区域选择“Spry 选项卡式面板”。

② 在“属性”面板中，单击“添加面板”按钮+或“删除面板”按钮−，如图 12-44 所示。

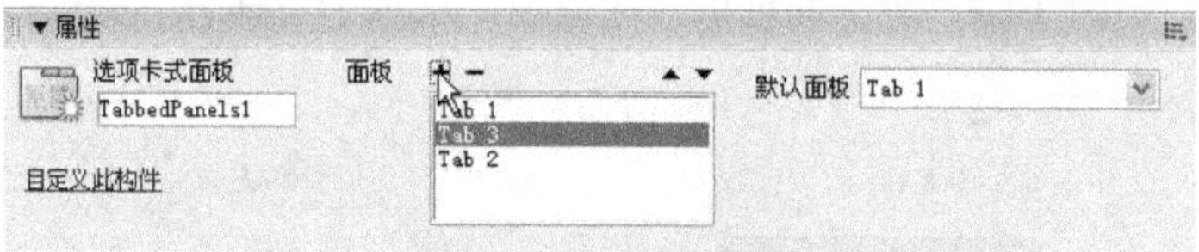

图 12-44　添加或删除面板

3. 设置默认的打开面板

设置当页面在浏览器中打开时，在默认情况下将打开选项卡式面板。

步骤

① 在“文档”窗口中单击选项卡左上角的蓝色区域，选择“Spry 选项卡式面板”。

② 在“属性”面板中，从“默认面板”下拉列表中选择默认情况下要打开的面板。

4. 编辑面板

对于插入到网页中的“Spry 选项卡式面板”，单击左上角的蓝色区域选择“Spry 选项卡式面板”，在其中进行编辑操作。

步骤

① 将鼠标定位在选项卡标题所在区域对该标题进行编辑操作。

② 对于插入到页面中各“Spry 选项卡式面板”所对应的内容，鼠标移动到相应的“Spry 选项卡”标题时，会显示“单击以显示面板内容”按钮，单击该按钮即可显示面板内容，如图 12-45 所示。

图 12-45　选择选项卡面板以编辑其内容

③ 在面板内容中插入内容与在普通网页中插入内容操作无异，如插入文本、图像、表格等操作。

5. 调整选项卡面板的顺序

在“属性”面板中，通过“在列表中向上移动面板”按钮和“在列表中向下移动面板”按钮对页面中的“Spry 选择卡”进行左右排序。

12.2.3　Spry 折叠式

Spry 折叠式同样是一组面板，用来将内容存储到紧凑的空间中。单击面板上的标签来隐藏或显示存储在可折叠面板中的内容。当访问者单击不同的选项卡时，折叠构件的面板会相应地展开或收缩。在折叠构件中，每次只能有一个内容面板处于打开且可见的状态。如图 12-46 所示显示了一个折叠构件，其中的第一个面板处于展开状态。

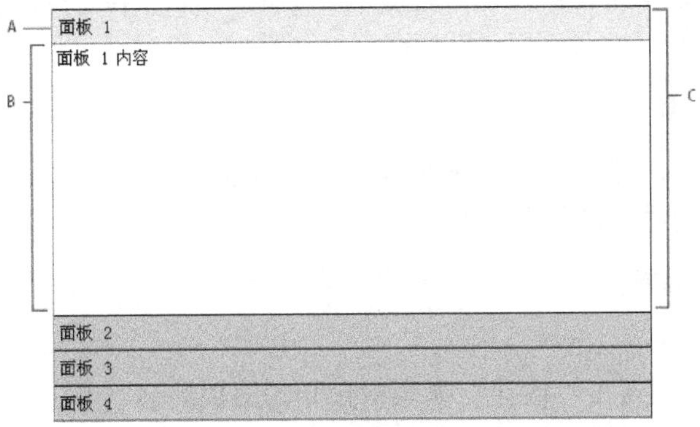

图 12-46　折叠面板效果示意图

1. 插入“Spry 折叠式”

步骤

① 选择菜单栏的“插入记录”|“Spry”|“Spry 折叠式”，或“插入记录”|“布局对象”|“Spry 折叠式”命令，或在“插入”面板的“Spry”类别中单击“Spry 折叠式”按钮。

② 对于插入到网页中的“Spry 折叠式”，单击左上角的蓝色区域选择“Spry 折叠式”，在文中进行编辑操作，如图 12-47 所示。

2. 添加与删除选择卡面板

步骤

① 在“文档”窗口中选择一个折叠构件。

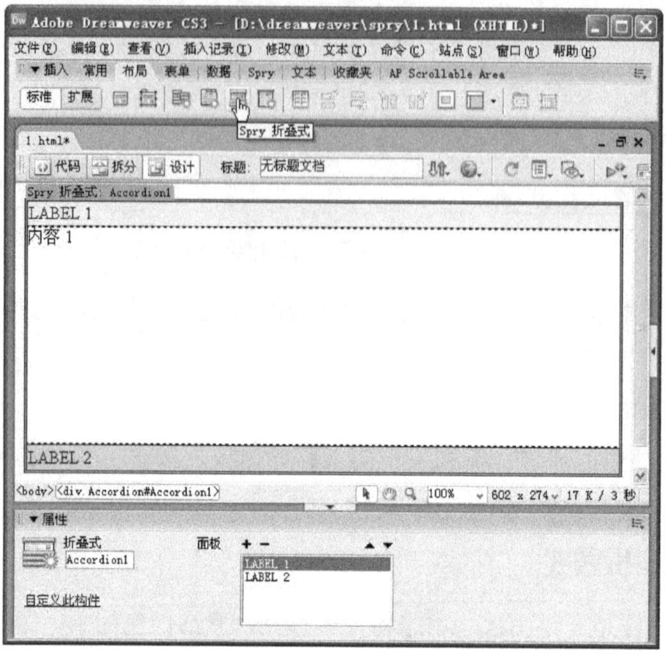

图 12-47　插入“Spry 折叠式”

② 在“属性”面板中单击“面板”旁边的加号 (+) 按钮或减号（–）按钮。

③（可选）更改面板的名称，其方法是在“设计”视图中选择面板的文本并对其进行修改。

3. 更改面板的顺序

在“属性”面板中，通过“在列表中向上移动面板”按钮▲和“在列表中向下移动面板”按钮▼对页面中的面板进行上下排序。

4. 打开面板进行编辑

请执行下列操作之一。

- ✧ 将鼠标指针移到要在“设计”视图中打开的面板的选项卡上，然后单击出现在该选项卡右侧的眼睛图标。
- ✧ 在“文档”窗口中选择一个折叠构件，然后在“属性”面板的“面板”菜单中选择要进行编辑的面板。

总之，“Spry 折叠式”与“Spry 选项卡式面板”有异曲同工之处，可理解为一个是垂直方向折叠显示内容，另一个是水平方向折叠内容。同时，“Spry 折叠式”在网页浏览中切换不同内容时还具有“动画”效果。

12.2.4　Spry 可折叠面板

可折叠面板构件是一个面板，可将内容存储到紧凑的空间中。用户单击构件的选项卡即可隐藏或显示存储在可折叠面板中的内容。如图 12-48 所示是一个处于展开和折叠状态的可折叠面板构件。

1. 插入“Spry 可折叠面板”

步骤

① 选择菜单栏的“插入记录”|“Spry”|“Spry 可折叠面板”，或“插入记录”|“布局对象”|“Spry 可折叠面板”命令，或在“插入”面板的“Spry”类别中单击“Spry 可折叠面板”按钮。

② 对于插入到网页中的“Spry 可折叠面板”，单击左上角的蓝色区域选择“Spry 可折叠面板”，对其进行编辑操作。如图 12-49 所示。

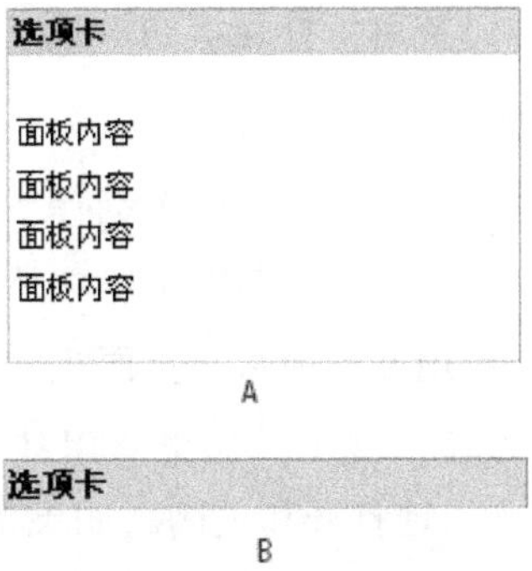

图 12-48　展开（A）与未展开（B）的“Spry 可折叠面板”

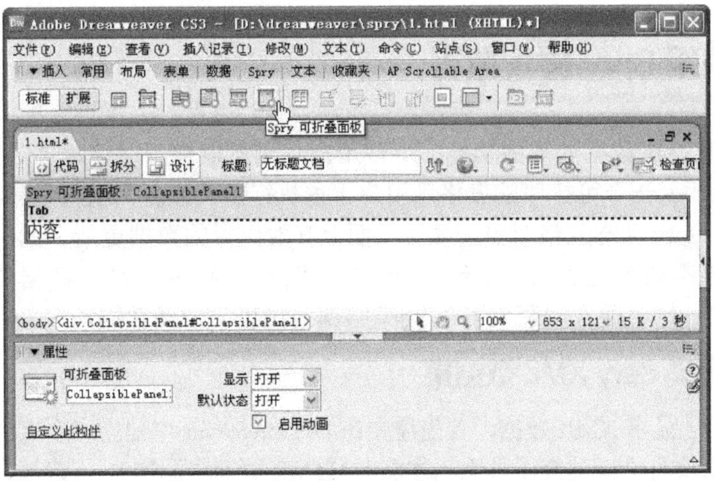

图 12-49　插入“Spry 可折叠面板”

2. 打开或关闭可折叠面板

打开或关闭可折叠面板的方法。

✧ 将鼠标指针移到拟在“设计”视图中打开面板的选项卡上，然后单击出现在该选项卡右侧的眼睛图标，如图 12-50 所示。

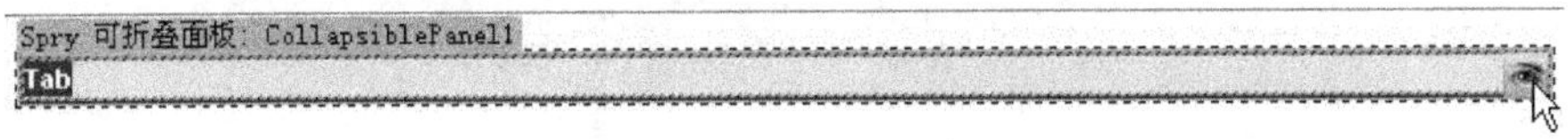

图 12-50　打开或关闭可折叠面板

✧ 在“文档”窗口中选择一个折叠构件，然后在“属性”面板中，从“显示”下拉列表中选择“打开”或“已关闭”选项，如图 12-51 所示。

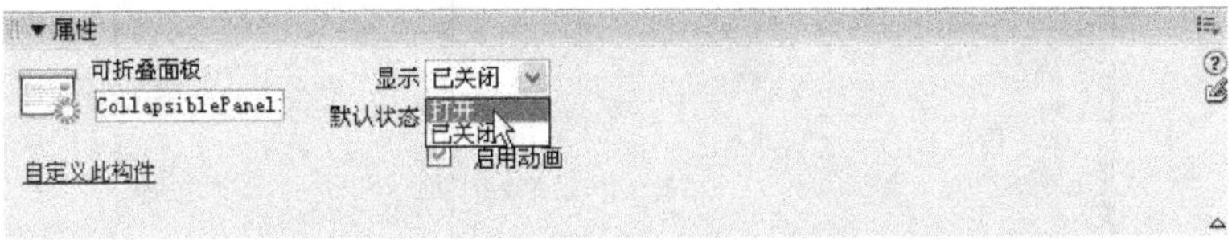

图 12-51　从“属性”面板中打开或关闭可折叠面板

3. 设置可折叠面板的默认状态

步骤

① 在“文档”窗口中选择一个可折叠面板构件。

② 在“属性”面板中，在从“默认状态”弹出的菜单中选择“打开”或“已关闭”。

4. 启用或禁用可折叠面板的动画

在默认情况下，如果启用某个可折叠面板构件的动画，单击该面板的标签时，面板将缓缓地平滑地打开和关闭。如果禁用动画，则可折叠面板会迅速打开和关闭。

步骤

① 在“文档”窗口中选择一个可折叠面板构件。

② 在“属性”面板中，勾选或取消勾选“启用动画”复选框即可。

12.3 使用 Spry 显示数据

Spry 具有对XML数据处理的功能，可使用户从浏览器窗口中以动态方式与页面快速交互。例如，可以插入一个可排序的表格，用户无须执行整页刷新，就可以重新排列该表格，或在表格中包括 Spry 动态表格对象来触发页面上其他位置的数据更新。

为此，用户需要首先在 Dreamweaver 中标识一个或多个包含数据的 XML 源文件（“Spry 数据集”），然后插入一个或多个 Spry 数据对象以显示此数据。

12.3.1 定义 Spry XML 数据集

要在 Web 页上显示 XML 数据，首先需要在 Dreamweaver 中建立一个 XML 数据集，表示当前网页与 XML 文件之间建立了关系，才能向 HTML 页面中添加 Spry 区域、表格或列表。

步骤

① 选择“插入记录”|“Spry”|“Spry XML 数据集”命令，或在“插入”栏中的“Spry”类别中单击“Spry XML 数据集”按钮，如图 12-52 所示。

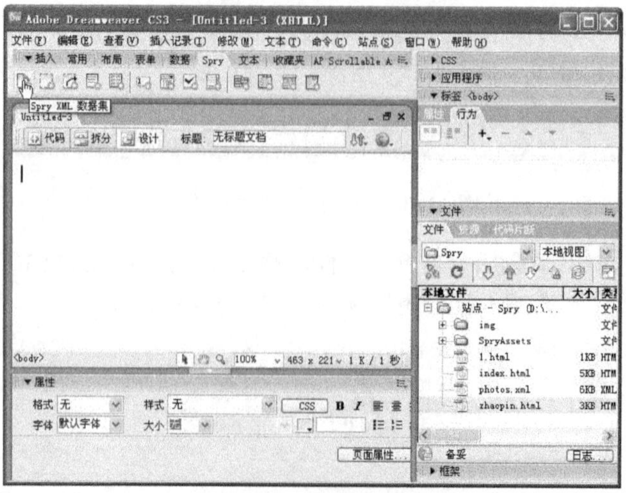

图 12-52　建立 Spry XML 数据集

② 弹出“Spry XML 数据集”对话框，如图 12-53 所示，在其中进行参数设置。

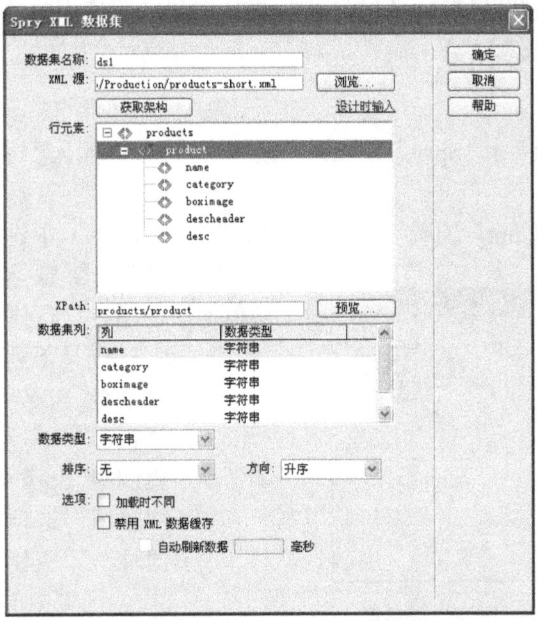

图 12-53　设置“Spry XML 数据集”对话框

各选项的具体含义如下。

- “数据集名称”：接受默认的 Spry 数据集名称“ds1”，也可以输入更有意义的名称。
- “XML 源”：通过单击“浏览”按钮获得已准备好的 XML 数据文件。
- “获取架构”按钮：在确定要使用的数据集之后，单击此按钮，则该数据集中的数据将显示在“行元素”的列表框中。其中，重复元素的右上角有小加号“+”来标记，而从属元素用缩进方式来表示。
- “Xpath”：显示一个表达式，指示所选节点在 XML 源文件中的位置。
- “预览”按钮：单击该按钮可以查看数据在浏览器中的显示情况。默认显示 XML 数据文件中的前 20 行，每一列对应一个元素。
- “数据类型”：指定当前在“数据集列”中选定的数据列的类型。
- “排序”：如果要在页面加载数据时自动排序数据，则从“排序”下拉列表中选择一个用于排序的列值。
- “方向”：确定排序的方式，包括“升序”和“降序”两种方式。
- “加载时不同”：勾选此项以确保没有重复列。
- “禁用 XML 数据缓存”：要直接从服务器中加载数据时，则选择该选项。
- “自动刷新数据”：选择该选项并输入一个毫秒值。

③ 设置完成后单击“确定”按钮。

提示　当定义 Spry 数据集时，系统会向文件中添加用来标识 Spry 资源（xpath.js 和 SpryData.js 文件）的不同代码行。请不要删除此代码，否则 Spry 数据集函数将无法运行。

12.3.2　创建 Spry 区域

对于绑定了“Spry XML 数据集”的页面来说，要在网页中显示 XML 数据，必须先建立“Spry 区域”。Spry 区域有两种类型：一个是围绕数据对象（如表格和重复列表）的 Spry 区域；另一个是 Spry 详细区域，该区域与主表格对象一起使用时，可允许对 Dreamweaver 页面上的数据进行动态更新。

步骤

① 选择“插入记录”|“Spry”|“Spry 区域”，或在“插入”栏中“Spry”类别中单击“Spry 区域”按钮。

② 在弹出的“插入 Spry 区域”对话框（如图 12-54 所示）中进行参数设置。

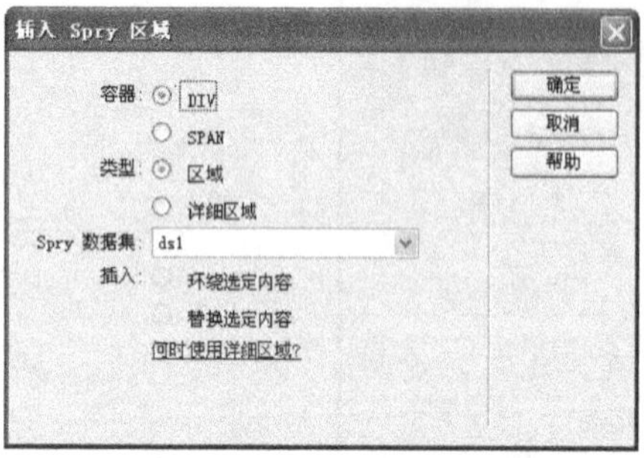

图 12-54 “插入 Spry 区域”对话框

“容器”：对象容器，选择“DIV”或“SPAN”选项。默认值是使用“DIV”容器。

“类型”：选择下列选项之一：

✧ 要创建 Spry 区域，请选择“区域”（默认值）作为要插入的区域类型。

✧ 要创建 Spry 详细区域，请选择“详细区域”选项。只有希望绑定动态数据时，才应使用详细区域，当另一个 Spry 区域中的数据发生变化时，动态数据将随之更新。

提示 需要将详细区域插入与主表格区域所在的 DIV 不同的 DIV 中。可以使用“代码”视图以精确地放置插入点。

“Spry 数据集”：从该菜单中选择前面定义的 Spry 数据集。

“插入”：如果要创建或更改为某个对象定义的区域，请选择该对象并选项下列选项之一。

✧ 环绕选定内容：将新区域放在对象周围。

✧ 替换选定内容：替换对象的现有区域。

③ 单击“确定”按钮，Dreamweaver 会在页面中放置一个区域占位符，并显示文本“此处为 Spry 区域的内容”，如图 12-55 所示。

图 12-55 插入的 Spry 区域

12.3.3 创建 Spry 表格

Spry 区域占位符文本可以替换为 Spry 数据对象（如表格或重复列表）或者替换为“绑定”面板中的动态数据。这里选用 Spry 表格来显示 XML 数据源中的数据。

Spry 表格有两种类型：一个是简单表格，另一个是主动态表格。主动态表格与详细区域绑定，以允许动态更新 Dreamweaver 页面上的数据。创建动态主表格的过程与创建简单表格的过程相同；但使用主表格时，用户可以将详细区域绑定到主表格，这样当单击主表格中的某一行时，详细区域中的数据会进行动态更新。要构建 Spry 主动态表格首先需要插入一个主表格以显示用来触发动态变化的数据，然后插入一个详细区域，以包含发生变化的数据。

步骤

① 在前面插入的 Spry 区域中删除“此处为 Spry 区域的内容”文本，然后切换到“插入”栏中的“Spry”类别中单击相应的“Spry 表”按钮，如图 12-56 所示。或选择“插入记录”|“Spry”|“Spry 表格”。

图 12-56　插入栏的“Spry 表”按钮

② 在弹出的“插入 Spry 表”对话框（如图 12-57 所示）中进行参数设置。

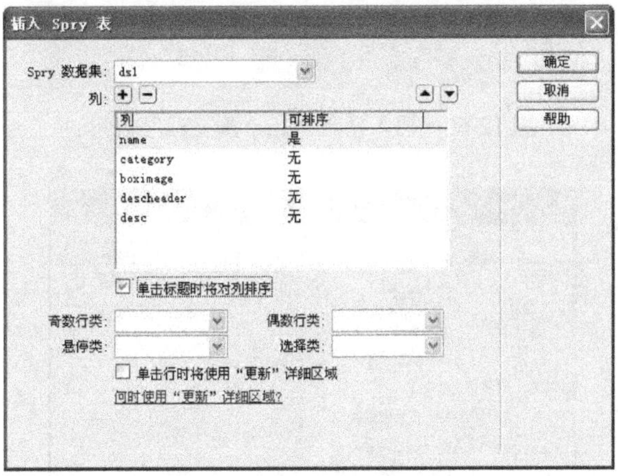

图 12-57　“插入 Spry 表”对话框

提示　*若在插入 Spry 表之前未插入“Spry 区域”，则 Dreamweaver 会提示在插入表格之前添加一个区域，所有的 Spry 对象都必须包含在区域中。*

③ 在“列”面板中，单击⊞按钮可以添加表格中的数据列，单击⊟按钮可以减少列；单击向上箭头或向下箭头可以移动数据列的排列次序。

④ 如果希望在单击网页中数据列上标题时自动排序，则可在“列”面板中选择它，然后选择“单击标题时将对列排序”。对于每个要作为排序依据的列重复上述操作。

⑤ 如果要创建简单的 Spry 表格，则可取消选择默认选项“单击行时将使用‘更新’详细区域”。如果要创建 Spry 主动态表格，请使该选项保持选中状态。

⑥ 单击“确定”按钮，用户会在“设计”视图中看到一个表格，在该表格中，针对所包括的每个元素都有一行标题和一行数据引用，并用大括号 ({}) 括起来，如图 12-58 所示。在“代码”视图中，会看到 HTML 标签已经和用来确定可排序的名称列和类别列的代码一起插入到文件中，如图 12-59 所示。

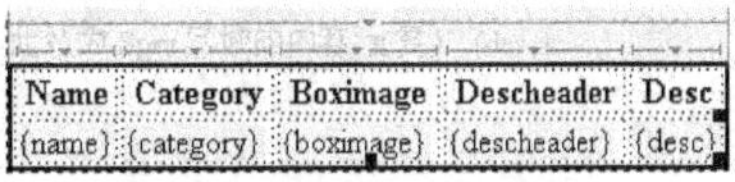

图 12-58　创建的 Spry 主动态表格

```
<div spry:region="ds1">
  <table>
    <tr>
      <th spry:sort="name">Name</th>
      <th>Category</th>
      <th>Boximage</th>
      <th>Descheader</th>
      <th>Desc</th>
    </tr>
    <tr spry:repeat="ds1">
      <td>{name}</td>
      <td>{category}</td>
      <td>{boximage}</td>
      <td>{descheader}</td>
      <td>{desc}</td>
    </tr>
  </table>
</div>
```

图 12-59　“代码”视图

12.3.4　创建 Spry 重复区域

可以添加重复区域来显示数据。重复区域是一个简单数据结构，用户可以根据需要设置它的格式以显示数据。例如，有一组照片缩略图，将它们逐个顺序地放在页面布局对象（如 AP DIV 元素）中。

步骤

① 选择“插入记录”|“Spry”|“Spry 重复项”，或在“插入”栏中的“Spry”类别中单击“Spry 重复项”按钮，如图 12-60 所示。弹出“插入 Spry 重复项”对话框，如图 12-61 所示。

图 12-60　插入栏的“Spry 重复项”按钮

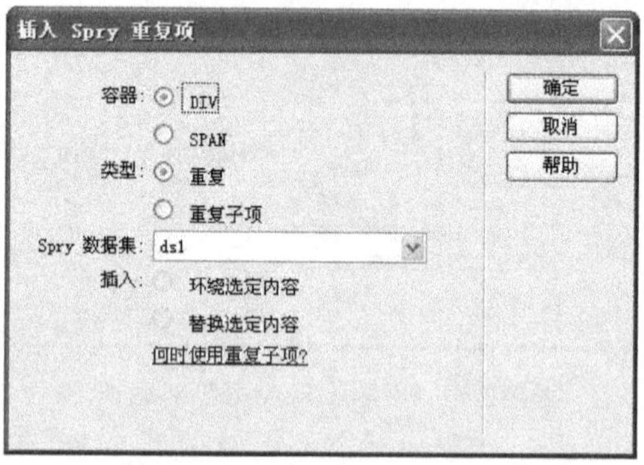

图 12-61　插入 Spry 重复项

② 在“容器”中根据所需的标签类型选择“DIV”或“SPAN”选项。默认值是使用“DIV”容器。

③ 在“类型”中选择“重复”（默认选项）或“重复子项”选项。

④ 在“Spry 数据集”中选择前面定义好的 Spry 数据集“ds1”。

⑤ 如果已经选择了文本或元素，即可环绕或替换它们。

⑥ 单击“确定”按钮，Dreamweaver 会在页面中插入一个区域占位符，并显示文本“此处为 Spry 区域的内容”。

提示　如果在尝试插入重复区域之前，尚未创建 Spry 区域，Dreamweaver 会提示在插入重复区域之前添加一个区域。所有的 Spry 数据对象都必须位于区域中。

可以将该占位符文本替换为 Spry 数据对象（如表格或重复列表）或者替换为“绑定”面板中的动态数据。

要将占位符文本替换为一个或多个动态数据，方法为：

✧ 将一个或多个元素从“绑定”面板拖到选定文本的上方。

✧ 在“代码”视图中，直接键入一个或多个元素的代码。

例如：分别在页面中创建一个“Spry 区域”和一个“Spry 重复项”，在 Spry 区域中将

“绑定”面板中的 XML 数据源数据“name”直接拖入，再将数据“desc”拖入 Spry 重复区域，如图 12-62 所示。在预览时可以看到，Spry 区域中“name”只显示为 Spry XML 数据集的第一条记录，而 Spry 重复区域内则显示为 Spry XML 数据集的全部记录，如图 12-63 所示。

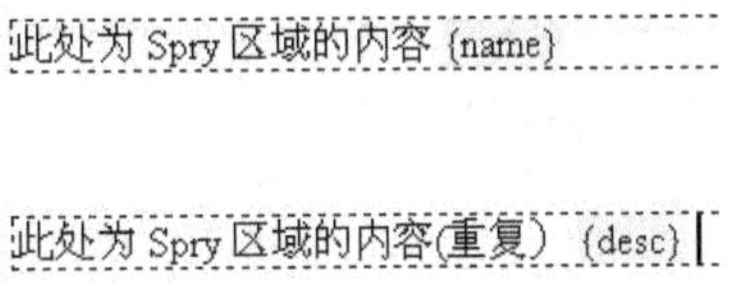

图 12-62　插入数据对象到重复区域

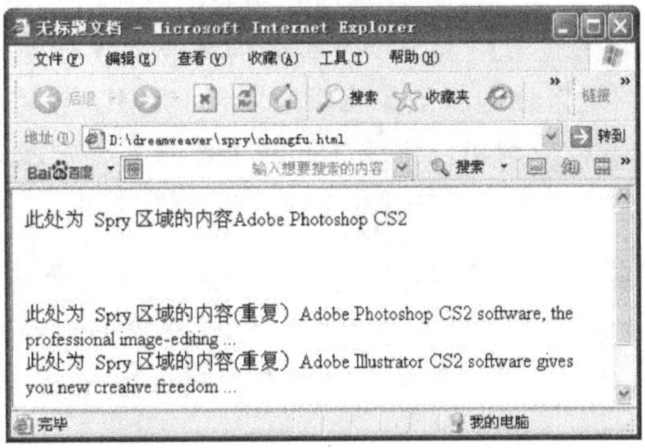

图 12-63　重复区域预览效果

12.3.5　创建 Spry 重复列表

可以添加重复列表，以便将数据显示为经过排序的列表、未经排序的（项目符号）列表、定义列表或下拉列表。

步骤

① 选择“插入记录”|“Spry”|“Spry 重复列表”，或在“插入”栏中的“Spry”类别中单击“Spry 重复列表”按钮，如图 12-64 所示。弹出“插入 Spry 重复列表”对话框，如图 12-65 所示。

图 12-64　插入栏的“Spry 重复列表”按钮

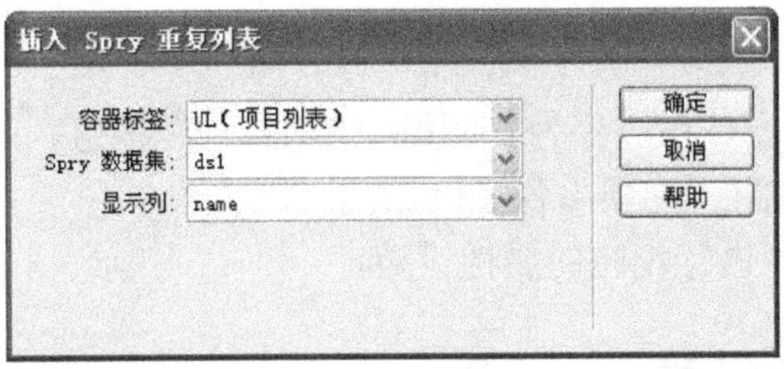

图 12-65　“插入 Spry 重复列表”对话框

② 选择要使用的“容器标签”，其选项有“UL（项目列表）”、“OL（编号）”、“DL（定义列表）”或“SELECT（下拉列表）”。

③ 在“Spry 数据集”中选择前面定义的 Spry 数据集“ds1”。

④ “显示列”：选择要显示的列。

⑤ 单击“确定”按钮，将 Spry 重复列表插入到 Spry 区域内。在“代码”视图中，会看到 HTML <ul>、<ol>、<dl> 或 FORM select 标签已插入到文件中。

12.4 Spry 效果

“Spry 效果”是视觉增强功能，可应用于使用 JavaScript 的 HTML 页面上几乎所有的元素。效果通常用于在一段时间内高亮显示信息，创建动画过渡或者以可视方式修改页面元素。可以方便地将效果直接应用于 HTML 元素，而无须其他自定义标签。

Spry 效果可以修改元素的不透明度、缩放比例、位置和样式属性（如背景颜色）。可以组合两个或多个属性来创建有趣的视觉效果。

提示 要向某个元素应用效果，该元素当前必须处于选定状态，或者它必须具有一个 ID。例如，如果要向当前未选定的 DIV 标签应用高亮显示效果，该 DIV 必须具有一个有效的 ID 值。如果该元素尚且没有有效的 ID 值，则要向 HTML 代码中添加一个 ID 值。

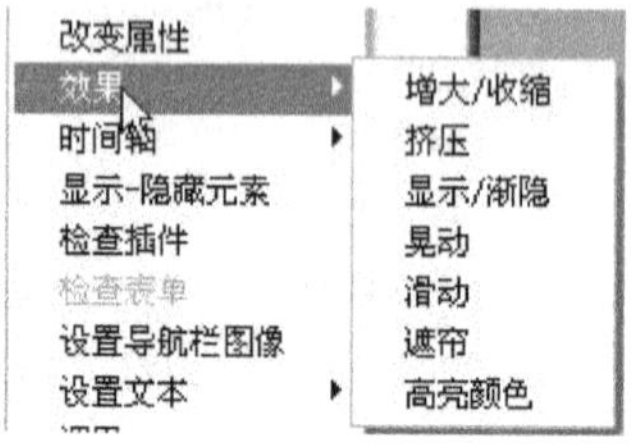

图 12-66 在“行为”面板中添加效果

由于这些效果都基于 Spry，因此，当用户单击应用了效果的对象时，只有对象会进行动态更新，不会刷新整个 HTML 页面。

当选定一个 Spry 对象时，在“行为”面板中单击“+”按钮，从弹出的菜单的“效果”选项中可以看到各种 Spry 效果，如图 12-66 所示。

Spry 效果包括：

- ✧ 增大/收缩：使元素变大或变小。
- ✧ 挤压：使元素从页面的左上角消失。
- ✧ 显示/渐隐：使元素显示或渐隐。
- ✧ 晃动：模拟从左向右晃动元素。
- ✧ 滑动：上下移动元素。
- ✧ 遮帘：模拟百叶窗，向上或向下滚动百叶窗来隐藏或显示元素。
- ✧ 高亮颜色：更改元素的背景颜色。

创建 Spry 效果的具体方法是：

步骤

① 选中某个 Spry 对象，在“行为”面板中单击“+”按钮。

② 从菜单中选择“效果”选项中各 Spry 效果命令。

③ 在弹出的对话框中进行相应的属性设置。

本章小结与重点回顾

本章主要介绍了 Dreamweaver CS3 的新增功能 Spry 构件的使用方法。其中包括 Spry 折叠构件、菜单栏构件、验证文本域构件、验证复选框构件与重复区域构件等多种构件，只需简单地拖放或应用菜单命令就可以在网页中轻松地创建这些构件。

本章的重点知识是 Spry 构件的插入方法及其作用、用 Spry XML 显示数据。

习题 12

一、选择题

1．添加“Spry 效果”，应在_______面板中添加。

A．CSS 面板　　B．应用程序面板　　C．文件面板　　D．行为面板

2．要设置 Spry 验证文本域为“电子邮件地址”，应选择“属性”面板中的_________。

A．源文件　　B．类型　　C．必需的　　D．初始

3．下列关于 Spry 构件说法不正确的是__________。

A．Spry 构件是一个页面元素

B．使用 Spry 构件可以节省页面空间

C．Spry 构件在页面中会自动连接数据库

D．Spry 构件通过启用用户交互来提供更丰富的用户体验

二、简答题

1．在页面中如何添加 Spry 构件？

2．用 Spry XML 显示数据的步骤是怎样的？

第 13 章 站点整理维护与上传

若要将设计好的站点进行推广，就必须有运行 Web 服务器的空间。一般大型公司的站点都从电信部门申请专线，购置网络软、硬件，构建自己的 Web 服务系统，并且申请国际和国内域名，但其运行和维护的费用较高。也有一些网站提供免费的空间和域名服务，对于广大网络爱好者来说，利用免费空间和域名服务创建自己的网站是非常合适的方式，只要在线申请，就可以得到免费的服务。

13.1 网站整理上传

利用 Dreamweaver CS3 用户可以在本地计算机的磁盘上创建本地站点，由于此时没有与 Internet 连接，因此有充裕的时间完成站点的设计、测试。当站点设计、测试完毕，可以利用各种上传工具（例如 FTP 程序），将本地站点上传到 Internet 服务器上，形成远端站点。

13.1.1 案例综述

本例以一个网站的上传及相关操作为例，介绍网站管理上传的一些基本方法。通过这个实例，读者对网站管理全过程将有一个系统的认识，并能进一步掌握“文件”面板的使用，学会检查站点、设置 / 上传站点和存回 / 取出站点等网站管理方法。

13.1.2 案例分析

当网站中各网页制作完成后，要进行测试和检查，这样才能保证用户在 Internet 上浏览网站时尽可能少地出现错误，因此，要做好以下工作。

✧ 申请网站空间。

✧ 检查站点。

✧ 上传网站。

13.1.3 实现步骤

1. 申请空间

目前，很多商业网站都提供免费域名，广大网络爱好者可以为自己的站点申请一个免费域名。在申请的时候，有些网站只提供免费的域名，所需要的空间还需要另外再申请。但是通常提供免费域名的网站都提供免费空间，用户只需要填写申请表单，就可以得到免费的网站空间。

步骤

① 在浏览器的地址栏中输入 http:// www.ik8.com，可进入 IK8 主页，如图 13-1 所示。

图 13-1　进入申请空间网站

② 单击“申请 1G 免费主页空间”的链接，进入“免费空间”申请页面，如图 13-2 所示。

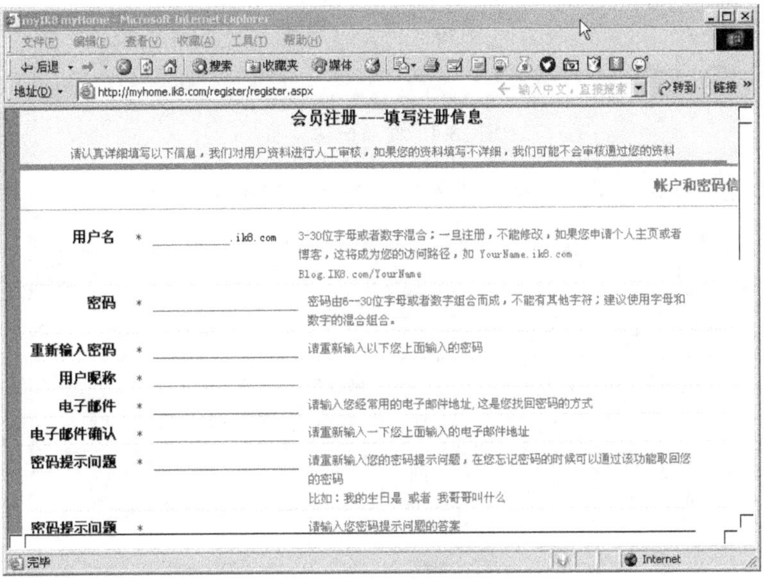

图 13-2　进入申请空间页面

③ 填写注册信息，阅读“IK8 网上家园注册条款”，并选中“我已阅读并同意 IK8 网上家园注册条款”复选框，如图 13-3 所示。

④ 单击“同意 IK8 注册条款，注册为家庭成员”按钮，页面转到注册成功页面，如图 13-4 所示。

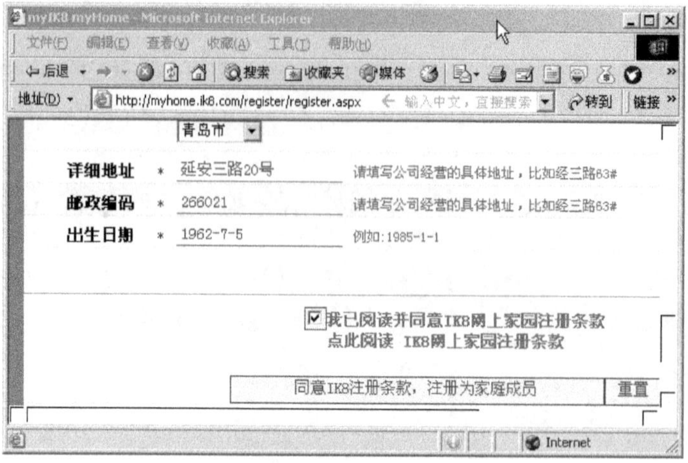

图 13-3 同意注册条款

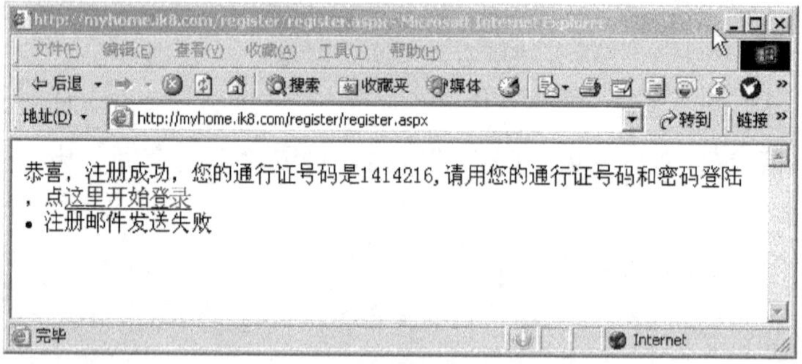

图 13-4 注册成功页面

⑤ 单击“这里开始登录”链接，进入登录页面，如图 13-5 所示。

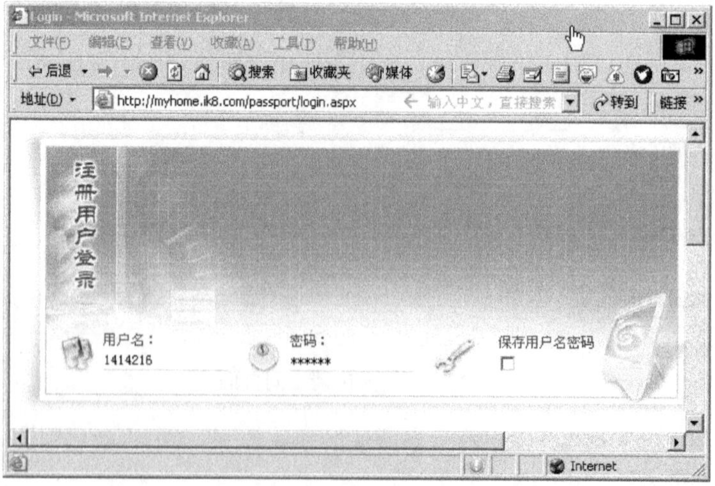

图 13-5 用户登录页面

⑥ 单击右侧的图片域按钮，进入个人通行证管理中心页面，如图 13-6 所示。

⑦ 单击“进入我的主页家园”链接，就可以进入自己的空间了。

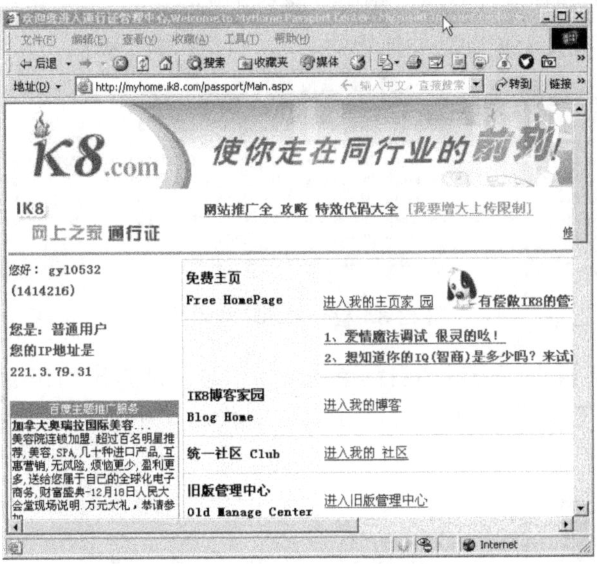

图 13-6　进入个人通行证管理中心页面

2. 检查站点

在网站上传之前，应先在“本地”检查网站是否有错误。

步骤

① 启动 Dreamweaver CS3 程序，选择“窗口”|“文件”命令，出现“文件”面板。

② 在“文件”面板中，单击标题栏下左边的按钮，在出现的下拉式菜单中选择已制作好的网站，Dreamweaver 将自动搜索必要的信息，并将其显示在“文件”面板中。

③ 在“文件”面板中，双击任意网页，打开页面。

④ 选择“文件”|“检查页”命令，出现“检查页”命令子菜单，如图 13-7 所示。

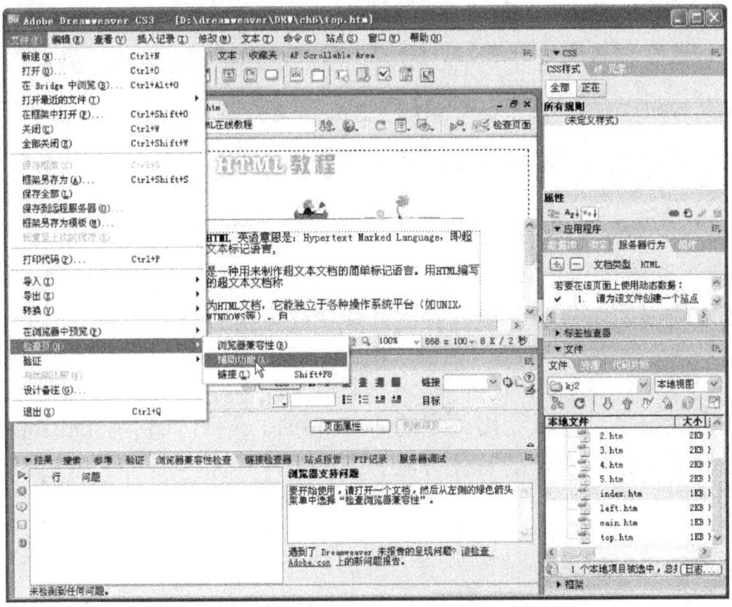

图 13-7　“检查页”命令子菜单

⑤ 选择“检查辅助功能”命令，稍候，即会在 Dreamweaver 窗口底部出现“结果”面板，面板中罗列了所有关于辅助功能错误的清单，如图 13-8 所示。

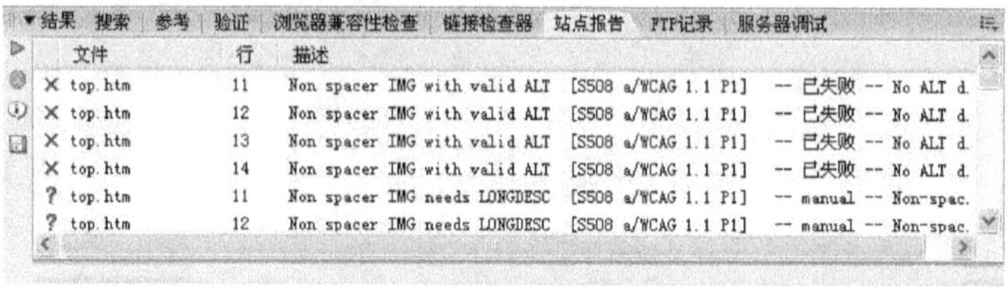

图 13-8 检查辅助功能的结果

⑥ 在“结果”面板中，用鼠标右键单击一条信息，从弹出的快捷菜单中选择“打开文件”命令，编辑区将拆分为两个部分，在上面的代码区中以高亮显示的代码就是引起错误的代码，如图 13-9 所示。

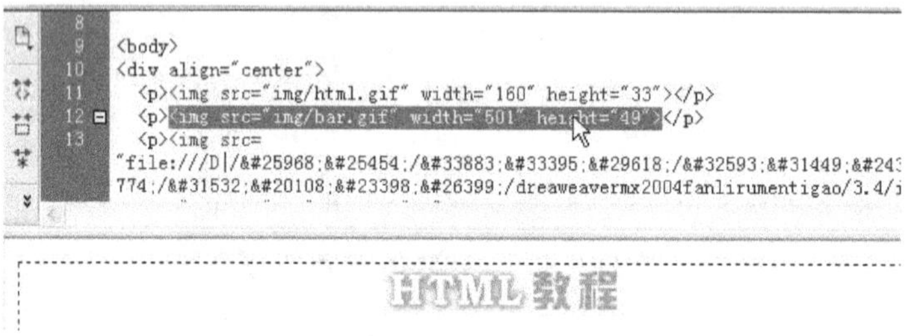

图 13-9 显示错误代码

⑦ 若想进一步了解这些错误，可以再次用鼠标右键单击“结果”面板的信息，从弹出的快捷菜单中选择“更多信息”命令，在窗口右侧的“代码”面板中会出现“参考”选项卡，在“参考”选项卡中进一步说明了错误的原因和修改建议，如图 13-10 所示。

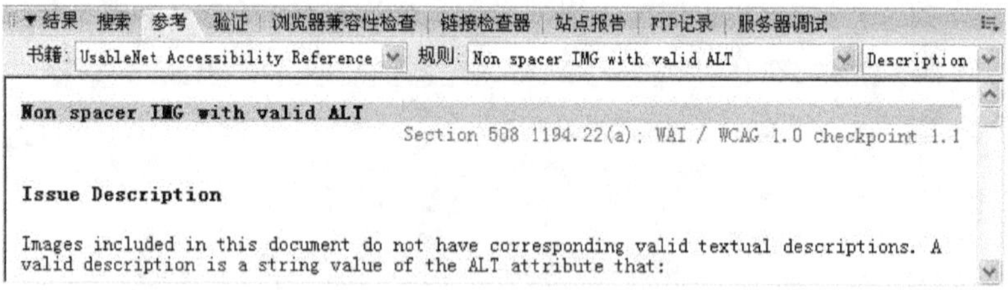

图 13-10 “参考”选项卡中的信息

⑧ 在“结果”面板中单击“链接检查器”可检查一个文档或整个站点中的链接，看是否有孤立的链接或错误的链接等。用同样的方法，还可检查目标浏览器和验证标记等。

3. 设置 / 上传站点

上传站点的方法很多，可以利用共享的 FTP 软件，也可以利用 Dreamweaver 上传。下面介绍用 Dreamweaver CS3 上传的具体方法。

步骤

（1）设置站点的远程信息。

① 选择“站点”|“管理站点”命令，出现“管理站点”对话框，如图 13-11 所示。

② 选择需要上传的网站，单击“编辑”按钮，出现“框架的站点定义为”对话框。

③ 在“框架的站点定义为”对话框中的“高级”选项卡的“分类”栏中选择“远程信息”选项，在右侧出现“远程信息”设置选项。在“访问”下拉列表框中选择 FTP，在“FTP 主机”文本框中输入申请免费空间时得到的主机域名（如 17149.qrqr.net），在“登录”和“密码”文本框中输入申请空间时的用户名和密码，如图 13-12 所示。

图 13-11　“管理站点”对话框

提示　FTP 主机、主机目录、登录、密码等信息是虚拟空间供应商提供的，若没有，可以在网上申请。

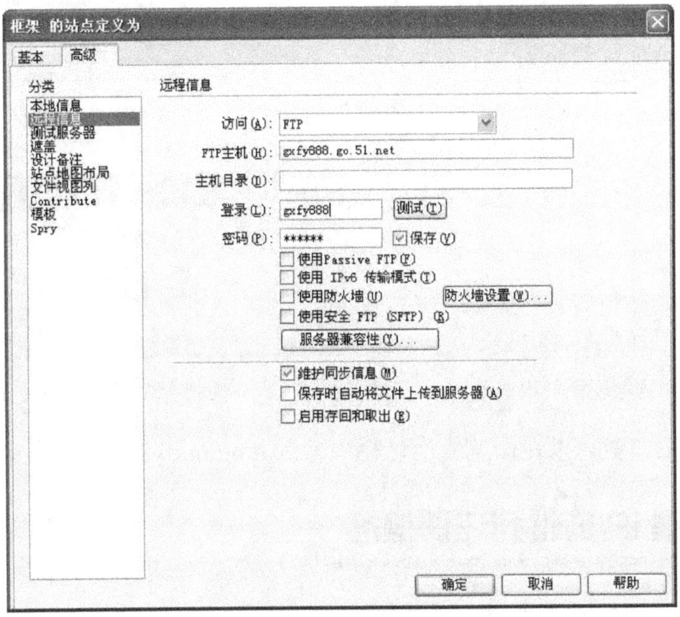

图 13-12　定义远程信息

④ 输入完成后，单击“测试”按钮，出现“状态”进度显示框，如图 13-13 所示。

⑤ 若输入的远程信息无误，稍后则会出现如图 13-14 所示的提示框，提示“Adobe Dreamweaver CS3 已成功连接到您的 Web 服务器”。

图 13-13　连接远端站点进度显示框

图 13-14　提示成功连接到服务器

提示　若没有出现如图 13-14 所示的提示框，应首先确认计算机与 Internet 连接是否正常及远程信息是否有误。

⑥ 确保其他本地设置均正确，单击“确定”按钮，返回“管理站点”对话框，单击“完成”按钮，完成站点设置。

（2）连接上传

① 单击“文件”面板中的连接到远端主机按钮，出现“状态”进度显示框，稍后连接到远端主机按钮变成，并自动跳转到“远程视图”模式，如图 13-15 所示。

② 切换回“本地视图”，选中站点根目录，单击“文件”面板中的上传文件按钮，出现“您确定要上传整个站点吗?”提示信息，如图 13-16 所示。

③ 单击“确定”按钮。出现“状态”进度显示框。在“状态”进度显示框中显示“正在上传文件 xxx.xxx - 已经写入 XXXX / XXXX 的字节”时，表示开始上传文件了，如图 13-17 所示。

图 13-15 “远程视图”模式

图 13-16 上传提示

图 13-17 正在上传文件

③ 上传完毕后，就可以在浏览器地址栏中输入 http://gxfy888.qd.cn，浏览网页了。

13.2 申请 IP 地址和注册域名

1. IP 地址

Internet 上每台主机都有唯一的地址，称为 IP 地址。Internet 中，每个主机固定的 IP 地址具有唯一性，各主机的 IP 地址由美国国防数据网络信息中心进行分配。所以，要将一台主机接入 Internet 必须首先申请到一个合法的 IP 地址，Internet 上每个主机都有永久不变的 IP 地址。

IP 地址是一个由 32 位二进制数组成的数字地址，由 4 组十进制数字表示，中间用点号(.)分隔。例如 192.168.3.10。IP 地址不能随意分配，如果 IP 地址出现重复，会使整个 Internet 产生混乱。因此，在需要 IP 地址时用户必须向国际网络信息中心 NIC 提出申请。

2. 域名

因为 32 位二进制数的 IP 地址不容易记忆，所以每个 IP 地址都可以申请唯一与其对应的、便于记忆的域名。域名可以理解为接入 Internet 的企业或个人在网络上的名称，它是每个网络用户的 IP 地址的别名，是一个公司、企业或个人的网络地址。

注册域名可以在网上直接申请，如图 13-18 所示为域名申请页面。首先可以将自己想要注册的域名进行查询，当确认没被注册过后，便可以填写申请表格，表格提交后，经检验验被认可后，用户可收到一份确认域名的电子邮件，但是，此时网站仅为用户暂时保留域名注册权，用户必须支付费用才能真正取得该域名的拥有权。

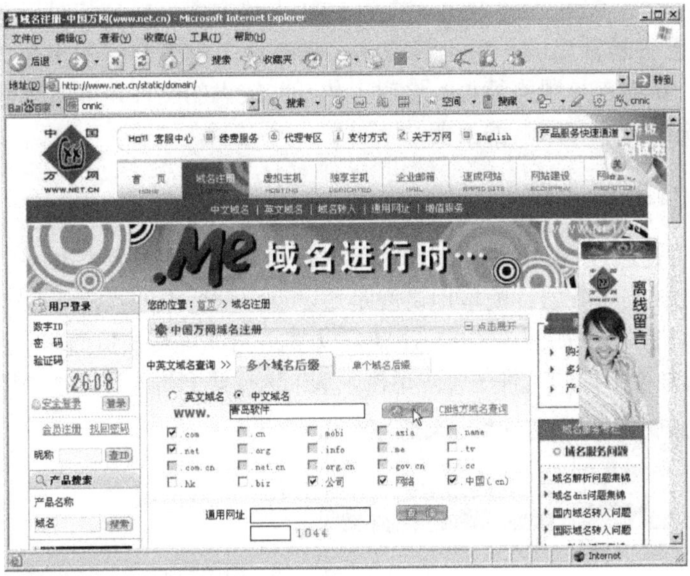

图 13-18　申请空间和域名

3. 申请免费空间

对于个人和一些小型企业来说，拥有自己的主机是不太可能的事，但可以采用租用主机空间的办法，为自己创建网上家园。有些网站出于宣传站点的目的，提供免费主页空间服务，如 http://www.51.net、http://www.51.com 等网站都提供免费的主页空间。用户只需填写申请表单，就可以得到免费的主页空间。如图 13-19 所示就是 www.51.com 的空间申请页面。

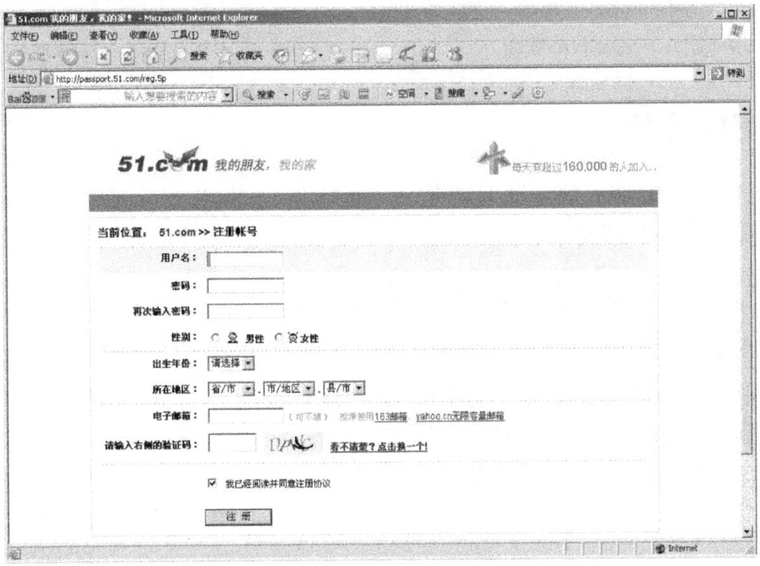

图 13-19　空间申请页面

13.3 上传网站

在拥有了自己的主页空间后，就可以上传精心设计的网站了。目前，网上免费空间的上传方式有两种，一是 Web 上传方式，二是 FTP 上传方式。前者相对后者容易掌握，上传效率不高。FTP 上传是常用的一种上传方式，包括很多收费空间的上传方式也是 FTP 上传，它效率较高，还能支持断点续传，这对上传一些较大的文件是非常有好处的，不至于因为网速不稳定而造成时间和网费的浪费。

13.3.1 Web 方式上传

Web 方式上传是通过 Web 页面编写的程序获取文件所在位置，并利用程序组件实现上传功能，将文件上传到服务器。简单地讲就是通过点击网页中的“浏览”、“选定”、“上传”等按钮来上传文件的方式。如图 13-20 所示就是以 Web 方式上传的页面，当点击“添加文件”按钮时，弹出“选择要上载的文件…”对话框，从中选择要上传的文件，如图 13-21 所示。

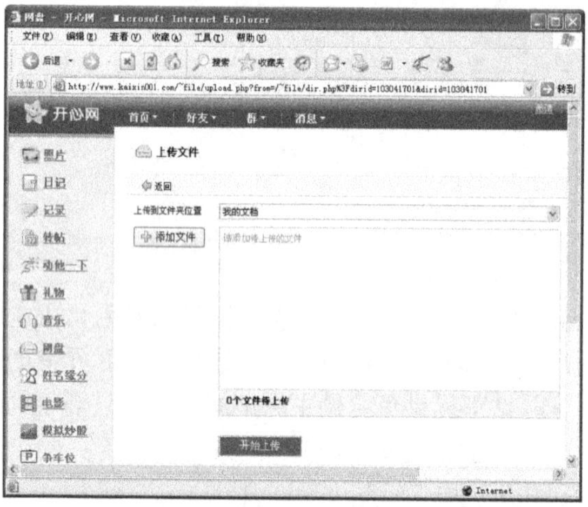

图 13-20　Web 上传页面

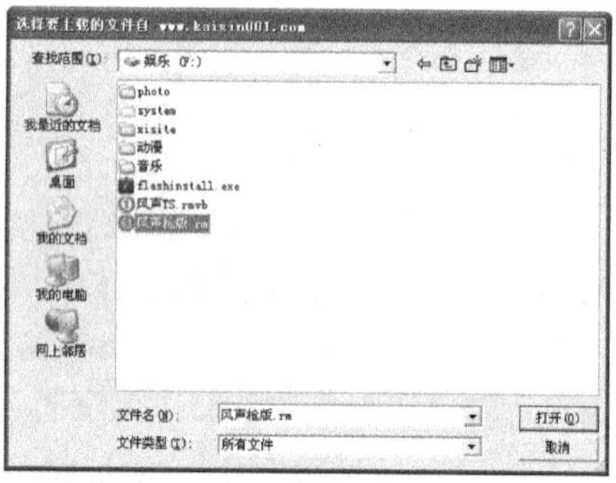

图 13-21　选择要上传的文件

13.3.2 FTP 上传

在 FTP 上传的过程中，首先要弄清楚 3 个问题：主机地址、用户名和密码，只要知道这 3 项，上传就会变得非常简单。

13.3.2.1 使用上传工具（CuteFTP）上传

Web 上传方式有其弱点，一是速度慢，二是不支持断点续传。使用专门的 FTP 软件上传网站可以克服这些弱点。目前常用的 FTP 软件有 CuteFTP、FlashFTP、WS-FTP 等。这里以 CuteFTP 为例，介绍使用上传工具上传网页的方法。

CuteFTP 安装完成后系统在桌面上会自动创建一个快捷图标，单击图标进入欢迎窗口。打开 CuteFTP 窗口后，可以看到如图 13-22 所示的 CuteFTP 界面。主界面分为以下 4 个工作区。

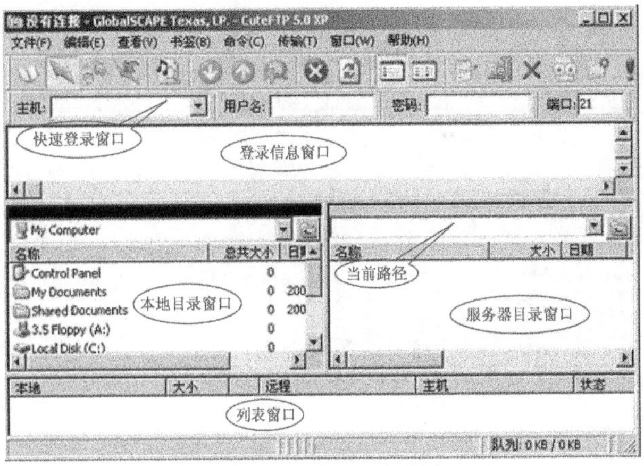

图 13-22　CuteFTP 界面

本地目录窗口：默认显示整个磁盘目录，通过下拉菜单可以选择已经完成的网站的本地目录，以准备开始上传。

服务器目录窗口：用于显示 FTP 服务器上的目录信息，在列表中可以看到文件名称、大小、类型、最后更改日期等信息。窗口上显示的是当前所在位置路径。

登录信息窗口：FTP 命令行状态显示区，通过登录信息能够了解目前的操作进度、执行情况等，如登录、切换目录、文件传输大小、是否成功等重要信息，以便确定下一步的操作。

列表窗口：显示“队列”的处理状态，可以查看准备上传的目录或文件放到队列列表中的情况，配合“Schedule（时间表）”的使用还能达到自动上传的目的。

1. FTP 站点的连接

在打开的 CuteFTP 窗口（如图 13-22 所示）中可进行如下设置。

“主机”——这是 FTP 服务器的主机地址，在这里只要填写用户的域名就可以了。

“用户名”——填写注册网站空间时填写的用户名。

“密码”——填写在注册网站空间时填写的密码。

“端口”——CuteFTP 软件会根据用户的选择自动更改相应的端口地址，一般包括 FTP（21）和 HTTP（80）两种。

当所有设置完成后，单击“连接”按钮建立站点连接，与服务器连接成功后，就可以开始上传文件了，如图 13-23 所示。

2. 上传文件

连接后即可将做好的网页上传到服务器上，具体操作有两种方法。

① 将光标放在要上传的文件上，单击鼠标右键，在弹出的快捷菜单中单击“传送”即可。

② 将光标放在要上传的文件上，直接拖动文件到远端站点的用于存放 Web 页的目录下即可。

13.3.2.2　使用 Dreamweaver 的上传和下载功能

Dreamweaver CS3 提供了强大的上传和下载功能，能够满足网站上传和平时的维护工作。用 Dreamweaver CS3 上传网站，需要先定义站点的远程信息，然后再利用“文件”面板中的按钮上传。

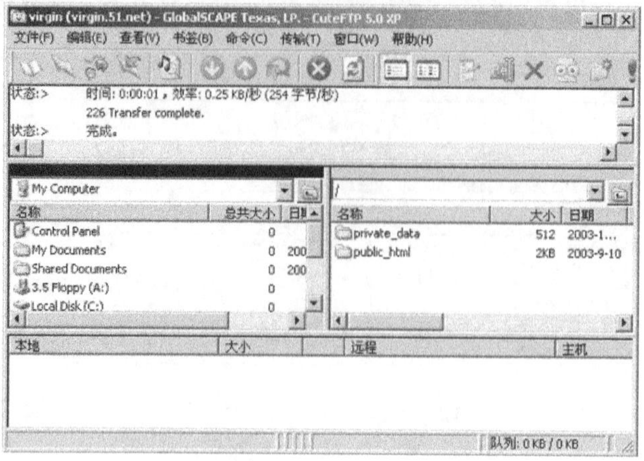

图 13-23　建立连接后的界面

1．定义远程信息

首先定义站点信息，由于已经创建了站点，所以只需编辑站点的远程信息。在打开的“框架的站点定义为”对话框中选择“远程信息”分类，并在右边的选项中设置相关信息，如图 13-24 所示。

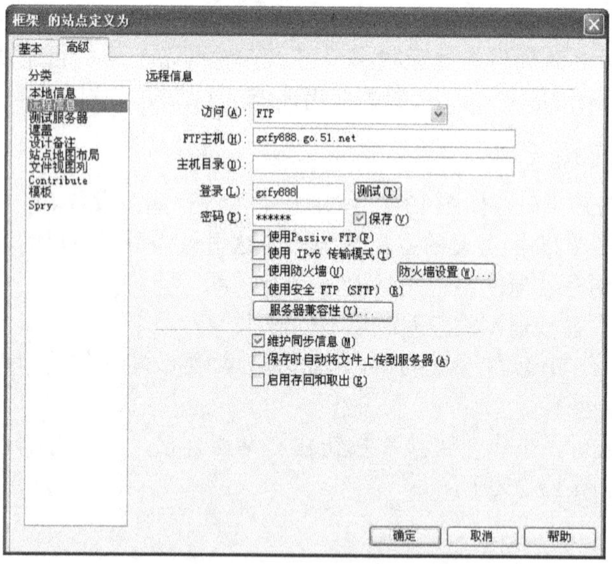

图 13-24　设置“远程信息”参数

在如图 13-24 所示的对话框中可以进行如下设置。

“访问”——在该下拉列表中选择 FTP。

“FTP 主机”——输入远程站点 FTP 服务器的 URL。

“主机目录”——输入 FTP 服务器中指定的站点根目录。

“登录”——输入登录 FTP 服务器的用户名。

“测试”——单击“测试”按钮，测试与服务器的连接。

“密码”——输入登录 FTP 服务器的密码。

设置好选项后，如果需要激活文件的存回和取出功能，选择“启用存回和取出”复选框。根据需要，选择“保存时自动将文件上传到服务器”复选框。

2. 上传站点

设置好远程站点后，就可以使用 Dreamweaver CS3 的 FTP 功能将本地站点文件上传到远程服务器中。Dreamweaver CS3 允许在传输文件的同时进行其他工作，这样可以大大提高工作效率。

步骤

① 选择“窗口”|“站点”命令，并单击“站点”面板上的扩展 / 折叠按钮，展开站点窗口，右侧窗口显示的是本地站点文件列表，如图 13-25 所示。

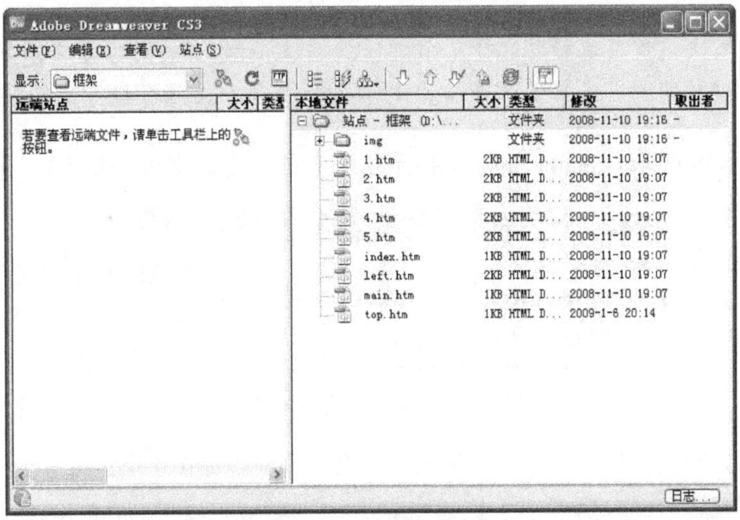

图 13-25　展开站点窗口

② 单击站点窗口工具栏上的连接到远端站点按钮，与服务器建立连接。因为此时还没有上传文件，所以，连接远程服务器后，在远端站点列表中只有一个说明文件，如图 13-26 所示。

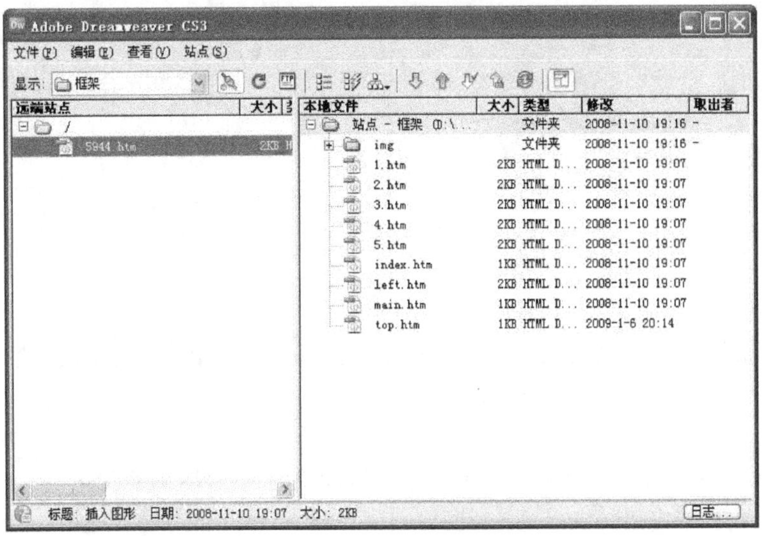

图 13-26　已连接到远端站点

③ 在右侧窗口内选择要上传的文件，选择 “站点”|“上传” 命令，或单击站点窗口工具栏上的上传文件按钮，也可以将要上传的文件直接拖到左侧窗口内，上传文件状态显示如图 13-27 所示。

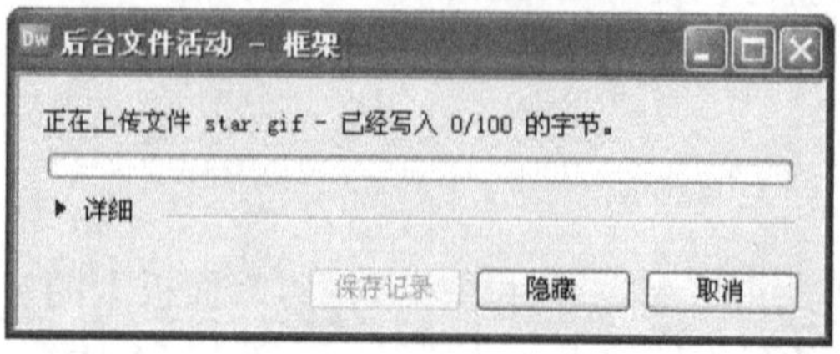

图 13-27　上传文件

提示　使用快捷键可以帮助选择多个文件。按住 Ctrl 键的同时可选择多个不连续的文件，按住 Shift 键的同时可选择多个连续的文件，按住 Ctrl+A 组合键可选择整个站点文件。

④ 如图 13-28 所示 Dreamweaver 会提示是否上传相关文件，单击“是”按钮。

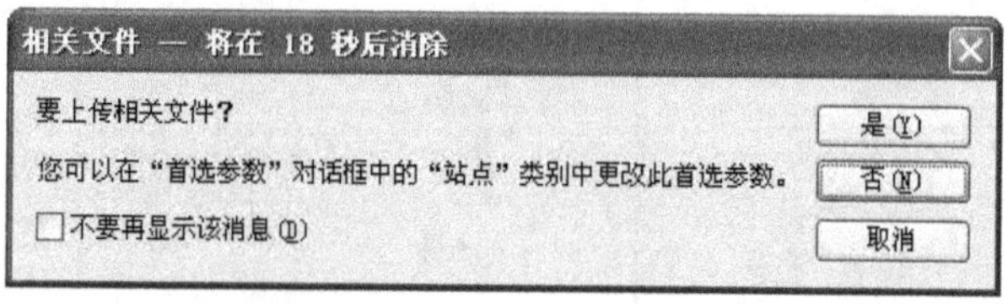

图 13-28　确定是否上传相关文件

⑤ 上传后，在左侧窗口中显示远端站点的文件列表，如图 13-29 所示。

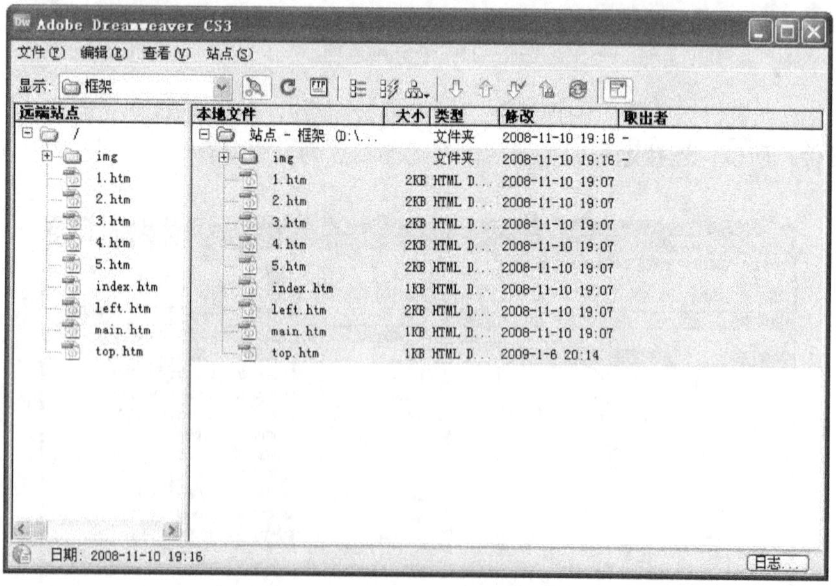

图 13-29　远端站点的文件列表

提示　如果在传输过程中出现错误，可选择“视图”|“站点 FTP 记录”命令，打开站点 FTP 记录来查找问题。

13.4 网站的推广

站点发布之后，应做好宣传推广工作，让更多的用户来访问站点。这里介绍一些站点推广的技巧。

13.4.1 登录搜索引擎

国内外有许多著名的搜索引擎，例如，Google（http://www.google.com）、百度（http://www.baidu.com）搜狐（http://www.sohu.com）、网易（http://www.163.com）、新浪（http://www.sina.com.cn）、雅虎（http://www.yahoo.com）等。可通过搜索引擎查询“网站登录”，可找到许多进行网站登录的网址链接，如图 13-30 所示。

图 13-30　免费网站推广

用户可以登录这些大型门户网站的搜索引擎，将站点推广出去。下面以登录搜狐搜索引擎为例，介绍站点推广的方法。

步骤

① 在浏览器地址栏中输入 http://www.sohu.com，打开搜狐网页。

② 单击首页导航栏的“网站登录”链接，如图 13-31 所示。

③ 在打开的站点登录窗口中，根据提示选择站点的分类，然后在表单中输入站点资料，如图 13-32 所示。

④ 根据向导的提示，完成站点登录。

提示　在填写“站点描述”、“关键词”等项时，最好能使用标新立异、覆盖范围小的词，以便搜索引擎快速搜索到登录的站点。

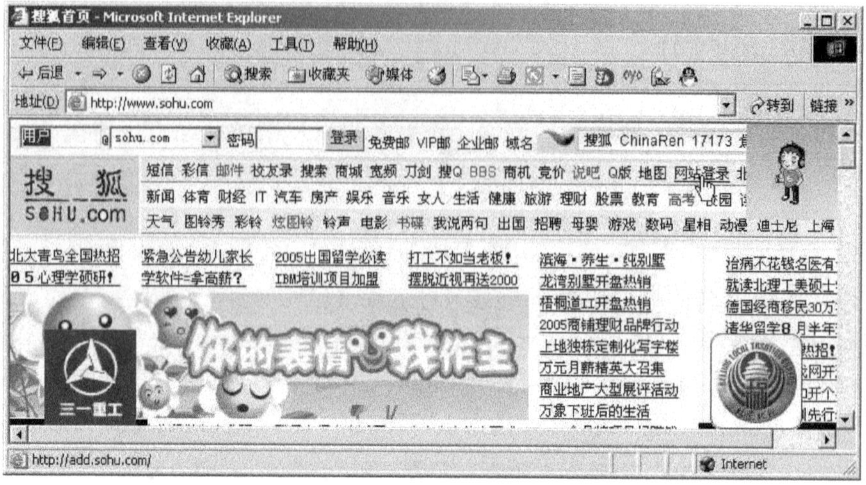

图 13-31　单击“网站登录”链接

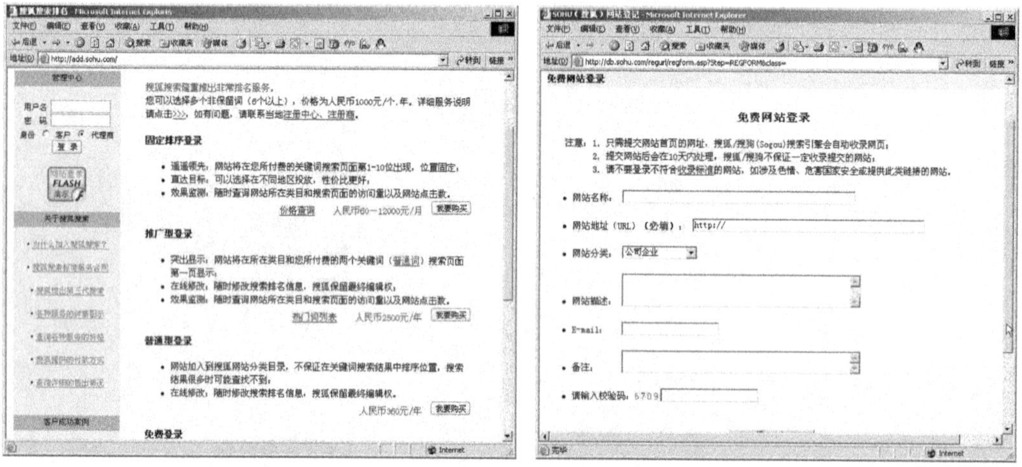

图 13-32　输入站点资料

13.4.2　设置 meta 信息

打开页面的代码视图，在<head>中可以看到下列代码：

```
<head>
<meta http-equiv="content-type" content="text/html; charset=gb2314">
<title>首页< / title>
< / head>
```

meta 标签可以提供有关页面的信息，作为搜索引擎搜索的关键字。meta 的属性有两种，name 和 http-equiv。name 属性用于描述网页，以便搜索引擎查找、分类。其中最重要的是 description 和 keywords 两个参数。

name 属性的用法如下。

<meta name= “Description”　content= “ ” >　　　'设置站点的主要内容。

<meta name= “Keywords”　content= “ ” >　　　'设置网页的关键词。

<meta name= “Generator”　content= “ ” >　　　'设置网页的设计工具。
<meta name= “Author”　content= “作者姓名” >　'输入站点作者姓名。
<meta name= “Robot”　content= “all” >　　　'设置检索方式。
除了 All 之外，还有 none, index、noindex、follow、nofollow 等参数。

13.5　网站的管理与维护

Dreamweaver 作为专业的网站设计工具，除了出色的设计功能之外，站点管理功能也相当强大。站点发布之后，充分运用设计注释、文件存回 / 取出等功能，可以同时对本地站点和远程站点文件进行管理。使用 Dreamweaver 的站点管理功能，将为站点的后期管理工作提供诸多方便。

13.5.1　文件扩展面板

利用“文件”面板可以对网站的各类文件进行有效地管理。单击站点“文件”面板右边的扩展 / 折叠按钮，可以展开站点“文件”管理面板，如图 13-33 所示，其中的站点文件、测试服务器和站点地图图标按钮只有在“文件”面板展开时才出现。可使用以下选项显示或传输文件。

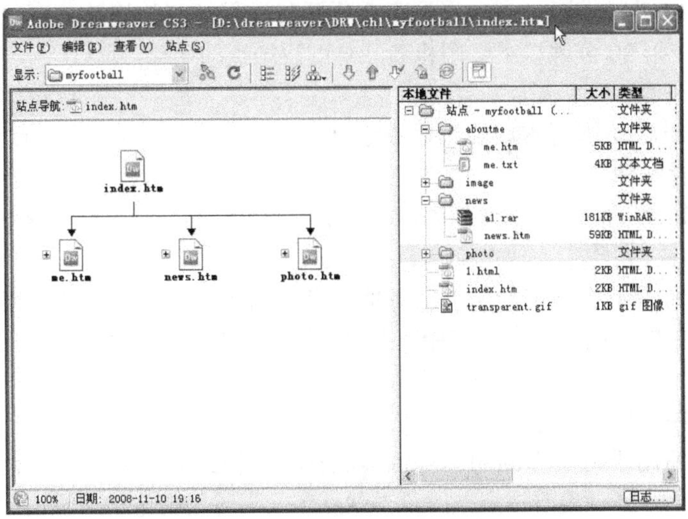

图 13-33　展开后的“文件”管理面板

（1）站点文件视图按钮

站点文件视图按钮，可以在“文件”面板的窗格中显示远程和本地站点的文件结构。

（2）测试服务器视图按钮

测试服务器视图按钮，可以显示测试服务器和本地站点的目录结构。

（3）站点地图视图按钮

站点地图视图按钮，可以根据文档相互链接的方式显示站点的图形地图。“站点地图”视图按钮包括“仅地图”和“地图和文件”两个选项，如图 13-34 所示。

图 13-34　“站点地图”的两个选项

当选择“仅地图”选项时，窗口中显示站点的链接地图。若选择“地图和文件”选项时，窗口分两个窗格分别显示链接地图及站点文件，如图 13-35 所示。

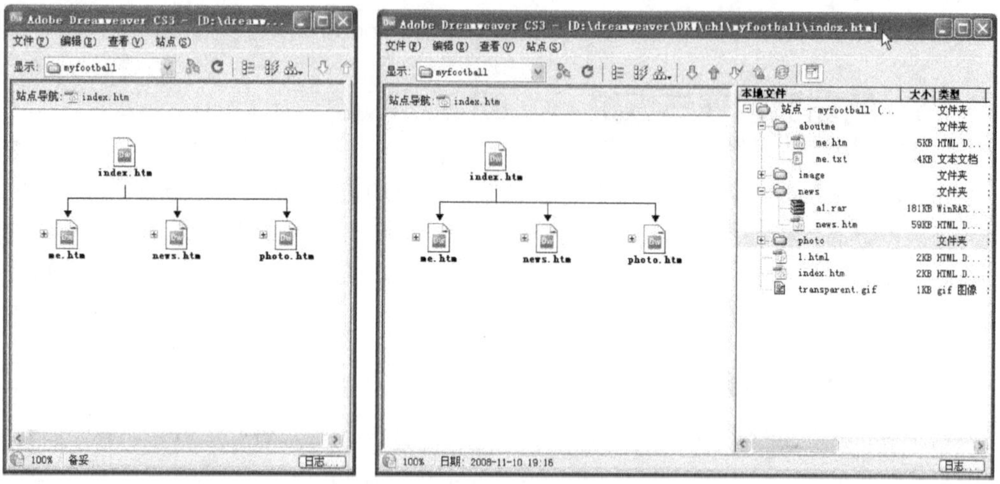

图 13-35　两种“站点地图”视图

（4）连接 / 断开按钮

连接 / 断开按钮用于连接到远程站点或断开与远程站点的连接。在默认情况下，如果 Dreamweaver 已空闲 30 分钟以上，则将断开与远程站点的连接。

（5）刷新按钮

刷新按钮用于手动刷新本地和远程目录列表。

（6）获取文件按钮

获取文件按钮用于将选定文件从远程站点复制到本地站点。

（7）上传文件按钮

上传文件按钮用于将选定的文件从本地站点复制到远程站点。单击连接 / 断开图标，可以连接到远程主机，选取“本地文件”中的文件，单击上传文件图标，即可上传文件到远程站点上。

（8）取出文件按钮

取出文件按钮用于将文件的副本从远程服务器传输到本地站点，并且在服务器上将该文件标记为取出。如果对当前站点关闭了“站点定义”对话框中的“远程信息”或“测试服务器”分类中的“启用存回和取出”选项，则此选项不可用，如图 13-36 所示。

（9）存回文件按钮

存回文件按钮用于将本地文件的副本传输到远程服务器，并且使该文件可供他人编辑。本地文件变为只读。如果对当前站点关闭了“站点定义”对话框中的“远程信息”或“测试服务器”分类中的“启用存回和取出”选项，则此选项不可用。

（10）扩展 / 折叠按钮

单击扩展 / 折叠按钮，可以展开或折叠“文件”面板，以显示一个或两个窗口。“文件”面板是 Dreamweaver 站点管理的核心工具，下面将介绍“文件”面板的构成及基本操作。

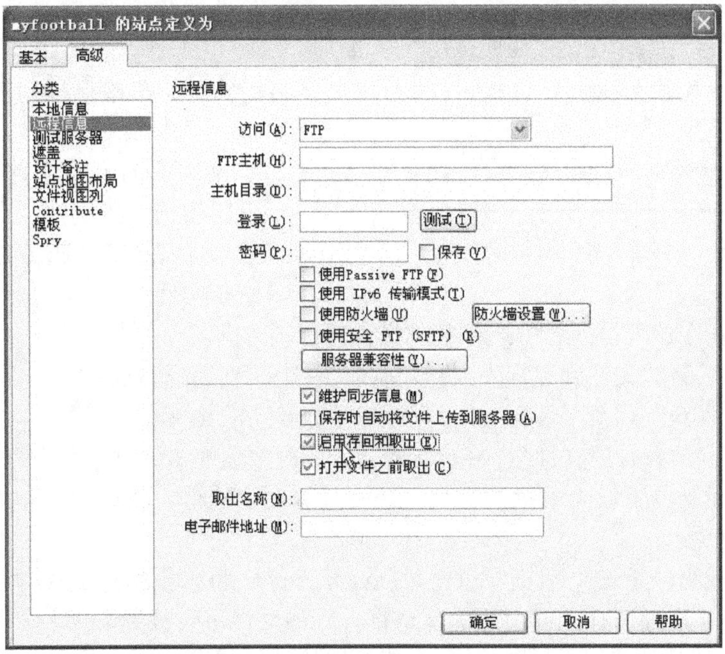

图 13-36　选择“启用存回和取出”选项

13.5.2　站点文件同步

将本地站点文件上传到远端站点后，如何保持两地站点文件的同步对网站管理员来说是一件很烦琐的事。幸运的是，Dreamweaver 的同步功能可以很容易地解决这方面的问题。

步骤

① 在“文件”扩展面板中，选择“站点”|“同步”命令，如图 13-37 所示。打开“同步文件”对话框，如图 13-38 所示。

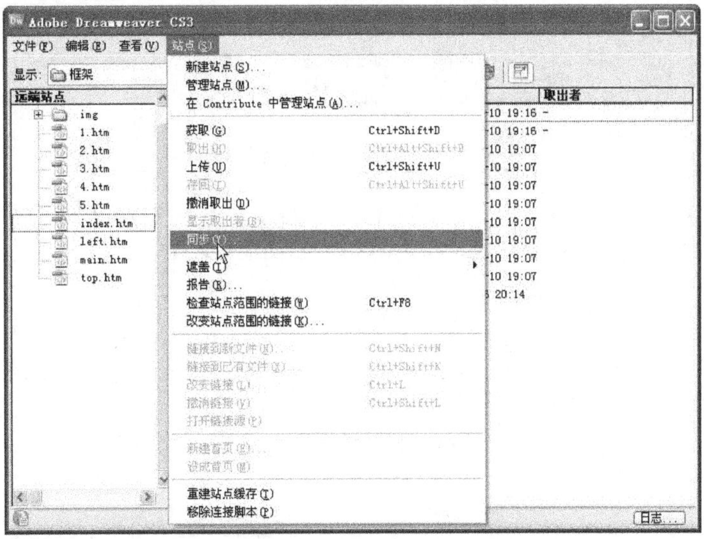

图 13-37　选择“同步”命令

② 在“同步文件”对话框中设置下列选项。

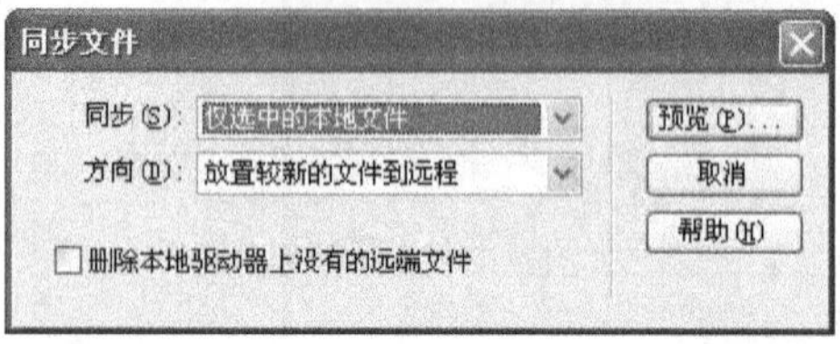

图 13-38 “同步文件”对话框

“同步”——在该下拉列表中选择下列选项之一。

- ✧ “仅选中的本地文件”：选择该项，只同步选定的文件。
- ✧ “整个站点”：选择该项，同步整个站点文件。

“方向”——在该下拉列表中选择复制文件的复制方向。

- ✧ “放置较新的文件到远程”：将较新的文件上传到远程站点。
- ✧ “从远程获取较新文件”：从远程站点下载较新的文件。
- ✧ “获取和放置较新文件”：将较新的文件同时放置在本地站点和远程站点。

“删除本地驱动器上没有的远端文件”——选择此复选框，将删除远程站点中不存在于本地站点中的文件。

③ 设置完成后，单击“预览”按钮，Dreamweaver 将扫描站点文件并显示将被更新的文件，若在列表中取消选择文件前面的复选框，则该文件不会被更新。

④ 单击“确定”按钮，更新文件，保持两地站点的同步。

13.5.3 使用设计备注

设计备注指在设计过程中给文档添加一些相关联的信息，例如，图像的源文件名称、文档的设计状态、修改日期等。当设计者再次打开该文档的时候，可以通过设计备注中的信息，了解文档的设计情况，以帮助设计者或工作组中其他的设计人员进行以后的设计工作。在“站点定义”对话框中，选择“设计备注”分类，启用设计备注功能，如图 13-39 所示。启用后，即可以在站点中使用设计备注。

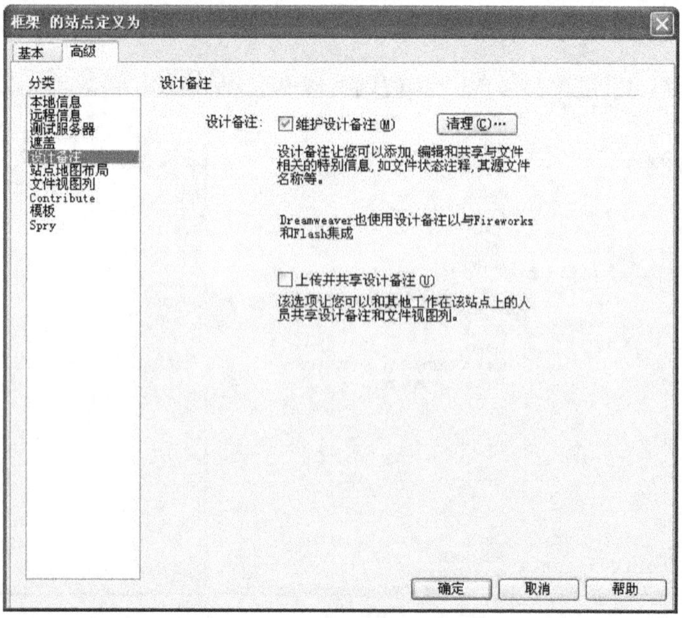

图 13-39 启用“设计备注”功能

步骤

① 在站点文件列表中选择要添加设计备注的文件，然后选择“文件”|“设计备注”命令，或单击鼠标右键，在弹出的快捷菜单中选择“设计备注”命令。

② 打开“设计备注”对话框，如图 13-40 所示。

③ 在“设计备注”对话框的“基本信息”选项卡中设置如下选项。

“状态”——在该下拉列表中选择文档的状态。

“备注”——输入文档的备注信息。

“文件打开时显示”——选择此复选框，当打开文档时显示其设计备注。

④ 单击“所有信息”标签，切换到“所有信息”选项卡，如图 13-41 所示。

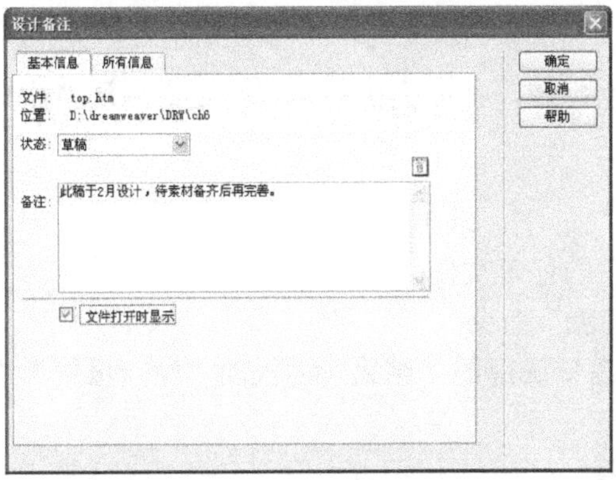

图 13-40　“基本信息”选项卡

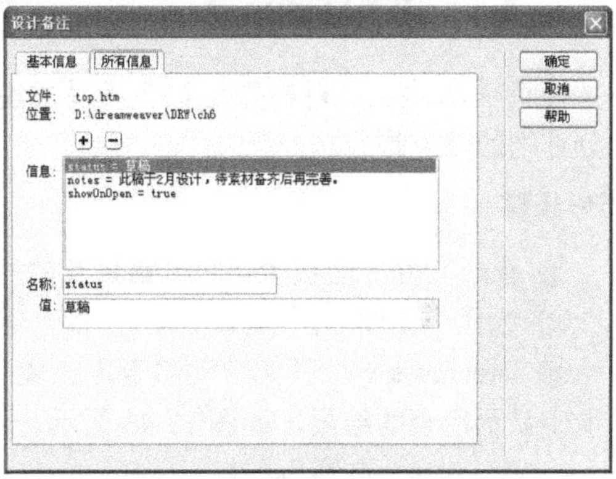

图 13-41　“所有信息”选项卡

⑤ 在“所有信息”选项卡中设置如下选项。

按钮——新增一个信息项。

按钮——删除列表中选择的信息项。

“信息”——显示备注信息。

“名称”——输入信息项的名称。

“值”——输入信息项的值，与上面文本框中的名称相匹配。

⑥ 设置完成后，单击对话框中的“确定”按钮，完成给文档添加设计备注。如果在“设计备注”对话框中选择了“文件打开时显示”复选框，则打开文档时，显示其设计备注。

13.6　检查站点

当完成所页面的设计之后，准备上传网站之前，为了保证上传之后的站点能正常工作，就需要在本地对站点进行全面检查。检查的对象主要是链接、目标浏览器、辅助功能、验证标记等。

在 Dreamweaver 的“文件”|“检查页”菜单下提供了检查辅助功能、检查链接、检查目标浏览器、验证标记、验证为 XML 等检查功能，如图 13-42 所示。

这 5 项检查功能的含义如下。

- ✧ 检查辅助功能：此选项用于检查站点是否符合辅助功能设计标准。
- ✧ 检查链接：此选项用于检查站点中网页文档中的链接错误和空白链接。
- ✧ 检查目标浏览器：此选项用于检查站点对各种不同浏览器的兼容性。

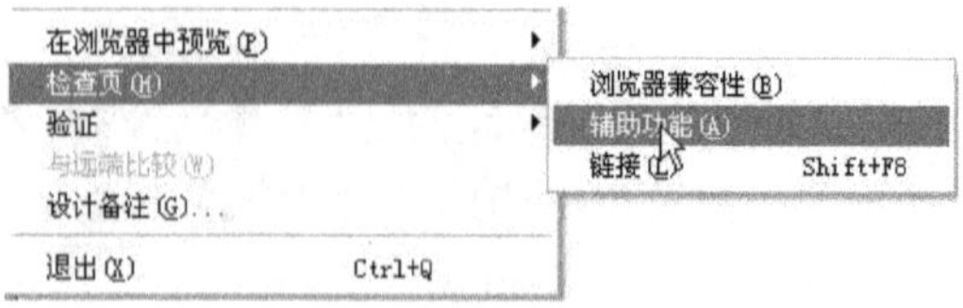

图 13-42 “检查页”子菜单

✧ 验证标记：此选项用于检查站点中的网页文件代码是否符合正确有效的代码标准，主要包括 HTML、ASP、JSP、PHP、JavaScript 等。

✧ 验证为 XML：此选项用于检查页面代码是否符合有效的 XML 代码规范。

13.6.1 检查辅助功能

检查辅助功能可以检查出很多不易发现的小问题，并能提供参考代码，最后还能生成十分详细的站点报告。

步骤

① 在“文件”面板中，打开待检查的站点中的任一文件。

② 选择“文件”|“检查页”|“检查辅助功能”命令。

③ Dreamweaver 开始自动检查，完成后在窗口底部的“结果”面板的“站点报告”选项卡中显示检查的结果，如图 13-43 所示

图 13-43 检查的结果

④ 双击“结果”面板的“站点报告”选项卡中的某一条信息，即可在“代码”视图窗口中出存在问题的代码，如图 13-44 所示。

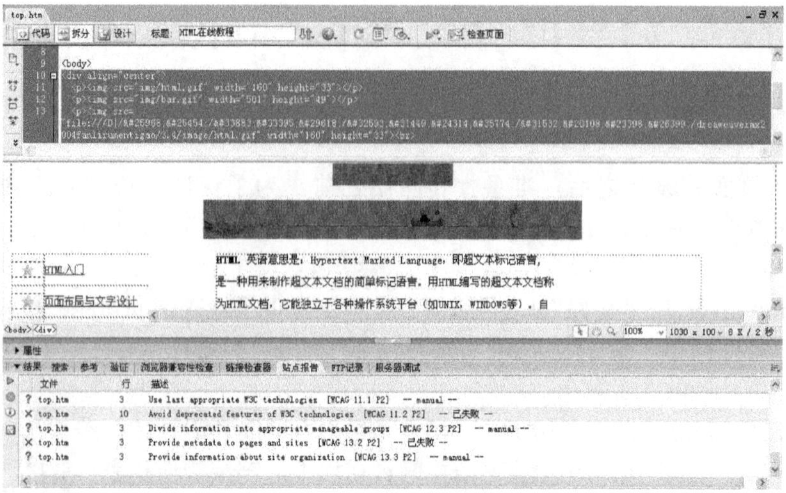

图 13-44 查看存在问题的代码

⑤ 在“结果”面板的“站点报告”选项卡中的某一条信息上单击鼠标右键，从弹出的快捷菜单中选择“更多信息”选项，则在“参考”选项卡中显示出错误的详细信息，如图 13-45 所示。

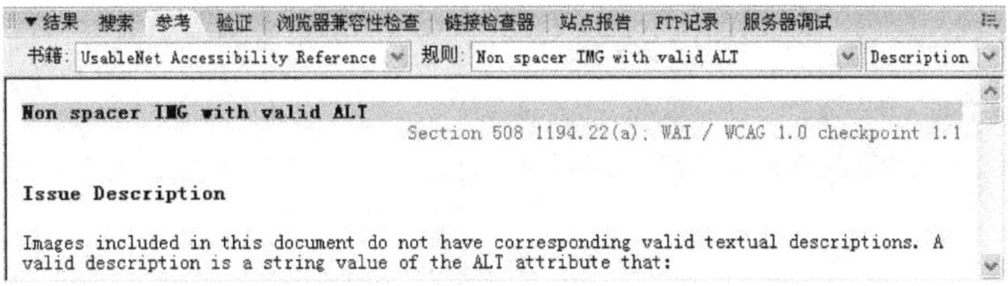

图 13-45　“参考”选项卡中的详细信息

13.6.2　检查链接

链接是站点的命脉，管理链接在站点管理的诸多项目中显得举足轻重。通过检查链接及时发现并更新错误的链接，确保站点能够正常地运行。

步骤

① 在“文件”面板中，选择打开待检查的网页文件。

② 选择“文件”|“检查页”|“链接”命令，检查完成后，切换到“链接检查器”选项卡，如图 13-46 所示。

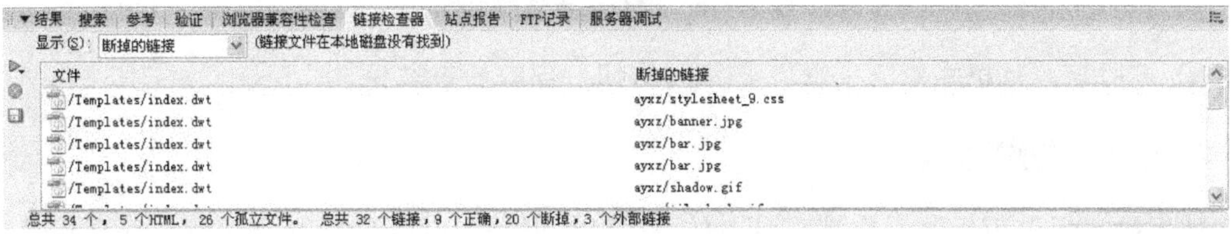

图 13-46　“链接检查器”选项卡

③ 在“链接检查器”选项卡的“显示”下拉列表中选择链接报告类型。

✧ “断掉的链接”：显示错误的链接。

✧ “外部链接”：显示外部链接。

✧ “孤立文件”：显示没有任何链接关系的文件。

④ 单击面板左侧工具栏上的按钮，在下拉列表中选择检查链接的对象。

✧ “检查当前文档中的链接”：以当前文档作为检查对象。

✧ “检查整个当前本地站点中的链接”：以当前站点作为检查对象。

✧ “检查站点中的所选文件的链接”：以选定的文件或文件夹作为检查对象。

⑤ 单击左侧工具栏上的保存报告按钮，保存检查报告。

13.6.3　检查浏览器兼容性

通过 Dreamweaver 可以对当前文档或整个站点进行浏览器测试，以确保文档中没有任何浏览器不支持的标签或属性。

步骤

① 保存文档。如果没有保存，Dreamweaver 会提示保存文档。

② 在文档窗口中，选择“文件”|“检查页”|“浏览器兼容性”命令。在“结果”面板的“浏览器兼容性检查”选项卡中（如图 13-47 所示），可查看浏览器兼容情况。

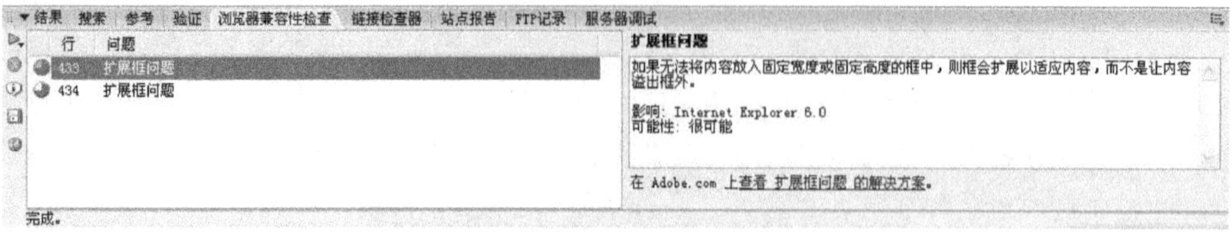

图 13-47　查看浏览器兼容情况

③ 也可以单击面板左侧工具栏上的按钮，在其下拉菜单中选择“检查浏览器兼容性”命令，检查浏览器兼容性，如图 13-48 所示。

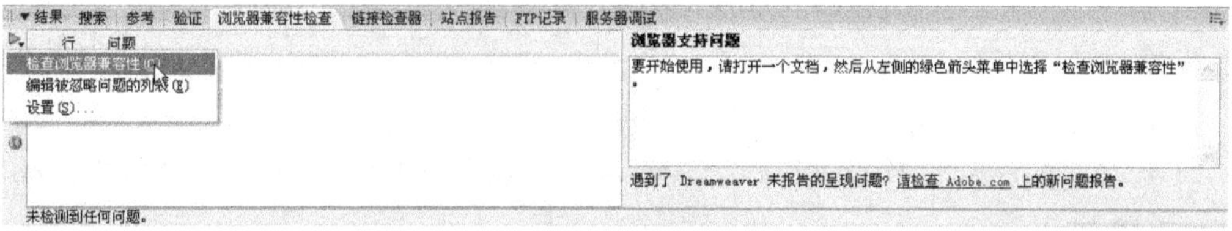

图 13-48　检查浏览器兼容性

④ 完成后，可单击左侧工具栏上的按钮，保存检查结果。

13.6.4　使用站点报告

使用站点报告可以测试文档或站点的 HTML 属性，可以检查外部链接，可合并嵌套字体标签、遗漏的替换文本、多余的嵌套标签、可移除的空标签和无标题文档等。

步骤

① 选择“站点”|“报告”命令，打开“报告”对话框，如图 13-49 所示。

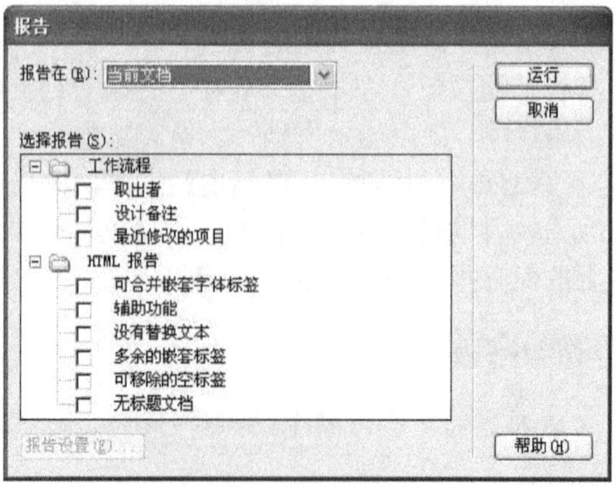

图 13-49　“报告”对话框

② 在“报告在”下拉列表中选择要报告的内容，在“选择报告”列表中选择报告类型，然后单击“运行”按钮。

③ 完成后，打开“结果”面板，在“站点报告”选项卡中显示报告结果，如图 13-50 所示。

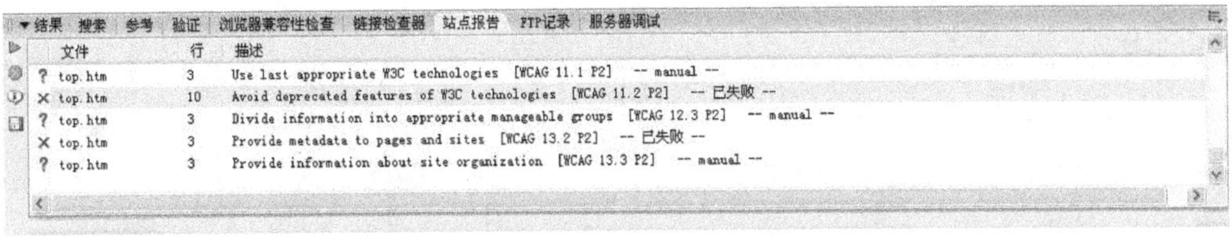

图 13-50　报告结果

④ 双击列表中的报告，可以在文档窗口中打开，或者单击面板工具栏上的按钮，将其保存为 XML 文件。

本章小结与重点回顾

本章介绍了网站空间的申请、站点的发布和管理、站点的上传和测试，以及网站的推广等内容。在完成了本地站点中所有网页的设计之后，就可以将网站上传到 Internet 服务器上，以供浏览者访问。

本章的重点知识是网上主页空间的申请，域名的注册，站点的发布和管理。

习题 13

一、选择题

1．在文件面板中可以查看文件或文件夹，以下说法不正确的是__________。

A．通过本地视图，查看站点文件和文件夹

B．通过远程视图，查看远程站点文件及文件夹

C．通过站点视图，查看本地站点

D．通过站点地图，查看站点文件的链接情况

2．在打开一个站点时，在移动或复制一个网页文件或文件夹时，会弹出“更新文件”对话框，为了保证所有链接能正常访问，应选择__________。

A．更新　　B．不更新　　C．忽略　　D．取消

二、填空题

1．站点检查的主要对象有__________、__________、__________、__________。

2．运行报告测试站点的方法是：选择“__________”|“__________”命令，出现“报告”对话框。

3．要将制作好的网站发布到 Internet 上，首先应__________，用于存放网站。

4．CuterFTP 软件的主界面分为 4 个工作区，分别是：__________、__________、__________、__________。

5．在“站点地图”视图中，根据文档相互的__________显示站点的图形地图。

三、简答题

1. 什么是存回 / 取出？
2. 什么是设计备注？
3. 什么是站点地图？如何管理站点地图？
4. 怎样进行站点检查？

第 14 章　动态网站开发的前期准备

动态网站是相对于静态网站而言的。前面所做的网页全都是静态形式的，只能让访问者默默地浏览，而不能实现交互式访问。动态网站则可以实现交互式访问，很多网站上出现的论坛、留言板、聊天室、数据查询等系统都是动态网站的实现形式。

动态网站的设计离不开数据库的支持，它是网页设计的一种高级方式。Dreamweaver CS3 融合了动态页面的开发功能，即使用户不懂网络编程语言，使用 Dreamweaver 的可视化编程环境，照样能够开发出经典实用的动态网站。

14.1　动态网站开发准备——留言板制作（1）

14.1.1　案例综述

在很多网站上都能看到各式各样的留言板，它是网站与访客之间进行交流的主要手段之一。当访问者在留言板上输入留言信息时，通过表单将信息传到服务器，并存入数据库，经过处理之后再将反馈信息传回客户端。另外，管理员还可通过管理界面对留言板进行管理，这是一个典型的动态网站的例子。本实例将介绍制作留言板的前期准备工作，使读者从中体会动态网站的运行环境设置及数据库的连接等方法的实现。

14.1.2　案例分析

本例要介绍的留言板是一个基于 Windows XP/2000 操作系统运行的动态网站，数据库采用 Microsoft Access 2000 作为管理平台。

对于动态站点（如留言板站点）的创建，除了静态页面元素的设计之外，在服务器端还要创建和部署两个方面的内容：一个动态脚本程序（本留言板站点采用的是 ASP 技术），另一个是数据库。而这些动态技术需要服务器的支持，所以必须安装 Web 服务器，营造 Web 应用程序的开发环境。

动态网站开发的前期准备主要有以下内容。

1．安装设置 Web 服务器。

2．建立数据库。

3．在 Dreamweaver 中设置站点的测试服务器信息。

4．创建数据源。

5．链接数据库。

14.1.3 实现步骤

1. 安装设置 Web 服务器

Web 服务器是响应来自 Web 浏览器的请求以提供 Web 页的软件。为了使本地计算机能够开发动态网站，应安装 Web 服务器，使用 Windows 操作系统的用户，可安装 IIS，具体操作如下。

步骤

① 在 D 盘新建一个文件夹，取名为“guestbook”。

② 选择“开始”|“程序”|“管理工具”|“Internet 服务管理器”命令，或在“控制面板”中双击“管理工具”图标，再在“管理工具”窗口中双击“Internet 信息服务快捷方式”，打开“Internet 信息服务”对话框，如图 14-1 所示。

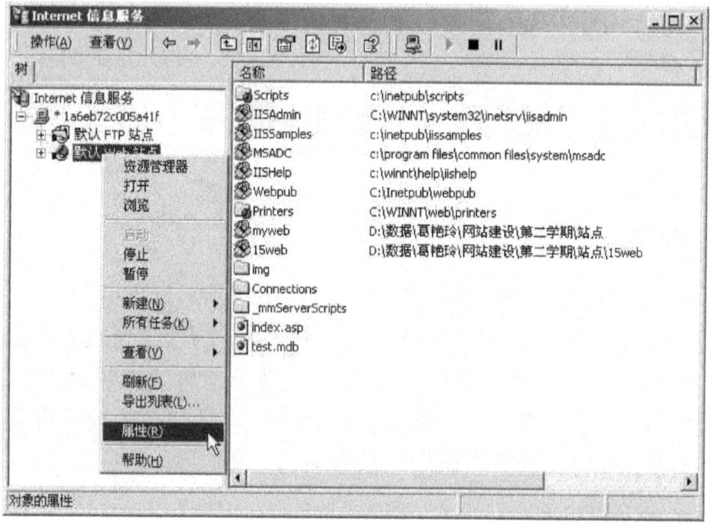

图 14-1 “Internet 信息服务”对话框

③ 在“Internet 信息服务”对话框中选择“默认 Web 站点”并在其上单击鼠标右键，在弹出的快捷菜单中选择“属性”选项，打开“默认 Web 站点属性”对话框。

④ 在“主目录”选项卡中，将“本地路径”改为留言板系统所在路径，即 D:\guestbook，单击“确定”按钮，如图 14-2 所示。

提示 也可将 D:\guestbook 目录设置为虚拟目录，其方法是在此目录上单击鼠标右键，在弹出的快捷菜单中选择“属性”，设置其Web 共享。如将此目录设置为虚拟目录，则在访问该站点时在地址栏中应输入 http://localhost/guestbook/文件名，以访问该站点网页文件。

2. 建立数据库

一个留言板应该有哪些内容呢？通常在留言板中都会有姓名（Name）、主页（Homepage）、QQ 号码（QQ）、电子邮件地址（E-mail）、头像（ICON）、留言内容（Content）、留言日期（Date）、来自哪里（Fromwhere）——这是访客的有关信息。还应有版主的相关信息，如版主回复（Reply）和回复时间（RDate）、版主的管理账号：用户名（User）、密码（Pass）。要保存这些信息必须使用数据库。数据库应该怎样设计呢？访客的留言是不断增加的，而版主的管理账号固定不变，所以应该分成两个表，一个保存所有访客的留言和访客的资料信息，另一个则保存版主的管理账号。下面将用 Access 软件来创建一个数据库文件，并保存在 D:\guestbook 文件夹里。

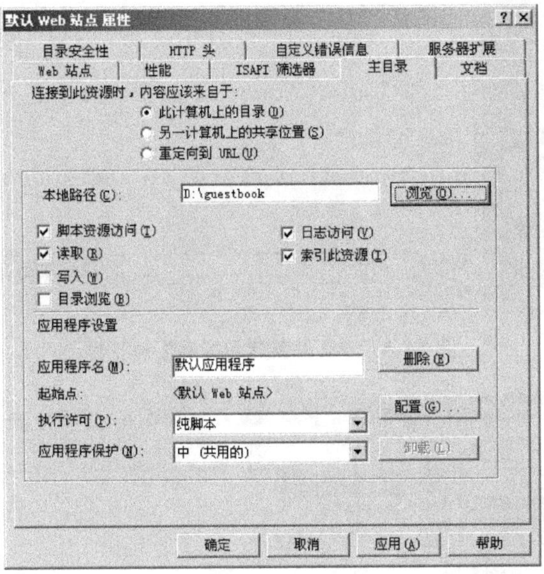

图 14-2　设置 Web 站点主目录

步骤

① 打开 Access，选择“文件”|“新建”命令，在出现的“新建”对话框中单击“数据库”图标，单击“确定”按钮，如图 14-3 所示。

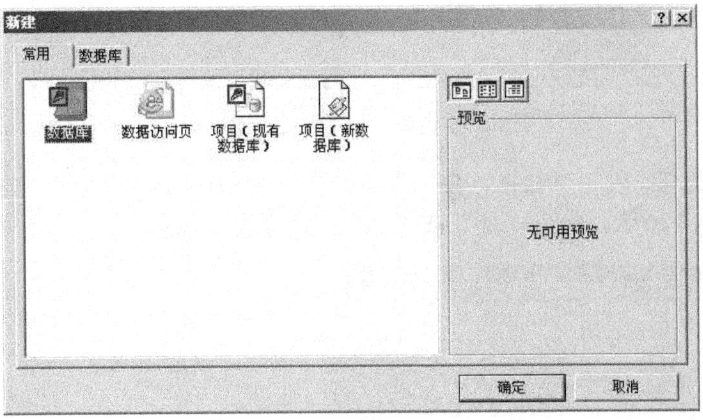

图 14-3　在“新建”对话框中选择“数据库”

② 在出现的“文件新建数据库”对话框中，将数据库文件取名为 guestbook.mdb，并保存在 D:\guestbook 文件夹里，如图 14-4 所示。

③ 如图 14-5 所示，在“guestbook：数据库”对话框中，选择“使用设计器创建表”或单击“设计”按钮，会弹出一个表设计器设计视图，在其中要完成表结构（域）的设计。

④ 在如图 14-6 所示的“表 1：表”对话框中，在“字段名称”栏中输入两个字段名 user、pass，其数据类型均采用默认值“文本”。分别用于保存“留言板”的管理员账号和密码。

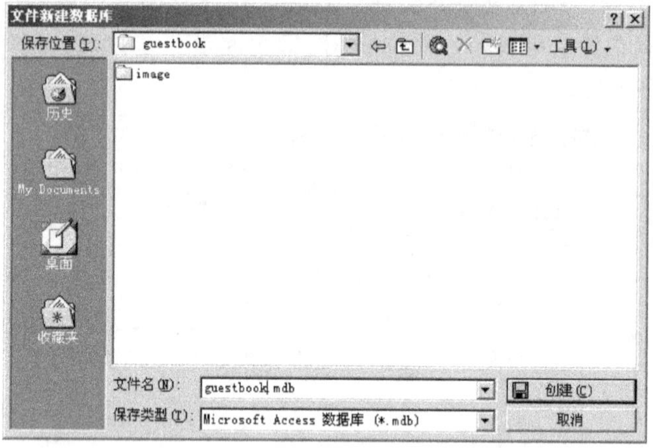

图 14-4 “文件新建数据库”对话框

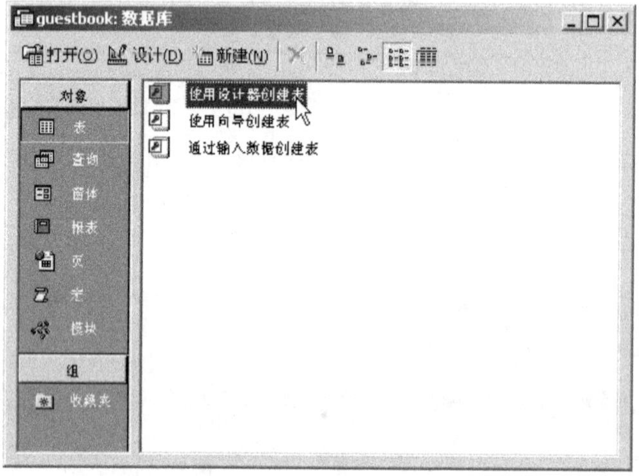

图 14-5 选择“使用设计器创建表”

⑤ 关闭“表 1：表”对话框，会出现一个“是否保存对表‘表 1’的设计的更改”的提示框，如图 14-7 所示。单击“是”按钮，将表名存为 admin。

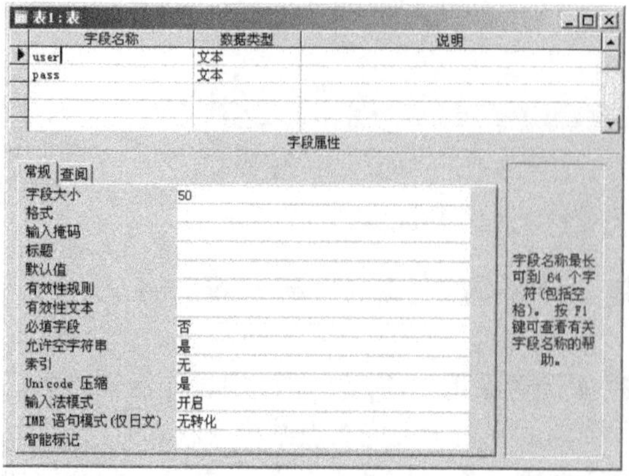

图 14-6 输入字段名称

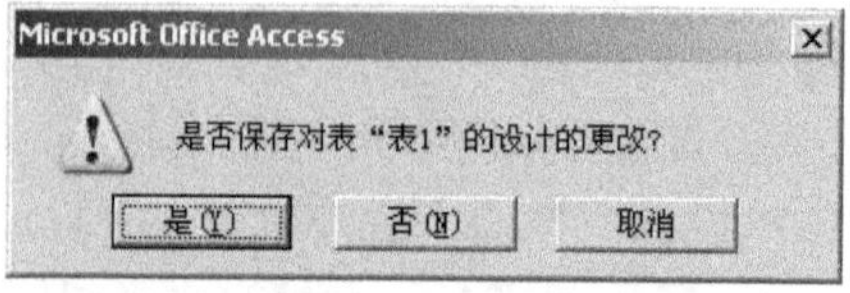

图 14-7 保存表

⑥ 出现“尚未定义主键”提示框，如图 14-8 所示，单击“否”按钮。

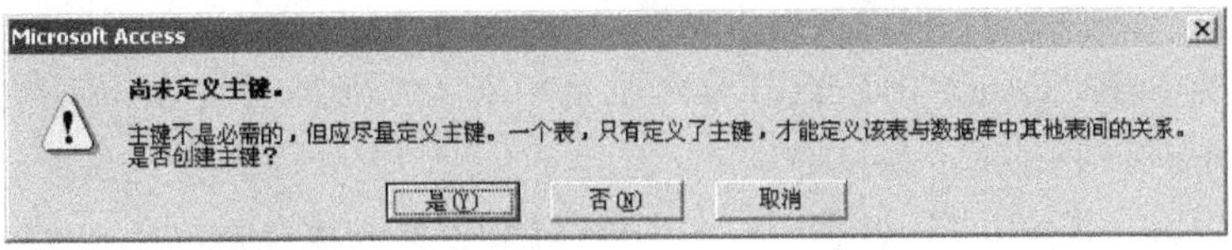

图 14-8　“尚未定义主键”提示框

提示　对一个大型关系数据库来说，定义一个表的主键是很有必要的，因为只有定义了一个表的主键，才能定义该表与其他表之间的关系。表中的任一字段都可以定义为主键，如果没有定义，单击“尚未定义主键”提示框中的“是”按钮，则系统会自动创建一个“ID”字段，作为表中内容的编号，并将其设为主键。此处选择“否”，是因为“留言板”的数据库结构比较简单，“admin”表与其他表之间没有关系。

⑦ 新创建的表“admin”出现在“guestbook：数据库”对话框中，双击表“admin”，可以打开表“admin”，输入数据，如图 14-9 所示。输入完毕后，关闭“admin：表”对话框。

图 14-9　输入记录

⑧ 再次选择“使用设计器创建表”选项，创建一个表，在表设计器中进行各字段设置，如图 14-10 所示。

⑨ 选择字段“Name”，在“字段属性”的“常规”选项卡中，选择“必填字段”，将“否”改为“是”。同样，选择字段“Content”，将其属性设置为“必填字段”。

⑩ 选择字段“Homepage”，在“字段属性”的“常规”选项卡中，选择“默认值”，在其右侧文本框中输入文字“这人没有留下主页地址”。同样，选择字段“QQ”、“E-mail”，“fromwhere”，“Reply”，将其“默认值”分别设置为“这人没有留下 QQ 号码”、“这人没有留下电子邮件地址”、“未知世界”、“尚无回复”。

⑪ 选择字段“Date”，在“字段属性”的“常规”选项卡中，选择“默认值”文本框右侧的…按钮，在出现的“表达式生成器”对话框的左侧列表框中，单击“函数”|“内置函数”命令，选择“日期/时间”选项和“Now”选项，如图 14-11 所示，单击“确定”按钮。

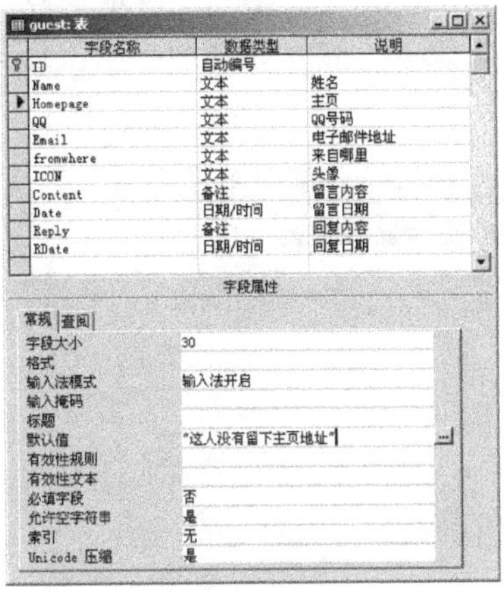

图 14-10　“guest：表”结构

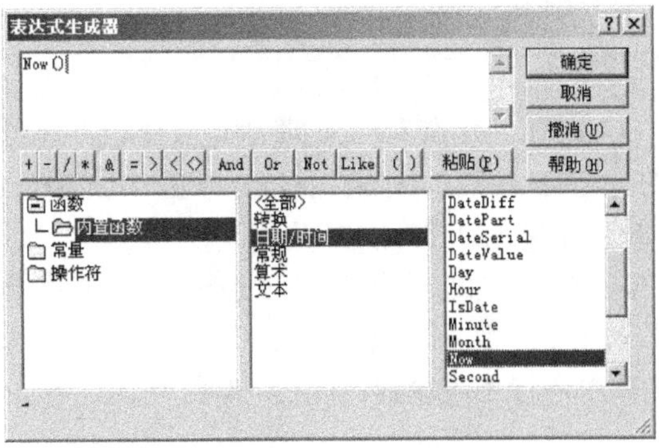

图 14-11　使用“表达式生成器”设置日期

提示 设置字段“Date”的默认值为内置“日期／时间”函数 now()，可以自动记录留言者的留言日期和时间。

⑫ 设置完各字段的属性后，关闭“guest：表”对话框，当出现“是否保存对表‘guest’的设计的更改”的提示框时，单击“是”按钮，如图 14-12 所示，将表名存为 guest。

图 14-12 保存表

⑬ 在出现“尚未定义主键”提示框中单击“是”按钮，如图 14-13 所示。打开该表，可以看到系统自动创建了一个功能为自动编号的主键字段，其他字段设置的默认值也出现在相应的字段下，如图 14-14 所示。

图 14-13 “尚未定义主键”提示框

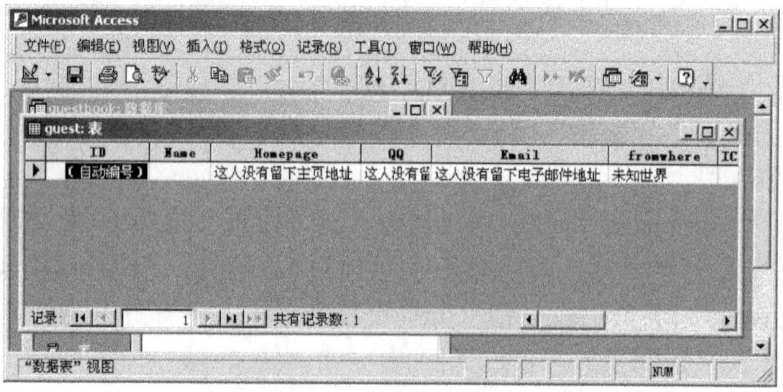

图 14-14 创建的 guest 表

3．在 Dreamweaver 中设置站点的测试服务器信息

创建一个普通的本地站点，通常只需要在“站点定义”对话框中设置“本地信息”即可。创建一个动态站点还必须设置“测试服务器”信息，如果要上传到远程服务器，还需设置“远程信息”。

步骤

① 选择“站点”|“管理站点”命令，在打开的“管理站点”对话框中，单击“新建”|“站点”命令，如图 14-15 所示。

② 打开“站点定义”对话框，单击“高级”选项卡，选择“本地信息”分类，在右边的选项中进行相应设置，如图 14-16 所示。

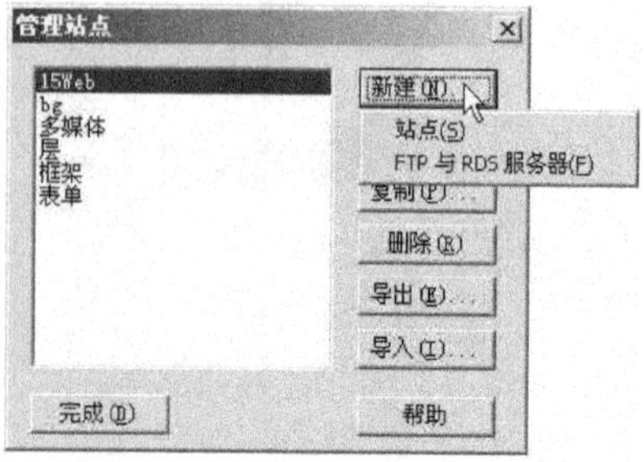

图 14-15 编辑站点

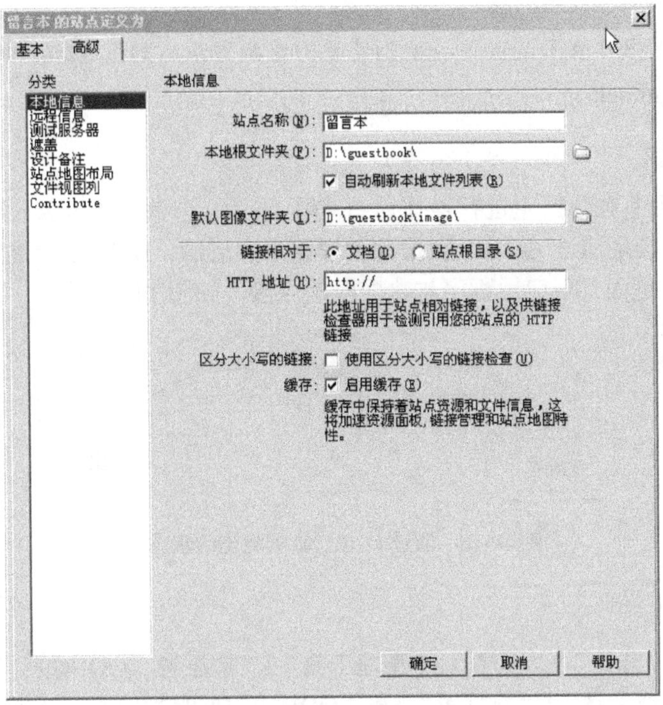

图 14-16　定义本地信息

③ 选择“测试服务器”分类，在“服务器模型”下拉列表框中选择“ASP VBScript”选项，在“访问”列表框中选择“本地 / 网络”选项，单击“确定”按钮，完成设置，如图 14-17 所示。

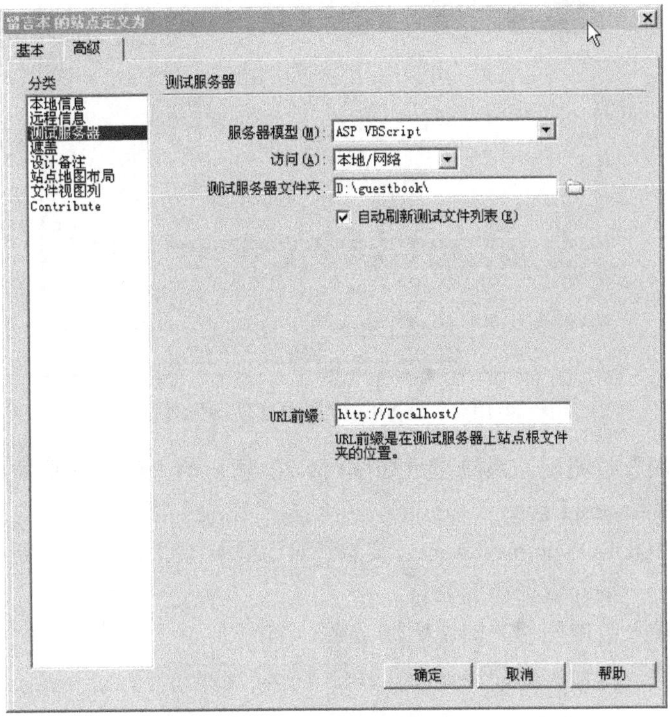

图 14-17　设置“测试服务器”

提示　若站点根目录 D:\guestbook 已设置为虚拟目录，则图 14-17 中 URL 前缀应用为 http://localhost/guestbook/。

4．创建数据源

要在动态网页中对数据库进行操作，首先要定义一个数据库连接。在 Windows 系统中，定义 DSN 连接是通过 ODBC 数据源管理器来完成的。DSN 连接能够实现数据源名称到数据库的关联，进而实现应用程序与数据库的连接，如图 14-18 所示。

图 14-18　通过 ODBC 数据源连接示意图

步骤

① 依次选择“开始”|“程序”|“管理工具”|“数据源（ODBC）”命令，或依次打开“控制面板”|“管理工具”|“数据源”，在“ODBC 数据源管理器”对话框中，选择“系统 DSN”选项卡，如图 14-19 所示。

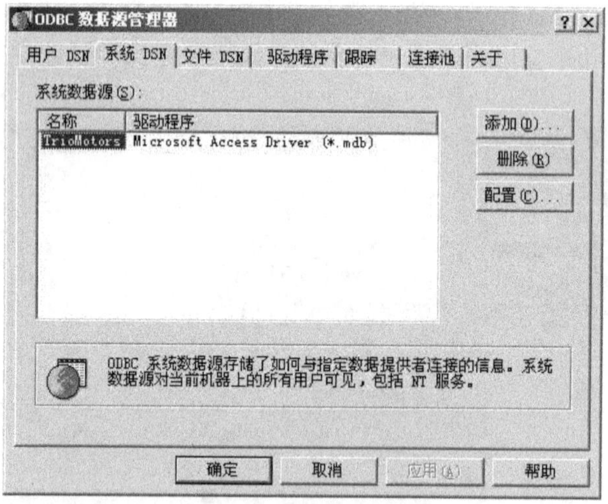

图 14-19　“ODBC 数据源管理器”对话框

② 单击“添加”按钮后，系统显示如图 14-20 所示的“创建新数据源”对话框，选择数据源为 Microsoft Access Driver（*.mdb），并单击“完成”按钮。

③ 在打开的“ODBC Microsoft Access 安装”对话框中（如图 14-21 所示）设置下列选项。

“数据源名”——输入数据源的名称。

“说明”——输入数据库相关的说明性文字。

④ 单击“选择”按钮，选择数据库，如图 14-22 所示。

图 14-20　选择数据源驱动程序

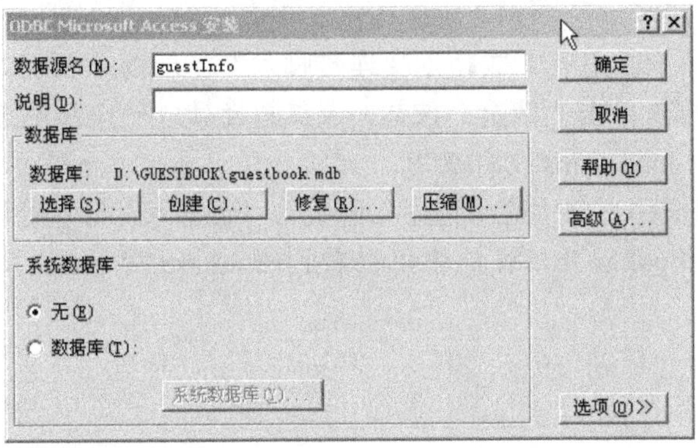

图 14-21　“ODBC Microsoft Access 安装”对话框

⑤ 如图 14-23 所示，在“ODBC 数据源管理器”对话框中，已看到系统数据源 guestInfo 设置成功，单击“确定”按钮，完成数据源的设定。

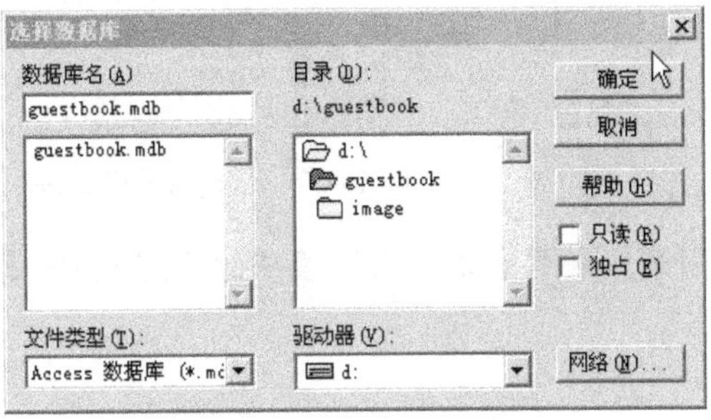

图 14-22　选择数据库

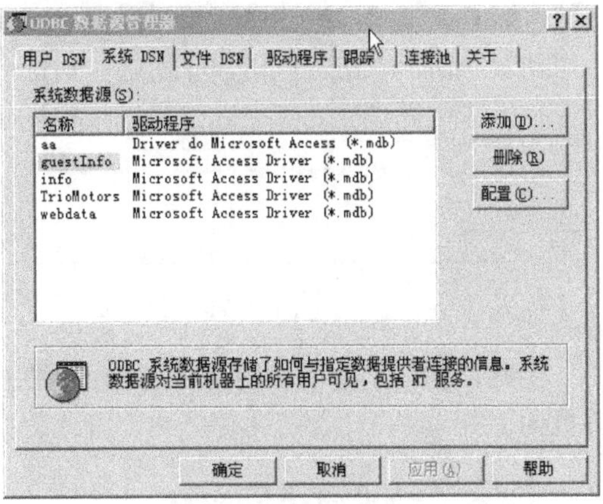

图 14-23　在“ODBC 数据源管理器”中新建的 DSN

5．连接数据库

在创建了 DSN 数据源之后，接下来建立 Dreamweaver CS3 与数据库的连接。

① 打开 Dreamweaver 编辑窗口，单击“应用程序”面板组上的“数据库”标签的 + 图标，选择“数据源名称（DSN）”，如图 14-24 所示。

② 在出现的“数据源名称（DSN）”对话框的“连接名称”文本框中输入 guest，在“数据源名称（DSN）”下拉列表中选择 guestInfo 选项，如图 14-25 所示。单击“测试”按钮，进行数据库连接测试。

图 14-24 选择“数据源名称（DSN）”

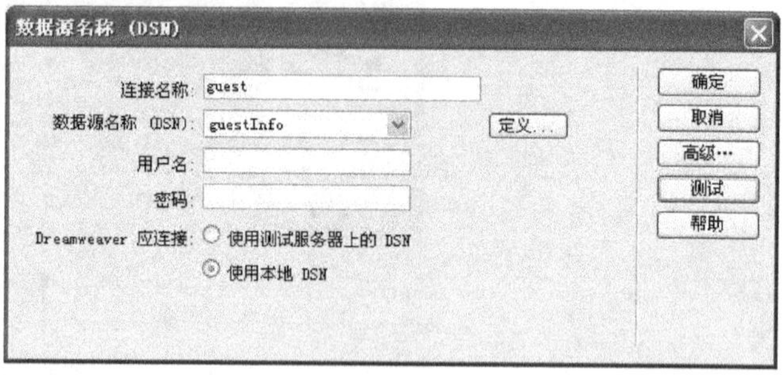

图 14-25 “数据源名称（DSN）”对话框

③ 如图 14-26 所示，出现“成功创建连接脚本”提示框，表明数据库连接测试成功。单击“确定”按钮，再次单击“确定”按钮，系统自动建立一个新的连接文件 guest.asp，保存在网站根目录下的 connections 文件夹里。

④ 回到网页设计页面，在“应用程序”面板的“数据库”标签处可看到已成功连接到前面创建的数据库 guestbook.mdb，在这里可以看到表 admin 和 guest 及表中的各个字段，如图 14-27 所示。

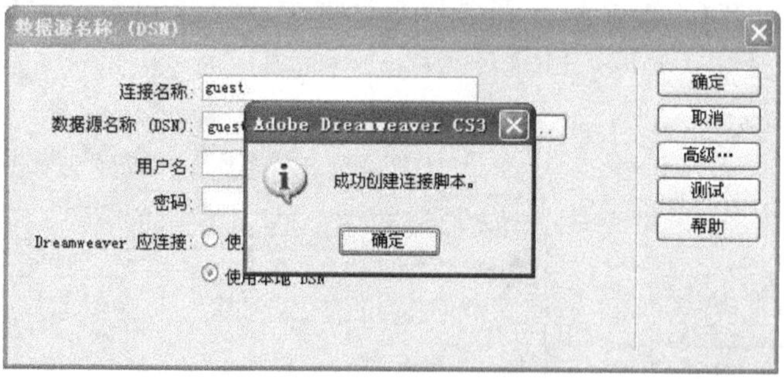

图 14-26 测试成功

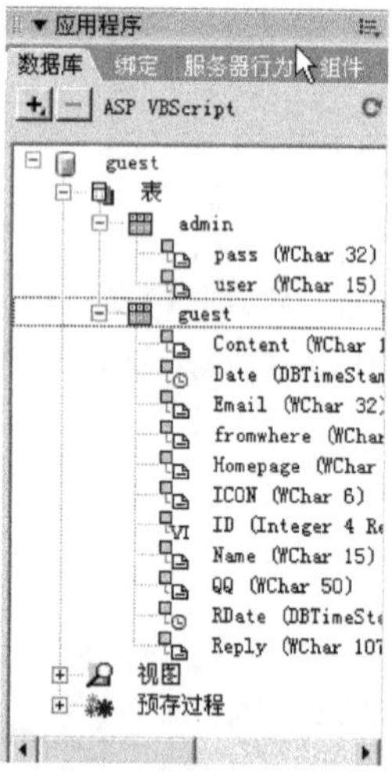

图 14-27 已连接到数据库

至此，制作动态网站的准备工作已经完成，在第 15 章中我们将继续在此基础上制作动态页面。

14.2 动态网站概述

14.2.1 动态网页技术

1．静态网页

静态网页对访问者来说，网站的网页内容固定不变，对访问者不会产生互动的行为，当用户在浏览器上通过 HTTP 协议向 Web 服务器请示网页内容时，服务器仅能回应“静态”的 HTML 网页，其工作流程如图 14-28 所示。

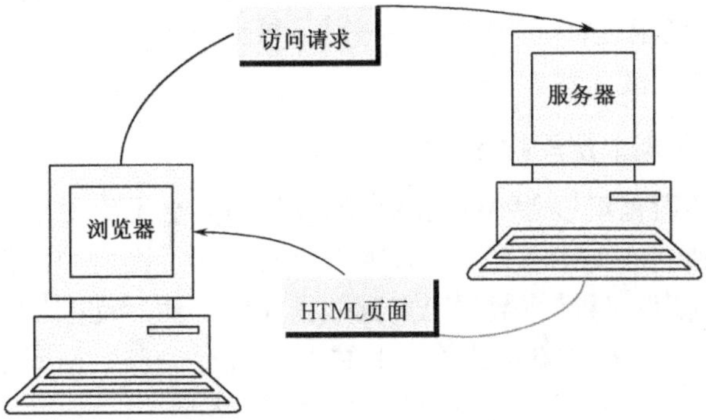

图 14-28　“静态网页”请求过程

2．动态网页

动态网页，就其工作原理而言，远比静态网页复杂，因为网站服务器不再是单纯地将网页传给客户端，而且还兼顾执行各种程序的能力，同时它还与数据库进行数据的传递与存取。从浏览器提交的请求通过 Web 服务器给应用程序服务器，由其调用相关的网页应用程序进行处理，处理的结果——网页交给 Web 服务器，Web 服务器把这个网页作为对请求的应答发送给浏览器。其工作流程如图 14-29 所示。

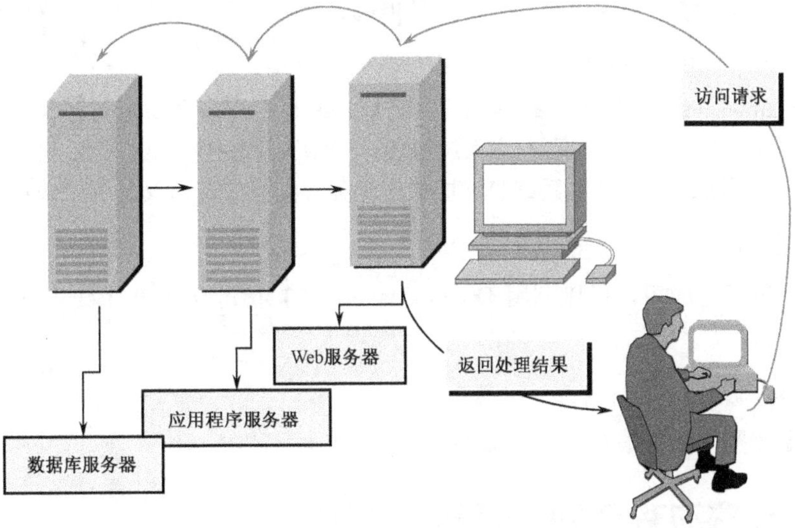

图 14-29　动态网页请求过程

14.2.2　构建动态网站的基本流程

构建动态网站的基本流程如下。

1．安装设置 Web 服务器

Web 服务器是根据 Web 浏览器的请求提供文件服务的软件。Web 服务器有时也称为 HTTP 服务器。常见的 Web 服务器包括 IIS、Netscape Enterprise Server 等。

2．安装设置 Web 应用程序服务器

应用程序服务器是一种软件，有时也称“脚本解释器”，它用来帮助 Web 服务器处理特别标记的 Web 页。当请求这样一页时，Web 服务器先将该页发送到应用程序服务器进行处理，然后再将该页发送到浏览器。

3．安装动态网站所需数据库程序

通过用数据库存储数据可以使 Web 站点的设计与要显示给站点用户的内容分开。不必为每个页面都编写单独的 HTML 文件，只需为要表示的不同类型的信息编写一个页面或模板即可。通过使用数据库，只需将数据上传到数据库中，然后动态地检索该数据以响应用户的请求，即可向 Web 站点提供新的内容。将内容信息存储在数据库中的主要优势是，能够在单个数据源中更新信息，然后将此更改传播到整个 Web 站点，而不必搜索可能包含该信息的所有页面并手工编辑每个页面。

4．安装数据库软件所需驱动程序

数据库驱动程序是应用程序与数据库连接的“桥梁”，应用驱动程序能正确识别不同的数据库文件格式。使用不同的数据库需要安装不同的驱动程序，如使用 Access 数据库，就需要使用 ODBC 中的 Access 驱动程序。一般来说，多数 Windows 平台上使用的数据库都已随 Office 或 Windows 系统的安装而安装，如果所使用的数据库驱动程序没有安装，可以到相关网站下载、安装。在 Windows 中要查找安装了哪些驱动程序，可以通过单击“控制面板”中的“ODBC 数据源”图标，打开“ODBC 数据管理器”对话框，单击“驱动程序”选项，就可以看到。

5．编写动态网站

利用 Dreamweaver CS3 等动态网站开发工具，编写由许多个动态网页组成的动态网站。一个动态网站可能由很多动态网页程序系统组成，如聊天室系统、留言板系统、学生成绩管理系统、人事管理系统、产品供求系统等，这些相对独立的系统有时又称为“Web 应用程序”。

6．上传服务器

动态网站编写完成后，可以利用 Dreamweaver CS3 或其他 FTP 上传工具上传至相应的服务器。

7．客户端浏览

在客户端浏览，测试最终完成的效果。

14.3 设置动态网站开发及运行环境

14.3.1 IIS 的安装和设置

IIS（Internet Information Server，互联网信息服务）是一种 Web 服务组件，其中包括 Web 服务器、FTP 服务器、NNTP 服务器、SMTP 服务器，分别用于网页浏览、文件传输、新闻服务和邮件发送，它使得在网络（包括互联网和局域网）上发布信息成为一件很容易的事。

1．IIS 的安装

IIS 是微软公司出品的架构 Web、FTP、SMTP 服务器的一套整合软件，捆绑在

Windows 2000/XP 中。它作为 Windows 2000/XP 的一个可选组件，可以在 Windows XP 安装完成之后再进行补充安装。

步骤

① 单击“开始”|“设置”|“控制面板”命令。

② 启动“添加 / 删除程序”。打开“添加或删除程序”对话框，如图 14-30 所示。

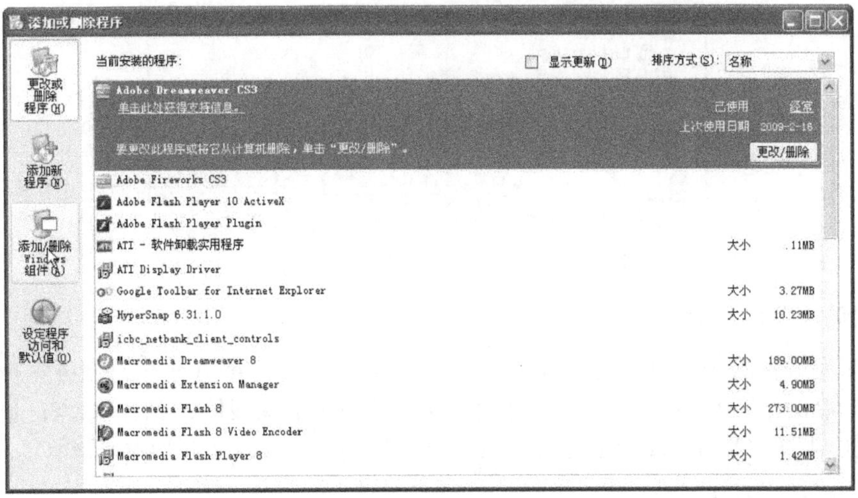

图 14-30　“添加或删除程序”对话框

③ 单击“添加 / 删除 Windows 组件”按钮，出现如图 14-31 所示的“Windows 组件向导”对话框。其中有多个复选框供选择，如果某个复选框背景是灰色的，说明其中还有没有被选择的内容。选择“Internet 信息服务（IIS）”，单击“详细信息”按钮，出现如图 14-32 所示的“Internet 信息服务（IIS）”对话框。

图 14-31　“Windows 组件向导”对话框

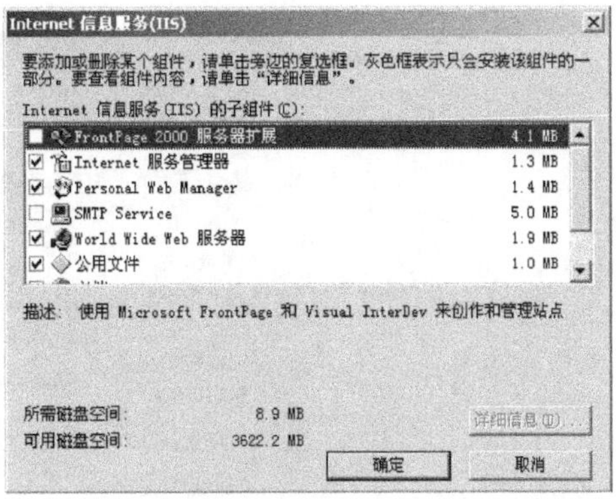

图 14-32　“Internet 信息服务（IIS）”对话框

④ 在需要安装的组件前的方框内打钩表示选中。其中“Internet 服务管理器”、“Personal Web Manager”、“World Wide Web 服务器”、“公共文件”是必选的。为了便于站点文件管理，也可以选择“文件传输协议（FTP）服务器”。

⑤ 单击“确定”按钮，退出 IIS 组件选择，再单击“下一步”按钮，开始安装 IIS。

⑥ 安装完成后，依次打开“控制面板”|“管理工具”|“Internet 信息服务快捷方式”

图标，可打开如图 14-33 所示的“Internet 信息服务”对话框。对话框的左窗格显示整个 IIS 的管理层次，右窗格则显示当前在左窗格内选中的管理层次的相应内容。在初始状态下，只显示本服务器的机器名，双击机器名可以看到配置在该计算机上的各项 Internet 信息服务。

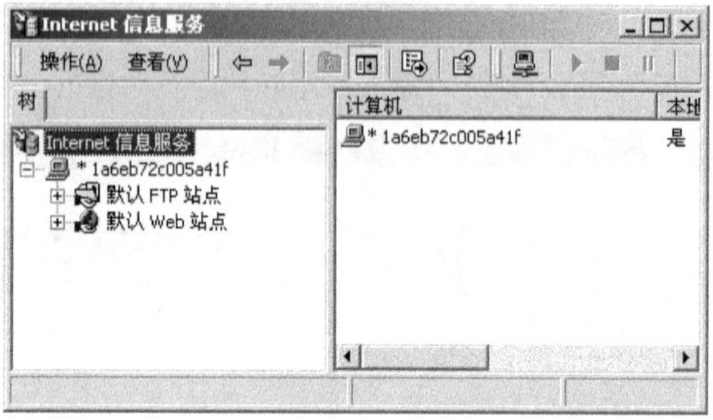

图 14-33　“Internet 信息服务”对话框

2. 启动、停止 Web 站点

在创建完成新的 Web 站点后，要确保其正常工作。在“Internet 信息服务”控制面板中用鼠标右键单击相应的 Web 站点，在弹出的快捷菜单中启动或停止 Web 站点，也可以选中相应的 Web 站点，单击工具栏中的按钮 ▶ ■ Ⅱ 启动或停止该 Web 站点。

3. 设置 Web 站点

在“Internet 信息服务”控制面板中用鼠标右键单击相应的 Web 站点，在弹出的快捷菜单中选择“属性”选项，在 Web 站点属性中可以设置该 Web 站点。

步骤

① 在“Web 站点”选项卡中设置 Web 站点参数。如果在本地计算机上调试，其“IP 地址”设为“全部未分配”，否则输入其 IP 地址即可，如图 14-34 所示。

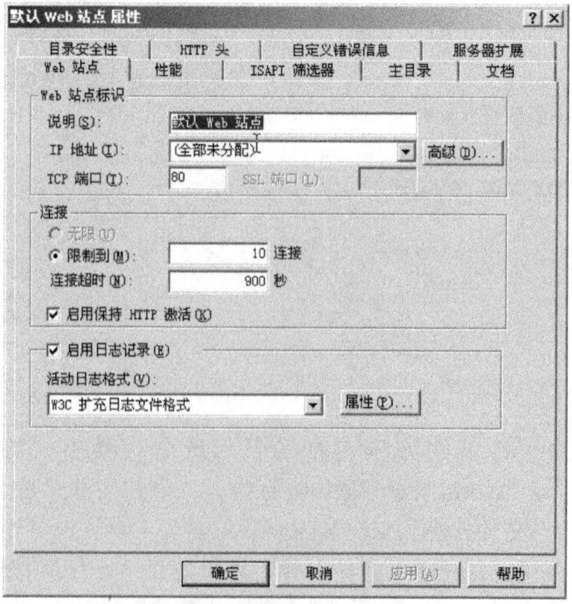

图 14-34　“Web 站点”选项卡

② 在“主目录”选项卡中设置 Web 站点的主目录，在“本地路径”栏选择网页文件存放的位置，如图 14-35 所示。每个 Web 站点都必须有一个主目录，主目录是存放网站文件的主要场所。在该选项卡中可以指定主目录的物理位置，设置访问该网站的权限和应用程序。

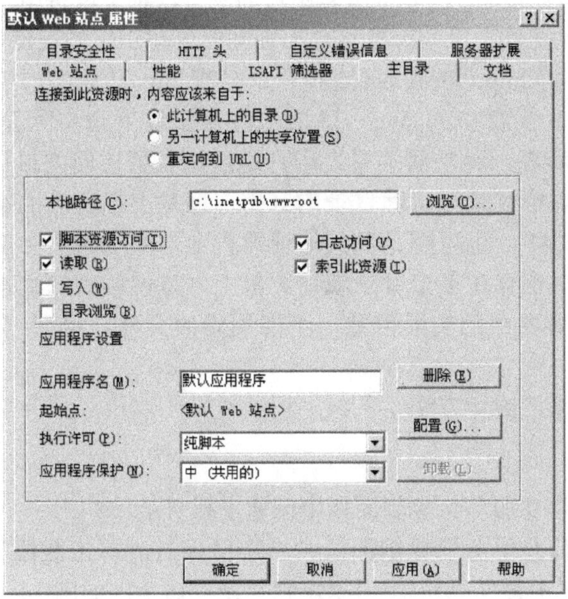

图 14-35　“主目录”选项卡

③ 设置应用程序选项。在“主目录”选项卡中单击“配置”按钮，出现“应用程序配置”对话框。在该对话框中选择“应用程序选项”选项卡，在其中可以设置应用程序是否启用会话状况、设置会话超时的时间，是否启用缓冲、父路径和默认 ASP 脚本语言及 ASP 脚本超时的时间，如图 14-36 所示。

④ 在“文档”选项卡中设置 Web 站点的默认 Web 页。在“启用默认文档”栏预设 Web 站点的默认主页名称，如图 14-37 所示。

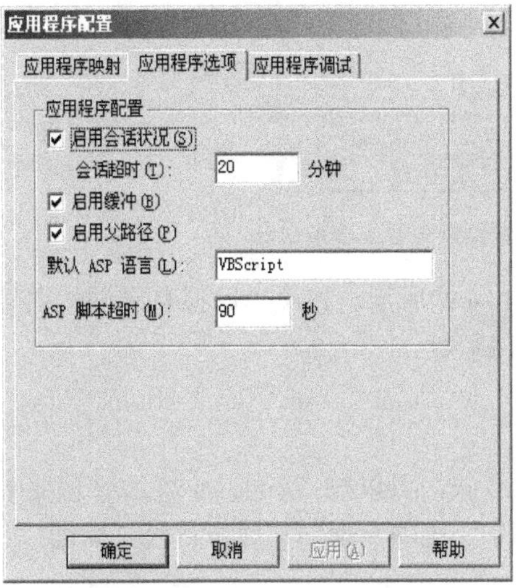

图 14-36　“应用程序选项”选项卡

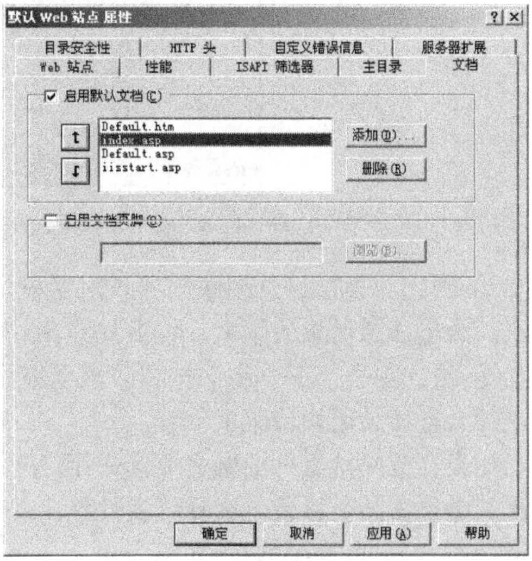

图 14-37　“文档”选项卡

4. 创建和设置虚拟目录

IIS 安装后将自动在 IIS 服务器上建立一个“默认 Web 站点”。用户可以将自己的主页文件放在系统所在分区的 Inetpub\wwwroot 文件夹下，在浏览器的地址栏中输入 http://localhost 或 http://127.0.0.1，即可访问站点的主页。也可以将用户自己的 Web 站点放在任意文件夹下，而将此文件夹设为虚拟目录，则同样可在 IIS 的支持下访问站点的网页，即在浏览器的地址栏中输入http://localhost/虚拟目录名或 http://127.0.0.1/虚拟目录名。

虚拟目录并不是真实存在的 Web 目录，但虚拟目录与实际存储在物理介质上包含 Web 站点的目录之间存在一种映射关系。用户通过浏览器访问虚拟目录的名称称为别名。从用户的角度看不出虚拟目录与实际目录的区别，但是虚拟目录的实际存储位置可能在本地计算机的其他目录之中，也可能是在其他计算机上，或是网络上的 URL 地址。利用虚拟目录可以将数据分散保存在多个目录或计算机上，方便站点的管理和维护。此外，因为用户不知道文件在服务器中的实际位置，不能用修改文件，也在一定程度上保证了 Web 站点的安全。

创建 Web 虚拟目录的操作方法如下。

步骤

（1）在“Internet 信息服务”控制面板中创建虚拟目录

① 在“Internet 信息服务”控制面板中，用鼠标右键单击欲添加虚拟目录的 Web 站点。在弹出的快捷菜单中选择“新建”|“虚拟目录”命令，如图 14-38 所示。

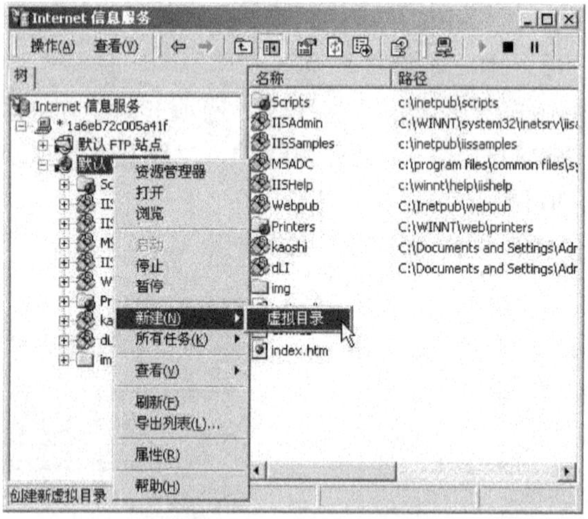

图 14-38 在“Internet 信息服务”管理器中新建虚拟目录

② 弹出“虚拟目录创建向导”对话框，如图 14-39 所示。按照“虚拟目录创建向导”提示，给出虚拟目录的别名、Web 站点所在的实际路径等。

③ 依次单击“下一步”按钮，直至完成。

（2）直接使用快捷菜单创建

如果存放网站文件的磁盘分区采用 NTFS 文件格式，可以在 Windows 资源管理器中用鼠标右键单击某个目录，选择“属性”|“Web 共享”选项卡来创建虚拟目录，如图 14-40 所示。

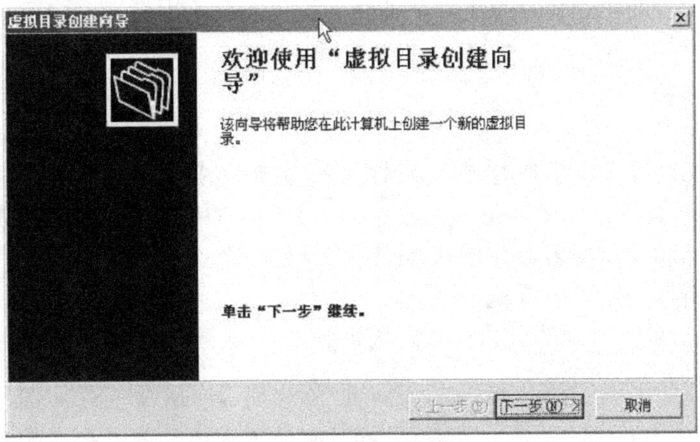

图 14-39　打开“虚拟目录创建向导”

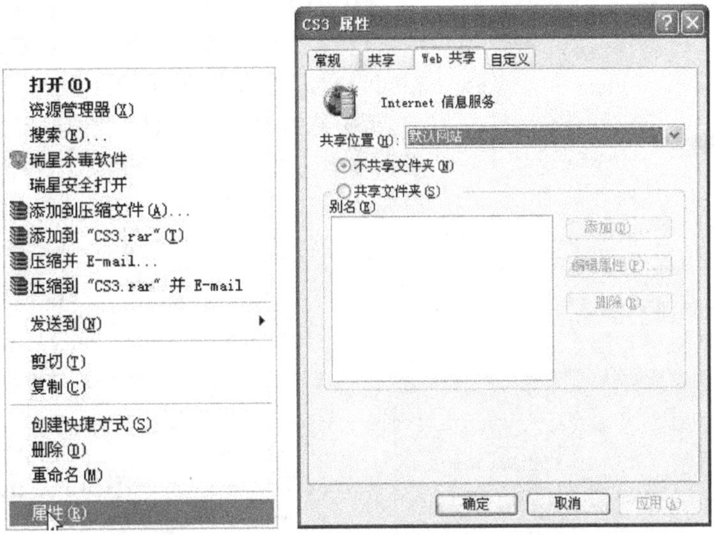

图 14-40　通过设置“Web 共享”选项卡创建虚拟目录

14.3.2　重新定义 Dreamweaver 站点

在安装、设置好 Web 站点后，如何建立支持 Web 站点应用开发的 Dreamweaver CS3 站点呢？Dreamweaver CS3 的站点管理模型由本地站点、远程站点、测试服务器 3 个部分组成。了解这 3 个部分，是理解 Dreamweaver CS3 站点管理的关键。

（1）本地站点

本地站点是 Dreamweaver CS3 的工作目录，可以将其看成实体站点上的目录结构和文件在 Dreamweaver CS3 所在的开发工作站上的一份副本。从开发流程上说，开发者先用 Dreamweaver CS3 在本地站点编辑、修改和存储文件，然后上传到实体站点。开发者先在本地站点上打草稿，测试满意后，可以选择上传文件到实体站点。

（2）远程站点

Dreamweaver CS3 用它来表示实体站点的位置和具体内容。新建的文件只有从本地站点上传后，才会在远程站点中出现。因此，一个开发中的网站，其本地站点和远程站点的内容和结构经常是不同步的。远程站点上存放的是定稿后发布给用户看的内容，是实际对外的开放服务的真实站点的位置。

（3）测试服务器

测试服务器是 Dreamweaver CS3 用来测试站点的位置和内容的，Dreamweaver CS3 使用此服务器生成动态内容并在工作时连接到数据库。测试服务器是一个支持开发者选用的应用服务器技术的 Web 服务器，可以是本地计算机、测试用的服务器或远程服务器。

设置远程站点和测试服务器对创建 Web 应用程序来说非常重要，如果已经创建了本地站点，只需要重新定义站点设置就可以了。

建立面向 Web 应用开发站点的具体方法如下。

步骤

① 选择“站点”|“管理站点”命令，在打开的“管理站点”对话框中，选择要编辑的站点，然后单击“编辑”按钮，如图 14-41 所示。

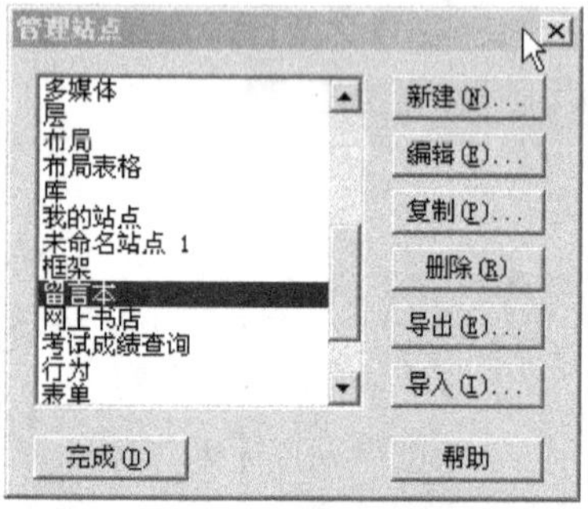

图 14-41 编辑站点

② 打开“站点定义”对话框的“高级”选项卡，选择“本地信息”分类，在右边的选项中进行相应设置，如图 14-42 所示。

③ 选择“远程信息”分类，定义远程站点。如果在本地计算机上安装了 Web 服务器，欲将本地机器设为远程站点，则可在“访问”项中选择“本地 / 网络”，如果使用远程服务器，则选择“FTP”。

✧ 访问方式为“FTP”时的设置，如图 14-43 所示。

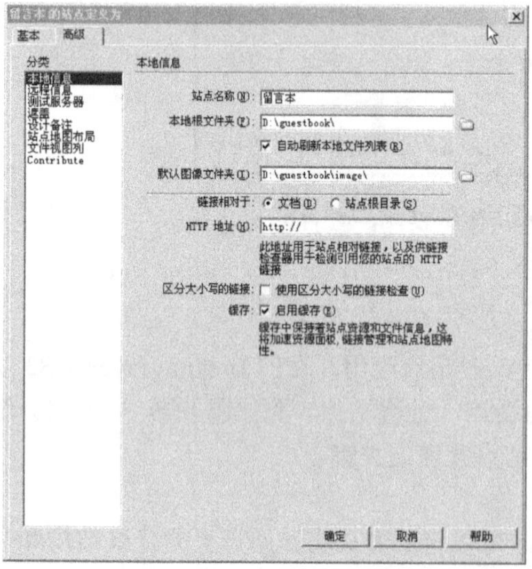

图 14-42 定义本地信息

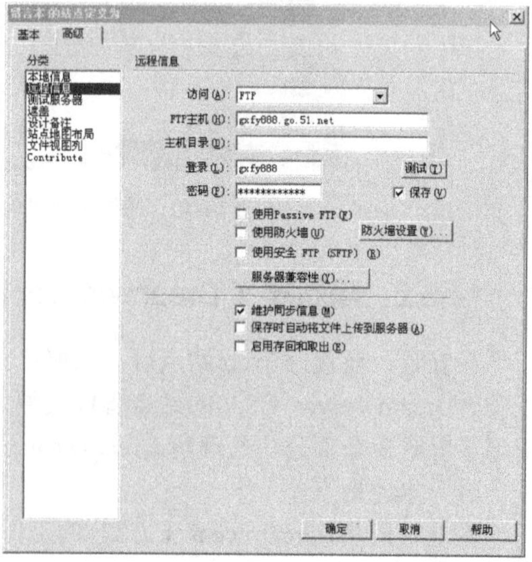

图 14-43 设置远程信息（FTP 方式）

“FTP 主机”——在此文本域中输入远程服务器的 IP 地址，如果有主机名，最好输入主机名。

“主机目录”——用来输入远程服务器中存放文件的文件夹名称，不输入此项内容，表示使用 FTP 用户主目录作为存储文件夹。

“登录”——输入 FTP 用户名。

“测试”——单击此按钮可测试 FTP 服务器是否配置正确，用户名和密码是否输有错等。

“密码”——输入 FTP 密码。

✧ 访问方式为“本地 / 网络”时的设置，如图 14-44 所示对话框。

“远端文件夹”——选择存放远程站点文件的文件夹。在这里选择 Web 站点的主目录所指定的文件夹，例如，采用 IIS 中的默认站点时，其远端文件夹应为 D:\guestbook，应与“Web 站点属性”对话框中的主目录一致。

④ 选择“测试服务器”分类，定义测试服务器，如图 14-45 所示。测试服务器用于在设计过程中打开“活动数据”视图，查看和编辑动态内容。

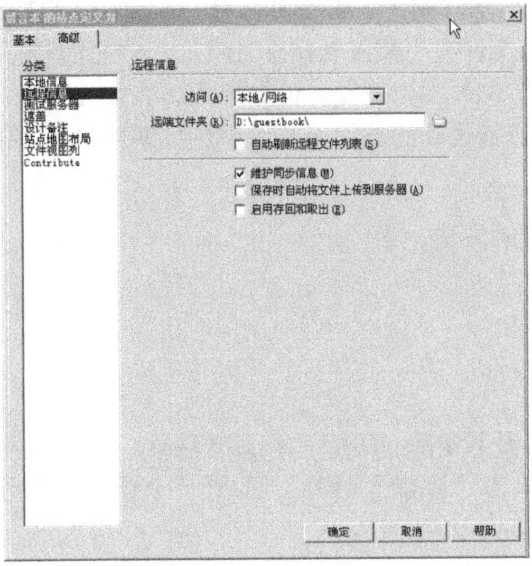

图 14-44　设置远程信息（本地 / 网络方式）

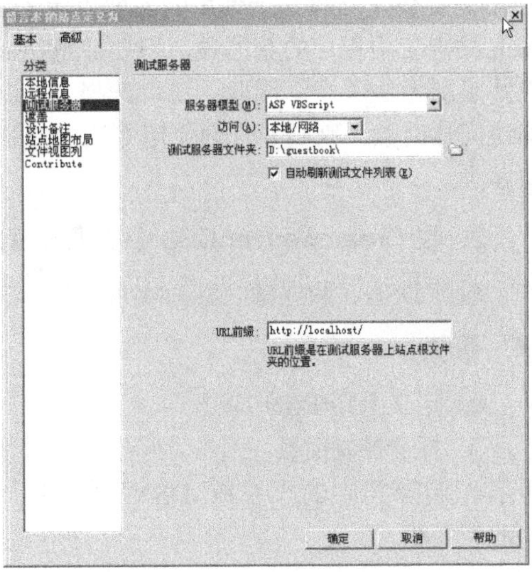

图 14-45　设置测试服务器

在如图 14-45 所示的对话框中可以进行如下设置。

“服务器模型”——在此下拉列表中选择动态网页所采用的服务器技术，如 ASP VBScript。

“访问”——在此下拉列表中选择访问方式，有“FTP”和“本地 / 网络”两种方式，其设置与分类中的“远程信息”设置类似。

“测试服务器文件夹”——在此输入受 IIS 信息服务管理器支持的站点所在文件夹。

“URL 前缀”——输入站点的 URL 地址。在选择“FTP”方式时，此文本域中自动填入主机名，而当选择“本地 / 网络”方式时，则为 http://localhost。

14.3.3　后台数据库的连接

动态页面的正常运行需要后台数据库的支持。如果要在应用程序中使用数据库，用户需要创建至少一个数据库连接。没有这个连接，网页应用程序不知道到哪里查找数据库或者如何连接它。用户可以在 Dreamweaver CS3 中通过提供网页应用程序与数据库建立联系所需要的信息来创建数据库连接。

1. 数据库系统的选择

目前，用于网页应用程序的数据库系统常用的有 Oracle、MySQL、SQL Server、

Microsoft Access 等。

（1）Oracle 系统是当前市场上功能最强大、性能最全面的产品之一，但是，它以高昂的费用和管理成本为代价。

（2）MySQL 是最流行的开放源数据库系统，虽然它可能不像某些数据库那样性能全面（它不包含传统的存储程序），但是它足以应付大部分网页应用程序的要求，是快速、灵活、性价比良好的数据库软件。

（3）SQL Server 是市场上性能最全面的数据库产品，SQL Server 是基于 SQL 客户 / 服务器（C/S）模式的数据库系统，提供强大的企业数据库管理功能，对数据库中的数据提供有效的管理，并采用有效的措施以实现数据的完整性及数据的安全性。

（4）Microsoft Access 是市场上最流行的桌面数据库。对于使用数据库的新手来说，Access 提供了一种易于使用的界面以便于对数据库进行操作。虽然可以将 Access 用于多数 Web 站点应用程序的数据源，但要注意 Access 的文件大小被限制在 2GB 以内，而且开发用户数限制为 255 个。因此，可以选择 Access 用于 Web 站点开发。但如果预计有较大的用户群访问该站点，则需要规划使用专为支持这种站点而设计的数据库，以满足预期用户数的访问要求。

2．在 Dreamweaver CS3 中实现数据库连接的方法

通过 DSN（数据源名称）实现连接

步骤

① 定义系统 DSN

i 打开控制面板，双击“管理工具”，然后打开其中的 ODBC 数据源管理器，如图 14-46 所示。选择其中的“系统 DSN”标签，然后单击“添加”按钮，添加一个新的“系统 DSN”名称。

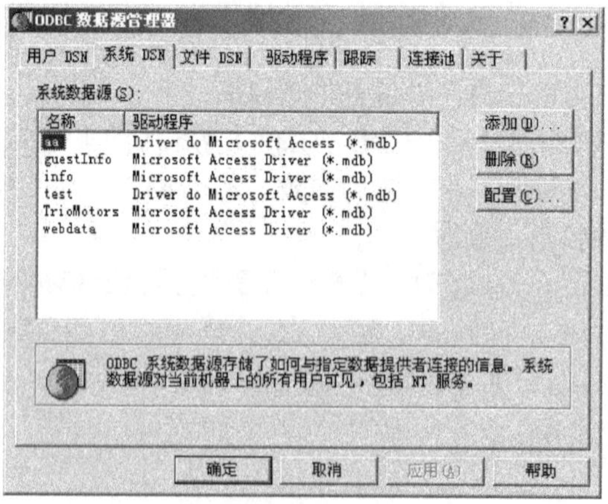

图 14-46　ODBC 数据源管理器

ii 单击“添加”按钮以后会弹出一个“创建新数据源”对话框，如图 14-47 所示。在这里选择所用数据库的驱动程序，这里选择“Microsoft Access Driver（*.mdb）”。

iii 单击“完成”按钮以后，会弹出“ODBC Microsoft Access 安装”对话框。在其中定义数据源名并选取数据库文件，如图 14-48 所示。

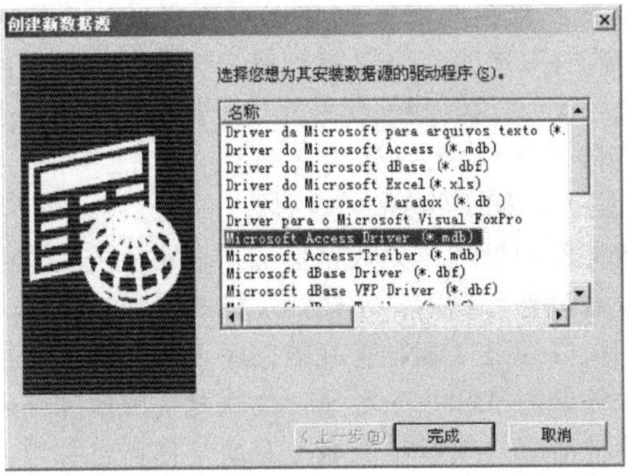

图 14-47　选择 Access 数据库驱动程序

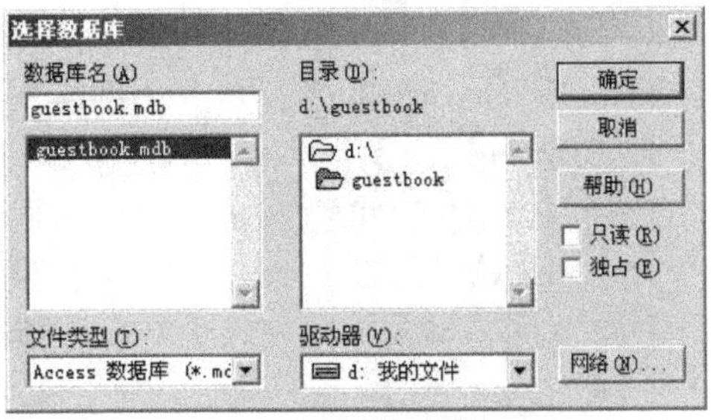

图 14-48　选择要连接的数据库

iv 经过上面步骤的操作以后，在“数据源”窗口的“系统 DSN”选项卡中就会显示一个新定义的数据源名称。将来我们在 Dreamweaver 中就用这个数据源名称建立连接。单击“确定”按钮，完成数据源的创建。

② 在 Dreamweaver CS3 中通过 DSN（数据源名称）实现连接

i 在 Dreamweaver CS3 中打开留言板站点的主页面文档（index.asp）。

ii 在 Dreamweaver CS3 的“应用程序”面板中选择“数据库”选项卡，单击 按钮弹出定义连接方式的菜单，如图 14-49 所示。

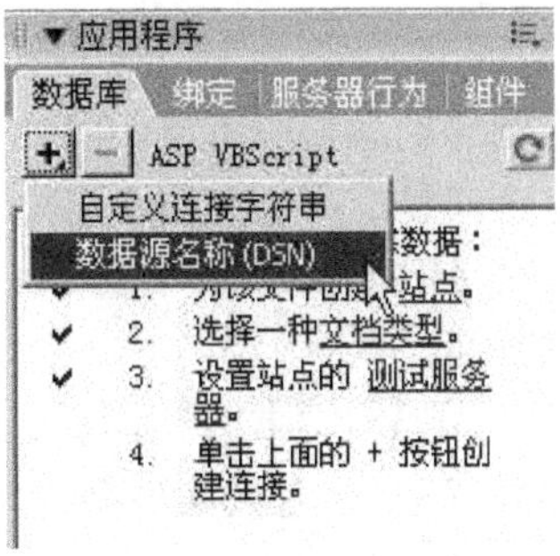

图 14-49　定义连接方式的菜单

提示　在 Dreamweaver CS3 的“应用程序”面板中创建与数据库的连接前，应确保 3 项设置完成：①定义站点；②选择动态网页类型；③设置该站点的服务器端测试环境。只有当这 3 项设置完成， 按钮才可用。

iii 单击 按钮下的“数据源名称（DSN）”命令，打开“数据源名称（DSN）”对话框，如图 14-50 所示。在“连接名称”文本框中输入一个字符串作为连接名，在“数据源名称（DSN）”下拉列表中选择所需的 DSN。在“用户名”和“密码”文本框中分别输入创建数据源时的用户名和密码。如果没有设置用户名和密码，可以为空。

iv 单击“定义”按钮，即可打开创建 ODBC 数据源对话框。

v 单击“测试”按钮，弹出“成功创建连接脚本”提示信息，表示连接已创建成功。如图 14-51 所示。

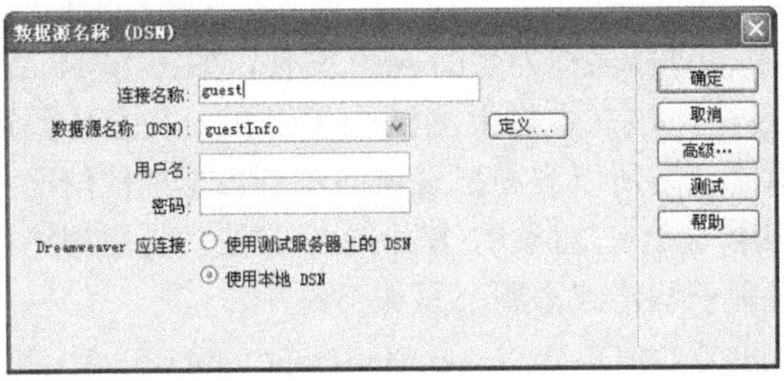

图 14-50　创建 DSN 数据源连接

图 14-51　连接成功

vi 完成操作后，数据库面板就会出现新定义的连接名称，单击它前面的“+”展开，可以看到留言板数据库中的两个表，如图 14-52 所示。这时我们已经完成了数据库和留言板站点的连接了，连接名是 guest。

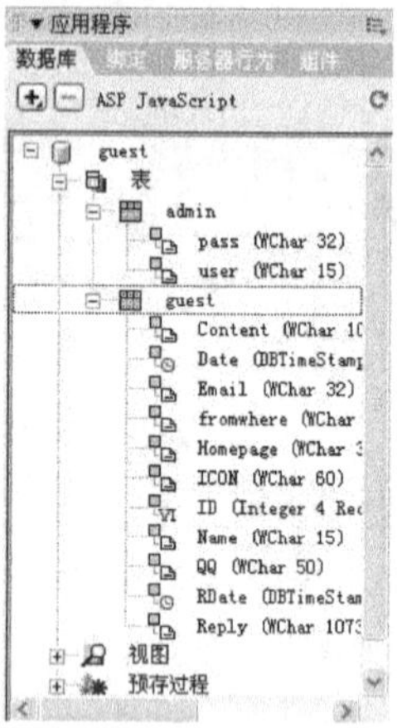

图 14-52　连接后的数据库

通过 DSN 建立的数据库连接的特征是：

✧ 方便对数据库的管理。如数据库的物理路径发生了改变，只需重新定义 DSN，不需涉及脚本程序的更改。

✧ 如果我们采取通过 DSN 建立数据库连接，必须能控制站点服务器的 DSN 的定义。也就是说应该能够满足以下两种情况：或者站点服务器就是你自己管理；或者是你租用的服务器，但你可以及时通知 ISP 服务商帮你定义需要的 DSN。

③ 通过自定义连接字符串实现连接

使用 DSN 方式连接到数据库，在本机上测试非常方便，但若上传到远程服务器，除非也进行了同样设置，否则不可能访问到数据库。为了更好地解决这个问题，可以使用“自定义连接字符串”方式连接到数据库。

在 Dreamweaver CS3 中，使用“自定义连接字符串”方式连接到数据库的具体实现步骤如下。

i 单击“数据库”面板上的[+]按钮，选择“自定义连接字符串”选项，如图 14-53 所示。

ii 在“自定义连接字符串”对话框中，输入连接名，在“连接字符串”处输入相应的字符串“Driver={Microsoft Access Driver (*.mdb)};DBQ=D:\guestbook\guestbook.mdb”（注意：其中的标点一定用西文标点）。选中“使用此计算机上的驱动程序”单选按钮，如图 14-54 所示。

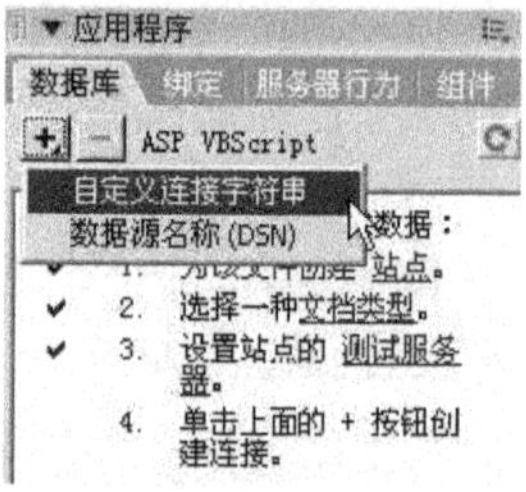

图 14-53　选择“自定义连接字符串”

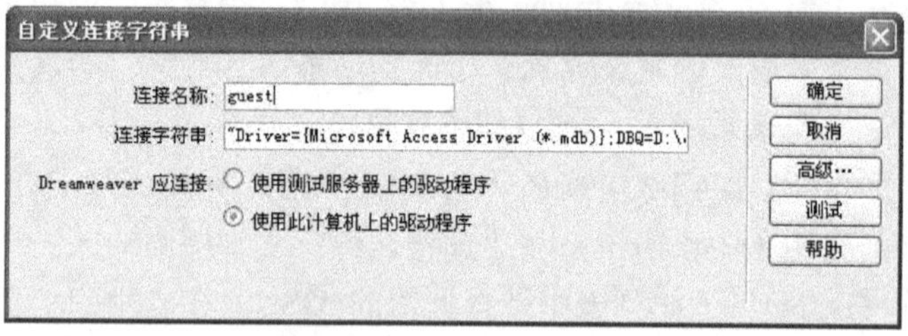

图 14-54　输入连接字符串

iii 单击“测试”按钮进行测试，测试成功，如图 14-55 所示。表明连接到数据库的操作成功，单击“确定”按钮。

iv 再次单击“确定”按钮，在站点的根文件夹中会自动产生一个名字叫 Connections 的文件夹，在这个文件夹中有一个以你所定义的连接名称为名的 ASP 文件，如图 14-56 所示。

这里连接到数据文件使用的是绝对路径，这在本机上测试还可以，一旦上传到远程服务器上，由于服务器空间多使用的是虚拟路径，所以容易出现访问不到数据库的情况。解决这一问题的方法是先使用虚拟路径，再利用 Server 对象的 MapPath 方法，将虚拟路径转换为绝对路径。这样一来，数据库连接字符串书写格式重新书写如下：

“Driver={Microsoft Access Driver (*.mdb)};DBQ=”&Server.MapPath(“/guestbook.mdb”)

图 14-55　测试成功对话框

图 14-56　在“文件”面板中查看连接文件

本章小结与重点回顾

本章介绍了如何安装 IIS，如何在安装完成后建立新的 Web 站点，如何启动和停止已有的站点以及建立数据库和连接数据库。

本章的重点知识是 IIS 的设置，创建 DSN 数据源，站点的重定义及建立数据库连接。

习题 14

一、选择题

1．下列不是动态网页程序系统的是__________。

A．有 Flash 动画的页面　　B．留言板系统

C．学生成绩管理系统　　D．人事管理系统

2．可以将 Access 用于多数 Web 站点应用程序的数据源，但要注意 Access 的文件大小被限制在__________以内，并且开发用户数限制为__________个。

A．2GB，265　　B．20GB，255　　C．20GB，265　　D．2GB，255

二、填空题

1．__________网站，可以实现交互式访问，很多网站上出现的论坛、留言板、聊天室、数据查询等系统，都是此类网站的形式。

2．在开发动态网站时，一般都使用基于服务器的__________型数据库，常用的数据库包括 Access、Microsoft SQL Server 和 Oracle。

3．一个__________都必须有一个主目录，它是存放网站文件的主要场所。在 IIS 中可以指定主目录的物理位置，设置访问该网站的权限等。

三、简答题

1．什么是静态网页和动态网页，它们之间的区别是什么？

2．简述构建动态网站的基本流程。

3．Dreamweaver CS3 的站点管理模型由哪几部分组成？

4．以构建动态网站常用的 ASP 类型为例，说明连接到数据库主要的实现方法。

5．如何进行 IIS 的设置？

第 15 章　动态网站的开发

在设置了 Web 服务器并创建了数据库和本地站点的连接后，就有了进一步创建动态页面的基础。但现在数据库中的数据还不能直接应用到页面中，因为要将数据库用于动态网页的内容源时，必须首先创建一个要在其中存储检索数据的记录集。本章通过讲解记录集的创建方法及如何将记录集中数据绑定到动态页面，并通过添加服务器行为创建留言板的各个页面的动态效果。

15.1　制作动态网页——留言板制作（2）

15.1.1　案例综述

在第 14 章中已经做好了“留言板”系统动态网页开发的准备工作，包括 IIS 的设置、数据库的建立与连接、Dreamweaver CS3 中站点的定义等。本章将继续在此基础上进行动态页面开发，完成留言板系统各个页面的制作，使读者从中体会在动态网页的开发过程中绑定记录集和添加服务器行为等制作方法。

15.1.2　案例分析

不管用户选择什么样的脚本语言，在 Dreamweaver CS3 中用户可通过下面 3 个步骤快速地创建连接数据库的动态页面。

① 建立数据库连接。

② 绑定记录集。使用 SQL 语句或者存储过程创建记录集。

③ 添加服务器行为，完成相应功能。

一个简单的留言本应该具备：显示留言、发布留言、管理留言三大功能模块。留言板系统构成如图 15-1 所示。

15.1.3　实现步骤

1. 制作查看留言页面

（1）编辑首页文件的基本布局

查看留言页面效果如图 15-2 所示。页面应用表格布局，其结构如图 15-3 所示。

① 在“文件”面板上，打开“留言板”站点，在留言板的根文件夹下新建一个文件 index.asp，双击该文件，打开后在 Dreamweaver 的“设计”视图中进行编辑，将文档的标题改为“留言本”。

② 将光标定位于页面空白处，设置为水平居中，插入 6×1 的表格 T1，设置宽度为 640，边框为 1。

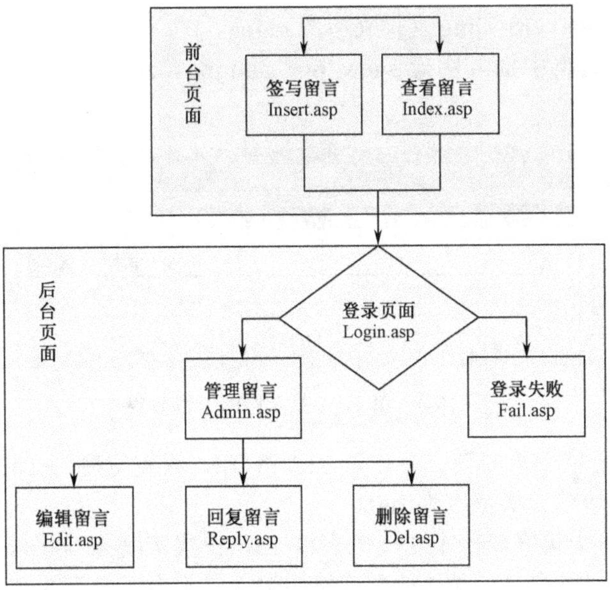

图 15-1　留言板系统页面流程图

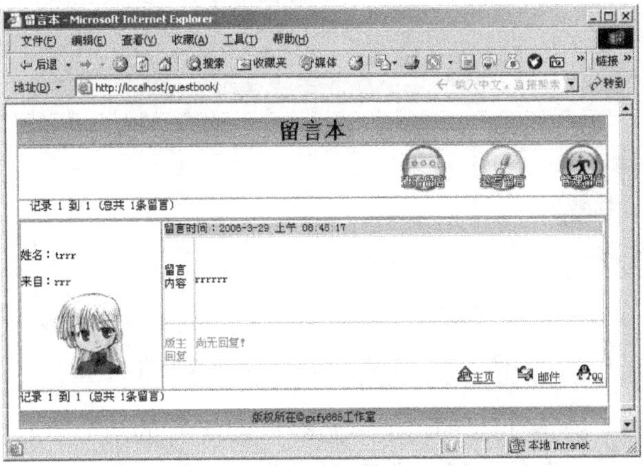

图 15-2　留言板首页效果

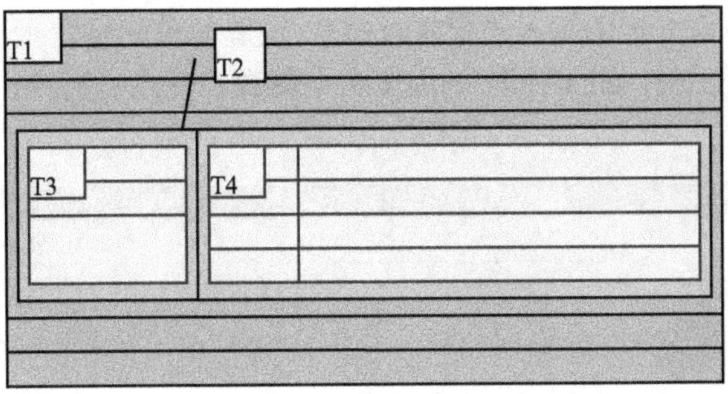

图 15-3　留言板布局示意图

③ 在第 1 个单元格中输入文字“留言本”，并通过“属性”面板设置文字大小为 24，居中对齐，背景为素材中 ch16\img 文件夹下的 td.jpg。

④ 在第 2 个单元格中插入图像 view.jpg、add.jpg、admin.jpg，并将图像右对齐，如图 15-4 所示。

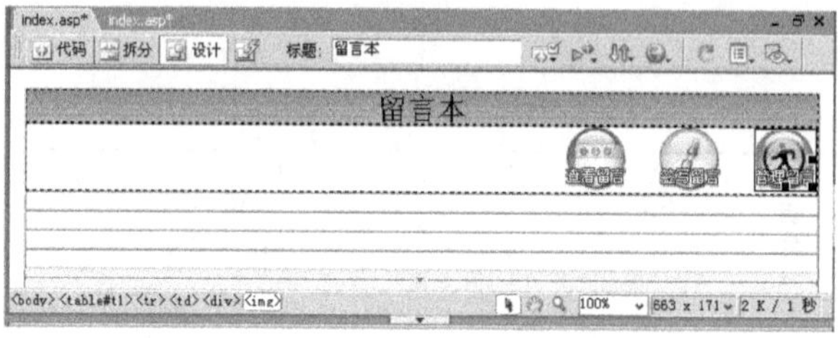

图 15-4　第 1、2 单元格的设置效果

⑤ 在第 4 个单元格中再嵌套一个 1×2 的表格 T2，设置宽度为 100%，边框为 0。调整单元格宽度，使其左边单元格宽度为 160。

⑥ 在左边单元格中再嵌套一个 3×1 的表格 T3，设置宽度为 100%，边框为 1。在 T3 的第 1 个单元格中输入“姓名:”，第 2 个单元格中输入“来自:”，第 3 个单元格内插入素材中 ch16\img 文件夹下的图像文件 01.jpg，如图 15-5 所示。

⑦ 在表格 T2 右边单元格中嵌套一个 4×2 的表格 T4，设置宽度为 100%，边框为 1。

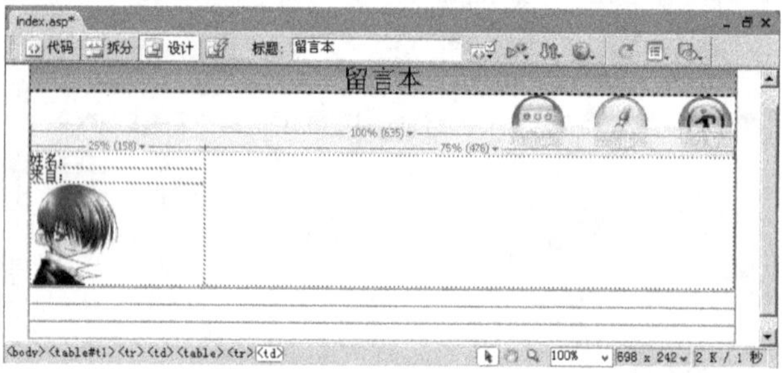

图 15-5　在第 4 单元格中嵌套表格

✧ 分别将表格 T4 的第 1 行的两个单元格和第 4 行的两个单元格合并。选择第 2、3 行，将边框线设为灰色，将表格 T4 的边框线设为白色（用以制作细线表格）。

✧ 适当调整第 2 行与第 3 行的第 1 个单元格的宽度，然后在第 2 行与第 3 行的第 1 个单元格内分别输入文字“留言内容”与“版主回复”。

✧ 在表格 T4 的第 1 行中输入“留言时间”，设置此单元格背景色为#B5C3DE；在第 4 行中插入 page.gif、email.gif、qq.gif 3 个图像，使之右对齐，并在 3 个图像旁分别输入文字“主页”、“邮件”、“QQ”，如图 15-6 所示。

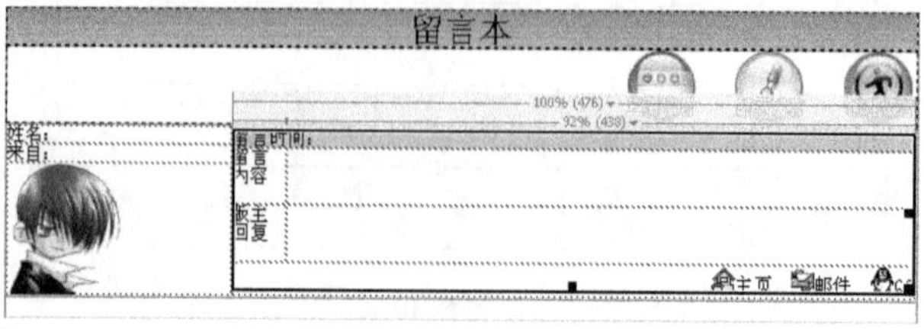

图 15-6　表格 T2 右单元格中再嵌套表格

⑧ 在 T1 第 6 个单元格中输入文字“版权所有©gxfy888 工作室”，设置居中对齐。

（2）用 CSS 样式格式化页面

① 打开“CSS 样式”面板，单击新建图标，在“新建 CSS 规则”对话框中，选择“选择器类型”为“标签”，在“标签”下拉列表框中选择 table 标签，选择“定义在”为“（新建样式表文件）”，如图 15-7 所示，单击“确定”按钮，在弹出的“保存样式表文件为”对话框中为样式表文件命名为 style.css。

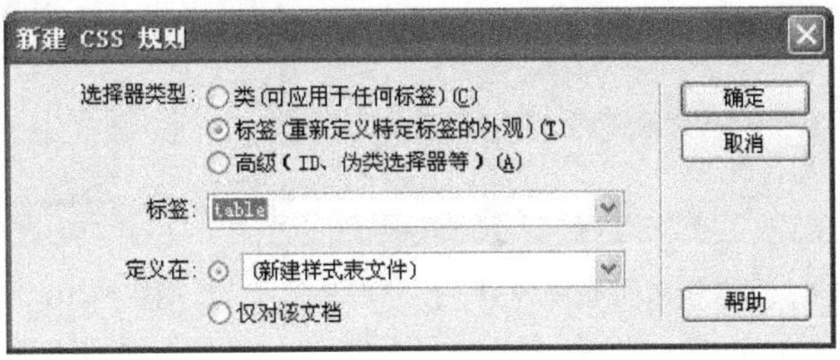

图 15-7　选择“table”标签

提示　因后面的页面也要用到此样式，故将此样式存于样式表文件中，以便将来使用。

② 在“table 的 CSS 规则定义”对话框中的“类型”选项卡中，设置字体为“宋体”，字号大小为 12px，如图 15-8 所示。

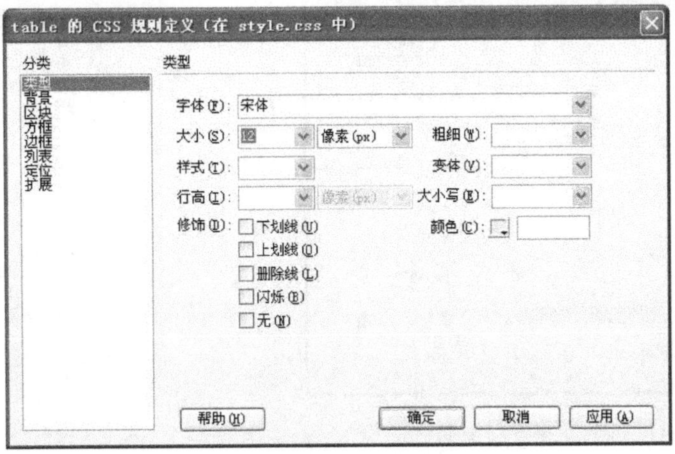

图 15-8　“table 的 CSS 规则定义”对话框

③ 保存页面，按 F12 键预览，效果如图 15-9 所示。

（3）在绑定面板中定义记录集

① 在 Dreamweaver CS3 中打开留言板站点主页面（index.asp）。

② 打开“绑定”面板，单击按钮，在弹出的下拉菜单中选择“记录集（查询）”命令，如图 15-10 所示。

③ 在弹出的“记录集”对话框中，各参数设置如图 15-11 所示。“名称”采用默认设置“Recordset1”，在“连接”下拉列表框中选择“guest”；在“列”处采用默认选项“全部”；在“筛选”处采用默认设置“无”；在“排序”下拉列表框中选择字段“Date”，排序方式选择“降序”。

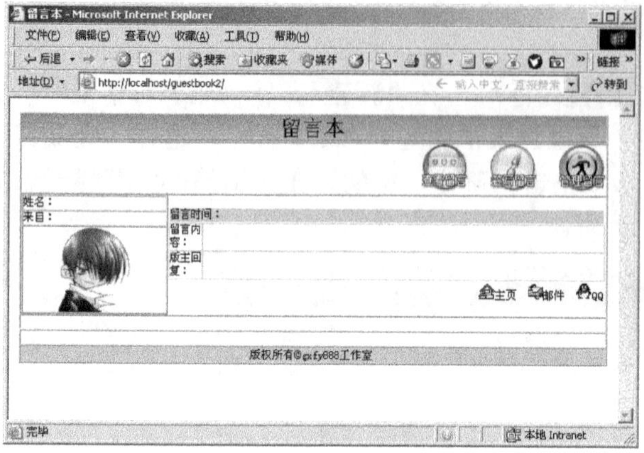

图 15-9　留言板首页布局效果

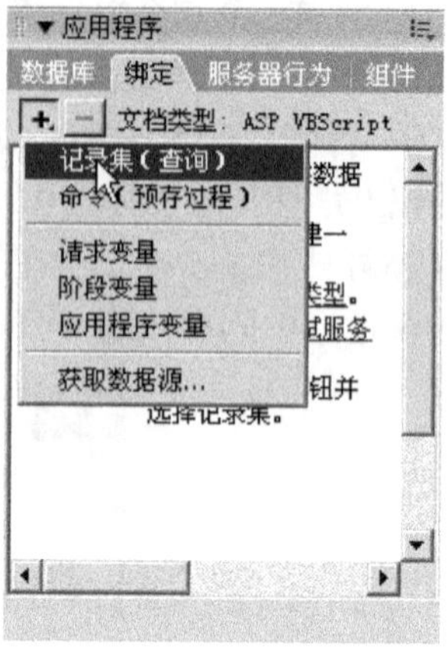

图 15-10　在“绑定”面板中选择“记录集（查询）”命令

④ 按照以上步骤操作完成以后，在“绑定”面板中就会出现新定义的记录集，单击它前面的+按钮，可以展开记录集，如图 15-12 所示。

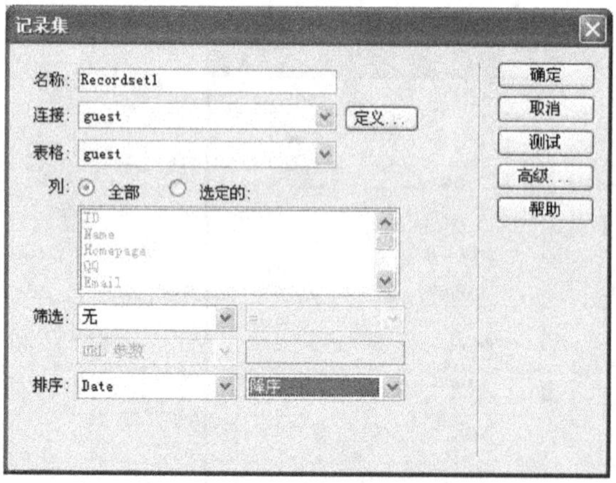

图 15-11　“记录集”对话框

图 15-12　“绑定”面板——创建完成的记录集

（4）在页面中显示动态文本和图像

① 打开“绑定”面板，展开记录集。用鼠标将记录集中的 Name、fromwhere、Date、Content 依次拖到 index.asp 网页中的“姓名”、“来自”、“留言时间”、“留言内容”右边；将字段 Reply、RDate 依次拖到“版主回复”右边单元格中的相应位置上，如图 15-13 所示。

② 给“头像”单元格绑定动态图像。选择文档中的图像 01.gif，单击“图像”属性面板上“源文件”文本框右侧的浏览按钮，在“选择图像源文件”对话框（如图 15-14 所示）中的“选取文件名自”处选择“数据源”单选按钮，在出现的“域”列表框中选择记录集中的 ICON 字段，选中“URL”文本框中的内容，按复制 Ctrl+C 组合键。单击“取消”按钮，回到文档编辑窗口。

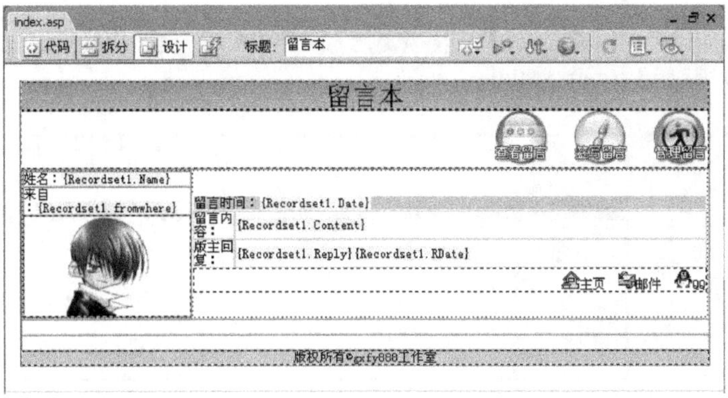

图 15-13　将记录集中的数据绑定到单元格

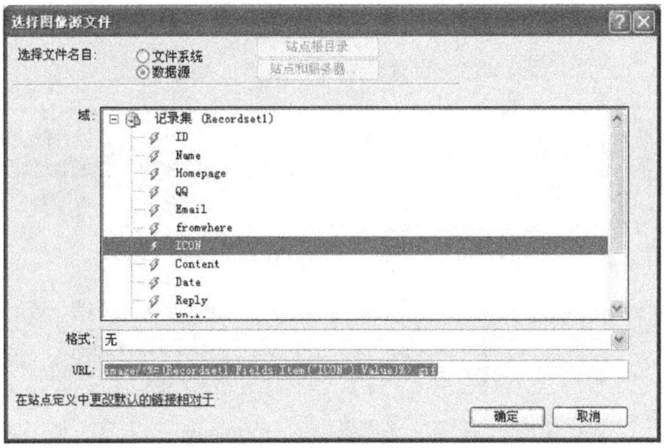

图 15-14　复制动态 URL

③ 在“图像”属性面板上“源文件”文本框中选择 image/01.gif 中的主文件名 01.gif，按粘贴 Ctrl+V 组合键，这样，“源文件”中的内容即为“image/<%= (Recordset1.Fields.Item ("ICON").Value)%>”，从而使该单元格中的图像随记录的不同而变化。

（5）设置动态链接

① 设置“主页”文本的动态链接。选择文档中的文字“主页”，单击“文本”属性面板上“链接”文本框右侧的“浏览”按钮，在“选择文件”对话框的“选取文件名自”处选择“数据源”单选按钮，在“域”列表框中选择记录集中的 Homepage 字段，如图 15-15 所示。

② 单击“确定”按钮，回到文档编辑窗口，可以看到在“文本”属性面板上的“链接”文本框中已绑定动态链接代码“<%=(Recordset1.Fields.Item ("Homepage").Value) %>”，如图 15-16 所示。

③ 选中“主页”文本的动态链接代码，按复制 Ctrl+C 组合键，再选中“主页”文字前的图像，将这些代码粘贴到其属性面板上的“替换”文本框中，使得当光标指到此图像上时，显示主页地址作为提示文字，如图 15-17 所示。

④ 用同样的方法为文档中的“邮件”及邮件图像 E-mail.gif 添加动态链接和提示文字。需要注意的是，“邮件”链接 URL 地址前要加上 mailto:，而图像 E-mail.gif 的“替换”文本框中则不需要添加，如图 15-18 所示。

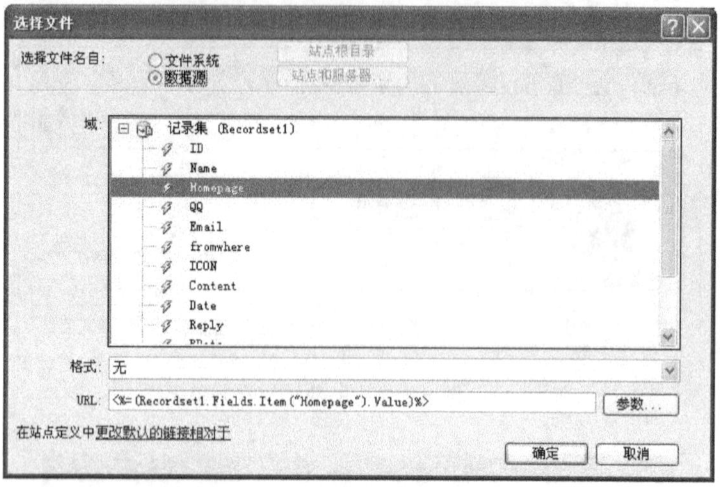

图 15-15　设置“主页”文本的动态链接

图 15-16　“链接”文本框中的动态 URL

图 15-17　“替换”文本框中的 Homepage 动态字段值

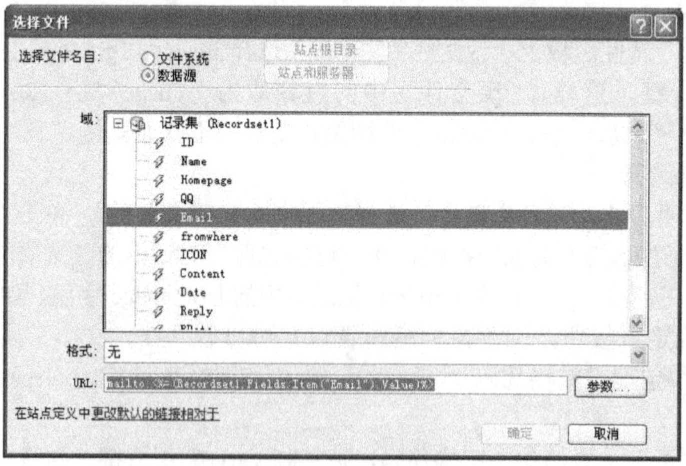

图 15-18　设置“邮件”的动态 E-mail 链接

（6）在页面中添加服务器行为

为“查看留言页面”添加的服务器行为如图 15-19 所示。

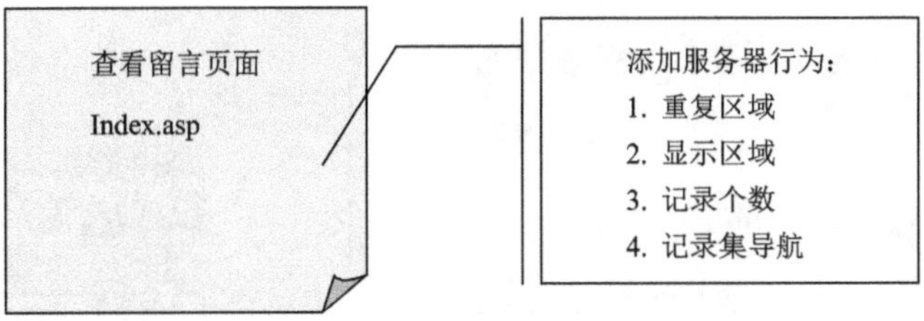

图 15-19　添加服务器行为示意图

① 在 index.asp 页面中添加服务器行为——重复区域

虽然已在留言板数据库的用户信息表中添加了多个记录，但是在浏览器中打开的 index.asp 页面显示的总是一个记录的绑定内容。如何让页面中同时显示多个留言记录呢？解决方法如下：

i　在 index.asp 页面中选择 T2 表格，将把它创建成可以重复显示的区域。

ii　打开“服务器行为”面板，单击+按钮，在弹出的下拉菜单中选择执行其中的“重复区域”命令，如图 15-20 所示。

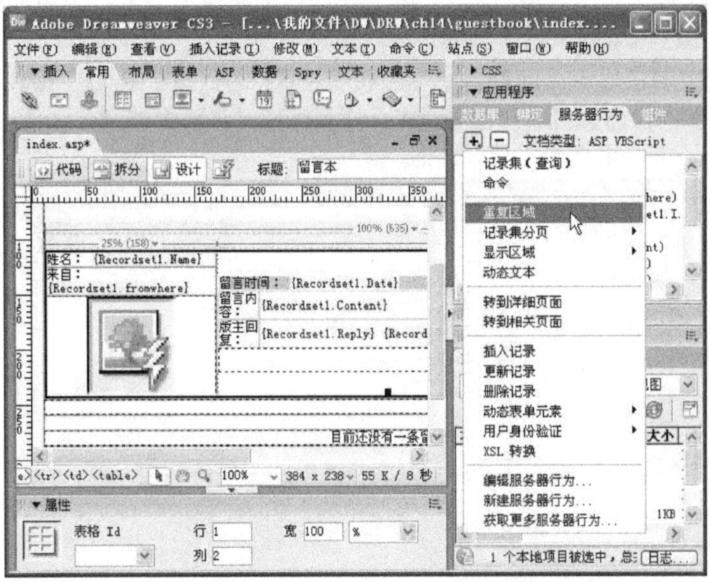

图 15-20　选中需要重复显示的表格添加“重复区域”服务器行为

iii　在弹出的“重复区域”对话框设置一个页面能同时显示 5 条留言记录，如图 15-21 所示。

iv　设置完成以后，index.asp 页面中所选中的表格的左上角位置出现“重复”两字，如图 15-22 所示。

v　切换到“应用程序”面板，可看到“服务器行为”面板中新增加了此服务器行为的内容，如图 15-23 所示。

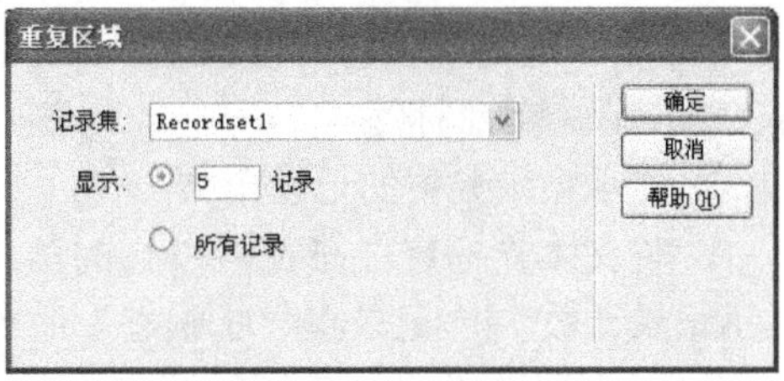

图 15-21　重复区域设置

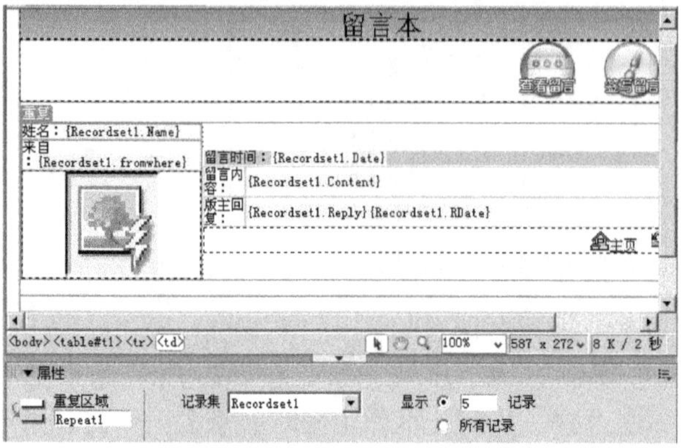

图 15-22　页面中重复区域

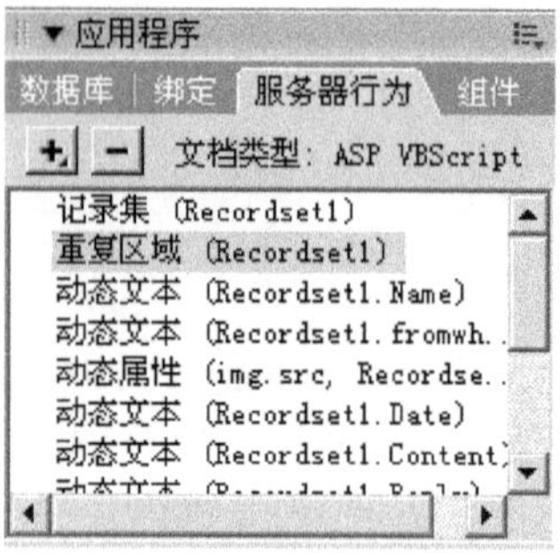

图 15-23　“服务器行为”面板

② 给 index.asp 再添加一个服务器行为——显示区域

index.asp 页面中的表格 T2 是显示用户留言记录的，当留言板数据库的用户表中没任何记录时（也就是没有一个用户留言时），这个表格则不让显示出来。下边通过再添加一个服务器行为——显示区域来解决这个问题。

i 在表格 T1 的最后一行前插入一行，将表格 T1 的行数扩展为 7 行，在新插入的行即第 6 行处输入文字“目前还没有一条留言”，居中对齐，并选中该行，如图 15-24 所示。

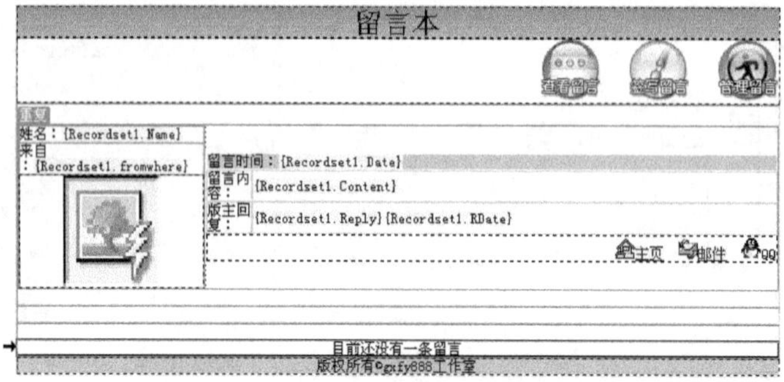

图 15-24　在新插入的行中输入文字

ii 在“服务器行为”面板中单击 + 按钮，在弹出的下拉菜单中选择“显示区域”|“如果记录集为空则显示区域”命令，如图 15-25 所示。

iii 在弹出的“如果记录集为空则显示区域”对话框中选择绑定的记录集，如图 15-26 所示。单击“确定”按钮，设置了“显示区域”后的行的左上角会出现一个新的服务器行为 如果符合此条件则显示... 标签。

③ 显示记录集中的记录个数

i 将文本光标定位在表格 T1 的第 3 个单元格内，选择“插入记录”|“数据对象”|“显示记录计数”|“记录集导航状态”命令，如图 15-27 所示。

ii 在出现的“记录集导航状态”对话框（如图 15-28 所示）中采用默认设置，单击“确定”按钮，即可在编辑区域看到“记录集导航状态”的标签文字，如图 15-29 所示。

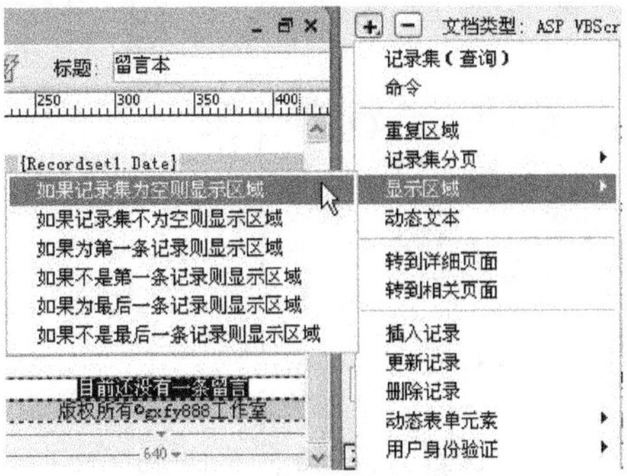

图 15-25　“显示区域”服务器行为

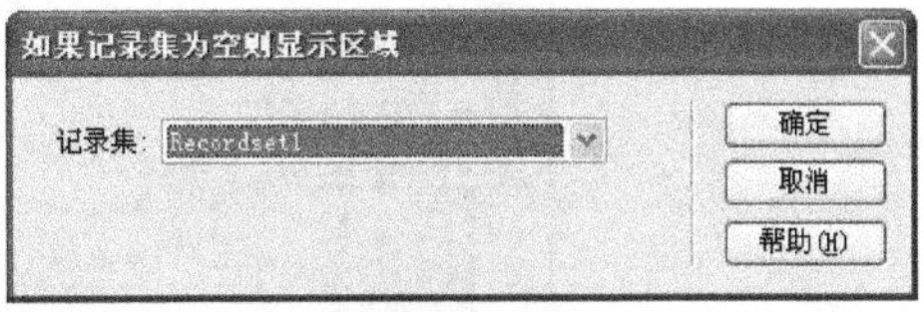

图 15-26　“如果记录集为空则显示区域”对话框

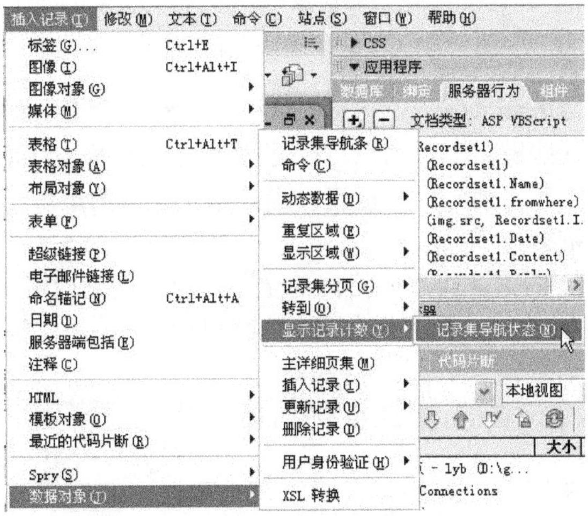

图 15-27　选择“记录集导航状态”命令

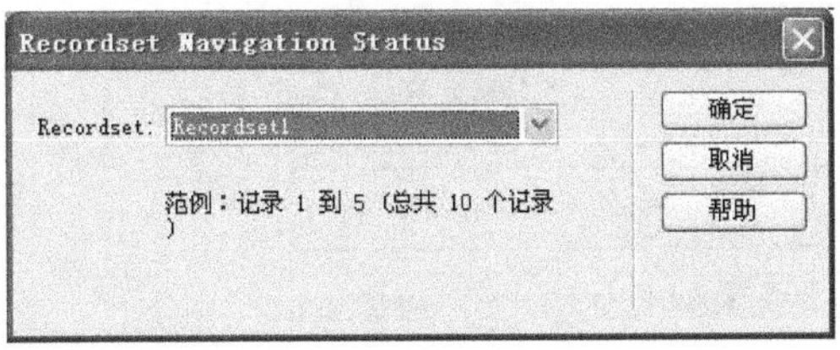

图 15-28　Recordest Navigation Status（记录集导航状态）对话框

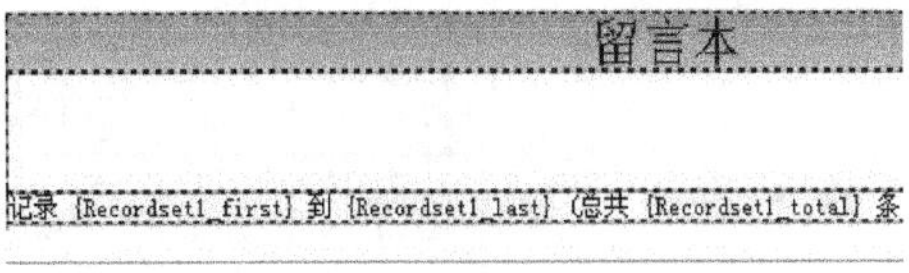

图 15-29　“记录集导航状态”标签文字

④ 创建记录集导航链接

记录集导航链接可以使用户从一个记录移到下一个记录，或者从一组记录移到下一组记录。例如，在设计了每次显示 5 条记录的页面后，用户可能想要添加如“下一页”或“上一页”这类可以显示后 5 条或前 5 条记录的链接。

ⅰ 将文本光标定位在插入的“记录集导航状态”标签文字后面，选择 Dreamweaver 主菜单栏中的“插入记录”|“数据对象”|“记录集分页”|“记录集导航条”命令，出现“记录集导航条”对话框，如图 15-30 所示，这里采用默认的设置，单击“确定”按钮。

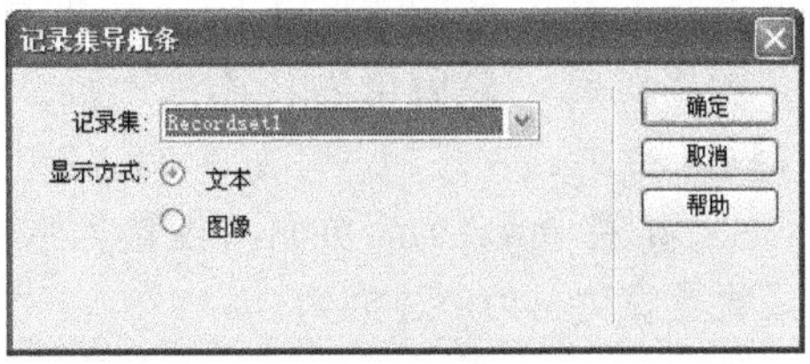

图 15-30　“记录集导航条”对话框

ⅱ 插入的“记录集导航条”在文档中显示的效果如图 15-31 所示，在文档中显示为“第一页”、“前一页”、“下一页”、“最后一页”。

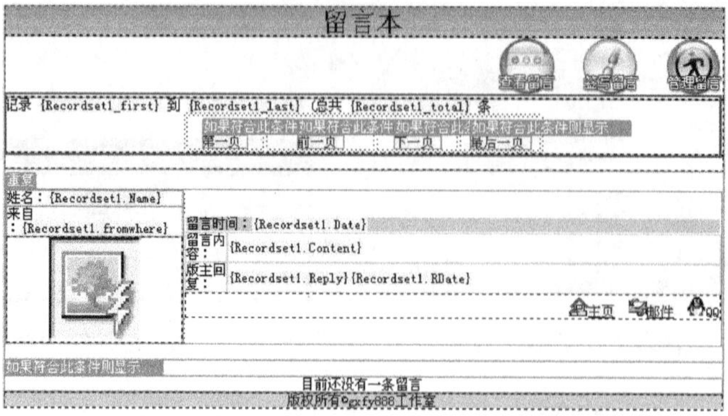

图 15-31　“记录集导航条”显示效果

以上的操作也可用 Dreamweaver CS3 提供的“记录集分页”和“显示区域”这两个服务器行为来实现。单击这些链接后，用户可以遍历所选记录集。当显示记录集中的第一条记录时，会隐藏“第一页”和“前一页”链接；当显示记录中的最后一条记录时，会隐藏“下一页”和“最后一页”链接。

ⅲ 将插入在表格 T1 的第 3 个单元格内的全部内容复制到表格 T1 的第 5 个单元格，以实现当记录页较长时在页首或页尾都可使用记录集导航条。复制后的文档效果如图 15-32 所示。

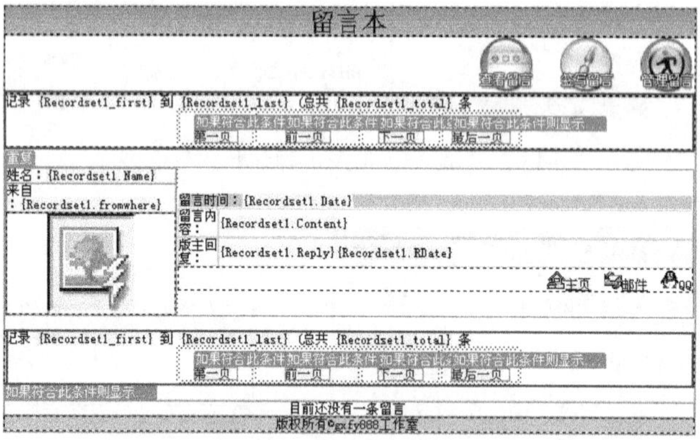

图 15-32　复制第 3 个单元格中的内容到第 5 个单元格

至此，留言板的首页制作完成，按 F12 键在 IE 浏览器中预览。

2．制作签写留言页面

签写留言页面要通过表单向服务器程序提交用户信息，因此，此页面的设计要用表格来进行布局，如图 15-33 所示，并通过设置各表单域的属性与数据库中 guest 表中相关字段相对应，最后再为其添加“插入记录”服务器行为。该页面添加的服务器行为如图 15-34 所示。

① 新建 insert.asp 页面，设置为水平居中，插入表单，再在其中插入 5 行 1 列表格 T1，设置宽为 640，边框为 0。

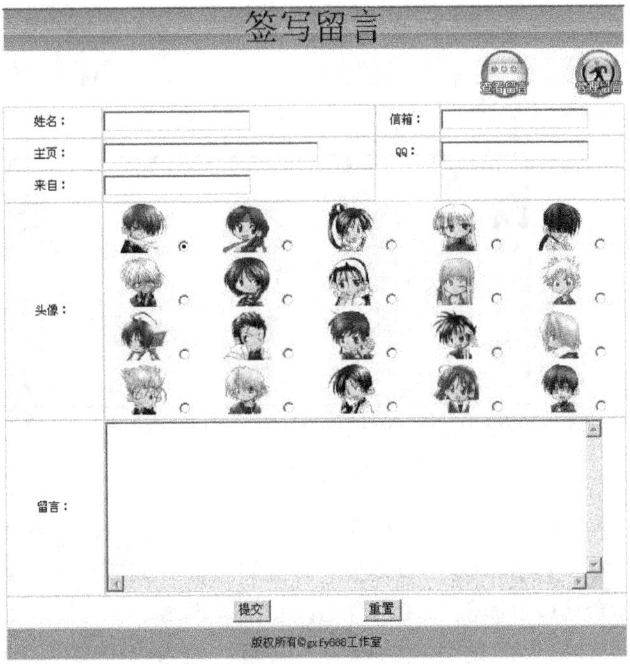

图 15-33　签写留言页面

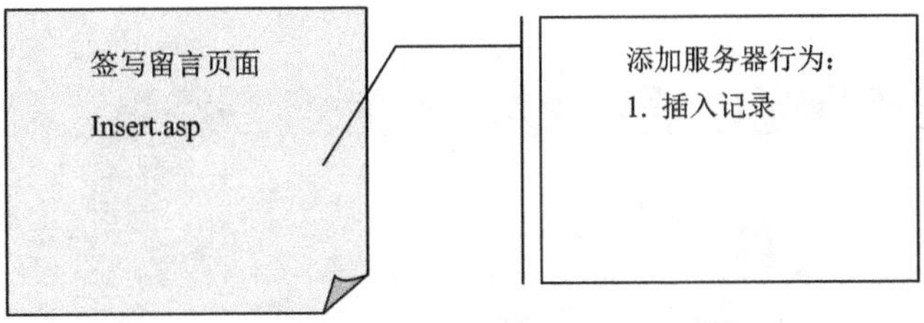

图 15-34　签写留言页面所添加服务器行为

② 在第一行中设置背景图片为 td.gif，输入“签写留言”并居中，设置文字大小为 24。

③ 在第二行中插入图片“view.jpg”和“admin.jpg”，并设置为“右对齐”。

④ 在第三行中，插入 5 行 4 列，宽为 100%，边框为 0 的表格 T2，分别将其中第 4 行的第 2、3、4 列，第 5 行的第 2、3、4 列合并单元格。调整各列宽度，效果如图 15-35 所示。

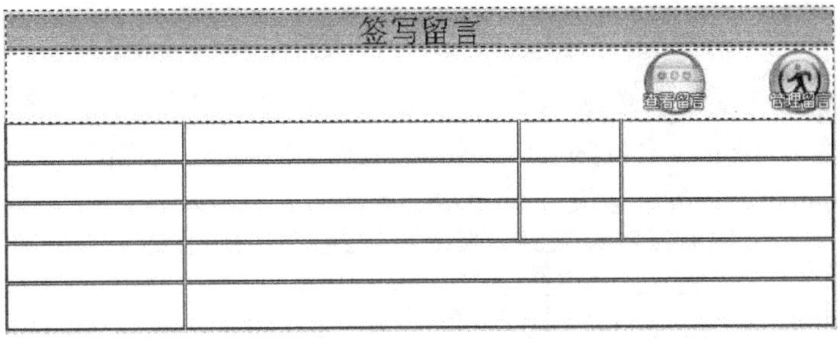

图 15-35　插入 T2 表格

⑤ 在 T2 第 4 行的第 2 列单元格中，插入 4 行 5 列，宽为 100%，边框为 0 的表格 T3，在其各单元格中插入头像图片，并将图片都改为 32×32 大小，如图 15-36 所示。

图 15-36　插入 T3 表格

⑥ 在签写留言这个页面中，应与用于保存用户信息的 guest 表中的字段相对应，具有：姓名、来自、主页、信箱、QQ、ICON、留言和留言时间等信息，在相应单元格输入提示文字，并在其后的单元格中插入与其内容相匹配的表单域。

在这些项目中，“姓名”应是必填的，而“邮箱”应为电子邮件格式，“主页”应为 IP 地址格式，“QQ”应为数字格式，“留言”应是必填的，故使用 Spry 验证文本域，而“头像”（ICON）采用了单选按钮（也可使用菜单 / 列表），“来自”采用了普通文本域，如图 15-37 所示。

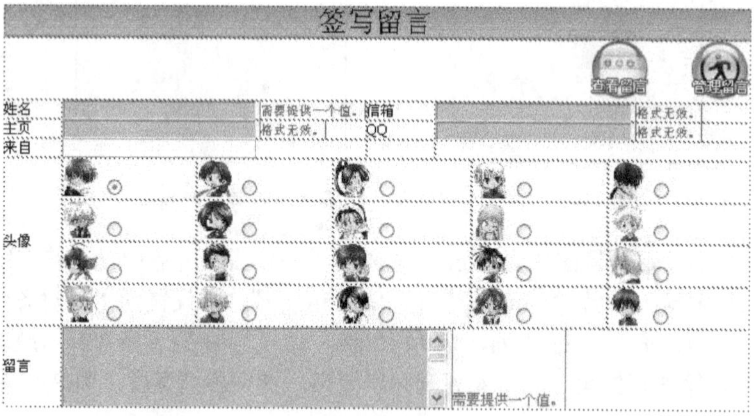

图 15-37　插入各表单域

⑦ 在属性面板设置各表单域名称与 guest 表中相应字段名称一致，如“姓名”为 name，“信箱”为 E-mail，主页为 HomePage，QQ 为 QQ，来自为 fromwhere，头像为 ICON，留言为 content。按各字段要求设置相关属性如下表所示。

姓名	必需的
信箱	类型为：电子邮件地址
主页	类型为：IP 地址
QQ	类型为：整数
留言	必需的

提示　由于头像采用了单选按钮的方式，在制作时需在每一个头像后面加一个单选按钮，并将这些单选按钮设置为同一个名称“icon”，并设置各按钮的值分别为“01.gif”、“02.gif”、“03.gif”……“20.gif”。如图 15-38 所示。

图 15-38　设置表单域的名称和值

⑧ 在表 T1 的第 4 行中插入提交按钮和重置按钮，将其标签改为“提交”留言和“重写”留言。再插入一个隐藏域，将其名称设为 Date，值为<%=Date%>，意为取用户的当前日期时间一并提交。

⑨ 在表 T1 的第 5 行中输入版权信息，设置其格式，如图 15-39 所示。

图 15-39　输入版权信息

⑩ 为该页面附加样式表文件 Style.css，格式化表格中的文字。

⑪ 在“服务器行为”面板中单击+按钮，在弹出的下拉菜单中选择“插入记录”命令，如图 15-40 所示。在弹出的“插入记录”设置对话框，设置连接及数据库表等如图 15-41 所示。

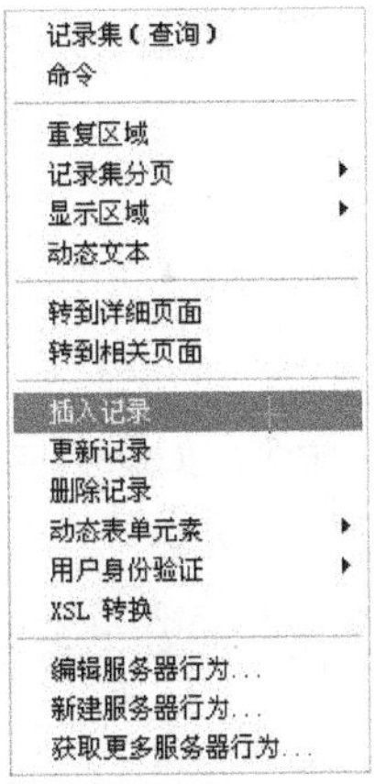

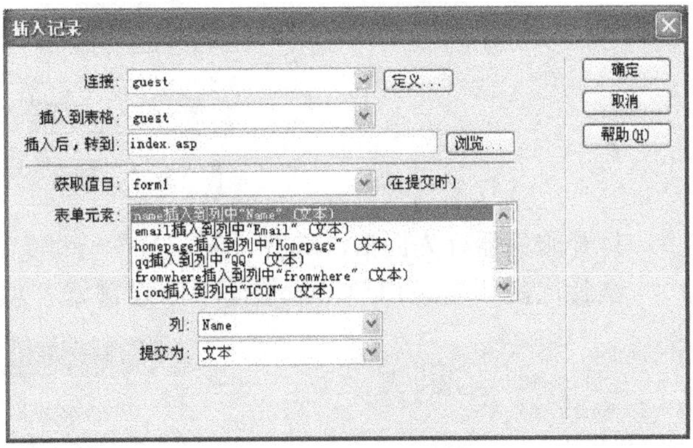

图 15-40　添加服务器行为“插入记录”　　　图 15-41　“插入记录”对话框

⑫ 单击“确定”按钮，签写留言页面制作完成，保存后按 F12 键预览。

3. 设计留言板后台管理界面

留言板后台管理文件主要由“留言本管理”（admin.asp）、“编辑留言”（edit.asp）、“回复留言”（reply.asp）和“删除留言”（del.asp）构成，这 4 个文件主要针对网页的管理者而言，对其他访问者具有访问限制，为不可见页面，因此称为后台管理页面。另外，后台管理文件还包括“登录页面”（login.asp）与“登录失败”（fail.asp）两个文件。

（1）设计 admin.asp、login.asp、fail.asp 页面

数据库中的默认账号和密码都是“admin”。当账号和密码都正确时，登录后会转到

"admin.asp"，而当账号或密码不正确的时候，系统会转到“登录失败”页面（fail.asp）提示“账号或密码错误”，停留数秒后又自动返回“用户登录”页面，再次登录。

① 登录页面 login.asp 的制作

登录页面所添加的服务器行为如图 15-42 所示。

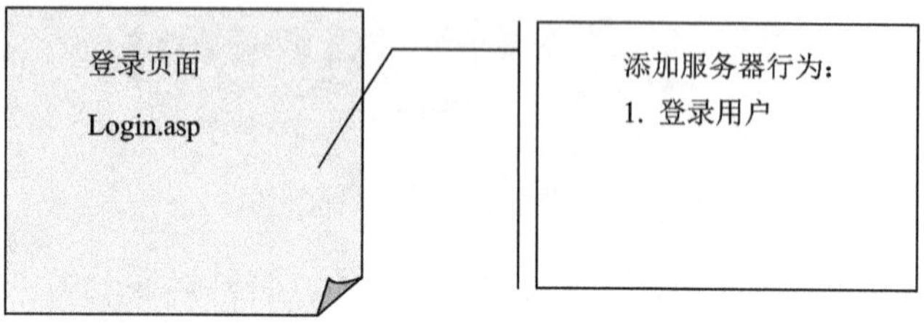

图 15-42　登录页面所添加服务器行为

i 将 insert.asp 文件另存为 login.asp 文件，将表格 T1 的第 1 行的“签写留言”改为“留言管理登录”，为图像 add.jpg 添加链接，链接文件为 insert.asp。

ii 删除所有服务器行为及第 3 单元格中的所有内容。

iii 在表格 T1 的第 3 个单元格中插入 3 行 2 列表格 T2，并在表格 T2 中插入账号和密码的文本域，将其名称设置为“name”与“password”，将其宽度设为 20 个字符，其中的密码文本域的“类型”要设置为“密码”，在表单中插入“提交”和“重置”按钮，如图 15-43 所示。

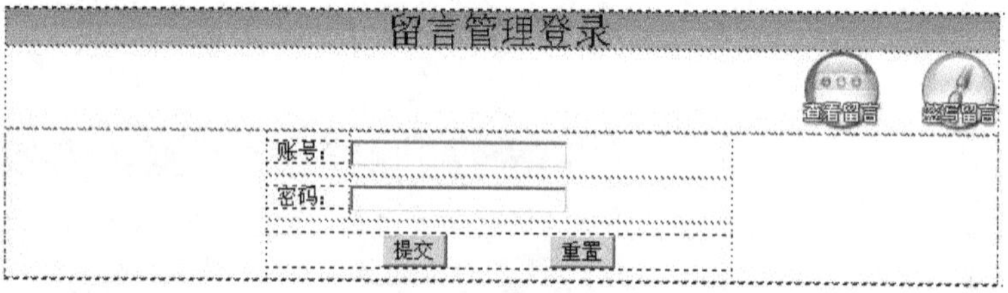

图 15-43　登录页面

iv 打开服务器行为面板，选择“用户身份验证”|“登录用户”命令，如图 15-44 所示。

v 在弹出的“登录用户”设置面板中设置好各项功能，如图 15-45 所示。

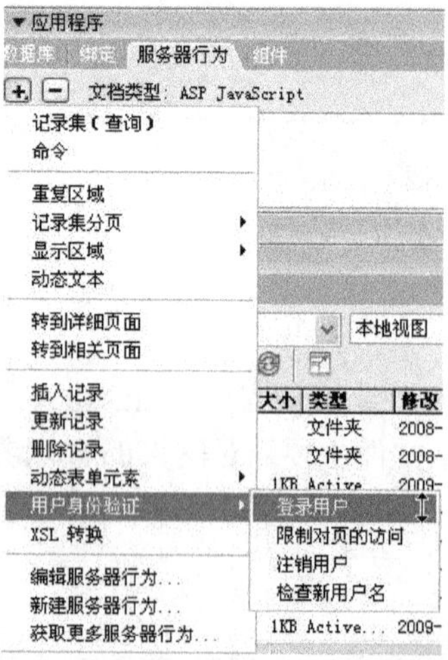

图 15-44　添加“登录用户”服务器行为

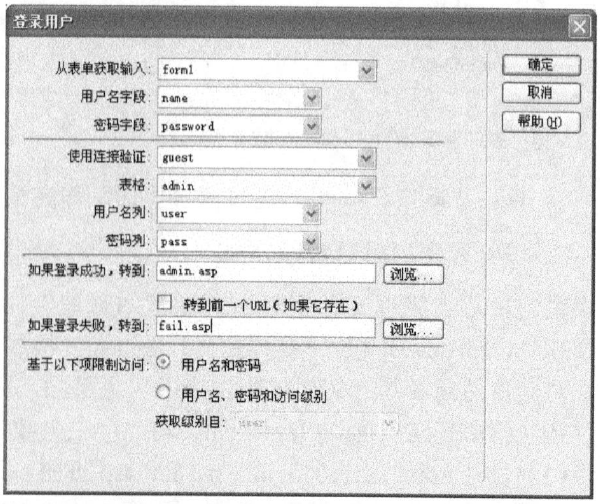

图 15-45　完成“登录用户”中的各项设置

vi 设置完成后单击“确定”按钮，至此实现了管理员登录页面的功能。

② 登录失败页面 fail.asp 的制作

i 将 login.asp 文件另存为 fail.asp 文件，将第一行文字由“留言本管理登录”改为“登录失败”。

ii 删除“服务器行为”面板中的所有行为，删除表格第 3 行中的所有内容。

iii 在第 3 个单元格中输入“账号或密码错误，登录失败，请重新登录！”，并将字体设为红色，居中对齐，如图 15-46 所示。

iv 在 Dreamweaver 主菜单栏中选择“插入”|“HTML”|“文件头标签”|“刷新”命令，在出现的“刷新”对话框中的“延迟”文本框中输入“3”秒，在“操作”的“转到 URL”文本框中输入“login.asp”，如图 15-47 所示。单击“确定”按钮。

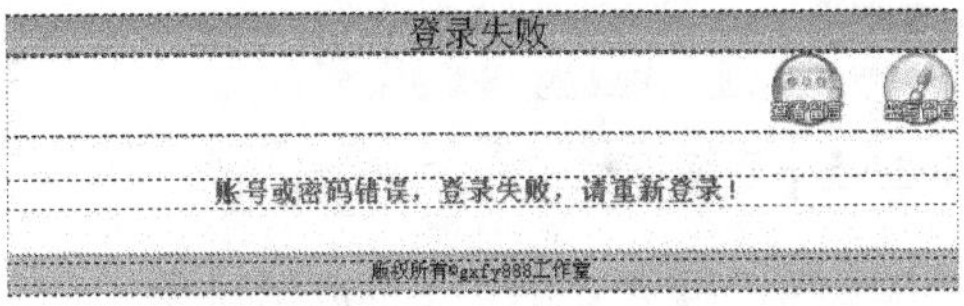

图 15-46　登录失败页面

图 15-47　设置“刷新”对话框

v 将 fail.asp 文件存盘，至此登录失败页面制作完成。

③ 管理留言页面 admin.asp 的制作

管理留言页面添加的服务器行为，如图 15-48 所示。

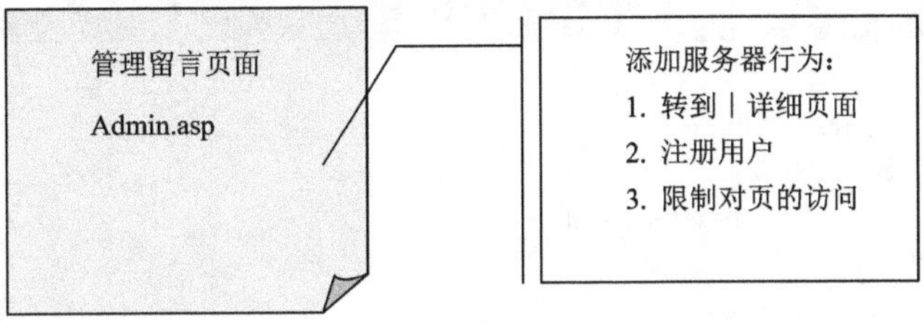

图 15-48　在管理留言页面添加的服务器行为

i 分析发现后台管理页面和查看留言页面 index.asp 文件几乎完全一样。唯一不同的是后台管理页面有一个编辑留言、回复留言和删除留言的链接，如图 15-49 所示。

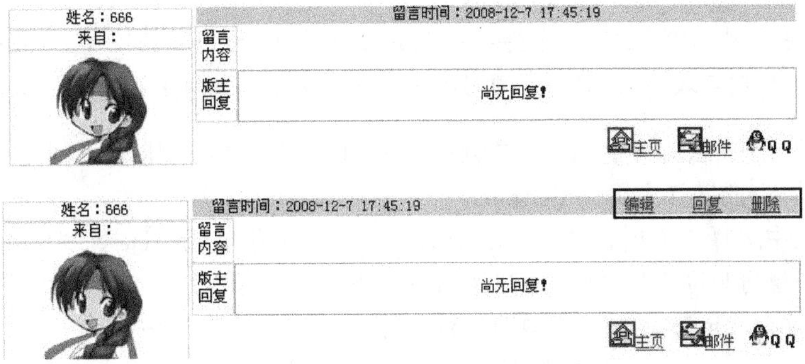

图 15-49　比较 index.asp 和 admin.asp 显示留言页面

ii 将 index.asp 文件另存为 admin.asp 文件，将第一行文字由“留言本”改为“留言本管理”，将图像 view.jpg、add.jpg、admin.jpg 删除。

iii 在表格 T1 中的第 2 个单元格输入“退出管理”，在表格 T4 的第 1 行中输入“编辑”、“回复”、“删除”，如图 15-50 所示。

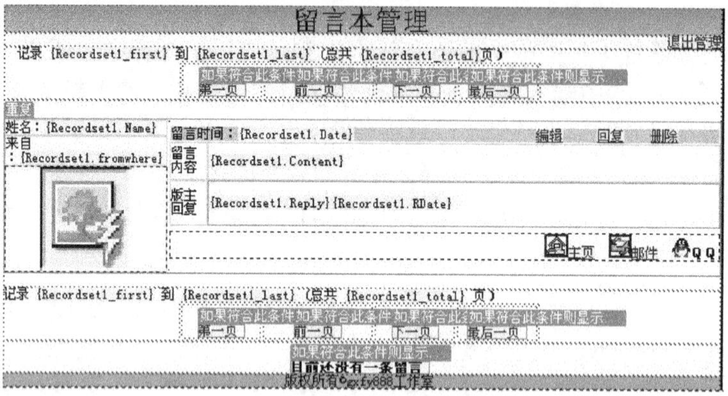

图 15-50 复制并修改 index.asp 页面

iv 选中“编辑”，在 Dreamweaver 主菜单栏中选择“插入记录”|“数据对象”|“转到”|“详细页”命令，在出现的“转到详细页面”对话框中，已自动在“链接”下拉列表框中显示了“所选范围‘编辑’”；在“传递 URL 参数”文本框中显示了“ID”；这里只需要在“详细信息页”文本框中输入所要链接的文件名“edit.asp”即可，如图 15-51 所示。单击“确定”按钮。

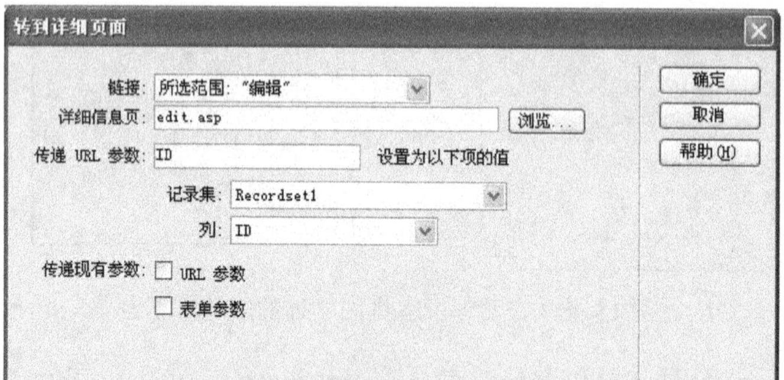

图 15-51 设置“编辑”动态链接

提示 要实现动态链接，就要在链接地址中传递动态的参数值。此处记录集名称“Recordset1”中的列字段 ID 的值便是需要传递的动态参数。而 ID 则是传递参数的变量名。

v 用同样的方法为“回复”、“删除”制作动态链接，其中“回复”链接主页为 reply.asp，“删除”的链接主页为 del.asp。

vi 在文档中选择“退出管理”，在 Dreamweaver 主菜单栏中选择“插入记录”|“数据对象”|“用户身份验证”|“注销用户”命令，出现“注销用户”对话框，在“完成后，转到”文本框中输入“index.asp”，如图 15-52 所示，单击“确定”按钮。

vii 在 Dreamweaver 主菜单栏中选择“插入记录”|“数据对象”|“用户身份验证”|“限制对页的访问”命令，出现“限制对页的访问”对话框。在“基于以下内容进行限制”处采用默认选项“用户名和密码”；在“如果访问被拒绝，则转到”处输入“login.asp”，如

图 15-53 所示，单击“确定”按钮。

图 15-52　添加“注销用户”服务器行为

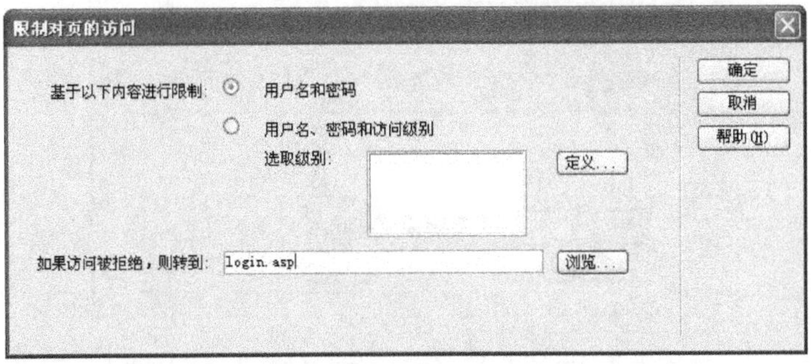

图 15-53　添加“限制对页的访问”服务器行为

提示　经过对 admin.asp 页面访问作出的限制，当直接在 IE 浏览器的地址栏中输入 http://localhost/admin.asp 时，该页面被拒绝访问，而跳转到“登录”页面。

viii 将文件 admin.asp 存盘。至此，“留言本管理”页面设计完成。

（2）设计 edit.asp，reply.asp，del.asp 页面

① 设计“编辑留言”（edit.asp）页面

编辑留言页面，主要用于对提交的留言进行编辑，只有管理员才有权编辑留言。“编辑留言”页面添加的服务器行为如图 15-54 所示。

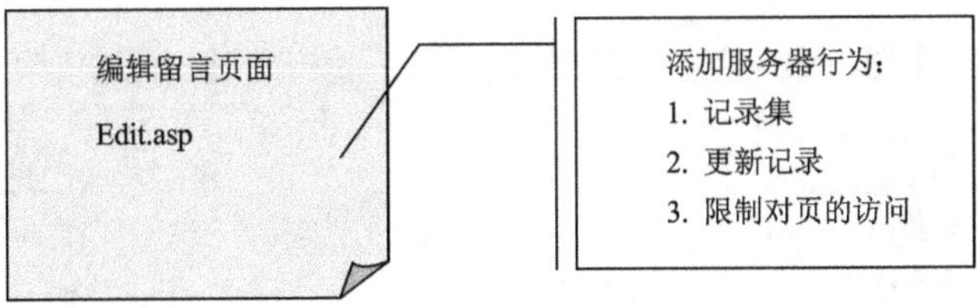

图 15-54　编辑留言页面所添加服务器行为

i　在 Dreamweaver 中将文件 login.asp 另存为 edit.asp，打开该页，将其标题改为“编辑留言”，将表格 T1 的第 1 行的“留言本管理登录”改为“编辑留言”；删除“服务器行为”面板上的“用户登录”行为，删除表格 T1 中第 3 行中的所有内容，并将文本光标放在此单元格中，如图 15-55 所示。

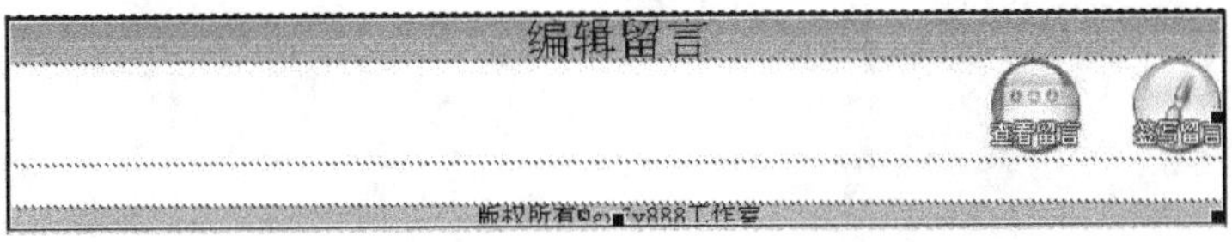

图 15-55　编辑由 login.asp 复制而来的 edit.asp 页面

ii 打开“应用程序”面板，选择“绑定”面板，在“绑定”面板中，单击按钮并从弹出的菜单中选择“记录集（查询）”。在出现的“记录集”对话框中的“连接”下拉列表中选择“guest”选项；在“表格”下拉列表中选择“guest”选项；在“筛选”下拉列表中选择“ID”选项，并在其右侧的表达式符号下拉列表中选择“=”，在下方的下拉列表中选择“URL 参数”选项，在下方的文本框中输入“ID”，其他选项均使用默认设置，如图 15-56 所示，单击“确定”按钮。

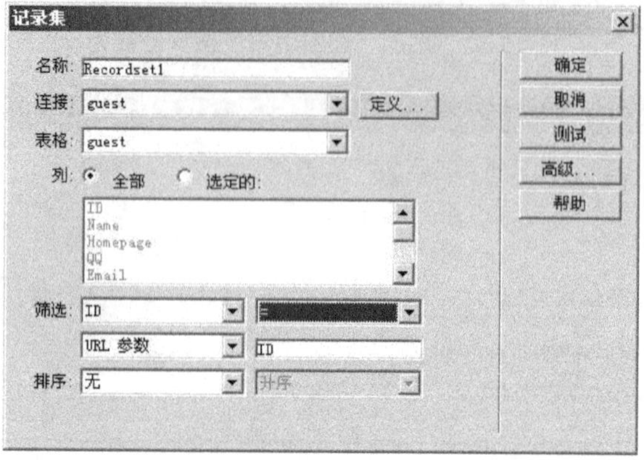

图 15-56 设置“记录集”对话框

iii 在 Dreamweaver 主菜单中选择“插入记录”|“数据对象”|“更新记录”|“更新记录表单向导”命令，在出现的“更新记录表单”对话框的“连接”下拉列表中选择“guest”选项；在“要更新的表格”下拉列表中选择“guest”选项；在“选取记录自”下拉列表中选择“Recordset1”选项，在“唯一键列”下拉列表中选择“ID”选项；在“在更新后，转到”文本框中输入“admin”；在“表单字段”列表中删除 ID、Date、ICON、Reply、Dreply 字段，调整余下的字段顺序，由上到下依次为 Name、E-mail、fromwhere、Homepage、QQ、Content；选择字段 Content，在“显示为”下拉列表中选择“文本区域”选项，如图 15-57 所示。

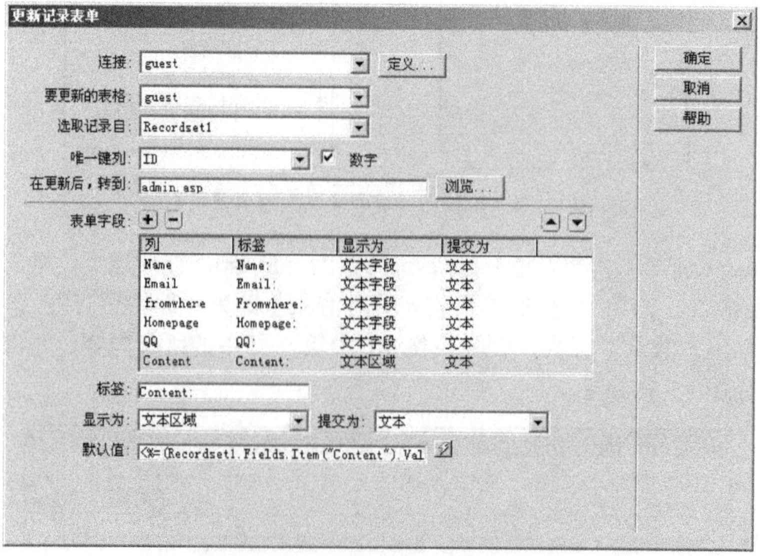

图 15-57 设置“更新记录表单”对话框

iv 在“更新记录表单”对话框设置完成后，单击“确定”按钮，则一个新的更新记录表单插入到 edit.asp 页面中。将表单的各个表单对象的标签改成中文，如图 15-58 所示。

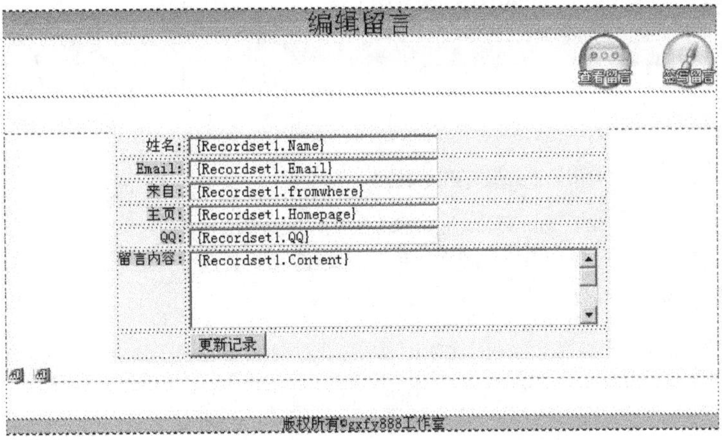

图 15-58　插入的更新记录表单

v 在 Dreamweaver 主菜单中选择“插入记录”|“数据对象”|“用户身份验证”|“限制对页的访问”命令，在“限制对页的访问”对话框的“如果访问被拒绝，则转到”文本框中输入“login.asp”，如图 15-59 所示，单击“确定”按钮。

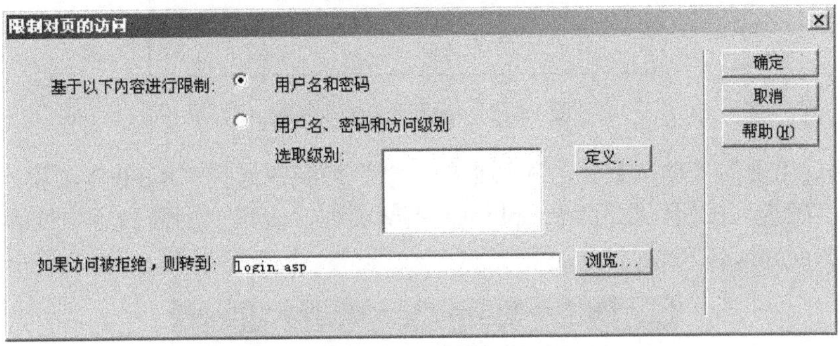

图 15-59　设置“限制对页的访问”对话框

vi 将文件 edit.asp 保存，按 F12 键预览。

② 设计“回复留言”(reply.asp) 页面

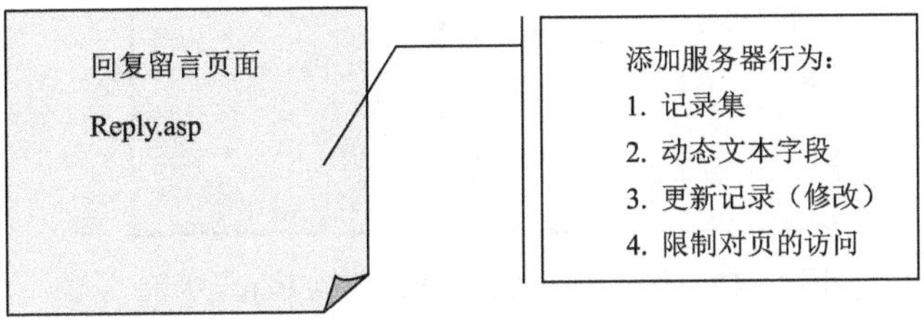

图 15-60　“回复留言”页面所添加服务器行为

“回复留言”页面的设计方法与“编辑留言”(edit.asp) 页面类似，只需在 edit.asp 页面上稍加修改即可。“回复留言”页面添加的服务器行为，如图 15-60 所示。

i 将 edit.asp 文件另存为 reply.asp，将其标题改为“回复留言”，并将 T1 表格中第 1

行的“编辑留言”改为“回复留言”；将按钮“更新记录”的标签改为“确定回复”，删除“姓名”、“E-mail”、“来自”、“主页”、“QQ”表单所在的行，并将“表单”文本区域的标签“留言内容”改为“回复留言”，如图 15-61 所示。

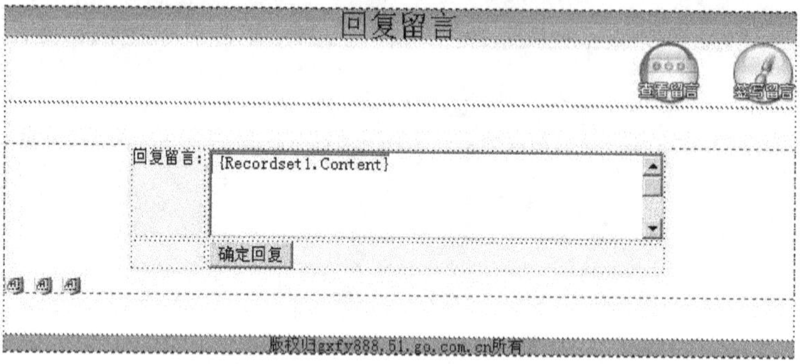

图 15-61　编辑“回复留言”页面

ii 双击“服务器行为”面板列表中的“动态文本域（Content）”选项，在出现的“动态文本字段”对话框（如图 15-62 所示）中，单击“将值设置为：”文本框右侧的图标。

图 15-62　编辑动态文本字段

iii 在随后出现的“动态数据”对话框的“域”列表中选择“Reply”选项，如图 15-63 所示。单击“确定”按钮，返回到 reply.asp 编辑界面，表单“回复内容”处绑定的动态字段已变为“{Recordset1.Reply}”。

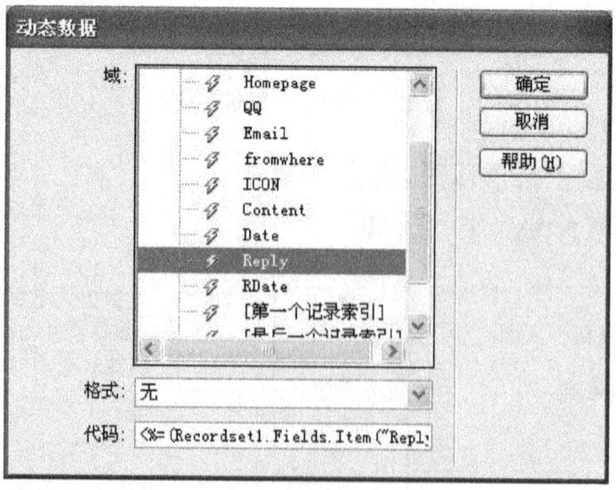

图 15-63　将文本区域的数据绑定为 Reply 字段

iv 将文本光标停留在表单内，在 Dreamweaver 主菜单中选择“插入”|“表单”|“隐藏域”命令，插入一个隐藏域，然后在其属性检查器上将“隐藏区域”名称改为“rDate”将其值设置为“<%=date%>”，使回复留言的日期随回复内容一起添加到数据库中，如图 15-64 所示。

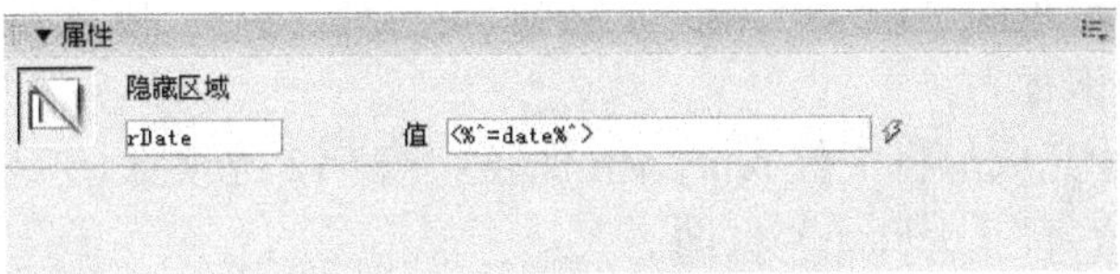

图 15-64　设置隐藏域属性

v　双击“服务器行为”面板列表中的“更新记录”选项，在弹出的“更新记录”对话框中设置相关参数，单击“确定”按钮，出现“无法找到表单域”提示框，如图 15-65 所示。

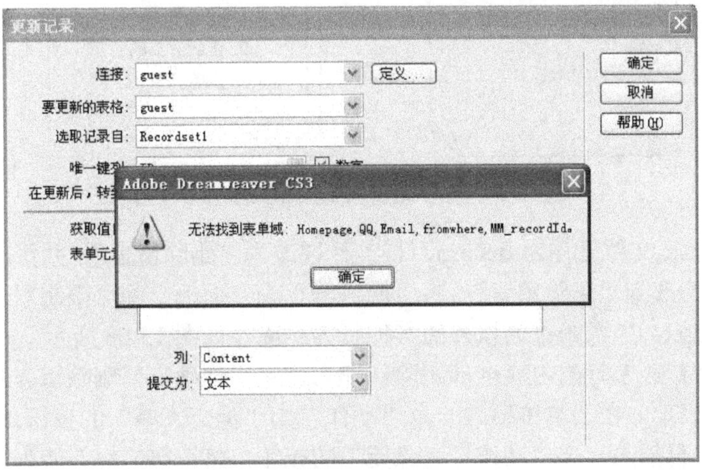

图 15-65　“无法找到表单域”提示框

提示　“服务器行为”面板列表中有“!”符号，表示该行存在问题。因为前面在将复制过来的 edit.asp 页面删除了“姓名”等表单域，所以出现问题，需要重新修改。

vi　单击“确定”按钮后，在“更新记录”对话框的“表单元素”列表中，选择“Content 更新列‘Content’（文本）”选项，在“列”下拉列表中选择“Reply”选项；在“表单元素”列表中选择“Rdate<忽略>”选项，在“列”下拉列表中选择“RDate”选项。如图 15-66 所示，单击“确定”按钮。

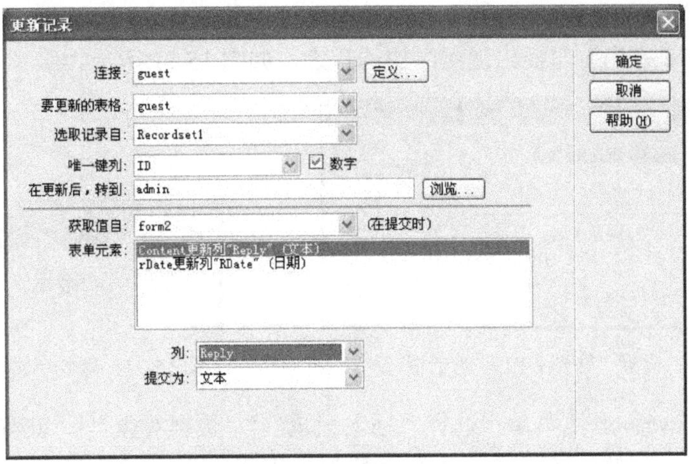

图 15-66　重新修改“更新记录”服务器行为

vii 因为 reply.asp 页面是由 edit.asp 复制而来，已经具有“限制对页的访问”行为，所示这里不再需要添加该行为。

viii 回复页面设计完成，将文件 reply.asp 保存，按 F12 键预览。

③ 设计“删除留言”(del.asp) 页面

“删除留言”页面的主要作用是将选择的留言记录加以删除。该页面的添加服务器行为，如图 15-67 所示。

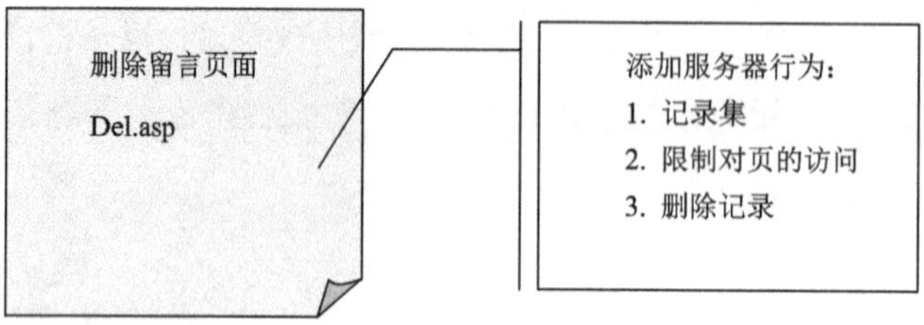

图 15-67 删除留言页面的添加服务器行为

i 将 reply.asp 文件另存为 del.asp，将其标题改为“删除留言”，并修改 T1 表格中第 1 行的“回复留言”改为“删除留言”；将“服务器行为”面板上除“限制对页的访问（）”和“记录集（Recordset1）”两个行为以外的其他行为删除，如图 15-68 所示。

ii 将表格 T1 第 3 行的内容全部删除，输入文字“你确定要删除留言吗？”，并在文字的下方插入一个表单，在表单中插入一个“动作”为“提交表单”的按钮，将按钮的标签改为“确定删除”，再插入一个“动作”为“无”的按钮，将按钮的标签改为“取消删除”，如图 15-69 所示。

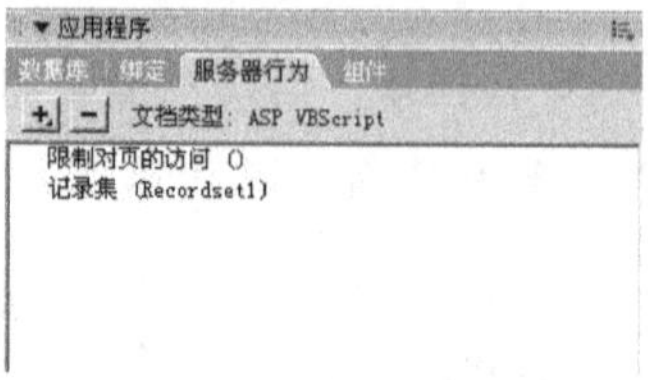

图 15-68 删除其他行为

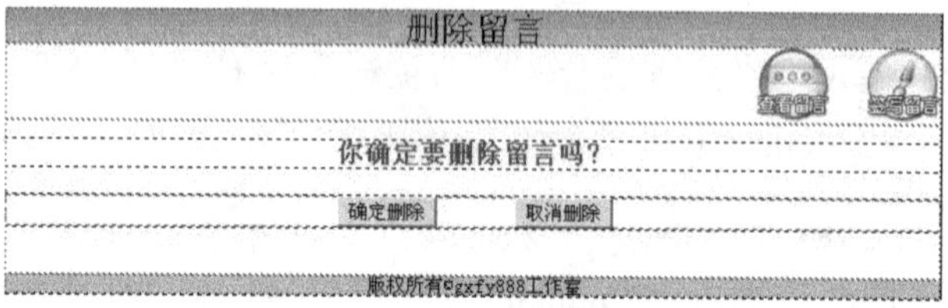

图 15-69 修改删除留言页面

iii 选中“取消删除”按钮，在“行为”面板中为其添加“转到 URL”动作，在出现的“转到 URL”对话框中，在“URL：”文本框中输入“admin.asp”，如图 15-70 所示，单击“确定”按钮，在“行为”面板出现所添加的行为，如图 15-71 所示。

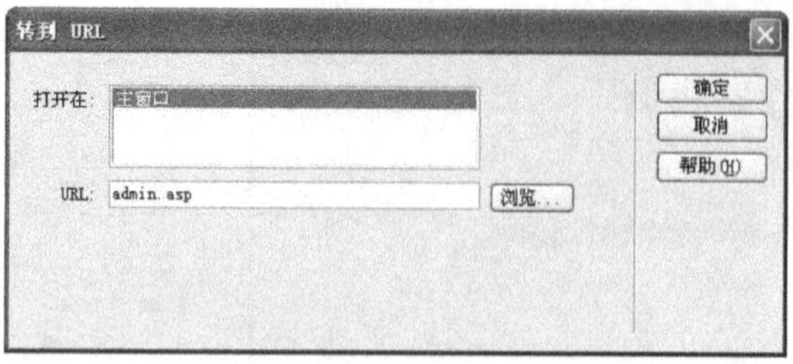

图 15-70 设置“转到 URL”对话框

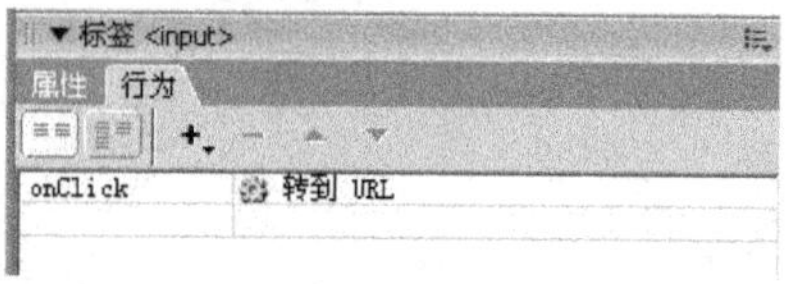

图 15-71 添加“转到 URL”行为

iv 在 Dreamweaver 主菜单中选择“插入记录”|“数据对象”|“删除记录”命令，在出现的“删除记录”对话框的“连接”下拉列表中选择“guest”选项；在“从表格中删

除”下拉列表中选择“guest”选项；在“唯一键列”下拉列表中选择“ID”选项；在“删除后，转到”文本框中输入“admin.asp”其余选项均按默认值设置，如图 15-72 所示，单击“确定”按钮。

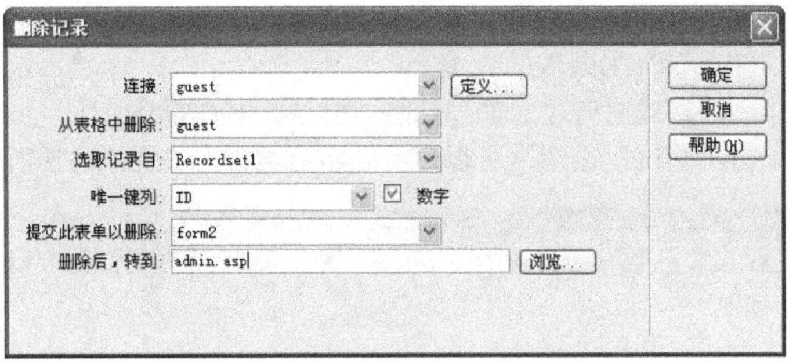

图 15-72　设置“删除记录”对话框

v　保存 del.asp，按 F12 键预览。

至此，留言板系统的各个页面全部制作完成。

15.2　数据绑定

在创建了数据库和 Web 站点的连接之后，数据库中的数据还不能直接应用到页面中，因为要将数据库用于动态网页的内容源时，必须首先创建一个要在其中存储检索数据的记录集。所谓记录集指数据库查询的结果。它提取请求的特定信息，并允许在指定页面内显示该信息。根据包含在数据库中的信息和要显示的内容来定义记录集，有了记录集，就可以把它与静态的网页绑定在一起了。

15.2.1　设置记录集

在“应用程序”面板组中，单击“绑定”面板中的“记录集（查询）”，如图 15-73 所示，可以打开“记录集”对话框进行记录集设置，如图 15-74 所示，在“连接”下拉列表框中选中已创建的数据库连接，这时便可在“表格”下拉列表框中选择相应的表，并显示出该表的所有字段。

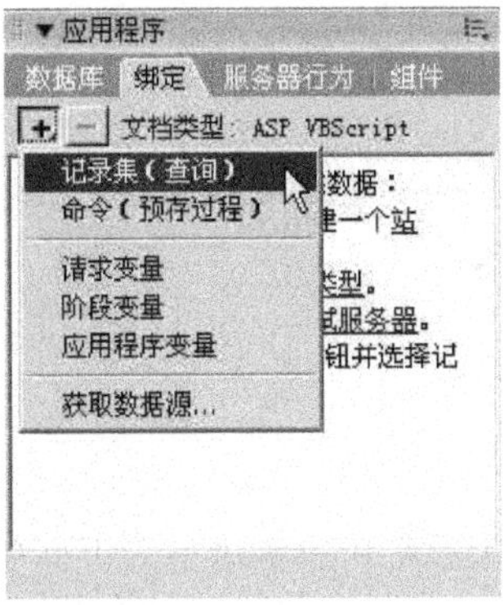

图 15-73　多种数据源获取方式图

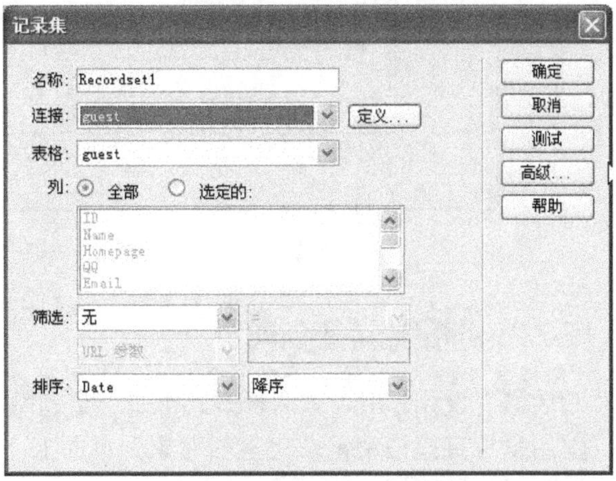

图 15-74　“记录集”对话框

在如图 15-74 所示对话框中可进行如下设置。

“列”——默认选取全部字段，也可指定其中一个或多个字段，当需要指定多个字段时，需要按住 Ctrl 键进行选取。

“筛选”——连接到数据库后，找出所需数据的条件，默认为全部选取，也可以根据需要进行筛选，如以“ID=70”为条件的查询。

“排序”——排序的方式有升序、降序两种，默认是升序排序。

“测试”——单击“测试”按钮，可以直接显示出结果，如图 15-75 所示。

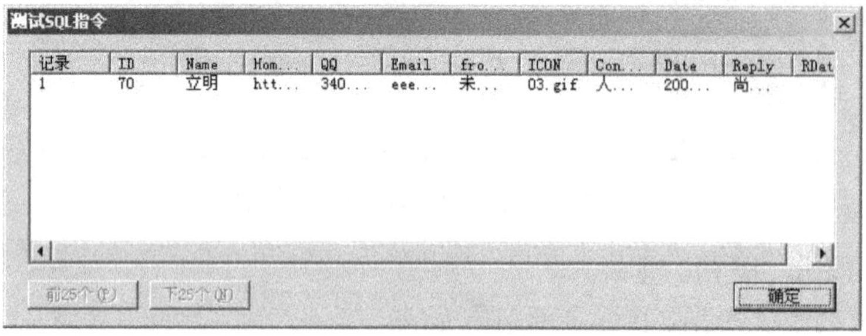

图 15-75　查询结果

“高级”——单击“高级”按钮，出现“记录集”对话框“高级”设置模式，如图 15-76 所示，可以在此查看更具体的 SQL 查询语言和表单传递的参数，熟悉 SQL 查询语言的读者可以在此把查询、筛选条件设置得更详细。

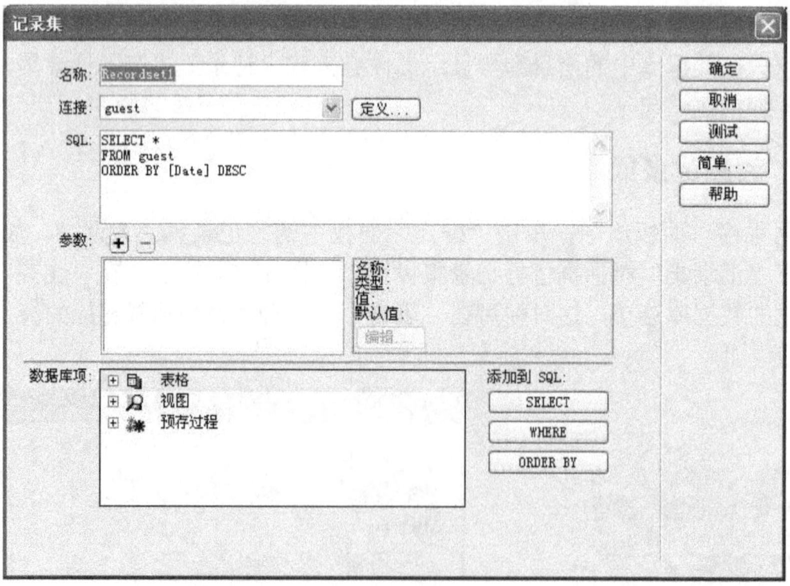

图 15-76　“记录集”对话框“高级”设置模式

15.2.2　绑定记录集到网页

“记录集”设计好后，有两种方式可以绑定到网页。

① 用鼠标直接拖动记录集里的对象到页面上。将“绑定”面板中的字段拖入页面中的相应位置，效果如图 15-77 所示。

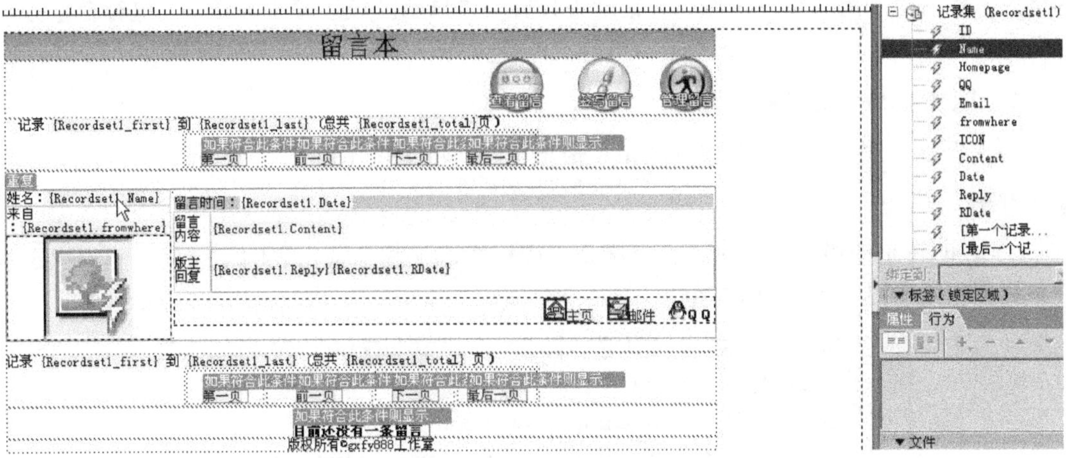

图 15-77　将字段绑定到网页

② 确定好页面上记录集对象插入的位置后，选取“绑定”面板上的记录集对象，单击面板下方的“插入”按钮，如图 15-78 所示。

图 15-78　将“记录集”对象插入到页面

15.3　设置服务器行为

服务器行为是在设计时插入到动态网页中的指令组，这些指令运行时在服务器上执行。单击“服务器行为”面板，可以看到网页已经绑定的记录集对象，单击这些对象，会在页面醒目地显示出其所在位置。单击“服务器行为”面板上的 + 按钮，会出现一个菜单，如图 15-79 所示，其中选项是服务器端常被执行的程序指令。使用这些指令，无须编程知识，只要会设置就行，系统会为指令自动生成复杂的程序代码。

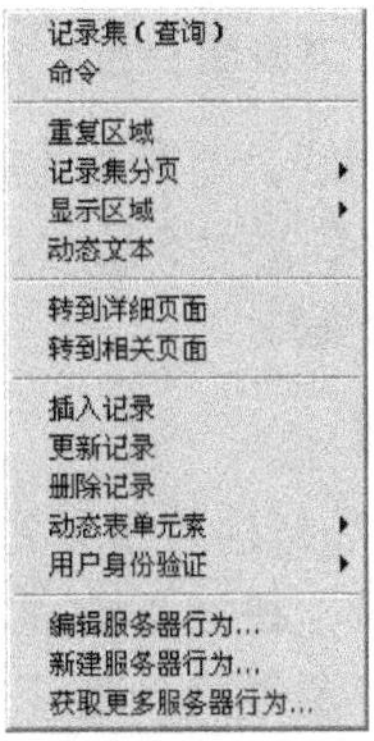

图 15-79　添加“服务器行为”菜单

15.3.1　显示记录

在网页中显示数据库中的记录，需要先设计出显示的格式，然后再利用“重复区域”、“记录集分页”、“显示区域”等服务器行为进行自动分页显示。

1. “重复区域”服务器行为

“重复区域”服务器行为必须在选定了需重复的区域后使用。

步骤

① 在网页页面设计一张表，在“绑定”面板中添加相应数据表的记录集，然后绑定各记录集到相应字段上，如图 15-80 所示。

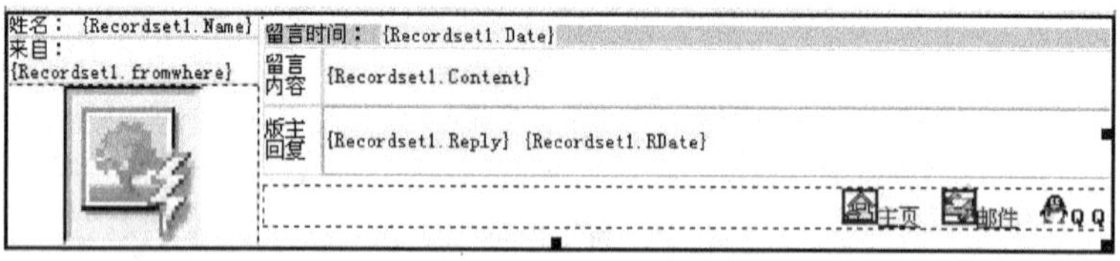

图 15-80　绑定各记录集到相应字段上

② 选取网页绑定数据所在的行，单击“服务器行为”面板菜单中的“重复区域”选项，在弹出的“重复区域”对话框中，选择每页显示多少条记录或是全部显示，如图 15-81 所示。单击“确定”按钮，完成设置，这时，可在“服务器行为”面板上看到新增的“重复区域”行为，如图 15-82 所示。

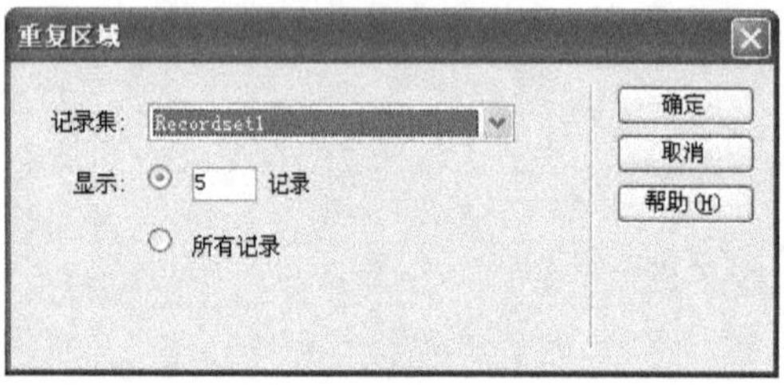

图 15-81　“重复区域”对话框

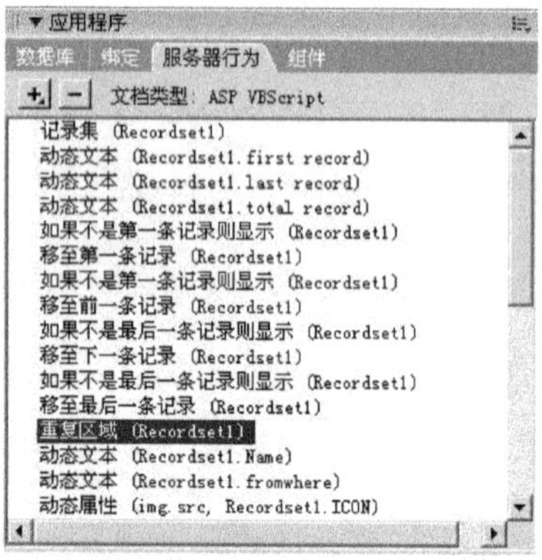

图 15-82　新增“重复区域”行为

2. “记录集分页”服务器行为

在设定了“重复区域”服务器行为后，如果选择的是每页显示 5 条记录，则当数据表中的记录数多于 5 条时，就要添加导航栏完成翻页功能。此功能由“记录集分页”这一服务器行为来完成。

步骤

① 将光标置于要添加导航栏的位置，单击“服务器行为”面板菜单中的“记录集分页”选项，在其下级菜单中有“移至第一条记录”、“移至前一条记录”、“移至下一条记录”、“移至最后一条记录”、“移至特定记录”5 个选项，用于添加相应的导航按钮，如图 15-83 所示。添加了此服务器行为后，页面上的相应位置会出现“第一页”、“前一页”、“下一页”、“最后一页”导航栏链接，如图 15-84 所示。可以修改导航栏文字，如将“第一

页”改为“首页”。

② 此时在“服务器行为”面板中显示出新增的若干个记录集分页行为，如图 15-85 所示。

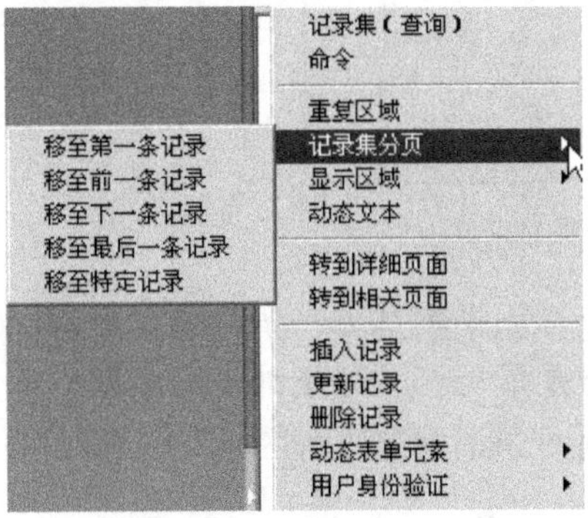

图 15-83　“记录集分页”菜单项

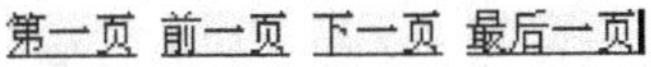

图 15-84 导航栏链接

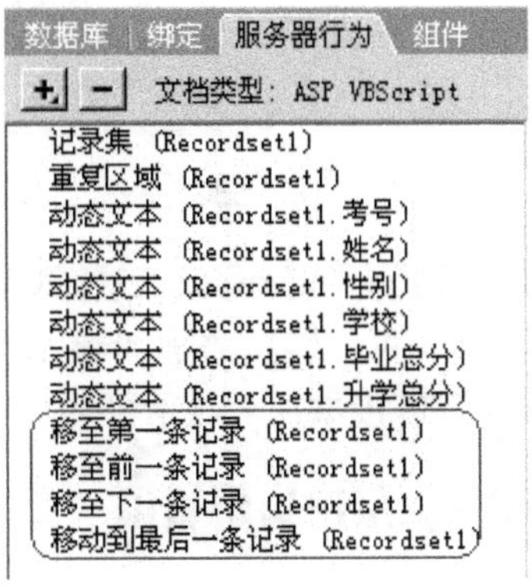

图 15-85　新增的服务器行为

③ 也可单击工具栏“数据”中的记录导航栏按钮，如图 15-86 所示。在出现“记录集导航条”对话框之后，单击“确定”按钮，如图 15-87 所示，则在页面相应位置出现“第一页”、“前一页”、“下一页”、“最后一页”导航栏链接，如图 15-88 所示。

图 15-86　“数据”中的记录导航栏按钮

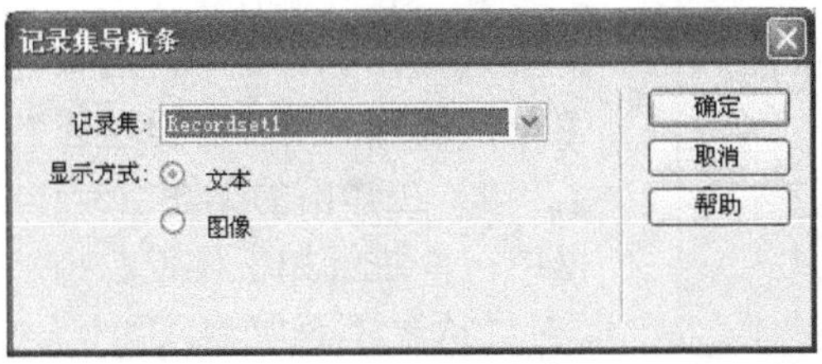

图 15-87　“记录集导航条”对话框

图 15-88　自动生成的记录集导航条

3.“显示区域”服务器行为

为了使分页导航条更加有效，可以添加“显示区域”服务器行为，从而使导航栏按钮根据当前所显示的页数，动态地显示导航条。

若要使“第一页”链接在用户浏览第一页的记录时不显示，在“设计视图”中选择“第一页”链接。在“应用程序”面板的“服务器行为”选项卡中，单击+按钮，选择“显示区域”|“如果不是第一条记录则显示区域”命令，会出现如图 15-89 所示的对话框，设

置记录集参数后单击“确定”按钮。

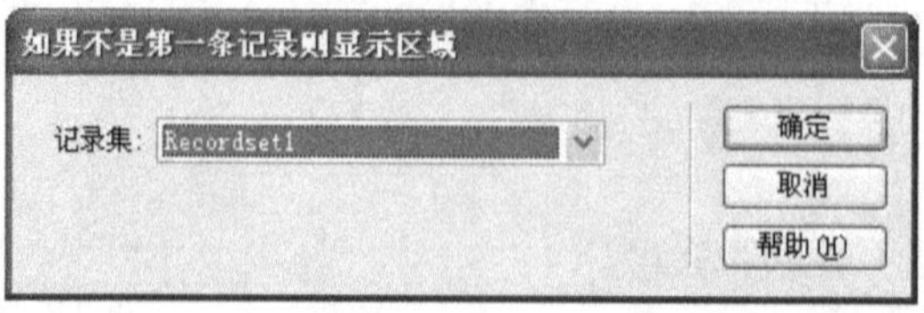

图 15-89 “如果不是第一条记录则显示区域”对话框

同理，可为“前一页”链接添加“显示区域”|“如果不是第一条记录则显示区域”行为。为“下一页”链接添加“显示区域”|“如果不是最后一条记录则显示区域”行为。为“最后一页”链接添加“显示区域”|“如果不是最后一条记录则显示区域”行为。

15.3.2 用户身份验证

用户登录是一个网站应该具备的最基本的功能，其中包括用户名输入、用户密码输入、用户身份验证等操作。Dreamweaver CS3 提供了“用户身份验证”的服务器行为，利用这个服务器行为能够方便地向“访问者”实现“登录用户”的动态功能。

1. “登录用户”服务器行为

用户登录的实际动作是将用户提交的用户名、密码信息与用户数据库中的用户名、密码信息比较。如果相同，则认为登录成功；如果不相同，则认为登录失败。

添加“用户身份验证”|“登录用户”服务器行为的操作方法如下。

步骤

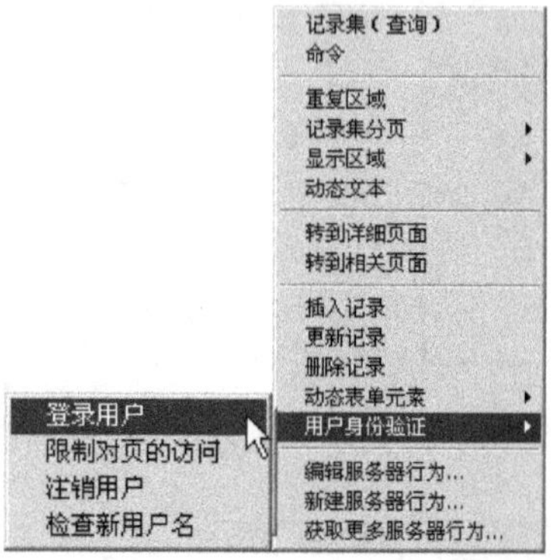

图 15-90 “服务器行为”菜单

① 打开用于用户登录的页面。

② 在“应用程序”面板中，选择“服务器行为”选项卡，单击 + 按钮，会出现如图 15-90 所示的菜单，选择“用户身份验证”|“登录用户”命令。

③ 在弹出的如图 15-91 所示的“登录用户”对话框中可以进行如下设置。

“从表单获取输入”——选择登录页面中表单的名称，表示用户登录信息从该表单内输入的元素中获取。

“用户名字段”——选择表单中用于提供用户名信息的表单元素名称。

“密码字段”——选择表单中用于提供密码信息的表单元素名称。

“使用连接验证”——选择前面已创建的数据库连接名，表示用户数据库通过该连接来访问。

“表格”——选择数据库中用于管理用户账号信息的表的名称。

“用户名列”——选择数据库用户账号信息表中代表用户名的字段，Web 应用会用此字段与用户输入的用户名信息进行比较。

“密码列”——选择数据库用户账号信息表中代表密码的字段，Web 应用会用此字段与用户输入的密码信息进行比较。

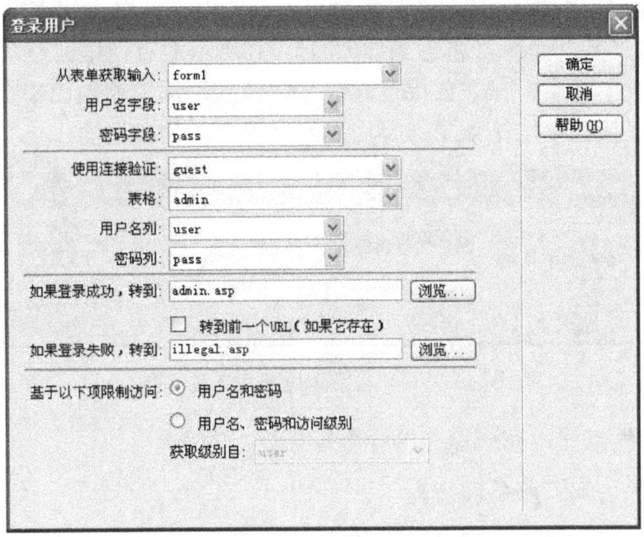

图 15-91　“登录用户”对话框

“如果登录成功，转到”和“如果登录失败，转到”——用于指明用户登录页面等在验证结果后采取的动作，指明登录成功后跳转到哪个页面，登录失败后跳转到哪个页面。这两个页面都可以通过单击“浏览”按钮直接在本地站点中查找。当未登录的用户试图访问只有登录后才能访问的页面时，那个页面可能会引导用户到登录页面。在这种情况下，如果选择“转到前一个 URL（如果它存在）”复选框，那么登录成功后会返回用户试图访问的那个页面。

“基于以下项限制访问”——指明用户权限控制方式。这里分“用户名和密码”和“用户名、密码和访问级别”两项，当系统分权限进行管理时（分为用户和管理员等），可选择“用户名、密码和访问级别”来限制访问，并且在“获取级别自”下拉列表框中，选择数据库表中设置访问级别的字段，用户的访问级别由该字段决定。

④ 单击“确定”按钮完成对话框的设置，回到 Dreamweaver CS3 主页面后，可以看到“应用程序”面板的“服务器行为”选项卡中多了“登录用户”这一行为，如图 15-92 所示。

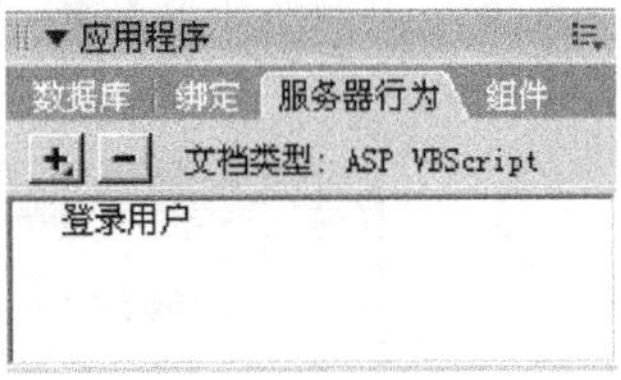

图 15-92　“登录用户”服务器行为

2. “检查新用户名”服务器行为

在用户注册时，需要把用户输入的用户名、密码等信息插入相应的数据表中，但用户选择的用户名很可能已经存于表中，或是已被别人注册过了。所以应该先检查输入的用户名是否已经存在，“用户身份验证” | “检查新用户名”的服务器行为就可以解决此问题。

步骤

① 打开注册页面。

② 在此页面添加“插入记录”的服务器行为（在本章后面的内容中详细讲解），从而完成注册功能。

③ 在“应用程序”面板中选择“服务器行为”选项卡，单击按钮，选择“用户身份验证”|“检查新用户名”命令，将看到如图 15-93 所示的对话框，在“用户名字段”框中选择代表用户名的表单元素；在“如果已存在，则转到”框中输入出错提示页面文件名，或单击“浏览”按钮直接在本地站点中选择用户名已存在的信息页面。

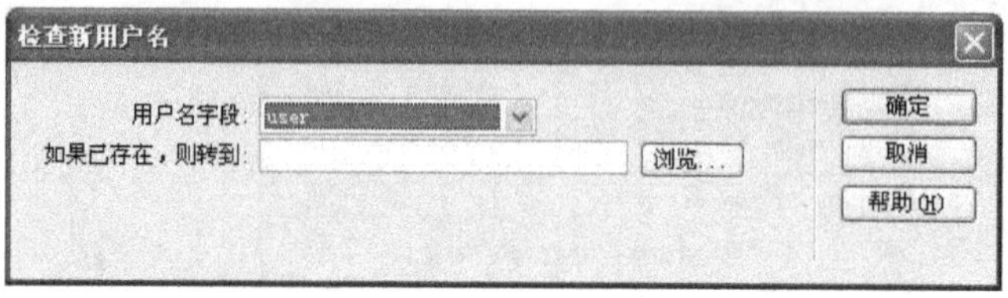

图 15-93 “检查新用户名”对话框

④ 单击“确定”按钮，完成服务器行为定义。

3. “限制对页的访问”服务器行为

在系统中，通常通过正常登录才被允许进入其他管理页面。但如果指定完整的 URL，仍然可以访问到这些页面，这是因为这些页面没有设定用户权限的限制。那么如何对一个动态页面添加用户权限的限制（只有登录后具有一定访问级别的用户才能访问该页面），下面的操作可以解决这一问题。

步骤

① 打开要添加用户权限限制的页面。

② 在“应用程序”面板中选择“服务器行为”选项卡，单击按钮，选择“用户身份验证”|“限制对页的访问”命令，将看到如图 15-94 所示的对话框，在“基于以下内容进行限制”单选按钮组有“用户名和密码”和“用户名、密码和访问级别”两项，如果不需要检查访问级别，则选择前者。根据该页面可访问的情况进行选择。在“如果访问被拒绝，则转到”文本框中输入访问被拒绝时应转到的页面名。单击“浏览”按钮可以直接在本地站点选取页面，例如登录页面。

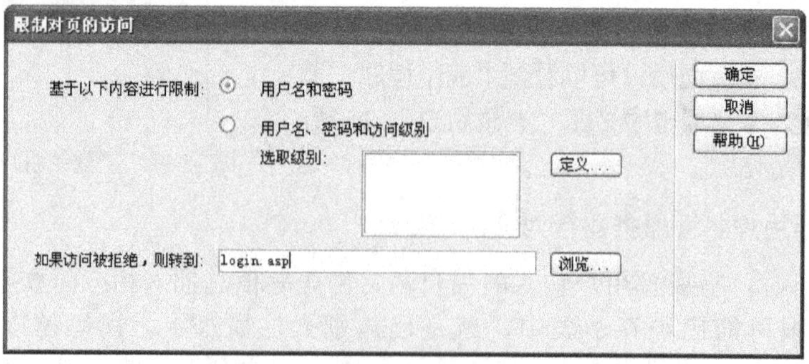

图 15-94 “限制对页的访问”对话框

③ 单击“确定”按钮，完成服务器行为定义。

15.3.3 记录的操作

既然是动态页面与数据库相连，那就免不了要在数据库中进行记录的插入、更新和删除等操作。在“服务器行为”选项卡中提供了“插入记录”、“更新记录”、“删除记录”服务器行为。

1. “插入记录”服务器行为

步骤

① 打开要添加“插入记录”服务器行为的页面（如注册页面）。

② 在“应用程序”面板中选择“服务器行为”选项卡，单击+按钮，选择“插入记录”命令，将看到如图 15-95 所示的对话框。

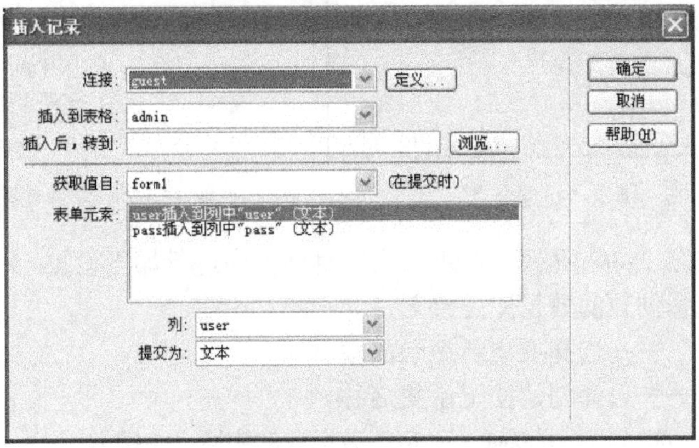

图 15-95　“插入记录”对话框

③ 在对话框中可以进行如下设置。

“连接”——选择创建的数据库连接名。

“插入到表格”——选择要添加记录的表。

“插入后，转到”——输入更新以后转到的页面名，可以单击“浏览”按钮直接从本地站点中选取页面。

“获取值自”——选择字段新值来自于哪个表单。

“表单元素”——列出了表单的所有元素和每个元素将更新的字段。选中表单元素中的一项后，在下面的“列”中选择数据表所对应的字段，表示数据表的某字段的值来自页面中某个表单元素中的值。

④ 单击“确定”按钮，完成服务器行为定义。

2. “更新记录”服务器行为

步骤

① 打开要添加“更新记录”服务器行为的页面（如修改密码页面）。

② 在更新记录之前，须将要进行更新的记录放入记录集中，因此，首先在“绑定”选项卡中添加记录集，如图 15-96 所示。

提示　在图 15-96 所示对话框的“筛选”下拉列表框中的内容即为绑定的条件。例如，要修改密码，则绑定的条件应是用户账号信息表中的用户名字段值等于用户登录时输入的用户名。

③ 在“应用程序”面板中选择“服务器行为”选项卡，单击+按钮，选择“更新记录”命令，如图 15-97 所示。

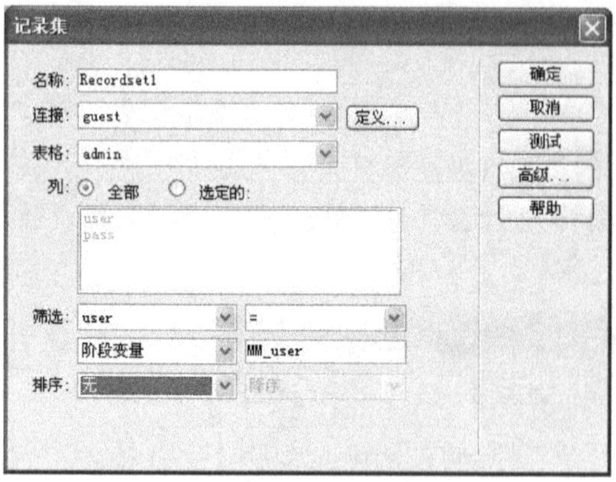

图 15-96　绑定“记录集”

图 15-97　添加“更新记录”服务器行为

④ 在弹出的如图 15-98 所示“更新记录”对话框中进行如下设置。

“连接”——选择创建的数据库连接名。

“要更新的表格”——选择要更新记录的表。

“选取记录自”——选择创建的记录集名称。

“唯一键列”——选择一个可以唯一确定一条记录的字段（主键）。

“在更新后，转到”——输入更新以后转到的页面名，可以单击“浏览”按钮直接从本地站点中选取页面。

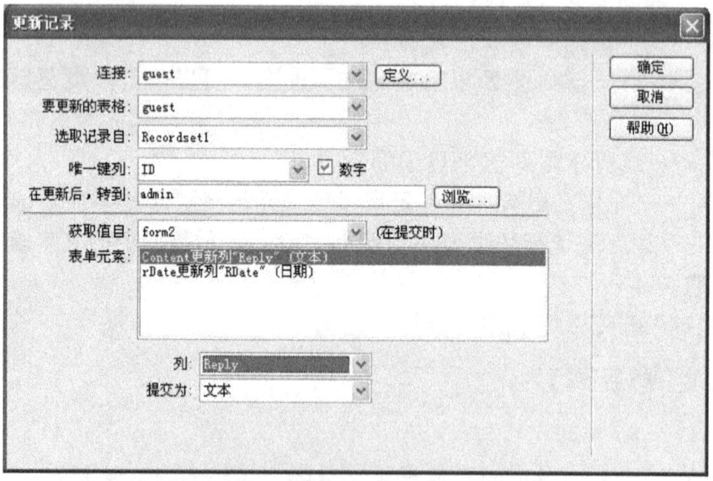

图 15-98　设置“更新记录“对话框

“获取值自”——选择字段新值来自于哪个表单。

“表单元素”——列出了表单的所有元素和每个元素将更新哪一个字段。选中表单元素中的一项后，在“列”下拉列表框中选择数据表中所对应的字段，表示数据表的某字段的值来自页面中某个表单元素中的值，确定对应关系。

⑤ 单击“确定”按钮，完成服务器行为定义。

3. “删除记录”服务器行为

步骤

① 打开要添加此服务器行为的页面（如注销页面）。

② 在“应用程序”面板中选择“服务器行为”选项卡，单击按钮，选择“删除记录”命令，打开如图 15-99 所示的对话框。

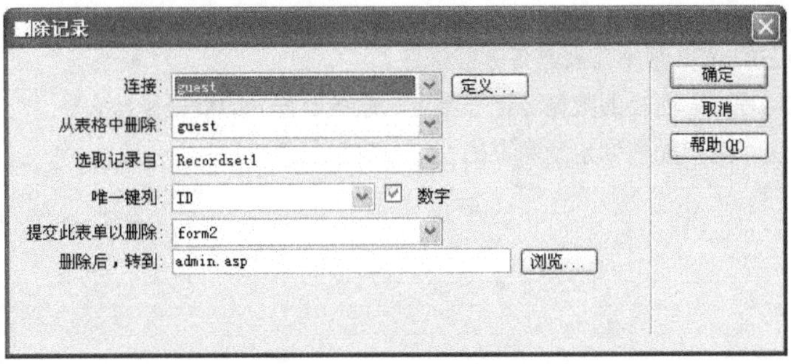

图 15-99　“删除记录”对话框

③ 在“删除记录”对话框中可以进行如下设置。

“连接”——选择创建的数据库连接名。

“从表格中删除”——选择要删除记录的表。

“选取记录自”——选择包含要删除记录的记录集。

“唯一键列”——选择一个可以唯一确定一条记录的字段（主键）。

“提交此表单以删除”——选择页面中用于用户输入要删除记录的表单。

“删除后，转到”——输入删除以后转到的页面名，可以单击“浏览”按钮直接从本地站点中选取页面。

④ 单击“确定”按钮，完成服务器行为定义。

本章小结与重点回顾

本章试图让读者在不懂编程的情况下制作动态网页，它所依靠的就是服务器行为。Dreamweaver CS3 隐藏了服务器行为的具体实现过程，读者只需加上服务器行为和适当的参数就可以完成编程的任务。

本章的重点知识是记录集的定义、绑定记录集、添加服务器行为。

习题 15

一、选择题

1．下列说法中不正确的是__________。

A．表单变量属于服务器变量　　B．URL 变量属于服务器变量

C．阶段变量属于服务器变量　　D．应用程序变量不属于服务器变量

2．下列__________服务器行为在添加时不需要为相应的页面定义记录集。

A．转到相关页　　B．插入记录　　C．更新记录　　D．删除记录

3．在 Dreamweaver CS3 中，几乎可以将动态内容放在 Web 页或其 HTML 源代码的任何地方，下列说法不正确的是__________。

A．可以将动态内容放在插入点处

B．可以用动态内容替换文本字符串

C．可以将其插入到 HTML 属性中

D．在页面的源代码中不能插入一个服务器端脚本

二、简答题

1．构建一个动态的 ASP 网站需要具备哪些条件？

2．要使用“应用程序”面板的数据连接、绑定、服务器行为的前提是什么？

3．什么是记录集，它是如何绑定到网页的？

读者意见反馈表

书名：网页制作基础教程（Dreamweaver CS3）　　**主编：**葛艳玲　　**策划编辑：**关雅莉

谢谢您关注本书！烦请填写该表。您的意见对我们出版优秀教材、服务教学都十分重要。如果您认为本书有助于您的教学工作，请您认真地填写表格并寄回。**我们将定期给您发送我社相关教材的出版资讯或目录，或者寄送相关样书。**

个人资料

姓名________年龄____联系电话__________（办）__________（宅）__________（手机）

学校______________________________专业__________职称/职务______________

通信地址____________________________邮编__________E-mail______________

您校开设课程的情况为：

本校是否开设相关专业的课程　□是，课程名称为__________________________　□否

您所讲授的课程是________________________________课时______________

所用教材____________________________出版单位________________印刷册数______

本书可否作为您校的教材？

□是，会用于__________________________课程教学　　□否

影响您选定教材的因素（可复选）：

□内容　□作者　□封面设计　□教材页码　□价格　□出版社

□是否获奖　□上级要求　□广告　□其他__________________________

您对本书质量满意的方面有（可复选）：

□内容　□封面设计　□价格　□版式设计　□其他______________

您希望本书在哪些方面加以改进？

□内容　□篇幅结构　□封面设计　□增加配套教材　□价格

可详细填写：____

____

您还希望得到哪些专业方向教材的出版信息？

____

感谢您的配合，可将本表按以下方式反馈给我们：

【方式一】电子邮件：登录华信教育资源网（http://www.hxedu.com.cn/resource/OS/zixun/zz_reader.rar）下载本表格电子版，填写后发至 ve@phei.com.cn

【方式二】邮局邮寄：北京市万寿路 173 信箱华信大厦 902 室 中等职业教育分社 （邮编：100036）

如果您需要了解更详细的信息或有著作计划，请与我们联系。

电话：010-88254475；88254591

反侵权盗版声明